Stefan Blank

Bahamas

IWANOWSKI'S REISEBUCHVERLAG

Im Internet:

www.iwanowski.de

Hier finden Sie aktuelle Infos zu allen Titeln, interessante Links – und vieles mehr!

Einfach anklicken!

Schreiben Sie uns, wenn sich etwas verändert hat. Wir sind bei der Aktualisierung unserer Bücher auf Ihre Mithilfe angewiesen: **info@iwanowski.de**

Bahamas
2. Auflage 2015

Salm-Reifferscheidt-Allee 37 • 41540 Dormagen
Telefon 0 21 33/26 03 11 • Fax 0 21 33/26 03 34
info@iwanowski.de
www.iwanowski.de

Titelfoto: Bahamas Tourist Office (The Exumas, Musha Cay)
Alle anderen Farbabbildungen: s. Abbildungsverzeichnis S. 280
Lektorat und Layout: Annette Pundsack, Köln
Karten: Klaus-Peter Lawall, Unterensingen
Titelgestaltung sowie Layout-Konzeption: Point of Media, www.pom-online.de
Redaktionelles Copyright, Konzeption und deren
ständige Überarbeitung: Michael Iwanowski

Gesamtherstellung: Werbedruck GmbH Horst Schreckhase, Spangenberg
Printed in Germany

ISBN: 978-3-86197-135-1

Überblick

Alle Karten zum Gratis-Download – So funktioniert's

In diesem Reisehandbuch sind alle Detailpläne mit einem sogenannten QR-Code versehen. Bei jeder Innenkarte findet man diese schwarz-gepunkteten Quadrate, die per Smartphone oder Tablet-PC gescannt werden können. Bei einer bestehenden Internet-Verbindung können die Dateien dann auf das eigene Gerät geladen werden. Alle Karten sind im PDF-Format angelegt, das nahezu jedes Gerät darstellen und ausdrucken kann. Für den Stadtbummel oder die Besichtigung unterwegs hat man so die Karte mit besuchenswerten Zielen und Restaurants elektronisch auf dem Telefon, Tablet-PC, Reader oder als praktischen DIN-A4-Ausdruck dabei. Mit anderen Worten – der „gewichtige" Reiseführer kann im Auto oder im Hotel bleiben, und die Basis-Infos sind immer und überall ohne Roaming-Gebühren abrufbar.

Weiterführende Informationen zu folgenden Themen

Verzeichnis der Karten

Legende

- Information
- Sehenswürdigkeit
- Kirche
- Kathedrale
- Museum
- wichtiges Gebäude
- Denkmal
- Krankenhaus
- Markt, Supermarkt
- Einkaufen
- Post
- Schiffsanleger, Fähre
- Unterkünfte
- Essen und Trinken
- Bank/Bankautomat
- Hafen
- Flughafen, Flugplatz
- Aussichtspunkt
- Tauchen
- Höhle
- Strand (Bahama Beach)
- Leuchtturm
- Golfplatz
- Wrack
- archäolog. Stätte
- Straße, befestigt
- Nebenstraße, meist befestigt
- Nebenstraße, unbefestigt
- Fahrweg, unbefestigt
- Piste, Pfad
- Nationalpark/Schutzgebiet

Interessantes

Willkommen auf den Bahamas

Im Dezember 2013 wurden die Bahamas von der Non-Profit-Organisation „Ethical Traveler“ unter die Top Ten der „ethisch verträglichen Tourismusziele“ (Top-Ethical-Destination) gewählt. Wesentliche Kriterien sind die Einhaltung der Menschenrechte, das soziale Wohl der Bevölkerung sowie der Erhalt von Natur und Umwelt. Neben den drei touristischen „S“: „sun, sand, sea“, die auf den Bahamas in Perfektion zusammenkommen, muss es auf den 700 Inseln wohl noch etwas mehr zu entdecken geben. Klar, das Meer ist kristallklar, die Farbenpracht der Bahamas mit satten Türkistönen, tiefstem Blau, strahlendstem Sandstrand und grünster Natur lässt keinen Besucher unberührt. Die bahamaische Küche ist wunderbar vielfältig, das Leben ist karibisch locker, die Menschen sind ungemein freundlich und überall schwingt „Don't worry – be happy“ mit. Wer schon einmal hier war, versteht, was der alte Werbespruch der Bahamas sagen will: „It's Better In The Bahamas“. Wer zum ersten Mal herkommt, wird ganz schnell verstehen und mindestens ebenso schnell zum Wiederholungstäter. Und wer auf ein politisch wenigstens einigermaßen korrektes Reiseziel Wert legt, der ist zumindest laut „Ethical Traveler“ auf den Bahamas richtig.

Tatsache ist, dass auf den Bahamas viele Nationen der Welt tolerant neben- und miteinander leben. Dass das Bruttoinlandsprodukt das höchste in der Karibik ist und die Inflationsquote die niedrigste. Und dass es nicht weniger als 27 Nationalparks gibt, in denen die Natur erhalten werden soll – bei gerade mal 367.000 Einwohnern.

Die Bahamas machen Spaß, mehr als 5 Mio. Touristen im Jahr können sich nicht irren. Aber es gibt noch reichlich Platz auf den 700 Inseln und 2.000 Cays. Es gibt viel zu entdecken – auch abseits der paradiesischen Strände, höchste Zeit also für die Bahamas!

Zum Aufbau des Buchs

Dieses Reisehandbuch kann nur einen unvollständigen und subjektiven Ausschnitt bieten, soll Anregungen geben und als Leitfaden dienen. Es handelt sich um keine flächendeckende Abhandlung über die Bahamas, sondern um Empfehlungen für individuelles Reisen und Erkunden. Sehens- und Erlebenswertes wird in erster Linie für die beschrieben, die ihr komfortables Urlaubsquartier zu Exkursionen in die nähere und weitere Umgebung verlassen möchten.

Auf eine allgemeine Vorstellung der Reiseregion, Ausführungen über „Land und Leute“ unter verschiedenen Gesichtspunkten folgen Routenvorschläge auf den einzelnen Inseln, anhand derer man die Hauptsehenswürdigkeiten, aber auch weniger bekannte, lohnende Ziele erreicht. Es gibt Tipps und Hinweise zu Restaurants, Stränden und Sehenswürdigkeiten. Eingeschobene Exkurse („INFO“) liefern Hintergrundwissen und bieten fakultativen „Lesestoff“.

Bei den Beschreibungen im Routenteil wurde größter Wert auf Aktualität gelegt, allerdings kann angesichts der Fülle an Informationen und der Schnelllebigkeit touristischer Angebote keine Gewähr für Korrektheit übernommen werden. Der Autor ist dankbar über jede Nachricht mit Informationen zu Unstimmigkeiten oder Neuheiten. Über Kritik, Anregungen und Verbesserungsvorschläge freuen wir uns: per E-Mail unter info@iwanowski.de.

Als „Gelbe Seiten" farblich abgesetzt sind die Allgemeinen Reisetipps von A–Z zur Planung und Ausführung einer Reise. Anhaltspunkte zu den Kosten bieten die „Grünen Seiten". Die Reisepraktischen Informationen zu einzelnen Orten bzw. Regionen befinden sich im Routenteil, am Ende der jeweiligen Kapitel. Bei den Hinweisen zu Übernachtung, Restaurants, Shopping oder Touren musste zwangsläufig eine Auswahl getroffen werden. Die genannten Adressen sind allerdings reine Vorschläge oder Empfehlungen. Natürlich gibt es rechts und links davon noch etliche Adressen, die es individuell zu entdecken gilt. Im Anhang findet sich neben Wörterbuch und Literaturhinweisen ein ausführliches Register, das Ihnen die Möglichkeit gibt, schnell den gesuchten Begriff zu finden.

Danksagung

An diesem Buchprojekt waren ab der 1. Auflage etliche Menschen beteiligt, deren Unterstützung meine Recherche und Arbeit deutlich einfacher gemacht und mir viele Türen geöffnet hat. Ihnen ein ganz großes Dankeschön. Da wäre in Deutschland das Team von Majunke International Sales, das in Frankfurt und für Mitteleuropa das Bahamas Tourist Office betreibt. Auf den Bahamas legten sich die jederzeit aufgeschlossenen Kolleginnen und Kollegen der Tourist Offices und vor allem vom Bahama Out Islands Promotion Board schwer ins Zeug, um mir Begegnungen und Erfahrungen zu ermöglichen, die zu Texten und Bildern führten.

Nicht zu vergessen Alanna Rodgers von Tru Bahamian Food Tours in Nassau, die mir – neben der bahamaischen Küche – auch das Alltagsleben der Bahamaer nähergebracht hat. Eine Lektion der Bahamas ist: Keine Sorge, alles wird irgendwie klappen. Und so ist es gewesen.

Stefan Blank, im Februar 2015

I. LAND UND LEUTE

Bahamas auf einen Blick

Name	Commonwealth of the Bahamas
Fläche	13.939 km^2
Einwohner	367.000 (2013)
Bevölkerungsdichte	26,3 Einw./km^2
Bevölkerung	90,6 % Schwarze, 4,7 % Weiße, 2,1 % Mulatten, 0,9 % andere Mischlinge, 0,3 % Inder, 0,4 % andere Asiaten (Zensus 2010)
Staatssprache	Englisch als Amts- und Umgangssprache
Hauptstadt	Nassau auf New Providence
Religion	95 % Christen (Baptisten 34,9 %, Anglikaner 13,7 %, Katholiken 12 % [Erzdiözese Nassau], Pfingstkirchler 8,9 %, Adventisten 4,4 %, Methodisten 3,6 %, andere 17,6 %). Dazu Muslime, Juden und Bahai-Anhänger. Auf einigen Inseln gibt es auch die aus Afrika stammende Naturreligion Obeah (Zensus 2010)
Flagge	blau-gelb-blauer Grund (horizontal angeordnete Streifen) mit seitlichem schwarzem Dreieck. Die Farben der Streifen stehen für Himmel, Sonne und Meer. Das schwarze Dreieck für die Bevölkerung.
Nationalfeiertag	10. Juli (Unabhängigkeitstag)
Staats- und Regierungsform	Konstitutionelle Monarchie mit einem Zweikammersystem und der britischen Königin als offiziellem Staatsoberhaupt, Mitglied des Commonwealth
Staatsoberhaupt	Königin Elizabeth II, vertreten durch die Generalgouverneurin Dame Marguerite Pindling, im Amt seit 8. Juli 2014
Städte	Nassau (248.000 Einwohner), Freeport (45.000 Einwohner), Marsh Harbour (ca. 5.700 Einwohner)
Währung	Bahama Dollar = B$, 1:1 konvertibel mit dem US-Dollar

Wirtschaft	Tourismus, Finanzwirtschaft
Bruttoinlandsprodukt	31.900 US-Dollar pro Kopf (2012)
Arbeitslosenquote	16,2 % (2013)
Inflation	-0,4 % (2013)
Handelspartner	USA, Puerto Rico, Trinidad und Tobago, China, EU
Problematik	Starke Ausrichtung auf den Tourismus und den Dienstleitungssektor, der rund 80 % des Bruttoinlandsprodukts (BIP) ausmacht.

Allgemeiner Überblick

Die Bahamas bestehen aus rund **700 Inseln**, von denen aber nur etwa 30 bewohnt sind. Von diesen 30 leben auf 17 mehr als 50 Menschen. Nicht zu vergessen die rund **2.000 Cays**, ausgesprochen „Keys", die Inseln oder Halbinseln darstellen. Die Landfläche von 13.939 km² erstreckt sich in einem Gebiet zwischen dem 20. und 27. Grad nördlicher Breite und dem 72. und 79. Grad westlicher Länge über ein Gesamtgebiet von ca. 250.000 km². Der größte Teil liegt unter dem Meeresspiegel. Nördlich von der Hispaniola und Kuba zieht sich die Inselgruppe bogenförmig bis vor die Küste Floridas.

Auf den Bahamas leben 367.000 Menschen (2013), davon allein mehr als 70 % auf der Insel New Providence mit der Hauptstadt Nassau (248.000 Einwohner).

„Schönster Fleck der Welt"

Die Topografie der Bahamas erschließt sich am besten beim Blick aus dem Flugzeugfenster. Die Farben des Meeres sind einzigartig auf der Welt und sollen – da sind sich die meisten Bahamaer einig – von erdumkreisenden Satelliten aus gesehen, den schönsten Fleck der Welt im schönsten Gewässer der Welt mit den schönsten Farbtönen der Welt umrahmen. In der Tat ist das Wasser kristallklar und streckenweise von traumhaftem Türkis.

Der größte Teil der bahamaischen Gewässer sind sehr flach und bestehen aus Sandbänken und Korallenriffen. Das drittgrößte Barriereriff der Welt liegt vor der Küste von Andros. Tiefe Passagen trennen Bänke und einzelne Inselgruppen voneinander. So werden die **Little Bahama Bank** und die **Great Bahama Bank** durch den **Northwest Providence Channel** und die nordwestlichen Bahamas der Andros-Gruppe von den südöstlichen durch den Meeresgraben **Tongue of the Ocean** („Zunge des Ozeans") voneinander getrennt. Zwischen dem nordamerikanischen Kontinent und den Bahamas fließt der Golfstrom durch die **Straits of Florida** („Floridastraße").

Entstehungsgeschichtlich sind die Bahamas wahrscheinlich **200 Mio. Jahre** alt. Wissenschaftler vermuten, dass beim Auseinanderbrechen einer Erdplatte, die einen riesigen Kontinent bildete, etwa zu dieser Zeit die verschiedenen Kontinente entstanden. Durch das Auseinanderdriften der unterschiedlichen Platten entstanden dann zwischen diesen Platten Meere, wie der **Atlantische Ozean**, die es davor nicht gegeben hatte.

Konstante Temperaturen

Das Klima ist durch **Passatwinde** und den **Golfstrom** bestimmt und zeichnet sich durch eine relativ große Konstanz der Temperaturen zwischen 22 und 28 °C aus. Entsprechend schwanken auch die Wassertemperaturen kaum und bewegen sich um 25 °C. Der meiste Niederschlag fällt auf den nordwestlichen Inseln. Da man durch die Insellage nie weit von der Küste entfernt ist, kommt man immer in den Genuss einer leichten Brise. Von Juni bis November ist allerdings **Hurrikansaison** und die Brise kann sich zum gefährlichen Sturm entwickeln.

Schmelztiegel

Wirtschaftlich gesehen blicken die Bahamas auf eine spannende Geschichte zurück: Die Ureinwohner wurden durch Kolumbus' Heerscharen ab 1492 ausgerottet, Siedler, Flüchtlinge, „Loyalisten", Sklaven, Gauner, „Wrecker", Schmuggler und sonnenhungrige Kanadier sowie abenteuerlustige US-Amerikaner kamen in den folgenden Jahrhunderten vorbei. Viele blieben und machten die Bahamas zu dem, was das Land heute ist und auszeichnet: Ein **Schmelztiegel** unterschiedlicher Kulturen, Mentalitäten, Gewohnheiten. Heute sind etwa 85 % der Bevölkerung afrikanischen Ursprungs, rund 12 % sind Weiße. Bleiben 3 % Asiaten oder Hispanoamerikaner.

Das Land gilt als eines der größten „Offshore"-Finanzzentren der Welt und bezieht gleichzeitig rund 50 % seiner Wirtschaftskraft durch den Fremdenverkehr. Kein

Beeindruckender Anblick: die Exumas Cays aus der Luft

Wunder, bei diesen Stränden, die regelmäßig bei der Kür der schönsten Strände der Welt in der obersten Liga mitspielen. Diesem Ruf folgen jedes Jahr mehr als 5,3 Mio. Touristen, von denen rund 4 Mio. mit dem Kreuzfahrtschiff kommen und nicht lange bleiben. Das soll sich ändern – die Bahamas investieren kräftig in diese Branche, nachdem die „Offshore"-Sparte durch weltweit härtere Gesetzgebung viel von ihrem Glanz verloren hat.

Geschichtlicher Überblick

Zeittafel

2500 v. Chr.	Vermutlich erste Besiedlung der Bahamas durch Siboney-Indianer vom heutigen Kuba aus.
800 n. Chr.	Verdrängung der Siboney-Indianer durch die Lucaya-Indianer von Hispaniola aus.
1492	Christoph Kolumbus entdeckt die Neue Welt und geht am 12. Oktober an der Westküste von San Salvador das erste Mal hier an Land. Der spanischen Entdeckung folgt die Ausrottung der indianischen Bevölkerung durch europäische Infektionskrankheiten und die Verschleppung als Arbeitssklaven zu den Minen auf Hispaniola.
1513	Der Spanier Juan Ponce de León sucht auf den Bahamas die sagenhafte Quelle der ewigen Jugend und entdeckt dabei Florida.
1625	Erster europäischer Siedlungsversuch der Franzosen auf den Abacos, dieser scheitert jedoch.
1648	Puritaner von den Bermudas wandern für eine freie Religionsausübung nach Citatoo aus, das sie Eleuthera (griech. „Freiheit") nennen. Nur wenige von ihnen bleiben länger auf der Insel.
1656	Siedler aus England und von den englischen Kolonien versuchen, auf New Providence Fuß zu fassen. Sie gründen Charles Towne (Nassau).
1670	Die Bahamas werden als Lehen an britische Adelsleute vergeben. Zu dieser Zeit haben aber bereits Hunderte von Piraten entdeckt, dass Charles Towne ein idealer Ausgangspunkt für ihre Beutezüge ist. Sie übernehmen eigentlich die „Herrschaft" über Nassau.
1695	Charles Towne wird zu Ehren von Willem III. von England (dem ehemaligen Prinzen von Oranien-Nassau) in Nassau umbenannt. 1697 entsteht das Fort gleichen Namens, um die Stadt verteidigen zu können.
1717	Die Bahamas werden offiziell Kronkolonie.
1718	Der ehemalige Pirat Woodes Rogers wird als erster Gouverneur der Bahamas mit der Wiederherstellung der öffentlichen Ordnung beauftragt. Den Piraten wird Straffreiheit versprochen, wenn sie ihr Gewerbe aufgeben und beim Aufbau von Nassau helfen.
1729	Erste Versammlung des House of Assembly (parlamentarische Vertretung).

1776 Kurzfristige Besetzung Nassaus durch Revolutionstruppen des amerikanischen Unabhängigkeitskriegs.

1782 Besetzung Nassaus durch spanische Truppen.

1783 Unter der Führung von Andrew Deveaux nehmen königstreue Bürger aus den Vereinigten Staaten (Loyalisten) nach dem Sieg der nordamerikanischen Revolutionstruppen Nassau ein. Es folgt eine starke Zuwanderung von Loyalisten nicht nur nach Nassau, sondern auf mehrere Inseln der Bahamas. Sie versuchen, die Plantagenwirtschaft in größerem Stil auf den Bahamas einzuführen, was aber aufgrund der Bodenverhältnisse nach anfänglichen Erfolgen misslingt. Mit den Loyalisten kommen viele Sklaven auf die Inseln, sodass der Bevölkerungsanteil an Menschen afrikanischen Ursprungs auf ca. 75 % steigt.

1807 Der Sklavenhandel wird in England verboten.

1834 In England und den angeschlossenen Kolonien wird mit dem „United Kingdom Emancipation Act" die Sklaverei offiziell abgeschafft.

1838 Auf den Bahamas werden die Sklaven nach einer Übergangsregelung endgültig für frei erklärt.

1861–1865 Während des Amerikanischen Bürgerkriegs profitieren die Bahamas von ihrer günstigen geografischen Lage. Die Kriegsgewinnler und Blockadebrecher nehmen die Inselgruppe als Ausgangsbasis für die Versorgung der Südstaaten. Von hier aus starten die Schiffe, die Kriegsmaterial und Baumwolle durch die feindlichen Linien der Unionstruppen bringen.

1892 Das erste Überseekabel wird von Cable Beach (New Providence) nach Florida verlegt, um die Bahamas mit der Welt zu verbinden.

1919–1933 Die Prohibitionszeit in den Vereinigten Staaten beschert den Bahamas eine weitere wirtschaftliche Blütezeit. Der in Amerika verbotene Alkohol wird in großen Mengen von den Inseln an die amerikanische Ostküste geschmuggelt.

1921 Das erste Kasino wird eröffnet.

1929 Die erste Flugverbindung zu den Bahamas wird eingerichtet.

1940–1945 Während des Zweiten Weltkriegs dienen die Bahamas als Ausbildungszentrum für Flieger der Alliierten. Es werden auch U-Boot-Abwehrstationen gebaut. Der Herzog von Windsor ist während dieser Zeit Gouverneur der Bahamas.

1955 Das „Hawksbill Creek Agreement" macht einen großen Teil von Grand Bahama Island zur Freihandelszone

Erinnerung an die Ankunft der Loyalisten in New Plymouth

	und ermöglicht den Bau von Freeport und Lucaya. Der Tourismus gewinnt zunehmend an Bedeutung.
1962	Frauen erhalten das Wahlrecht auf den Bahamas.
1963	Die Bahamas werden unter eine eingeschränkte Selbstverwaltung gestellt.
1967	Mit dem Wahlerfolg von Lynden Pindling und seiner Partei PLP (Progressive Liberal Party) übernimmt erstmals die schwarze Bevölkerungsmehrheit die Macht auf den Bahamas.
1972	In einer Volksabstimmung manifestiert sich der Wunsch nach einem unabhängigen Staat.
1973	Am 10. Juli werden die Bahamas offiziell unabhängig. Sie verbleiben aber im Commonwealth.
Ab 1980	Die Bahamas erleben durch den Drogenhandel einen erneuten Boom. Kolumbianisches Kokain wird über die Inseln in die Vereinigten Staaten geschmuggelt.
1988	In den USA werden Beschuldigungen laut, dass Premierminister Pindling in den Drogenschmuggel verwickelt sei.
1990	Nachdem der Tourismus wichtigster Wirtschaftszweig der Inselgruppe geworden ist, schafft der „International Business Companies Act" mit der Einführung eines speziellen Bankgeheimnisses und anderer Vergünstigungen für Firmen die Grundlage für eine prosperierende Entwicklung der Finanzwirtschaft.
1992	Mit dem Wahlsieg des Free National Movement (FNM) wird Hubert A. Ingraham Premierminister.
1997	Erneute Wahl Ingrahams.
1999	Der Hurrikan „Floyd" richtet schwere Verwüstungen an.

Das Government House in Nassau mit Kolumbus-Denkmal

2000	Die Financial Tast Force der OECD beschuldigt die Bahamas, der Geldwäsche Vorschub zu leisten. Am 26. August stirbt Sir Lynden Pindling, langjähriger Premierminister, im Alter von 70 Jahren.
2. Mai 2002	Die Regierungspartei FNM verliert die Parlamentswahlen, die PLP (Progressive Liberal Party) übernimmt mit Perry G. Christie als Premierminister die Macht.
2004	Auf Great Abaco bricht im Dezember auf einer Farm der Zitrusbrand aus. Alle pflanzlichen Exporte von der Insel werden eingestellt.
März 2006	Der oscarprämierte Hollywood-Spielfilm „Brokeback Mountain" wird auf den Bahamas wegen offen zur Schau gestellter Homosexualität verboten.
2. Mai 2007	Die FNM holt sich die Regierungsmehrheit zurück, Hubert A. Ingraham wird zum wiederholten Mal Premierminister.
2010	Generalgouverneur Sir Arthur Alexander Foulkes tritt am 14. April sein Amt an.
2011	Bei einem Brand im Dezember werden das Museum of Pompey und der Straw Market in Nassau teilweise zerstört.
2012	Laut Jahresbericht von „Amnesty International" kommen die Bahamas dem Wunsch zweier UN-Behörden nicht nach, die unfreiwillige Rückführung von Haitianern nach dem Erbeben von Haiti (2010) einzustellen. 2011 wurden 2.392 Haitianer zurückgeschickt.
2012	Am 7. Mai gewinnt die PLP die Parlamentswahlen. Der bisherige Premierminister Ingraham (FNM) gibt bekannt, sich aus der Politik zurückziehen zu wollen. Perry Christie (PLP) wird am 8. Mai zum zweiten Mal Premierminister der Bahamas.
2013	In einem Referendum am 28. Januar lehnt die bahamaische Bevölkerung die Legalisierung privater Spielhallen ab. Die Bahamas feiern am 10. Juli das 40-jährige Bestehen ihrer Unabhängigkeit.
2014/2015	Die Eröffnung des Mega-Resortkomplexes Baha Mar am Cable Beach als „neue Riviera" war für Dezember 2014 geplant, musste aber auf Juni 2015 verschoben werden.

Geografischer Überblick

Geologische Entstehung

Vermutlich sind die Bahamas auf einem Splitter der amerikanischen Platte entstanden oder befinden sich gemäß einer zweiten Theorie nicht auf der amerikanischen Kontinentalplatte. Da Bohrungen ergeben haben, dass der **Kalkstein** bis zu 5.766 m Tiefe ungefähr unter den gleichen Bedingungen entstanden sein muss wie die heutigen Inselsockel, muss sich die Platte, auf der die Bahamas liegen, unabhängig von der Platte des amerikanischen Kontinents bewegt haben. Denn bis zu der genannten Tiefe waren nur unterschiedliche Formen von Sandstein zu finden, die sich in relativ flachen Gewässern bilden.

Es wurde keinerlei vulkanisches Gestein gefunden. Die Bahamas haben ihre Form also nur durch Sedimentation und Erosion erhalten und nicht durch vulkanische

Elodorado für Apnoetaucher aus der ganzen Welt: Dean's Blue Hole auf Long Island

Aktivität, wie z. B. Inselgruppen im Pazifischen Ozean. Eine große Rolle spielten dabei die **Eiszeiten**, die zeitweise zu einem **Absinken des Wasserspiegels** führten, sodass **Korallenriffe** zu einer dem Klima ausgesetzten Landmasse wurden. Diese veränderte sich dann entsprechend durch den Einfluss von Niederschlägen und Wind.

Die **Küstenlinien** wurden hauptsächlich von **Meeresströmungen** und **Wellen** geprägt. Besonders eindrucksvoll ist diese Prägung auf Eleuthera zu beobachten, wo die schroffe Atlantikküste von den hohen Ozeanwellen zerklüftet ist und sich durch das sehr flache und ruhige Wasser der westlichen Karibikseite lange Sandstrände erodieren konnten. Gleich vor der Küste Eleutheras fällt die Landmasse innerhalb weniger Kilometer auf eine Tiefe von 6.100 m unter dem Meeresspiegel ab, während an der Westküste häufig erst nach Kilometern eine Tiefe von 10 m erreicht ist.

Keine Flüsse

Auf den aus weichem und porösem Kalkstein entstandenen Inseln gibt es keine Flüsse, da das Wasser im Boden versickert, bevor es ein Flussbett formen kann. Da es also keine größere Einleitung ins Meer gibt, wirkt das Meerwasser meist kristallklar.

Die sog. „Creeks" führen häufig durch Mangrovengebiete und ähneln mehr einem Priel durch das Wattenmeer als einem richtigen Bach. Durch abgesickertes Regenwasser sind im Sandgestein **Höhlensysteme** entstanden, in denen das Wasser in unterirdischen „Flüssen" zum Meer fließt.

Durch unterschiedliche Wasserstände entstanden dann die unterschiedlichen Ebenen innerhalb dieser Systeme, sodass man auch heute Teile der Höhlen begehen kann, andere aber ertauchen muss. Eine Theorie besagt, dass die **Blue Holes** („Blaue Löcher") ehemalige Cavernen dieser Höhlensysteme waren, deren Decken eingestürzt sind. Hinter das eigentliche Geheimnis der Entstehung dieser „Naturwunder" ist man aber noch nicht gekommen.

Dünne Humusschicht

Die **Vegetation** der Inselgruppe ist der dünnen Humusschicht und dem **subtropischen Klima** angepasst (s. Pflanzen- und Tierwelt). Die nördlichen Inseln Andros, Grand Bahama Island, The Abacos und z. T. auch New Providence unterscheiden sich durch die Vorkommen von Kieferwäldern von den restlichen Inseln, auf denen die Vegetation hauptsächlich aus Buschwerk besteht. Der größte Teil der Fläche, die landwirtschaftlich zu nutzen wäre, ist nicht kultiviert, da für extensive landwirtschaftliche Nutzung die **Humusschicht** zu dünn und häufig auch die Infrastruktur für den Transport der Produkte nicht gegeben ist.

Klima und Reisezeit

Die mittleren Temperaturen auf den Bahamas liegen zwischen 24 und 29 °C – das ganze Jahr hindurch. Die relative **Luftfeuchtigkeit** liegt in der Regel dabei knapp unter 80 %. Die hohe Luftfeuchtigkeit des gemäßigten tropischen Klimas wird durch eine häufig auftretende leichte Brise kaum wahrgenommen. Spitzentemperaturen über 30 °C können zwar das ganze Jahr hindurch auftreten, werden aber in der Regel nur von Juni bis September erreicht. Von Juni bis Oktober fallen auch die größten Niederschlagsmengen und in dieser Zeit können tropische Stürme (s. u.) auftreten.

Klimadaten Bahamas/ Nassau	Ø Temperaturen in °C Tag	Ø Temperaturen in °C Nacht	Sonnenstunden pro Tag	Regentage	Wassertemperaturen in °C
Januar	25	17	8	6	23
Februar	25	17	8	5	23
März	27	18	8	5	23
April	28	20	8	6	24
Mai	29	22	8	9	25
Juni	31	23	8	12	27
Juli	31	24	9	14	28
August	32	24	8	14	28
September	31	24	7	15	28
Oktober	29	22	7	13	27
November	28	20	7	9	26
Dezember	26	18	7	6	24

Die **Hauptreisezeit** zu den Bahamas liegt zwischen Dezember und Mai. Aber bei einer **durchschnittlichen Wassertemperatur von** 25 °C mit nur unwesentlichen Abweichungen nach oben und unten kann dort auch außerhalb der Hochsaison gut Urlaub gemacht werden. Unterschiede gibt es hier nur zwischen dem etwas kälteren Atlantischen Ozean und den z. T. sehr flachen Gewässern innerhalb der Inselgruppe. Zu beachten ist auch, dass auf den Out Islands die Saison meist mit Thanksgiving (Ende November) beginnt und bis Ostern geht. Das bedeutet, dass viele Resorts von Ende August bis Ende Oktober schließen und/oder renovieren. Ab Anfang November geht es dann langsam wieder los in die folgende Saison.

Hurrikansaison

Frühwarnsystem

Die Gefahr eines Hurrikans, der über die Bahamas hinwegfegt, besteht jedes Jahr aufs Neue. Offiziell beginnt die **Hurrikan-Saison im Juni und endet im November**. In der Regel konzentrieren sich die starken Stürme jedoch auf das amerikanische Festland und verschonen die Inselwelt. Wenn ein Hurrikan Kurs auf die Bahamas nimmt, werden Besucher zumeist lange vorher durch ein Frühwarnsystem von der Entwicklung unterrichtet.

Wer während der Sommermonate auf den Bahamas weilt, kann sich am besten auf der Seite des **National Weather Service** *(www.weather.gov)* über die Voraussage informieren.

Pflanzen- und Tierwelt

Gelbe Trompetenblume, die Nationalblume der Bahamas

Die Flora und Fauna der Bahamas zeichnet sich im Besonderen im Bereich der **Pflanzen**, **Fische** und **Vögel** durch einen großen **Artenreichtum** aus. Darüber hinaus gibt es noch einige interessante **Reptilien**, ja sogar Schlangen, aber kaum heimische **Säugetiere**. Klimabedingt unterscheidet sich die Vegetation der nördlichen von den südöstlichen Bahamas. Im Norden, und dort speziell auf Andros, Grand Bahama Island und den Abacos, dominiert die Karibische Kiefer *(Caribbean Pine)* die Landschaft. Wohingegen im trockenen Südosten meist niedriges Buschwerk zu finden ist.

Unter den 1.370 **Pflanzenarten**, die bis jetzt auf den Bahamas bestimmt wurden, kommen über hundert nur auf dieser Inselgruppe vor. Unter ihnen finden sich so unterschiedliche Pflanzen wie **Orchideen** (besonders auf An-

Mangroven prägen die Landschaft auf Grand Bahama

dros) und **Kakteen** (auf den Inaguas). Wer diese „Bewohner" der Bahamas kennenlernen will, muss allerdings schon ein wenig die Augen aufhalten und jenseits des Wegesrandes suchen – oder sich in den 27 Nationalparks schlaumachen. Anders verhält es sich mit Pflanzen wie dem Hibiskus und dem Oleander, den man häufig in Gärten und auch wild vorfindet.

Für Europäer ist auch die große Anzahl unterschiedlicher **Baumarten**, die als **Nutzpflanzen** auf Plantagen und in Gärten wachsen, besonders interessant. Von Limonen bis zu Pampelmusen werden alle möglichen Zitrusfrüchte auf den Bahamas geerntet, und Avocado-, Mango- und Guavenbäume sind keine Seltenheit. Bananenstauden wachsen häufig am Wegesrand oder in einem sog. „pothole", einem Loch im Kalkstein, in dem sich Humus angesammelt hat. Kokospalmen hingegen findet man eher in Strandnähe.

Bedrohung der einheimischen Flora

Baumarten wie Mahagoni und die Karibische Kiefer wurden Anfang und Mitte des 20. Jh. im großen Stil als Nutzholz abgeholzt und teilweise wieder aufgeforstet. „Lignum Vitae", der Nationalbaum, und die ursprünglich aus Australien stammenden **Kasuarinen** (*Australian Pine*, botanisch: Schachtelhalmblättrige Kasuarine, *Casuarina equisetifolia*) sind diesem Schicksal entgangen. Sie kamen Ende des 19. Jh. über Süd-Florida mit Siedlern auf die Bahamas, die diese als Windschutz für die Plantagen pflanzten. Da Kasuarinen recht widerstandsfähig sind gegen Salzwasser und Trockenheit, konnten und können sie sich heute auf den Bahamas gut ausbreiten. Zu gut, denn sie bedrohen durch ihr schnelles Wachstum die einheimische Flora, die richtiggehend unterdrückt wird. Die Wurzeln der Kasuarinen, die oft in Strandnähe stehen, können den Sand, den sie umklammern, nicht so gut festhalten wie einheimische Bäume. Das führt dazu, dass heute mehr Sand vom Meer weggeschwemmt wird – Sanddünen werden regelrecht abgebaut.

info

Das Ökosystem der Kiefernwälder

Die **Karibische Kiefer** *(Pinus caribaea var. bahamensis)* ist ein Wunderwerk der Natur. Der immergrüne Nadelbaum kann nur wachsen, wenn ihm genügend Licht zur Verfügung steht. Um das zu garantieren, geschieht mehreres:

Die unteren Zweige werden regelmäßig „abgeworfen", sodass ein langer schlanker Zweig und astloser Stamm entsteht.

Das Unterholz, das hauptsächlich aus Wurmfarn besteht, trocknet nach einiger Zeit komplett aus. Zusammen mit den vertrockneten Kiefernzweigen, dem vertrockneten Farn und der hohen Hitze (September bis April) entzünden sich immer wieder selbstständig Feuer, die die Kiefernwälder vom Unterholz befreien. Zündhelfer können weggeworfene Glasscherben, Zundersteine oder einfach übergroße Hitze sein.

Die Kiefern selbst verbrennen nicht, da sie unter Hitze Harz ausschütten. Das Harz fließt am Stamm hinunter und führt bei Kontakt mit dem Feuer zu kleinen Explosionen, die wiederum die Flammen ersticken.

Erst wenn das Unterholz vernichtet ist, wirft die Kiefer ihre Zapfen ab, sodass Samen keimen und wachsen können. Die Feuer finden etwa alle vier bis fünf Jahre statt – genau so lange wie die Kiefernzapfen zum Reifen brauchen.

Immerhin steht dieses kleine Wunderwerk der Natur seit 1997 unter Naturschutz, denn das Vorkommen gilt als gefährdet. Verbreitungsgebiete dieser besonderen Varietät der Karibischen Kiefer sind Grand Bahama Island, Great Abaco, New Providence, Andros und Great Inagua.

Die Ananas ist eigentlich auch keine einheimische Frucht. Sie wird aber im Besonderen auf Nord-Eleuthera auf Plantagen angebaut. An **Gemüsesorten** findet man in privaten Gärten und auf Farmen fast das gleiche, was auch in europäischen Gärten anzutreffen ist. Kohl, Kartoffeln und Zwiebeln gehören zu den häufigsten Vertretern. Exotisch ist eigentlich nur die Okraschote, die aus Westafrika „importiert" wurde und sicher nicht in Schrebergärten des mitteleuropäischen Bereichs wächst.

Große Vogelvielfalt

Die Schönheit der Pflanzenwelt wird von **Schmetterlingen**, von denen es 90 unterschiedliche Arten gibt, umworben. Auch an **Vogelarten** ist die Tierwelt der Bahamas reich. Insgesamt gibt es 230 unterschiedliche Spezies. Der Flamingo gehört ebenso wie der Kolibri zu den interessanten Vertretern, die mit Hilfe der Naturschutzgesetze vor dem Aussterben bewahrt werden konnten. Auf Inagua gibt es im Nationalpark mit der inzwischen auf 60.000 Exemplare angewachsenen Flamingokolonie den größten Bestand des westindischen Flamingos überhaupt. Auf Great

Abaco findet man im Nationalpark hingegen eine größere Anzahl an Papageien, von denen der „Bahama Parrot" typischer Vertreter der Inselgruppe ist.

Endemische Vogelarten

Auf Grand Bahama Island lebt die endemische Vogelart **„Sitta Pusilla Insularis"**, eine Unterart des Braunkopfkleibers (Sitta Pusilla), der wiederum in den Kiefernwäldern im Südosten der USA beheimatet ist. Die erstmals 1931 bestimmte Subspezies der Singvogelart besitzt einen kürzeren Schnabel und kürzere Flügel. Insgesamt 1.800 Tiere sollen auf Grand Bahama Island, und nur dort, leben. Die Population ist jedoch abnehmend, da die Vögel die Karibische Kiefer bewohnen, deren Bestand wiederum gefährdet ist (s. o.). Mehr Infos unter *www.ecoinst.org*.

Von den zehn **Schlangenarten**, die auf den Inseln beheimatet sind, ist keine giftig. Dass sich eine der sehr selten vorkommenden bahamaischen Art der Boa Constrictor um einen Urlauberhals windet, ist mehr als unwahrscheinlich, da diese Schlangenart nur an sehr entlegenen Orten anzutreffen ist. Fast überall hingegen begegnet man den kleinen **Eidechsen**, die aber völlig ungefährlich sind. Eine Besonderheit der bahamaischen Tierwelt sind die Leguane, Echsen, die bis zu 1,50 m lang werden. Von Nassau und Great Exuma aus kann mit einem Boot zum Allan's Cay fahren, wo eine Kolonie von diesen urzeitlich anmutenden „Drachen" lebt. Diese Felsenleguane sind zwar eine Attraktion auf den Bahamas, doch die Fütterung durch Touristen bedroht die Gesundheit der Echsen – Parasiten und Darmverstimmungen sind mittlerweile an der Tagesordnung.

Leguane

Was die **Landsäugetiere** betrifft, so ist der Artenreichtum sehr begrenzt. Außer zwölf Fledermausarten ist nur das Hutia auf den Bahamas heimisch. Die Baumratte gehört zu den Nagetieren und hat Ähnlichkeit mit einer großen Ratte. Da es sehr schmackhaft ist, hat es nur auf der unbewohnten Insel East Plana Cay überlebt.

Leguan-Kolonie auf Allan's Cay

Meeresschildkröte in den Gewässern um Cat Island

Wilde Schweine, Esel, Pferde und Kühe sind auf den Bahamas ursprünglich nicht heimisch. Sie sind Überbleibsel von aufgelösten Farmen. Wer auf Grand Bahama Island, z. B. im Lucayan National Park, einen Waschbären sieht, sollte sich nicht wundern. Diese possierlichen Tiere sind wahrscheinlich zur Zeit der Prohibition aus den Vereinigten Staaten mit auf die Insel gebracht wurden.

Unterwasserwelt

Die **Gewässer der Bahamas** sind Lebensraum einer unglaublichen Vielfalt an Korallen- und Fischarten. Nicht in diese Kategorie gehören die **Meeressäugetiere** Delfine und Wale. Letztere wird man nur selten antreffen, aber Delfine tummeln sich an manchen Orten noch in großer Zahl. In der flachen karibischen See finden **Korallen** optimale Lebensbedingungen: optimaler Salzgehalt, konstante Temperatur über 20 °C und ruhiges Wasser. Auf dem drittgrößten Barriereriff der Welt vor der Ostküste von Andros und zahlreichen kleineren Riffen und Korallenbänken zeigen sich diese Hohltiere in farbenprächtiger Schönheit. Die **Schwämme** sind zwar nicht so farbenprächtig, bildeten aber lange Zeit die wirtschaftliche Grundlage für das Überleben vieler Bewohner der Family Islands.

Im Umfeld der Riffe herrscht auch ein großer **Fischreichtum**. Lange nicht alle davon sind wie der Zackenbarsch auf den Speisekarten der Restaurants wiederzufinden. Papageifische *(Scarinae)* oder Königin-Drückerfische *(Balistes vetula)* etwa bestechen durch ein farbenprächtiges Äußeres, sind aber als Speisefische ungenießbar. Größere Vertreter der Fischwelt wie Barrakudas, Rochen oder eher scheue Muränen, werden Urlauber nicht so häufig zu Gesicht bekommen, wohingegen Haie in großer Anzahl Ziel vieler Tauchprogramme sind. Vom kleineren Zitronenhai bis zum riesigen Hammerhai findet man einen großen Artenreichtum vor. Die größeren Arten leben in der Regel aber in den tieferen Gewässern.

Sie sind ebenso wie Thunfisch, Blauer und Weißer Marlin oder der Schwertfisch beliebte Objekte bei Hochseeanglern. Die Echte Karettschildkröte *(Eretmochelys imbricata, Hawksbill sea turtle)* und auch die Grüne Wasserschildkröte *(Chelonia mydas, green turtle)* sind durch das Washingtoner Artenschutz-Übereinkommen international geschützt. Auf der Great Bahamas Bank südwestlich von Andros gibt es auch heute noch große Vorkommen an Hummer und **Conch**: Die Fechterschnecke als „Bewohner" der großen Muschel ist nicht nur im Wasser, sondern auch auf den Märkten häufig anzutreffen, da sie als Nationalgericht beliebt ist. *Fechterschnecke*

Wirtschaftlicher Überblick

Die Bahamas wurden in früheren Zeiten gerne als „**Schweiz der Karibik**" bezeichnet, denn es gab seit 1990 **Bankgesetze**, die den Schweizer Gesetzen in vielen Punkten ähnelten – was der Steuerflucht auf die Inseln durchaus dienlich war. Doch als das Thema international ruchbar wurde, handelte die Regierung recht schnell, verschärfte die Gesetze – und die Bahamas wurden im Juni 2001 als eines der ersten Länder von der „schwarzen Liste" der Financial Action Task Force (FATF) der OECD genommen. Bis heute steht der Finanzdienstleistungssektor für rund 15 % des Bruttoinlandsprodukts (BIP).

Neben dem Dienstleitungsbereich verfügen die Bahamas mit ihrem Schifffahrtsregister nominell über die drittgrößte Handelsflotte der Welt.

Die Bahamas erheben bisher weder Einkommen- noch Gewerbe- oder Umsatzsteuer. Das klingt gut. Da das Geld aber irgendwo herkommen muss, finanziert sich der Staatshaushalt vor allem durch Gebühren und Zölle. Was konkret spürbar wird, wenn sich Bahamaer ein Auto zulegen wollen. Der Import kostet gut das Doppelte des in Europa geltenden Preises. Kein Wunder, dass in etlichen Vorgärten Autowracks auf den Felgen auf das Ausschlachten und damit die Weiterverwertung warten.

Die starke Anbindung an das CARICOM-Projekt (Caribbean Single Market Economy – CSME) mit der vertraglich geregelten Bevorzugung des innerkaribischen Handels und Austauschs stellt das Land vor große Herausforderungen. Daneben sind die Bahamas vollständig abhängig von ausländischem Erdöl, importiert vor allem aus Venezuela und Mexiko. Eine Gallone Benzin kostet ca. 4,50 US$, gegenüber ca. 3,50 US$ in den USA. Nicht zu vergessen, dass rund 80 % der Nahrungsmittel importiert werden müssen und damit auch die Preise in den Restaurants deutlich über denen in den USA oder Europa liegen können.

Stabiles Währungsverhältnis

Durch die feste Anbindung des **Bahama Dollar** an den US-Dollar, die im Verhältnis 1:1 stehen, sind die Bahamas währungspolitisch zwar völlig von den Vereinigten Staaten abhängig, auf der anderen Seite hat das Land damit aber die stabilsten Währungs- und Wirtschaftsverhältnisse in der gesamten Karibik. Da die Vereinigten Staaten mit Abstand der wichtigste Handelspartner des Landes sind, hat die Unabhängigkeit der Preise von schwankenden Wechselkursen natürlich auch große

Fahrradtransport in Nassau

Vorteile für die außeramerikanischen Zonen der Welt. Das **Bruttosozialprodukt** (BIP) der Bahamas betrug 2012 31.900 US-Dollar pro Kopf.

Landwirtschaft

Wenn man die Fischerei und das Forstwesen ausklammert, erwirtschaftet die Land- und Forstwirtschaft auf den Bahamas nicht einmal 0,7 % des Bruttosozialprodukts. Nur rund 1 % der Landesfläche können landwirtschaftlich genutzt werden, somit müssen die Bahamas etwa 80 % ihrer Nahrungsmittel einführen. Ein Posten, der deutlich zum Außenhandelsdefizit beiträgt. Bei einigen Produkten für den Export konnte zwar die Produktion gesteigert werden, beispielsweise bei Gurken, Tomaten, Ananas, Papayas, Avocados, Mangos und Zitrusfrüchten. Einen herben Rückschlag musste das Land allerdings verzeichnen, als auf einer Farm auf Great Abaco Ende 2004 der Zitrusbrand *(citrus canker)* ausbrach und seitdem alle pflanzlichen Exporte von dieser Insel verboten sind.

Forstwirtschaft

Kahlschläge der Vergangenheit

Nach den großflächigen Kahlschlägen zu Anfang des 20. Jh., vor allem auf Great Abaco und Grand Bahama Island, sind heute nur noch 37 % der Gesamtfläche bewaldet, überwiegend mit Nadelholz. 2012 wurden nach Angaben der FAO (Ernährungs- und Landwirtschaftsorganisation der Vereinten Nationen) 50.300 m³ Holz eingeschlagen, davon landeten 66,2 % im Ofen und Kamin. Damit ist die Forstwirtschaft der Bahamas als unbedeutend einzustufen.

Fischereiwirtschaft

Die ausgedehnten Küstengewässer mit zahlreichen Korallenbänken bieten günstige natürliche Bedingungen, gelten jedoch außerhalb der Naturschutzgebiete als überfischt. 2011 wurden 10.370 t Lebendgewicht gefischt, davon 8.563 t Krustentiere. Damit trug die Fischereiwirtschaft 2012 1,9 % zum BIP bei.

Industrie und Handwerk

Die bahamaische Regierung versuchte frühzeitig, mit entsprechenden **Industriefördergesetzen** (1970) und Investitionsanreizen, die Ansiedlung von Industrie mit ausländischem Kapital voranzutreiben. Ein entscheidender Schritt in diese Richtung war z. B. das 1955 verabschiedete **Hawksbill Creek Agreement**, das einen großen Teil von Grand Bahama Island zur Freihandelszone machte. Nach dem Ausbau des Hafens und anfänglichen Schwierigkeiten ist auf dieser Insel bis heute noch die größte Ansiedlung von Industrie zu finden.

Salzgewinnung

Auf Inagua und Long Island wird **Meersalz** gewonnen, 2011 waren das rund 1 Mio. Tonnen. Auf Sandy Cay wird das Mineral **Aragonit** in großem Stil angebaut, 2011 rund 1.500 t.

Die Bedeutung des verarbeitenden Gewerbes hat nach der Schließung der einzigen Ölraffinerie der Bahamas 1985 stark abgenommen. 2012 betrug der BIP-Anteil nur noch 4,2 %. Wichtigste Bereiche sind heute die Getränkeproduktion, chemische Erzeugnisse und Medien. Positiv, aber immer gekoppelt an die Entwicklungen im Tourismus, konnte sich die Bauwirtschaft entwickeln. 2012 erbrachte sie immerhin 9,8 % des BIP.

Finanzdienstleistungen

Die Bahamas sind nach wie vor eines der größten „Offshore"-Finanzzentren der Welt und der Finanzsektor der zweitwichtigste Wirtschaftszweig des Landes. 2012 waren hier knapp 25.000 Menschen direkt und indirekt angestellt, rund 15 % aller Beschäftigten. Nicht weniger als 258 Bankinstitute und Trusts waren im September 2013 in und rund um Nassau tätig. 1999 waren es allerdings noch 415.

Tourismus

Wirtschaftsfaktor Tourismus

Etwa 50 % des BIP werden durch die Tourismusindustrie erwirtschaftet, rund 20 % aller Beschäftigten der Bahamas sind hier untergebracht. Der Tourismus ist somit der wichtigste Wirtschaftszweig der Bahamas. Jährlich besuchen etwa 5,9 Mio. (2012) Touristen die Bahamas. Favoriten sind US-Amerikaner mit 78,9 % der Übernachtungsgäste, Kanadier mit 9,2 % und Europäer mit 5,5 % (2012).

Während die Zahl der Flugtouristen seit dem Rekordjahr 2005 (1,51 Mio.) bis 2012 auf 1,36 Mio. abnahm, stieg die Zahl der auf dem Seewege eintreffenden Urlauber von 3,27 Mio. (2005) auf 4,6 Mio. (2012). Rein rechnerisch bedeutet das für das Kreuzfahrtziel Nummer eins, die Hauptstadt Nassau, dass jährlich rund 2,6 Mio. Menschen hier anlanden – also rund 55,7 % aller Bahamas-Touristen. Bis zu sieben Schiffe liegen zeitgleich im Hafen. Von den Kreuzfahrttouristen allerdings gehen nur rund 20 % an Land und verbringen den Tag in Nassau Downtown oder dem opulenten Vergnügungspark „Atlantis" auf dem nahen Paradise Island. Gleichzeitig gehen die Hotelbuchungen auf den Bahamas seit Jahren kontinuierlich zurück. Wozu sicher auch das hohe Preisniveau der Hotellerie beträgt: Der durchschnittliche Zimmerpreis liegt in der Hochsaison bei immerhin 300 $.

Von Regierungsseite gibt es Versuche, etwa durch Änderung der Kreuzfahrtrouten, einen Teil des traditionell auf Nassau konzentrierten Tourismus auf andere Inseln zu verlagern – oder den finanzkräftigen Bootstourismus mit dem Ausbau von aufwendigen Marinas anzulocken. Diese Maßnahmen scheinen – zumindest was den privaten Jachtsektor angeht – langsam Wirkung zu zeigen: 2012 kamen 55,7 % der Reisenden in Nassau an (2001 waren es 64,8 %), 14,1 % in Freeport auf Grand Bahama Island (2001: 15,1%) und 30,6 % auf einer der anderen Inseln (2001: 20 %).

info

Das Baha Mar: Für die Zukunft des Tourismus

3,5 Mrd. Dollar Investition, 12.000 Arbeitsplätze, 30–35 Shops, 30–35 Restaurants, 27 Stockwerke, vier Edelhotels, Kasino, Tanzsaal, Kunstgalerie, Golfplatz – das Baha Mar *(www.bahamar.com)* gilt als das größte Tourismusprojekt der westlichen Hemisphäre und soll die Wirtschaft der Bahamas nicht nur ankurbeln, sondern in höhere Gefilden führen. Geplanter Eröffnungstermin war der 6. Dezember 2014 – der musste allerdings um rund sechs Monate auf Juni 2015 verschoben werden.

Wer sich mit dem Flugzeug dem Nassauer Flughafen nähert, der muss es sehen. Wer es da verpasst hat, der holt die Erfahrung nach bei der Fahrt mit dem Taxi oder dem Minibus (Jitney) vom Flughafen Richtung Nassau: Cable Beach hat eine neue, eine gewaltige Attraktion mehr – das Baha Mar. Das Tourismusprojekt am Cable Beach ist ungemein ehrgeizig und hat den Anspruch eine „neue Riviera" zu werden. Dafür wurden und werden keine Mühen und Kosten gescheut. Seit 2010, als der Grundsatzbeschluss der Regierung Hubert Ingraham zum Bauprojekt erfolgte, wurde die Zufahrtstraße zum Flughafen für 300 Mio. Dollar zu einer Art „Autobahn" ausgebaut, wurden eine Post, eine Bank und ein Polizeirevier am Cable Beach verlegt, Straßenzüge verändert und die Verkehrsführung generell so gelegt, dass es kein Vorbei gibt an dem Resort- und Freizeitpark. Denn nach der feierlichen Eröffnung soll auf den Bahamas nichts mehr so sein, wie es war. Und innerhalb weniger Jahre, da sind sich die Verantwortlichen sicher, wird das

Ambitioniertes Projekt: So soll das Baha Mar nach der Eröffnung aussehen

Baha Mar nicht weniger sein als das beste Resort der Welt – mit zahlungskräftigen Kunden aus wohlhabenden Kontinenten und Ländern wie Südamerika, China und Russland. Die werden hier nicht nur eine gute Zeit verbringen und geschätzte 576 Dollar pro Tag ausgeben, sondern sollen auch mehr als 50 Mio. Dollar im Jahr auf den restlichen Bahamas lassen. Damit werde das Bruttoinlandsprodukt der Bahamas um 12 % ansteigen, 12.000 Menschen hier beschäftigt sein. Soweit die Vorausschau.

Es ist in der Tat ein ambitioniertes Projekt auf 405 ha Grundfläche, das die touristische Landkarte der Bahamas völlig verändern könnte. Zeitweise waren geschätzte 4.000 Arbeiter aus China auf der Baustelle beschäftigt, 70 % der Arbeiter insgesamt. Was in einem Land mit einer Arbeitslosenquote von mehr als 15 % für manche Irritation sorgte. Die Chinesen blieben unter sich, aßen und schliefen in großen Zelten auf der Baustelle und gingen nicht raus. Cable Beach und Nassau profitierten also nach Meinung der Einheimischen wenig von der Großbaustelle. Hauptgeldgeber des Baha Mar ist die „Export-Import Bank of China", die mit der „China State Construction Engineering Corporation" gleich ihr eigenes Bauunternehmen mitbrachte. Trotzdem, so versicherten die Verantwortlichen rund um den schillernden Investor Sarkis D. Izmirlian, blieben der bahamaischen Bauindustrie in der gesamten Bauphase rund 400 Mio. Dollar, was ja auch nicht schlecht sei. Doch Abrechnungsschwierigkeiten mit dem chinesischen Mutterkonzern, Lieferanten und Subunternehmen sorgten für heftige Verzögerungen. Und irgendwann mussten die Verantwortlichen eingestehen, dass der Eröffnungstermin am 6. Dezember 2014 nicht haltbar sei. So wurden die ersten Buchungen erst für den Juni 2015 angenommen.

Das Baha Mar liegt in Sichtweite der großen Konkurrenz, dem „Atlantis" auf Paradise Island. Trotzdem liegen Welten dazwischen. Abgesehen von den fünf Meilen, dem gesetzlich festgelegten Konkurrenzverbotsraum für Kasinos auf New Providence, wird das neue Kasino im Baha Mar ca. 7 mi vom bestehenden im „Atlantis" entfernt sein. Profitiert das „Atlantis" von den Millionen Kreuzfahrtpassagieren, von denen täglich bald 2.000 für rund 20 US$ am Tag die Vergnügungen des ausladenden Freizeitparks des „Atlantis" nutzen dürfen, so setzen das Baha Mar und die vier auf dem Gelände befindlichen Edel-Hotels auf ein neues Klientel: wohlhabend, exquisit, stilverwöhnt. Und wem es hier gut gefällt, der kann sich auch gleich ein Apartment kaufen. Eine gute Idee, allein vielen Bahamaern fehlt der Glaube: „Wo sollen diese neuen Kunden herkommen?", wird gerne gefragt. Denn die Buchungszahlen in den Hotels zeigen seit Jahren fallende Tendenz. Das Baha Mar hält dagegen, setzt auf Visionen und Stars: Louis Vuitton und andere klingende Markennamen, coole Restaurants, zeitgenössische Kunst, ein schickes Kasino und viel mehr. So gestaltet die New Yorker Design-Agentur von US-Rockstar Lenny Kravitz die Inneneinrichtung des Nachtclubs und Kravitz selbst soll des Öfteren mal den Club schmeißen. Damit folgen dann andere Stars und Sternchen, sagen die Verantwortlichen, der Rest komme von selbst – 3,5 Mrd. Dollar an Investitionen später.

Gesellschaftlicher Überblick

Bevölkerung

Die Bahamaer sind sehr **freundlich** und **aufgeschlossen** gegenüber Fremden. Ein großer Teil der Bevölkerung ist auf irgendeine Art und Weise professionell mit dem Wirtschaftszweig Tourismus verbunden und kommt schon aus diesem Grund viel mit Leuten aus fremden Ländern zusammen. Man sollte sich also nicht wundern, wenn man von Bahamaern auf der Straße angesprochen wird, ohne sich zu kennen. In Nassau kann es zwar auch einmal passieren, dass sich jemand als Fremdenführer anbieten will, aber in der Regel unterhalten sich die Bahamaer gerne oder sagen einfach nur Hallo.

Religiösität

Bei aller Offenheit gegenüber den Sitten und Gebräuchen anderer Länder gibt es natürlich gewisse **geschriebene** und **ungeschriebene Gesetze**, bei denen es sich von selbst verstehen sollte, dass sie vom Reisenden beachtet werden. Die Bahamaer sind ausgesprochen **religiös**, und kaum jemand wird am Sonntagmorgen außerhalb einer der vielen Kirchen anzutreffen sein. Aus diesem Grund sollten Besucher zu kritische oder abfällige Bemerkungen über religiöse Fragen vermeiden. Entsprechende Äußerungen werden auf den Bahamas anders eingeordnet als in Mitteleuropa und können schnell als persönlich beleidigend aufgefasst werden. Aus dem gleichen Grund sollte man auch nicht unbekleidet baden oder in der Öffentlichkeit gotteslästerlich auf Englisch fluchen.

Viele mögen diese Hinweise nach einem Aufenthalt auf den Bahamas überflüssig finden und sich sagen: Die Leute sind dort so „locker drauf", dass keine entsprechende Zurückhaltung geboten ist. Natürlich haben die Bahamaer eine **sonnigere Mentalität** als Mitteleuropäer. **„Don't worry – be happy!"** ist der Wahlspruch, den man häufig hören wird. Bahamaer neigen mehr dazu, alle fünfe gerade sein zu lassen, aber trotzdem gibt es diese empfindlichen Punkte, und nicht jeder wird einem Gast zeigen, dass er sich danebenbenommen hat. Auch ganz besonders beim Fotografieren von Personen sollte man die persönliche Privatsphäre respektieren und vorher am besten freundlich fragen, ob es der Person recht ist, abgelichtet zu werden.

Kinder auf Harbour Island

Bahamaer sind in der Regel sehr lebensfroh. Und wer ein **Party-Typ** ist, wird ein gutes Urlaubsland finden. Aber auch als Party-Muffel sollte man es nicht versäumen, wenigstens eine Tanzveranstaltung in Nassau oder eine der Wochenendpartys auf den Family Islands zu besuchen. Sonst würde man einen ausgesprochen wichtigen Teil des bahamaischen Gesellschaftslebens verpassen. Es wäre schon schade, die Bahamas besucht zu haben, ohne einige Tanzschritte zur Goombay-Musik versucht zu haben.

Gegensätze

Wer die Bahamas richtig kennenlernen will, der sollte sowohl **Nassau** als auch die **Family Islands** besuchen, da der Lebensstil der Hauptstadt sich doch sehr von dem auf den anderen Inseln unterscheidet. Nassau ist durch seine vielen Besucher sehr international, was sich auch an der schieren Anzahl der Restaurants zeigt. Hier pulsiert das Leben und der amerikanische Einfluss auf die Inselgruppe ist dort ebenso wie in Freeport am deutlichsten sichtbar. Auf den Family Islands hingegen leben viel Bahamaer noch sehr ursprünglich – und alles braucht seine Zeit.

„Out Islands“

Die Family Islands haben ihren Namen auch nicht von ungefähr, da viele Bahamaer von den Familien dieser Inseln nach Nassau gehen, um dort zu arbeiten. Am Wochenende und zu Feiertagen fliegen oder fahren sie jedoch nach Hause, um dort alte Freunde und die Familie zu treffen. Der Familienverband spielt auf den Bahamas noch immer eine große Rolle. Statt „Family Islands“ wird auch oft der Begriff „Out Islands“ genutzt. Dies ist auch heute noch die offizielle Bezeichnung des Tourismusministeriums. Sie war früher sehr gebräuchlich, da diese Inseln gegenüber Nassau wirklich „out“ waren. Denn Nassau und New Providence sind das Zentrum der Bahamas, das auch von den Bahamaern so definiert wird. „Out of Nassau“ heißt also schlichtweg, dass man eben nicht in der Hauptstadt ist. Was aber nicht heißt, dass die Inseln rund um New Providence wirklich „out“ sind – im Sinne von „nicht mehr zeitgemäß“.

Was das Verhältnis zwischen der **schwarzen Bevölkerungsmehrheit** und der **weißen Minderheit** betrifft, so herrschen auf den Bahamas keine entsprechend problematischen Verhältnisse wie in den Vereinigten Staaten. Nichtsdestoweniger gewinnt man den Eindruck, dass man einander etwas auf Distanz hält. Das mag einerseits sozial bedingt sein, da zum Zeitpunkt der Unabhängigkeit die weiße Minderheit wirtschaftlich wesentlich besser gestellt war als der Durchschnitt der schwarzen Mitbürger – und auch heute noch ist. Andererseits sind Benachteiligungen, wie das ehemalige ungeschriebene Gesetz, dass ein Schwarzer immer hinter einem Weißen in der Schlange zu stehen hatte, auch wenn dieser später kam, nicht ganz vergessen.

Die schwarze Bevölkerung steht jedoch Rassenproblemen als Mehrheit wesentlich weniger verkniffen gegenüber als die Weißen, die teilweise auch heute noch einen recht rassistischen Dünkel

Traditionelle Flechtarbeit auf Cat Island

an den Tag legen. Dass das Verhältnis völlig unbelastet ist, wird man Besuchern zwar aus Höflichkeit und wirtschaftlichem Interesse immer zusichern. Wenn man sich aber die Zeit nimmt, einmal etwas tiefer zu forschen, erweist sich diese oberflächliche Harmonie als Wunschtraum. An dieser Stelle muss betont werden, dass man als Tourist immer mit ausgesuchter Höflichkeit behandelt und als Europäer anders beurteilt wird als die einheimischen Weißen.

Britischer Humor

Last but not least soll an dieser Stelle noch eine Bemerkung über den **Humor** der Bahamaer gemacht werden. Der englische Einfluss lässt sich in diesem Zusammenhang wirklich nicht verleugnen. Bahamaer lieben es, sich einen Spaß zu machen. Sie haben einen sehr ausgeprägten Sinn für hintergründigen Schabernack und knochentrockenen Humor. Wenn eine Bedienung also einmal eine ironische Bemerkung macht, sollte man sich nicht unhöflich behandelt fühlen, sondern das als Kompliment auffassen und sich eine entsprechende Entgegnung einfallen lassen.

Staatsform

Konstitutionelle Monarchie

Die **Staatsform** des **Commonwealth of the Bahamas** ist eine Konstitutionelle Monarchie. Darüber hinaus sind die Bahamas wie viele ehemalige Kolonien Englands Mitglied des Commonwealth of Nations. Der **Generalgouverneur** vertritt die **englische Königin** als offizielles Staatsoberhaupt der Bahamas. Regierungschef ist der **Premierminister**, der vom Parlament gewählt wird und sein Kabinett ernennt. Das Parlament setzt sich in Anlehnung an das englische System aus **zwei Kammern** zusammen: dem **House of Assembly** (Lower House) und dem **Senat** (Upper House). Die 38 Mitglieder des House of Assembly werden direkt nach dem Mehrheitswahlrecht gewählt und sind die entscheidende Kraft der Legislative. Die 16 Mitglieder des Senats werden zu einem Teil vom Generalgouverneur auf Vorschlag des Premierministers und zum anderen Teil von der Opposition im Parlament oder in Absprache mit dieser vom Premierminister ernannt. Ein **Commissioner** führt die Regierungsgeschäfte auf den einzelnen Inseln und ist dort oberster Verwaltungsbeamter. Außer der Hauptinsel New Providence sind die bahamaischen Inseln administrativ in 31 Distrikte und damit Lokalregierungen gegliedert.

Die Parteienlandschaft auf den Bahamas ist sehr übersichtlich. Bis 1967 war die **UBP** (United Bahama Party) der weißen Minderheit an der Macht. Dieser Umstand ist z.T. auf Einschränkungen des Wahlrechts zurückzuführen. 1967 schaffte dann die **PLP** (Progressive Liberal Party) unter **Lynden Pindling** den Durchbruch. Diese Partei war erst 1962 offiziell als Opposition anerkannt worden. Pindling blieb auch nach der Unabhängigkeit der Bahamas 1973 weiter an der Spitze und wurde erst 1992 von **Hubert Ingraham** als Premierminister abgelöst. Die Partei Ingrahams **FNM** (Free National Movement), die seit 1972 existiert, gewann die Wahl nach langer Oppositionstätigkeit nicht zuletzt wegen der Korruptionsskandale um Pindling. Seitdem wechseln sich beide Parteien ab in der Erreichung der Wählergunst und vor allem der Wählerstimmen.

Das **Rechtssystem** der Bahamas orientiert sich am englischen. Es wurde sogar die alte Sitte übernommen, dass die Richter Perücken tragen. Die oberste Gerichtsbarkeit ist der viermal im Jahr tagende **Court of Appeal**. Ansonsten werden Verfahren von übergeordneter Bedeutung im **Supreme Court** verhandelt. Oberste Berufungsinstanz ist das **Judicial Committee** des **Privy Council** in London.

Sozial-versicherung

1972 wurde ein **Sozialversicherungssystem** eingeführt, das Kranken- und Rentenversicherung sowie Sozialhilfe abdeckt. Eine private Versicherung für die Altersvorsorge ist allerdings schon angeraten. Natürlich darf man nicht vergessen, dass durch den engen Familienzusammenhalt und die wichtige Stellung der Kirche im karitativen Bereich viele Nöte aufgefangen werden. Da aber die Arbeitslosenquote mit über 16,2 % hoch ist, hat dies heute durchaus soziale Folgen.

Bildung

Auf Harbour Island: Schulkinder in ihrer Schuluniform

Das **Bildungssystem** zeigt seine gute Qualität bereits in der geringen Analphabetenrate von rund 4 %. Es gibt auf den Bahamas 159 staatliche Schulen, die kostenlos sind, und 88 private Grund- und Oberschulen. Das Schulsystem ist zweiphasig und in **Primary School** und **Secondary School** eingeteilt. Die Primary School entspricht in etwa der Grundschule. Das College of the Bahamas und das Bahamas Hotel Training College sind entsprechende weiterführende Schulen. Das College bietet in Zusammenarbeit mit zwei **Universitäten** in Florida Studiengänge an, und die University of the West Indies (Jamaika) hat eine Außenstelle auf den Bahamas. Die meisten Bahamaer gehen jedoch für eine Universitätsausbildung ins Ausland. In der Regel studieren sie in den Vereinigten Staaten, teils aber auch in Kanada.

Ethnische Herkunft

Von der **ethnischen Zusammensetzung** her sind etwa 90,6 % der Bahamaer schwarz, ca. 4,7 % weiß und 3 % asiatischen oder hispanoamerikanischen Ursprungs. Die Vorfahren des schwarzen Bevölkerungsteil sind zumeist als Sklaven über Nordamerika auf die Bahamas gekommen oder sie wurden direkt aus Westafrika als Sklaven verschleppt. Der weiße Bevölkerungsanteil stammt aus England, Irland oder den Vereinigten Staaten.

Religion

Hohe Kirchendichte

Interessant ist für Europäer das Verhältnis der bahamaischen Bevölkerung zur **Religion**. Über 95 % gehören einer christlichen Kirche an. Der Kirchgang am Sonntagmorgen ist nicht nur Glaubensausübung, sondern auch herausragendes gesellschaftliches Ereignis. Unvergleichlich auch die Kirchendichte auf den einzelnen Inseln. Häufig sind die Kirchen die am schönsten herausgeputzten Gebäude des Orts und stehen an exponierten Stellen. In Küstennähe werden sie von Regierungsseite durchaus auch „zweckentfremdet" und im Falle eines Sturms zu „Hurricane Shelter" (Zufluchtsorte vor einem Wirbelsturm) deklariert. Gut also, dass sie von der Kirchengemeinde meist sehr solide und quasi für die Ewigkeit gebaut wurden.

Außer den Konfessionen mit vielen Anhängern, wie den Baptisten, Anglikanern, Katholiken, Methodisten und Adventisten, gibt es noch eine Vielzahl anderer Richtungen. Mit Schwammfischern aus Griechenland kam Ende des 19. Jh. sogar die griechisch-orthodoxe Kirche auf die Bahamas. Außer den christlichen Gemeinden gibt es auch jüdische und muslimische Gemeinschaften.

Naturheilkunde

Trotz des großen Einflusses der christlichen Kirchen auf die bahamaische Gesellschaft haben im Besonderen auf den Family Islands **traditionelle Glaubensvorstellungen** überlebt. Für den Bahamaer schließt das eine das andere nicht aus. So glauben noch viele Menschen an **Obeah**, die bahamaische Form des Voodoo, der in Westafrika seinen Ursprung hat. Daneben gibt es die sehr populäre **Bush Medicine**, eine spezielle Form der Naturheilkunde. Bis heute wird sie praktiziert und als echte Alternative zur klassischen Schulmedizin wahrgenommen. Das Leon Levy Native Plant Preserve auf Eleuthera etwa widmet dem Thema „Bush Medicine" einen eigenen Garten. Hier wird erforscht, welche Möglichkeiten diese Art der Naturheilkunde auch in der modernen Welt bietet.

Vorbereitung zur Festtagsparade in Nassau

Brauchtum, Musik und Kunst

Wer das Glück hat, um die Weihnachtszeit auf den Bahamas unterwegs zu sein, der kommt an **Junkanoo** nicht vorbei. Keine Sorge aber: In so gut wie allen größeren Hotels und Resorts gibt es „Junkanoo"-Aufführungen, bei denen man zumindest ein wenig spüren kann, wie heftig und deftig und laut es ab dem 25. oder 26. Dezember in den Gassen und Straßen der Bahamas zugehen kann.

Junkanoo – das Fest aller Feste

info

Ursprünglich stammt die bahamaische Sitte des Junkanoo aus Zeiten der Sklaverei. Am zweiten Weihnachtsfeiertag erhielten die Sklaven Geschenke von ihren Herren und vor allem den Damen des Hauses und einen Tag Urlaub. Die Geschenke waren meist in einer Schachtel (engl. „box") untergebracht, die auf der Türschwelle der Sklavenunterkunft abgestellt wurde. „Boxing Day" ist also nicht der Tag, an dem geboxt wird, sondern hier werden „boxes" (Schachteln) überreicht. Für die Sklaven war dieser Tag die einzige Möglichkeit, sich untereinander zu treffen und zu feiern. Das wurde dann auch entsprechend ausgelassen und nach afrikanischen Traditionen getan. Der Name Junkanoo soll auch ursprünglich von **John Canoe**, einem als Sklaven auf die Bahamas gekommenen westafrikanischen Häuptling, abgeleitet sein. Junkanoo wird zwar wegen seiner Erscheinungsform häufig mit dem **Karneval** verglichen, hat aber mit dem Ursprung dieses Festes nichts zu tun.

Junkanoo ist ohne **Goombay** nicht denkbar. Diese Musikrichtung ist eine typisch bahamaische Eigenheit. Begleitet von Kuhglocken, Trillerpfeifen und Conchmuscheltönen, wird der Tanzrhythmus auf der Ziegenfelltrommel geschlagen. Gelegentlich mischen sich auch Fahrradklingeln oder Schlaghölzchen mit ein.

Beim Tanzen sind jeder Schritt und jede Figur erlaubt, und wer im Jump-in-dance in der Mitte einer Gruppe vortanzt, lässt sich immer noch etwas Besonderes einfallen, bis der nächste „einspringt". Die Goombay-Musik geht in ihren Ursprüngen auf westafrikanische Riten zurück, wird aber heute auch in Popmusikversionen gespielt, bei denen Blasinstrumente und Gitarre oft die führende Rolle übernehmen.

Die fantasievollsten Tanzschritte und Variationen dieser Musik werden auf der **Junkanoo Parade** geboten. Nach monatelanger Vorbereitung geht es jedes Jahr am zweiten Weihnachtstag los. Ab Mitternacht formieren sich die Gruppen und wetteifern die Zuschauer um die besten Plätze am Straßenrand. Gegen 3 Uhr ist es dann so weit: Der Umzug aus unterschiedlichen Gruppen, die mit ihren farbenprächtigen Kostümen nach bestimmten Themen hinter ihrem Banner durch die Straßen ziehen, brodelt vor Ausgelassenheit. Schrille Trillerpfeifen versuchen, das Kuhglockengeläut zu

info

Farbenprächtige Kostüme bei der Junkanoo Parade

übertönen, und trotz der überdimensionalen Pappmachéfiguren tanzen auch die Kostümierten ohne Unterlass. Kostüme und Figuren sind aus Krepp und farbenprächtig bemalt und geschmückt. Der Fantasie sind hier keine Grenzen gesetzt, die zentrale Figur kann bis zu 150 kg wiegen.

Die kuhglockenartigen Instrumente, die heftig geschwungen werden und deren Töne das Trommelfell strapazieren, klingen wie „kalik, kalik, kaligging, kalik". Kein Wunder, dass die bekannteste und älteste Brauerei der Bahamas „Kalik" heißt – denn dann muss gute Laune drinstecken.

Gute Laune vermittelt bahamaische Musik allerorten, Gedudel aus dem Radio begleitet durch den Tag. Auch Kreuzfahrtpassagiere, die beim Anlanden in Nassau mit auf Blechfässern gespielten Calypso-Melodien empfangen werden, können sich dem kaum entziehen. Nicht zu vergessen der allgegenwärtige **Reggae**, der beispielsweise im morgendlichen Jitney die Mitfahrer beschallt und für die richtige Stimmung sorgt.

1979 betrat ein Mann in Nassau die Bühne, der große Spuren hinterlassen sollte: der Jamaikaner **Bob Marley**, Reggaemusiker par excellence und der ersten Stunde. Seine Familie legte sich ein schickes Haus in Cable Beach zu, das früher die Residenz des Gouverneurs war und heute von den Marleys als Resort betrieben wird. Dazu passte, dass nur ein paar Kilometer weiter das Studio von Christopher Blackwell lag, das „Compass Point Studio". Blackwell hatte Marley entdeckt und gefördert. Und auf den Spuren von Bob Marley wandeln ganze Generationen von bahamaischen Musikern wie etwa **Willis Knowles**.

Ein Gespräch mit Reggae-Musiker Willis Knowles

info

Der 1984 in Nassau geborene Singer-Songwriter Willis Knowles gehört zu den bekanntesten zeitgenössischen Künstlern und Musikern der Bahamas. Er entstammt einer Musikerfamilie, seine Tante brachte ihm und seinen Cousins schon im frühesten Kindesalter das Klavierspielen bei. Nach ein paar Jahren Pause von der Musik griff Willis zur Gitarre und brachte sich das Spielen selbst bei. Der erste Song war schnell geschrieben. Seitdem blieb er bei seiner Musik, dem Reggae. Seine erste CD „The Illest" erschien 2011.

Willis, Reggae kann man überall auf der Welt hören – von Asien nach Island, in Clubs, Kneipen und Strandbars. Was ist das Besondere am Reggae und warum gefällt diese Art der Musik so vielen Menschen?

Willis Knowles: Nun ja, Reggae ist Musik, die einem gut tut. Eben Rasta-Musik. Reggae ist die Musik der Massen und beinhaltet besonders für die Arbeiterklasse eine positive Botschaft. Jeder kennt den täglichen Kampf, den Alltag und jeder schätzt die positive Wirkung – egal wo er oder sie herkommt in *Jah's World*, der Welt der Rastas, die nicht beeinflusst werden kann von den sog. „Führern". Und was den Reggae so besonders macht, ist, dass die Musik „off beat" ist, also nicht im Takt und Einklang wie andere Musikrichtungen.

Sind die Bahamas ein besonderer Ort für den Reggae? Immerhin lebte Bob Marley teilweise hier, ein Resort ist nach ihm benannt und seine Tochter ist dort die Chefin. Das klingt alles in allem wie eine gute Ausgangsbasis für eine eigene bahamaische Reggae-Kultur.

Willis Knowles: Viele Bahamaer wuchsen mit Reggae und Marleys Musik im Ohr auf. Aber nur wenige wissen, wie eng seine Beziehungen zu den Bahamas waren, ganz besonders zu den Compass Point Studios. Was das Resort an-

Willis Knowles live auf der Bühme

info

geht: Es hat das Potenzial zu einem großartigen Live-Veranstaltungsort, sowohl für lokale Reggae-Musiker als auch für jamaikanische Künstler.

Was ist Dein Beitrag zum Reggae, was versuchst Du mit Deiner Musik zu erreichen?

Willis Knowles: Als bahamaischer Reggae-Musiker ist es meine Aufgabe, aufrüttelnde und aufmunternde Musik zu schreiben, die sich in erster Linie mit dem Leben auf den Bahamas auseinandersetzt. Ich schreibe viel über die tägliche Kriminalität und wie vor allem junge Menschen mit der Situation umgehen sollten – und nicht nachlassen beim Kampf ums Überleben. Ich schreibe auch Liebeslieder oder Musik, zu der einfach getanzt werden kann. Dahinter steckt immer meine Absicht, aufrichtig zu bleiben und nur über das zu schreiben, was ich fühle oder erlebe.

Hast Du schon Pläne, die Welt mit Deiner Musik zu erobern?

Willis Knowles: Davon träumen alle Musiker. Aber wir müssen warten, was Jah's Wille ist.

Wo kann man Dich treffen und Deinen bahamaischen Reggae hören?

Willis Knowles: Meine Band und ich sind viel in und rund um Nassau unterwegs. Wer Lust hat, uns zu hören: Einfach auf unsere Facebook-Seite schauen unter „Willis and the Illest Reggae Band". Da steht, wann und wo unser nächster Auftritt ist.

Blackwell sorgte auch dafür, dass eine andere Popgröße 1981 wieder zu alter Stärke gelangte: Der britische Sänger Joe Cocker (verstorben am 22. Dezember 2014) fand in den Compass-Point-Studios Zuflucht, nachdem eine „Woodstock Revival-Tour" 1979 so in die Hosen gegangen war, dass Cocker nur noch Trost im Alkohol fand. Dann aber gab ihm die Funk-Jazz-Truppe „The Crusaders" eine neue Chance mit zwei Songs auf ihrer Scheibe „Standing Tall", worauf Chris Blackwell so begeistert war, dass er Cocker auf die Bahamas holte und heftig in sein Gesangstalent investierte. Das Ergebnis war die Platte „Sheffield Steel", die Cocker 1982 schlagartig wieder ans Licht der Öffentlichkeit brachte.

International allerdings konnten sich die Bahamas in den letzten Jahrzehnten kaum in die Top Ten der Musikszene hocharbeiten. Im Jahr 2000 allerdings, da landete die Band „Baha Men" ein „One Hit Wonder": Für den Gassenhauer „Who let the dogs out?" gab es sogar einen Grammy als beste Dance-Aufnahme des Jahres. Zu Ehren kam der Song 2009 wieder im Kinostreifen „The Hangover". Alan lässt mit ein paar kleinen Tanzschritten und der Frage „Who let the dogs out?" im wahrsten Sinne des Wortes die folgenden Ereignisse von der Leine.

Ins Rampenlicht des internationalen Musikbusiness will sich auf jeden Fall das Baha Mar als riesiges Resortprojekt auf New Providence setzen: Niemand geringerer als

US-Popstar Lenny Kravitz spielt hier mit: Seine Firma Kravitz Design gestaltet das Innere des Baha Mar Casino & Hotel Ultar Villa und den hauseigenen Nachtclub. Lenny Kravitz hatte sich 2009 auf seine Wurzeln besonnen und zwei Jahre auf Eleuthera, der Geburtsinsel seiner Mutter, verbracht. Kurzerhand gründete er dort ein Tonstudio und will seiner zweiten Heimat besonders über den Nachtclub des Baha Mar mehr als verbunden bleiben.

In Sachen Kunst und Kultur suchen die Bahamas noch einen gewichtigen Platz in der internationalen Kunstszene, lassen aber wenig unversucht. So nahm das Land 2013 erstmalig an der **Kunst-Biennale** in Venedig teil, und dies gleich mit einem eigenen Pavillon. An Selbstbewusstsein mangelt es also nicht, ebenso wenig an Geldmitteln.

In Sachen **Film** machen sich die Bahamas vor allem als hervorragender Ort für Filmproduktionen bis heute einen Namen: Bereits 1916 ging Hollywood hier Unterwasser und filmte „20.000 Meilen unter dem Meer". Nicht weniger als sechs Mal kam James Bond zwischen 1965 und 2006 auf die Inseln, um für Recht und Ordnung zu sorgen, „Fluch der Karibik I und II" wurde hier 2005 und 2006 gedreht.

Beliebter Drehort

Die Bahamas möchten aber nicht nur als Produktionsort Anerkennung finden und so riefen engagierte Kulturschaffende 2004 kurzerhand das „**Bahamas International Film Festival**" *(www.bintlfilmfest.com)* ins Leben, das jedes Jahr im Dezember über die Leinwände Nassaus läuft und zuverlässig etliche Vertreter der Hollywood-Elite auf die Inseln holt.

Die Bahamas sind eine traumhafte Kulisse auch für Filmaufnahmen: Strand von Long Island

Essen und Trinken

Von Alanna Rodgers

Die Küche ist das beliebteste kulturelle Kleinod des Landes – da sind sich alle Bahamaer einig. Das Essen ist geschmackvoll, niemals langweilig und gehört eher zur würzigen Sorte. Verwendet werden viele Meeresfrüchte, und die Küche ist reichhaltiger als an anderen Orten der Karibik.

Es gibt viele Zutaten, die bereits seit den Tagen der Lucayans als Ureinwohner und schon vor der Entdeckung durch Kolumbus 1492 bis heute Verwendung finden: z. B. Maniok, scharfe Paprika, Kokosnuss, Guave und Conch. Gleichzeitig wurden aber viele „moderne" Bestandteile der heutigen bahamaischen Küche „importiert" – und zwar von vielen Kulturen rund um die Welt. Das Ergebnis ist eine bunte und spannende Mischung an Aromen und Geschmacksrichtungen.

Wie das Land selbst, wurde auch die Küche durch verschiedene Kulturen aus allen Himmelsrichtungen beeinflusst. Somit ist die bahamaische Küche eine Fusion von Geschmäckern und Kulturen – und damit wird sie einfach köstlich.

Britische Esskultur

Ab den 17. Jh. unter der britischen Kolonialherrschaft bis zur Unabhängigkeit 1973 kam die britische Esskultur auf die Bahamas, etwa in Form von Fleischpasteten (Pies), verschiedenen Brotsorten, Mixed Pickles (Eingelegtes, süß oder pikant) und Braten, mitgebracht von den Kolonisten. Bis heute gibt es in einigen bahamaischen Restaurants traditionelle britische Mahlzeiten wie *Shepherd's Pie* oder *Fish 'n' Chips*. Die bekannte bahamaische Nachspeise *Guava Duff* wird mit gedünsteten Früchten zubereitet, genauso wie der klassische englische „Eve's Pudding". Dieser Nachtisch besteht ebenso aus gedünsteten Früchten, die von einem luftigen Teig ummantelt gebacken werden.

Großen Einfluss hatten auch die amerikanischen Loyalisten, die in den 1780er-Jahren ihre Sklaven aus dem amerikanischen Süden mitbrachten. Mit ihnen gelangte die Hafergrütze auf die Inseln – eine Speise, die bis heute sehr beliebt ist.

Neue Gewürze und Zutaten

Später, zu Beginn des 19. Jh., kamen die befreiten Sklaven auf die Bahamas und brachten neue Gewürze und Zutaten für die Küche mit, wie etwa Okraschoten, Straucherbsen, Ingwer, Muskat, Schalotten und Gewürznelken. Auf sie kann auch die populäre bahamaische Speise *Peas 'n' Rice* (Erbsen und Reis) zurückgeführt werden. Denn die Straucherbse, die normalerweise verwendet wird, stammt ursprünglich aus Afrika. Ein Mal hier, wurde sie auf den Bahamas kultiviert und ist heute ein unverzichtbarer Bestandteil der Küche. Okra-Suppe und „Johnny Cake" – eine Kreuzung zwischen süßem Brot und festerem Kuchen – können ebenso direkt auf afrikanische Ursprünge zurückgeführt werden.

Daneben gibt es reichlich andere Einflüsse, die heute mit die bahamaische Küche ausmachen, etwa griechische, chinesische, philippinische, jamaikanische, indische und amerikanische. Denn wer weiß schon, dass auf den Bahamas rund 700 Griechen leben? Verdienten sie früher ihre Brötchen mit dem Schwammtauchen, so gingen später einige in die Gastronomie. Kein Wunder, dass 1995 das erste griechische Restaurant auf den Bahamas eröffnete, in Nassau. Und der griechische Salat ist bis heute eine Versuchung, das Restaurant übrigens immer noch in fester Hand der Gründerfamilie.

Griechische Spezialitäten auf den Bahamas

Meist aber dreht sich bei den bahamaischen Mahlzeiten alles um Fleisch oder Fisch. Immerhin sind die Bahamas der zehntgrößte Fleischverzehrer der Welt. Es gibt zwar vegetarische Speisen in Restaurants, in der Regel aber nicht in „normalen" Haushalten.

Die schmackhaftesten Mahlzeiten der Bahamas basieren meist auf einer Mischung von grünem Paprika, Zwiebeln, Tomaten, Tomatenmark, Thymian, Lorbeer und Chili. Bei Fischgerichten kommen häufig Limetten und Pfeffer hinzu.

Tropische Früchte

Natürlich kann man im ganzen Land auch köstliche tropische Früchte genießen. Hierzu gehören Ananas, Bananen, Kokosnüsse, Papayas, Guave, Passionsfrucht, Wassermelonen und Zitrusfrüchte.

Einige **typische Gerichte**:
- Fisch wie Snaper (Schnapper) oder Mahi Mahi (Goldmakrele), gekocht, gegrillt, überbacken oder gebraten
- Schalentiere wie Conch und bahamaischer Lobster, zubereitet in verschiedenen Variationen
- Erbsen und Reis *(Peas 'n' Rice)*
- Bahamaische Makkaroni mit Käse *(Mac 'n' Cheese)*
- Guava Duff zum Nachtisch
- Rumkuchen *(Rum cakes)*
- Gebackenes Huhn *(Fried Chicken)*

Conch

Conch ist überall beliebt, denn Conch ist, verglichen mit anderen Meeresfrüchten, recht günstig. Auch heißt es, dass Conch eine aphrodisierende Wirkung habe, daher wird Conch auch gerne von männlichen Bahamaern genossen.

Conch wird in zahlreichen Variationen zubereitet. Am bekanntesten sind Conch-Salat, frittiert als *Cracked Conch*, *Chowder* (Suppe), gedünstet mit Reis oder Hafergrütze oder als Stew zubereitet mit „Johnny Cake" als Beilage.

Bahamian Style: Makkaroni mit Conch Fritters

Conch wird auf den Bahamas übrigens „Konk" ausgesprochen, während die US-Amerikaner eher von „Kontsch" sprechen.

Die meisten bahamaischen Speisen gibt es auf allen großen Inseln der Bahamas. Natürlich haben einige Inseln besondere Spezialitäten. So ist etwa Eleuthera bekannt für die dort wachsende, unglaublich süße Ananas, während auf Bimini ein ganz besonderes süßes Brot aus Kokosnuss gebacken wird. Andros ist bekannt für eine ganze Reihe leckerer Krebsgerichte wie Krebs mit Reis oder mit Pfannkuchen und überbackene Krebse.

Frühstück, Lunch und Dinner

Deftiges zum Frühstück

Das bahamaische **Frühstück** ist oft eine recht herzhafte Angelegenheit. Normalerweise dreht sich alles um Hafergrütze *(grits)* als Basis. Für 1–3 $ erhält man an einem Imbiss am Straßenrand eine große Auswahl, z. B. Thunfischsalat, gebratenen Thunfisch, Sardinen, Eier, Wurst, Corned Beef (auch „Fire engine" genannt), serviert mit heißer Hafergrütze und über die Theke gereicht in einer Plastikschale, damit man alles leicht transportieren kann.

Auch wenn es sie manchmal während der Woche gibt, gehören besonders am Wochenende zum bahamaischen Frühstück und Brunch: Hühnchen in Sauce, gedünsteter Fisch oder Conch und gekochter Fisch. Dazu gibt es Hafergrütze oder „Johnny Cake". Der in Scheiben geschnittene Kuchen wird in die Saucen eingetunkt oder mit Butter und Marmelade bestrichen. Der Name „Johnny Cake" kommt übrigens ursprünglich von „Journey Cake", also „Reisebrot- oder -kuchen". Denn er konnte problemlos über lange Zeit und lange Strecken transportiert werden, ohne zu zerbrechen oder den Geschmack zu verlieren.

Natürlich kann man auch ein europäisches oder kontinentales Frühstück bekommen, darunter Klassiker wie Cornflakes oder Müsli, Früchte, verschiedene Brotsorten, Toast, Bagels und Muffins, Säfte, dazu Kaffee oder Tee. Wer auf den Bahamas in einem Hotel oder Resort übernachtet, dem wird diese bekannte Art des Frühstücks am häufigsten begegnen. Dazu kommen meist noch deftigere Beilagen wie Eier, Schinken, Wurst, Speck, Pfannkuchen, French Toast und Hafergrütze. Frühstückszeit ist meist bis 9.30 Uhr, einige Restaurants bieten auch Frühstück bis um 11 Uhr oder bis zum Mittag an.

Normalerweise ist **Lunch**, also das Mittagessen, auf den Bahamas recht mächtig und häufig sättigender als das Abendessen. Denn, da sind sich die Bahamaer einig: Wenn eine Mahlzeit nicht sowohl Reis als auch Fisch oder Fleisch enthält, ist es keine ordentliche Mahlzeit. Daher essen viele Einheimische zur Mittagszeit Hühnchen, Fisch oder Schweinefleisch. Als Beilagen kommen Erbsen und Reis *(Peas 'n' Rice)* auf den Tisch, Krautsalat, Kartoffelsalat, Pommes Frites, Kochbananen (süß), Nudelsalat und viel mehr.

Hauptmahlzeit zu Mittag

Unter der Woche kaufen die Einheimischen ihre Mahlzeiten meist an einem Imbissstand, im Restaurant oder beim Take-away. Am Wochenende wird jedoch normalerweise zu Hause gekocht. Am Sonntag kommt die ganze Familie zusammen, um nach der Messe in der Kirche gemeinsam zu essen und sich die neuesten Geschichten zu erzählen.

Natürlich kann man auch ein leichtes Mittagessen zu sich nehmen. Es gibt etliche Lokale, die Suppen, Sandwiches und Snacks anbieten.

Dinner, das Abendessen, ist eine leichtere Mahlzeit als Lunch. Doch auch hier dreht sich alles um Fleisch. Dinner wird üblicherweise schon ab 18 Uhr gereicht. So ist es nicht ungewöhnlich, dass Restaurants unter der Woche um 21 Uhr schon wieder schließen. Wer also gemütlich im Restaurant dinieren will, sollte vorher eine Reservierung machen und die Öffnungszeiten erfragen.

Was man auf den Bahamas **unbedingt probieren** sollte:

- mindestens zwei verschiedene Zubereitungsarten von **Conch**, z. B. als Salat, frittiert oder als Suppe, dazu ein kühles **Kalik**- oder **Sand's-Bier**;
- gekochten **Fisch** oder **Hühnchen** in Sauce, am besten samstagvormittags serviert mit „Johnny Cake" und gelber Hafergrütze;
- **Makkaroni** nach bahamaischer Art mit Käse und **Peas 'n' Rice**;
- **Guava Duff** oder Kokosnusstörtchen als Dessert;
- eine reife **Mango** im Sommer;
- einen oder zwei der berühmten **Cocktails** der Bahamas.

Köchin in Nassau bei der Zubereitung von Conch-Salat

Getränke

Auf den Bahamas kann man das Verhältnis zum Alkohol als recht locker bezeichnen. Neben den beiden heimischen Biersorten „Kalik“ und „Sand's“ ist die Auswahl an Cocktails groß. Grundbestandteil der Cocktails ist meist Rum.

Cocktails

Die **bekanntesten Cocktails** sind:
- **The Goombay Smash** aus Kokosnuss-Rum, Ananassaft, Limonensaft, Triple Sec, Vat 19-Rum und ein wenig Sirup.
- **The Yellow Bird**, zubereitet mit Bananenlikör, Vat 19-Rum, Orangensaft, Ananassaft, Aprikosen-Brandy und Galliano.
- **Bahama Mama** aus Vat 19-Rum, Zitronensaft, eventuell ein wenig Ananas, Bitterlikör, ein wenig Muskat, Crème de Cassis und ein wenig Grenadine. (Ein besonderer Drink, immerhin gönnte sich die deutsche Popband „Boney M.“ 1979 einen gleichnamigen Song, der aber mit dem Cocktail selbst nichts zu tun hat. Aber offensichtlich klingt er gut …)
- **The Rum Dum**, ein süßer und süffiger Drink, zusammengesetzt aus leichten und schweren Rumsorten, Eiweiß, Sirup und Limonensaft (Den besten gibt's übrigens in der John Watlings Rum Distillery in Nassau. Hier legt der Erfinder des Rum Dum, Wilfried Sands, noch selbst Hand an).

Am gesündesten wäre es natürlich, bei den konstant warmen Temperaturen auf den Bahamas den ganzen Tag viel **Wasser** zu trinken. Zu den beliebtesten Strandgetränken zählt jedoch das **Kalik-Bier**. Das aus heimischer Produktion stammende „Kalik“ ist ausgezeichnet und einem europäischen Exportbier oder den amerikanischen, für den europäischen Gaumen recht „wässrigen“ Biersorten, vorzuziehen. Besonders gut schmeckt das höherprozentige **Kalik Gold**.

2008 bekam die Kalik-Brauerei, die auf New Providence beheimatet ist, Konkurrenz auf Grand Bahama Island: Die Bahamian Brewery ging mit „**Sand's**“ an den Markt und konnte schnell große Erfolge beim Bierabsatz verzeichnen. Letztendlich ist es Geschmackssache, was dem Gaumen besser behagt. Auf jeden Fall sollte bahamaisches Bier kalt – am besten eiskalt – getrunken werden.

Freunde tropischer Früchte werden mit leckeren, frischen **Fruchtsäften** verwöhnt. Ein vielfältiges Angebot lädt zum Ausprobieren verschiedenster Mischungen z. B. aus frischem Papaya-, Guaven- oder Ananassaft ein. Die Kombinationen mit Guave sind übrigens sehr süß. Für eingefleischte Cocktailfans bilden die exotischen Fruchtsäfte mit Rum die Basis für die landestypischen **Cocktails**.

Beliebtes Bier aus heimischer Produktion: „Kalik“

Tipp

Wer am nächsten Tag merkt, dass er beim Sonnenuntergang doch zu viele der Cocktail-Köstlichkeiten ausprobiert hat, der sollte vielleicht den Tipp der Insulaner ausprobieren: Eine Portion gekochtes Conch-Fleisch mit Zitronensauce und scharfen Chilis zum Katerfrühstück essen.

Kater-Rezept

Für Weinkenner erscheint die **Weinkarte** auf den ersten Blick bisweilen etwas abenteuerlich zusammengestellt zu sein, auf den zweiten Blick sind jedoch häufig ausgezeichnete Weine zu entdecken. In der Regel sind europäische, südamerikanische und US-amerikanische Weine auf bahamaischen Weinkarten von sehr guter Qualität, aber aufgrund der Importkosten recht teuer. Wer trockene Weine bevorzugt, sollte ausdrücklich den „trockensten" bestellen, da sich die Auffassung von einem „guten trockenen Wein" auf den Bahamas stark am amerikanischen Geschmack orientiert.

Ein Gespräch mit Alanna Rodgers

info

Die 1987 in Nassau geborene Alanna Rodgers ist Gründerin und Präsidentin von „Tru Bahamian Food Tours"/Nassau. Sie hat eine kanadische Mutter, einen bahamaischen Vater und bewegt sich in beiden Welten. Nach Schulabschluss in Nassau studierte sie vier Jahre in den USA. 2008 gründete sie die Hilfsorganisation „Hands for Hunger" *(www.handsforhunger.org)* und reiste durch Afrika. Auf ihren Reisen fiel ihr auf, wie wenig von bahamaischer Seite unternommen wird, um die lokale Küche bekannt zu machen. Denn diese Küche ist einmalig in der Welt, da ist sich Alanna Rodgers sicher. Kurzerhand gründete sie Ende 2012 „Tru Bahamian Food Tours" *(www.trubahamianfoodtours.com)* und geht seit Januar 2013 mit ihren Gästen in Nassau zu Fuß auf kulinarische Entdeckungsreise.

Alanna, von allen Dingen, die auf den Bahamas einzigartig sein mögen, hast Du Dich für die bahamaische Küche entschieden. Warum?

Alanna Rodgers: Als Bahamaerin teile ich mit allen anderen Bahamaern eine Leidenschaft, das Essen. Und darauf sind wir stolz. Es ist so ziemlich das einzige, über das wir nicht streiten. Denn mit den Traditionen sind wir alle aufgewachsen und möchten unsere Erfahrungen mit allen anderen Menschen teilen, die unsere Inseln besuchen. Sie sollen spüren, warum wir von der bahamaischen Küche so begeistert sind.

Dann sollen Touristen sicher nicht am zugegebenermaßen meist reichhaltig gefüllten Hotelbuffet bleiben – was schlägst Du vor?

Alanna Rodgers: Niemals! Die meisten Hotels auf den Bahamas bieten internationale Küche – vieles davon ist aber nicht von hier. Natürlich spricht prinzipiell nichts gegen Hotelessen. Ich bin aber der Meinung, dass unsere Besucher, wenn sie schon in unserem Land sind, auch unsere Küche entdecken sollten – mit ihrer ganzen Fülle und Vielfalt. Sie werden das Land mit einem viel größeren Wissen über die Bahamas verlassen.

Du bietest kulinarische Touren in Nassau an. Mögen alle Deine Gäste die Speisen, die Du vorstellst?

Alanna Rodgers: Auf unserer „Bites of Nassau-Tour" bieten wir Speisen an, die 99,9 % unserer Gäste mögen. Es kommt also nichts zu radikales oder zu exzentrisches auf den Teller. Vielmehr bieten wir örtliche Favoriten wie *Conch Fritters*, Makkaroni mit Käse, Rumkuchen und anderes. Natürlich gibt es Gäste, die mehr mitnehmen als andere, deren Sinne offener sind. Aber alles, was man braucht, ist ein bisschen Abenteuerlust.

Magst Du Conch? Mögen eigentlich alle Bahamaer Conch?

Alanna Rodgers: Conch ist unsere Nationalspeise. Du wirst also kaum einen Bahamaer treffen – zumindest keinen, der es zugibt – der oder die Conch nicht mag. Da die Beschaffenheit des Conch aber – sagen wir mal – intensives Kauen erfordert, ist der Geschmack dann vielleicht eher etwas für Kenner. Ich selbst bin ein großer Conch-Fan, und das in allen Formen.

Auf welche Zubereitungsart hast Du Conch am liebsten? Und verrätst Du uns Dein Lieblingsrezept?

Alanna Rodgers: Witzigerweise ist die Art, wie ich Conch am liebsten mag, die ungekochte. Entweder angebraten oder im Conch-Salat, wobei der Conch dann roh ist. Am besten probiert man beides in Nassau am örtlichen Fischmarkt Potter's Cay, der unter der Brücke nach Paradise Island liegt. Denn hier ist der Conch ganz frisch. Die Fischer nehmen von ihrem Stapel eine meist am Morgen frisch im Ozean gefangene Conch-Muschel, reinigen sie, schneiden das Fleisch an Ort und Stelle in klei-

Alanna Rodgers, Gründerin und Präsidentin von „Tru Bahamian Food Tours"/Nassau

ne Stücke, dazu grüner Paprika, Zwiebeln, Tomaten und viel Limonensaft sowie Pfeffer. Eine leckere Schale Köstlichkeiten und unglaublich frisch. Ich würde niemals einen Conch-Salat selbst machen, da ich weiß, wie gut ein Fischer am Potter's Cay das kann.

Alannas Rezept für „**Classic Conch Chowder**"
1 Schinkenknochen mit ein bisschen Fleisch dran oder 250 g Speck in Scheiben geschnitten
ca. 2 l Wasser
8–10 Conchs, in Würfel geschnitten (Conch sollte immer weich geklopft werden)
2 Zwiebeln, geschält
1 grüne Paprika, gewürfelt
1 Dose Tomaten
6 große Kartoffeln, gewürfelt
Tomatenmark
Salz und Pfeffer
2–4 Lorbeerblätter
2–4 Thymianblätter
2–4 Karotten, gewürfelt
Cayennepfeffer oder scharfe Sauce, je nach Geschmack

Curry Conch Chowder

Schinken oder Speck in den Topf, das Wasser dazu. Zudecken und zum Kochen bringen, dann die Hitze herunterdrehen, bis es köchelt. Conch hineingeben und alles ca. 2 Std. köcheln lassen.

Zwiebeln und grüne Paprika in Fett anbraten, bis sie eine schöne braune Farbe haben. Dann die Tomaten und das Tomatenmark dazugeben und das Ganze rund eine Minute köcheln lassen. Anschließend diese Mischung zum Conch in den Topf, alle restlichen Bestandteile hinein und solange köcheln lassen, bis das Gemüse durch ist.

Guten Appetit!

2. DIE BAHAMAS ALS REISEZIEL

Allgemeine Reisetipps von A–Z

In den Allgemeinen Reisetipps von A–Z finden Sie reisepraktische Hinweise für die Vorbereitung Ihrer Reise und für Ihren Aufenthalt auf den Bahamas. Auf den anschließenden Grünen Seiten (ab S. 89) werden Preisbeispiele für Ihren Bahamas-Aufenthalt gegeben. In den folgenden Reisekapiteln (ab S. 92) erhalten Sie dann bei den jeweiligen Inseln detailliert Auskunft über Infostellen, Sehenswürdigkeiten, Unterkünfte, Restaurants, Verkehrsmittel, Wassersportmöglichkeiten und andere Aktivitäten.

Abkürzungen

Die wichtigsten Abkürzungen, die auf Karten und in Adressen verwendet werden:

Ave.	Avenue	Hwy.	Highway
Bldg.	Building/Gebäude	Ln.	Lane/Straße
Br.	Bridge/Brücke	Rd.	Road/Straße, Weg
Cor.	Corner/Ecke	Mt.	Mount/Berg
Cr.	Creek/Bach (Fluss)	Nat.	National/national
Dr.	Drive/Straße	St.	Street/Straße
Ft.	Fort/Befestigungsanlage	Terr.	Territory/Gebiet

Angeln/Fischen

Die flachen Gewässer zwischen den Hunderten von kleinen Inseln der Bahamas sind ein Paradies für viele Fischschwärme und machen die Bahamas damit zu einem Eldorado für Angler. Selbst dort, wo es regen Schiffsverkehr gibt, konnten Angler auf eine reiche Ausbeute blicken. Leider hat in der Vergangenheit teilweise Überfischung ganze Fischschulen stark dezimiert – besonders große Wildfischschwärme. Gerade jedoch die „Big Game Fish" und die guten Bedingungen für „Bonefishing" ziehen Angler aus aller Welt an. Dutzende Anglerwettbewerbe finden jedes Jahr statt.

Beim **Bonefishing** steht man nicht weit von der Küste entfernt im seichten Wasser und kann die kleineren Fische „zu Fuß" oder vom Boot aus angeln. Beim „**Big Game Fishing**" hingegen ist durchaus auch mal richtig Kraft angesagt, wenn z.B. ein Blue Marlin oder ein Schwertfisch (beide Fischarten können bis zu 4,5 m lang werden) anbeißt. Für so eine Situation wurde der „**fighting chair**" (Kampfstuhl) erfunden, der seinen Namen nicht zu Unrecht trägt. Auch wenn der große Fisch entwischen sollte, kann man sich dann ein wenig wie Ernest Hemingway fühlen, der diese Sportart in seinem Buch „Inseln im Strom" detailliert beschrieben hat.

„Bonefishing" im seichten Wasser

In der Regel wird man sich ohnehin mit dem Fang eines kleineren Fisches, wie etwa dem *Dolphin fish* (*Mahi Mahi*, Goldmakrele, Länge bis zu 2 m), zufrieden geben müssen. Der oben erwähnte Bonefish ist übrigens wegen seines Geschmacks nicht unbedingt für ein Abendessen geeignet, während der *Dolphin fish* (damit ist nicht der Delfin gemeint – das Fangen von Meeressäugetieren ist in den Gewässern der Bahamas verboten!) zu den schmackhaftesten Fischen auf der bahamaischen Speisekarte zu rechnen ist.

Eine für Europäer recht ungewöhnliche Art des Fischens ist das „**spearfishing**", bei dem man mit einer „Hawaiian Sling" (einer Art Harpune) unter Wasser auf Jagd nach Fischen geht. In der Nähe eines Riffs kann man auf diese Art und Weise **Zackenbarsche** oder auch **Barrakudas** erlegen.

Zum Hochseeangeln (Big Game Fishing) eignen sich besonders Bimini, die Berry Islands oder Walker's Cay. Bonefishing ist auf fast allen Inseln möglich, als bestes Revier gilt jedoch Andros. Informationen zum Bonefishing auf Andros gibt es beim **Andros Island Bonefishing Club** in North Andros unter ☎ 368-5167 und unter www.androsbonefishing.com.

Nähere Informationen über **Angelscheine** und zugelassene Fangmengen gibt es in der Regel beim Ausrüster.

An- und Abreise

Mit dem Flugzeug

Es gibt keine Direktflüge (mehr) von Deutschland, Österreich oder der Schweiz auf die Bahamas. Die einzige direkte Verbindung nach Nassau wird aufrechterhalten von British Airways ab London-Heathrow. Alle anderen Verbindungen führen über einen oder mehrere Flughäfen in den USA, z. B. **Atlanta**, **New York** oder **Miami**. Wer allerdings in Miami angelangt ist, den trennen nur noch rund 45 Min. Flugzeit von den Gestaden der Bahamas – von Nassau bis zu entlegenen Paradiesen der Out Islands. Dank der kurzen Flugzeit sind die Bahamas der ideale Ort, um den Florida-Urlaub um ein paar Tage oder Wochen zu verlängern. Auch tausende „Floridianer" denken jede Saison ähnlich, sparen sich die zeitaufwendige Anreise mit dem Auto etwa von Nord-Florida nach Miami Beach oder auf die Florida Keys und springen in eine der zahlreichen Flugverbindungen auf die Bahamas. Wer es sich leisten kann, nimmt die eigene Jacht oder das eigene Flugzeug.

Kontakt internationale Fluglinien

American Airlines

Frankfurt Airport, Terminal 2, Halle E, Ebene 2, ☎ 069-2999 3234, International.CustomerRelations@aa.com, www.aa.com, www.americanairlines.de
- Frankfurt – Miami – Nassau (und weitere Inseln)

Delta Air Lines

Delta Euro Customer Care Centre, F-75564 Paris; Frankfurt Airport, Terminal 2, Bereich D, Ebene 2, ☎ 0180-6805 872, www.delta.com
- Deutschland – Atlanta – Nassau
- Zürich – Atlanta – Nassau

info

Klimabewusst auf die Bahamas

„Emissionen einer Person auf einem Hin- und Rückflug Frankfurt/Main Int'l nach Nassau via Miami: Klimawirkung von etwa 5.060 kg CO_2“, berichtet der Online-Emissionsrechner bei www.atmosfair.de. 5.060 kg CO_2 sind nicht wenig. Immerhin macht das Fliegen rund 10 % der globalen Klimaerwärmung aus. Ein Kühlschrank verursacht jährlich z. B. rund 100 kg CO_2, Autofahren 2.000 kg, und ein Mensch in Indien kommt auf 1.400 kg CO_2 im Jahr. Das sog. „Klimaverträgliche Jahresbudget eines Menschen“ liegt bei 2.300 kg CO_2 im Jahr. Wer also auf die Bahamas fliegt, hat für knapp zwei Jahre sein Budget aufgebraucht – für vielleicht drei Wochen Urlaub.

Urlauber, die die Folgen des Fliegen nicht ignorieren wollen, können ihr Jahresbudget bei verschiedenen gemeinnützigen oder profitorientierten Organisationen ausgleichen. Für jede Tonne CO_2 errechnen diese Klimaschutzagenturen eine freiwillige Abgabe zwischen 9 und 60 €. Dieses Geld wird gesammelt und in Klimaschutzprojekte investiert, die so möglichst die gleiche Menge Kohlendioxid einsparen sollen. Atmosfair ist eine der bekanntesten Agenturen. Sogar die deutsche Bundesregierung gleicht hier die Reisetätigkeit der Politiker und ihrer Mitarbeiter aus. „Diese Menge CO_2 kann atmosfair für Sie in einem Klimaschutzprojekt für 116 € kompensieren“, heißt es im Online-Emissionsrechner zum Thema Bahamas-Flug. Wer eine der verschiedenen Klimaschutzagenturen unterstützen möchte, sollte sich vorher gut über das Programm informieren. Es gibt leider kein Prüfzertifikat, aber auf den jeweiligen Websites können sich Interessierte recht schnell einen Überblick verschaffen.

Einige Adressen von Klimaschutzagenturen mit Emissionsrechnern: www.atmosfair.de, www.climatefriendly.com, www.myclimate.de, www.tricoronagreen.com

British Airways
British Airways Plc., Waterside, P.O. Box 365, Harmondsworth UB7 0GB, UK,
Besucheradresse: Lyoner Str. 9, 60528 Frankfurt,
Reservierungen ☎ 0421-5575 758, contactbade@email.ba.com
Frankfurt Airport, Terminal 2, Halle E, Ebene 2, 60549 Frankfurt,
☎ 069-6981 5238/9, 6981 7777, www.britishairways.com

- Deutschland – London (LHR) – Nassau
- Zürich – London (LHR) – Nassau
- Direktverbindung London – Nassau

Lufthansa
Deutsche Lufthansa, Frankfurt Airport, Terminal 1, Abflughalle A,
☎ 069-86 799 799, www.lufthansa.com

- Deutschland – Miami; • Wien – Frankfurt – Miami; • Zürich – Frankfurt – Miami

Swiss
Swiss International Air Lines AG, Postfach, CH-4002 Basel; Frankfurt Airport, Terminal 1, Bereich A, Ebene 2, ☏ 069-867 98000, www.swiss.com
• Zürich – Miami

Reiseveranstalter
Reisen auf die Bahamas sind bei zahlreichen Amerika-Veranstaltern im Angebot. Bahamas-Spezialisten sind u.a.:
Explorer Fernreisen, ☏ 0211-99 49 09, www.explorer.de, info@explorer.de, bietet seit 45 Jahren individuelle Erlebnisreisen und Reisebausteine an.
CANUSA TOURISTIK, ☏ 040-227253-0, www.canusa.de, ham@canusa.de, stellt individuelle Reiseprogramme für die Bahamas zusammen und verfügt über sieben deutsche Büros.

Tipp
America Unlimited GmbH, Leonhardtstr. 10, 30175 Hannover, ☏ 0511-37444750, www.america-unlimited.de, ist ein anerkannter Bahamas-Spezialist und bietet neben An- und Abreise auch maßgeschneiderte Rundreisen an, z.B. Hochzeitsreisen oder „12 Tage Bahamas mit Kindern". Die Stärke des Teams sind Zusammenstellungen von Reisen, individuell nach Kundenwunsch.

Tipps für die Out Islands

info

von Julia Kohlenberg, Geschäftsführerin,
America Unlimited GmbH, Hannover

Als Spezialreiseveranstalter legt **America Unlimited** besonderen Wert darauf, für jeden Reisenden genau den passenden Traumurlaub zusammenzustellen. Hier kommt es auf Individualität und das besondere Etwas an. Unsere wichtigste Empfehlung für die Bahamas: die Out Islands (Family Islands) entdecken. Sobald man die touristischen Regionen rund um Nassau oder Freeport verlassen hat, zaubert bereits der Flug zu den Out Islands ein Lächeln auf die Gesichter der Reisenden. Wunderschöne Farbenspiele im Wasser lassen auf Karibikfeeling am Sandstrand schließen – zu Recht! Am besten kombiniert man zwei bis drei Inseln wie Cat Island, Long Island oder Eleuthera miteinander. Eleuthera ist unser Favorit: Die Glass Window Bridge eröffnet den Blick auf den tiefblauen Atlantik auf der einen und das türkisfarbene Meer der Karibik auf der anderen Seite.

Inlandsflüge
Die Inseln der Bahamas selbst werden von Nassau oder Freeport aus von etlichen bahamaischen Fluglinien angeflogen – manche kommen, manche gehen, manche machen kurz von sich reden. So z.B. Pineapple Air, als eine Maschine im Oktober 2013 auf dem Flug kurzerhand das gesamte Gepäck der Passagiere über dem Meer entlud – die Ladeklappe hatte sich geöffnet. Auch ist das Fluggerät nicht immer

Flieger von Bahamasair

neuesten Datums und Verspätungen müssen eingeplant werden. Die Bahamaer tragen's mit Gelassenheit. Denn Fliegen auf den Bahamas ist wie Bahn fahren in Deutschland: wahrscheinlich verspätet, aber man kommt irgendwann an. Dazu kommt, dass die längste Flugstrecke innerhalb der Bahamas gerade mal knappe zwei Stunden lang ist. Wer allerdings europäischen Standard erwartet, wird enttäuscht. Die „internationalen" Flughäfen (da sie meist auch von den USA per Airlines und Privatmaschinen angeflogen werden) sehen aus wie größere Wohnhäuser oder kleinere Fabrikhallen, haben aber einen Zoll und die nötige Infrastruktur, meist auf kleinem Raum. Sicherheitskontrollen gibt es sicher bei internationalen Flügen, zuweilen bei nationalen. Vorhanden sind stets ein kleiner Kiosk, der die Grundversorgung sicherstellt, Toiletten und ein eisgekühlter Warteraum. Die eintreffenden Maschinen fahren direkt vor das Terminal, die Wege sind denkbar kurz. Das Gepäck wird den Wartenden auf einem Handkarren gebracht. Hier nimmt man sich seine Reisetasche einfach herunter – und weiter geht's.

Kontakt nationale Fluglinien

Bahamasair, Oakes Field Sales Office, Nassau, ☎ 702-4140, www.bahamasair.com, ist der größte regionale Anbieter, unterhält an festen Tagen Verbindungen zu allen größeren bewohnten Inseln und gilt als recht zuverlässig.

Flamingo Air, Freeport International Airport, Freeport, ☎ 351-4963, www.flamingoairbah.com, ab Freeport/Grand Bahama Island nach Abaco, Bimini und Nassau. Fliegt mit den kleinstmöglichen Flugzeugen, sehr familiär.

SkyBahamas, 7 Blake Road Center, Blake Rd., Nassau, ☎ 225-4460, www.skybahamas.net, ist mit fünf Flugzeugen unterwegs ab Nassau Richtung Osten, Süden und nach Florida. Rechtzeitig da sein lohnt: Sky Bahamas fliegt dann los, wenn alle Passagiere an Bord sind – gerne auch mal 20 Min. vor der eigentlichen Abflugzeit.

Southern Air Charter, c/o G.H.L Travel Agency, ☎ 323-7217, 323-6833, www.southernaircharter.com, fliegt nicht nur in den Süden, wie der Name vermuten lässt, sondern mit 15-Sitzern ab Nassau etliche Inseln an.

Pineapple Air, The Nassau International Airport, P.O. Nassau, ☎ 328-1329, www.pineappleair.com, meist der günstigste Anbieter, daher schnell ausgebucht.

Western Air, Nassau International Airport, Nassau, ☎ 377-2222, www.westernairbahamas.com, fliegt ab Nassau nach Andros, Bimini and Freeport. Nicht die beste Adresse in Sachen Fluggerät und Pünktlichkeit, aber sehr freundliches Personal.

Die Flugziele der einzelnen Fluglinien wechseln gelegentlich und je nach Saison. Auch werden einige Ziele von mehreren Carriern quasi zeitgleich angeflogen, während man bei anderen Inseln auf eine Fluglinie angewiesen ist. Es lohnt sich also, die jeweiligen Websites zu checken, Preise und Flugzeiten zu vergleichen. Das Preisniveau für Inlandsflüge liegt zwischen 70 und 120 $ für einen einfachen Flug und 120–200 $ für Hin- und Rückflug. Flüge können problemlos und per Kreditkarte online gebucht werden. Es reicht aus, wenn man eine Stunde vor Abflug am Flughafen ist.

Island Hopping

info

„**Inselhüpfen**", wie bekannt und beliebt auf den griechischen Inseln, ist auf den Bahamas kaum möglich: Alle inländischen Flug- und Schiffsverbindungen starten normalerweise in Nassau, während die Verbindungen der Inseln untereinander – auch wenn es sich um Nachbarinseln handelt – eher informeller Natur sind. Wer also in kurzer Zeit viele Inseln besichtigen will, der sollte gut planen. Oder sich eine Rundreise bei einem Spezialisten wie America Unlimited (s. o.) zusammenstellen lassen.

Beachten sollte man auch, dass die Buchung von inner-bahamaischen Anschlussflügen über Nassau Probleme bergen kann. Denn hat das erste Flugzeug Verspätung, wartet die Anschlussmaschine, die vielleicht sogar einer anderen Fluglinie gehört, normalerweise nicht. So kann es passieren, dass Reisende mit einer Übernachtung in und rund um Nassau rechnen müssen, um am nächsten Morgen die Reise fortzusetzen.

Wer das nötige Kleingeld hat, kann sich natürlich ein Flugzeug oder Boot chartern und damit eine individuelle Reisemöglichkeit erwerben. Der Spaß ist allerdings nicht ganz günstig. Preisbeispiel: Von Long Island auf die Nachbarinsel Great Exuma, per Flugzeugcharter (Flugzeit 15 Min.): rund 500 $, per Boot rund 400 $. Wer in einer Gruppe reist, kann möglicherweise einen Gruppentarif erwerben.

Trotzdem ist die schnellste und einfachste Art, zu einer oder auch möglichst vielen der 30 bewohnten Inseln zu kommen, die Anreise mit einem kleinen Propellerflugzeug. Viele Hotels oder Resorts besitzen ein **eigenes Kleinflugzeug**, das die Gäste nach ein paar Tagen Aufenthalt ins nächste Paradies fliegt. Bei der Planung sollte man stets berücksichtigen, dass viele Inseln mehrere Flugplätze haben und den wählen, der dem jeweiligen Ziel am nächsten liegt. Sonst kann es passieren, dass die Taxifahrt vom Flughafen zum Strand oder Resort mehr kostet als der Flug.

Auch **Tagesausflüge auf die Out Islands** sind mit den lokalen Fluglinien möglich. Der Hinflug erfolgt morgens, der Rückflug meist spät nachmittags. Von Nassau bringt der **Schnellkatamaran Bo Hengy** Besucher in drei Stunden nach Harbour Island, wo man die Wahl hat, einige Tage in einem der kleinen Hotels zu verbringen oder am Abend wieder in die Hauptstadt zurückzukehren.

Am Flughafen

99 % aller Flugreisenden aus Europa werden auf dem internationalen Flughafen von Nassau, dem **Lynden Pindling International Airport** (LPIA, www.nas.bs) zum ersten Mal bahamaischen Boden betreten. In seiner heutigen Form fertiggestellt Anfang 2013, werden hier im Jahr rund 3 Mio. Passagiere durchgeschleust. Trotzdem ist der Flughafen ruhig und aufgeräumt – Gratis-WiFi auf dem gesamten Flughafengelände inklusive.

Der **Domestic Terminal** für Flüge innerhalb der Bahamas, gleich nebenan, wurde im Oktober 2013 eröffnet. Damit verkürzen sich die Wege erheblich. Wer auf dem internationalen Flughafen ankommt und einen nationalen Weiterflug hat, sammelt an der Gepäckausgabe seine Habseligkeiten ein, geht durch eine Tür hinaus, 20 m später durch die nächste wieder hinein und befindet sich im Domestic Terminal – direkt vor den Check-In-Schaltern.

Wer hier ankommt, um zu bleiben, der sieht sich beim Verlassen der Terminals einer **Taxiflotte** und vor allem den Taxipreisen ausgesetzt. Auch wenn das Hotel einen Transport organisiert hat, wird man höchstwahrscheinlich mit einem Taxi abgeholt, das wiederum vom Hotel bezahlt wird.

Auf (eigentlich) allen Flughäfen der Bahamas gilt für Urlauber ein offizielles Taxi-Monopol – eine Maßnahme der bahamaischen Regierung zur Reduzierung der Arbeitslosenquote. So sollen zumindest Taxi- und Kleinbusfahrer in Lohn und Brot kommen oder bleiben. „Offiziell", denn es gibt Ausnahmen: So dürfen Hotelbesitzer oder -manager z. B. Freunde, Familienangehörige oder Angestellte unbeschadet vor dem Flughafen einsammeln und mitnehmen. Wer also hier einen Freund gefunden hat, kann die Taxis umgehen. Wer neu ankommt, der wird mit dem Taxi weiterfahren müssen.

Das Ministry of Public Works & Transport hat die **Taxipreise ab Flughafen Nassau** festgelegt: nach Cable Beach 18 $, Downtown 27 $, nach Paradise Island 32 $, immer für zwei Passagiere, jeder zusätzliche kostet 3 $ extra. Und eigentlich sollte jedes Taxi ein Taxameter haben. Die Realität sieht so aus, dass der Preis nach oben verhandelbar ist. Bei nächtlicher Ankunft und der Fahrt nach Cable Beach werden z. B. aus 18 $ schnell 25 $, das Taxameter ist vielleicht vorhanden, aber nicht angestellt. Es lohnt sich also, sich für die Taxifahrt mit anderen Fahrgästen zusammenzuschließen.

Oder, wenn es Tag ist, das Gepäck nicht zu schwer und der Geist noch willig: Raus aus dem Terminal, vor der Taxigasse links halten, immer weiter, am Zufahrtsstraßenrand laufen, weitere 300 m, das Flughafengelände am Kreisverkehr verlassen, um den Kreisverkehr herumgehen und auf der anderen Straßenseite auf den nächsten „Jitney", einen **öffentlichen Minibus**, warten. Hier die 12 b nehmen. Der Bus fährt über Cable Beach bis Nassau Downtown, 2,50 $ kostet der Trip.

Anreise per Schiff

Man kann ab Hafen New York oder dem großen Karibikkreuzfahrthafen Miami per Passagierschiff Nassau erreichen. Zu den Reedereien und **Kreuzfahrtschiffen**, die in den Bahamas anlegen, zählen u.a. Carnival Cruise Line (www.carnivalcruiselines.de), Celebrity Cruises (www.celebritycruises.de), Princess Cruises (www.princesscruises.de), Oceania Cruises (www.oceaniacruises.com).

Für die Einreise mit dem **Segelboot** wende man sich an:
The Bahamas Maritime Authority, Shirlaw House, 87 Shirley St., P.O. Box N-4679, Nassau, ☏ 356-5772, www.bahamasmaritime.com.

Es gibt **Fährverbindungen** sowohl zwischen Florida und Grand Bahama Island als auch innerhalb der Bahamas von Nassau auf die wichtigsten der touristisch erschlossenen Inseln.

Fährverbindungen von Fort Lauderdale nach Grand Bahama Island
Die Verbindung wird von Bahamas Express bedient, das zur spanischen Gruppe Baleària gehört. Das Schnellboot „Pinar del Rio" verkehrt ca. 3 x in der Woche und braucht für die Querung 3 Std., einfache Fahrt ab 75 $.
Bahamas Express, Terminal 1, Port Everglades, Fort Lauderdale 33316, Florida – USA, ☏ 1-866 699 6988, www.ferryexpress.com.

➤ **Innerhalb der Bahamas**
Wer nun gar keine Lust hat, sich für die Wege von Insel zu Insel in ein Flugzeug zu setzen, der kann sich – allerdings nur eingeschränkt – auch per Schiff bewegen. Bahamas Ferries fährt zu fixen Tagen und Uhrzeiten zu bestimmten Inseln der Bahamas. So z.B. Mo–Sa ab Potter's Cay in Nassau (Hafen unter der Brücke zwischen Nassau und Paradise Island), 8 Uhr, nach Harbour Island, zurück ab Harbour Island 15.40 Uhr. Die Hin- und Rückfahrt kostet 155 $ p. Pers. Mi, Fr und So geht's nach Governor's Harbour auf Eleuthera, Sa nach Morgans Bluff auf Andros, Fr und So nach Fresh Creek/Andros, Fr und So nach Current/Eleuthera sowie Mo und Mi nach George Town/Great Exuma. Die Fahrzeiten reichen von 2,5 bis 14 Std., je nach Wind und Wetter. Aktuelle Fahrpläne und Informationen:
Bahamas Ferries, Potter's Cay West, Nassau, ☏ 323-2166, www.bahamasferries.com.

Die Schnellfähre Bo Hengy verkehrt zwischen Nassau und Harbour Island

Wer jedoch genügend Zeit mitbringt und seefest ist, kann auch mit dem **Postboot** (Mail Boat) die Inseln auf dem Wasserweg erkunden. Diese insgesamt 15 Boote transportieren jegliches Frachtgut sowie die Post und fahren von Potter's Cay zu etlichen bewohnten Inseln (ca. 2–3 x in der Woche). Die Fahrt dauert je nach Entfernung und Anzahl der Inseln, die auf dem Weg angelaufen werden, einige Stunden bis zu fast zwei Tagen. Für eine entsprechende Übernachtung kann man eine einigermaßen komfortable **Kabine reservieren** lassen. Nach den Abfahrtstagen und -zeiten sollte man sich rechtzeitig beim **Dockmasters Office** (Büro des Hafenmeisters) auf Potter's Cay erkundigen, ☏ 393-1064.

Da die Boote nicht immer pünktlich den Hafen verlassen, empfiehlt es sich, sich auf dem Postboot direkt noch einmal nach den Abfahrtszeiten zu erkundigen. Der Preis für die Überfahrt liegt je nach Insel zwischen 60 und 100 $ für eine Rückfahrkarte.

Die MailBoat Company verkehrt **zwischen Nassau und Freeport**, Grand Bahama Island, und nimmt neben Frachtgut auch Passagiere an Bord. Die Fahrt dauert ca. 7 Std.
The MailBoat Company Ltd., Main Office, Horse Shoe Dr., Nassau, ☏ 502-2628, www.mailboatbahamas.com.

Apotheken

Apotheken *(Pharmacies)* gibt es auf New Providence, Grand Bahama Island und auf einigen Out Islands. Aber auch in den Krankenstationen sind für den Notfall Medikamente erhältlich. Spezielle Medikamente sollten Sie unbedingt in ausreichender Menge mitbringen.

Ärzte

s. auch unter „Gesundheit/Notfälle", „Impfungen"

Der medizinische Standard ist weitgehend sehr gut, da die meisten Ärzte in den USA studiert haben. Insgesamt gibt es rund 50 **medizinische Zentren**. Nassau, Grand Bahama Island und einige Out Islands verfügen über **Krankenhäuser**, die dem europäischen Standard entsprechen. In den großen Resorts und Hotels gibt es normalerweise einen zuständigen Arzt. Es lohnt sich, zuerst an der Rezeption zu fragen. Auf den Family Islands entstehen gerade neue Krankenhäuser, es gibt aber immer kleine Krankenstationen, sog. „clinics", für eine erste medizinische Versorgung. Man kann sich auch dem örtlichen Medizinmann oder der Medizinfrau anvertrauen, die bei kleineren Malaisen wie Verdauungsproblemen sicherlich einen passenden Kräutersud zubereiten kann.

Die wichtigsten staatlichen Krankenhäuser
Princess Margaret Hospital, Shirley St., Nassau, New Providence, ☏ 322-2861, www.pmh.phabahamas.org.
Grand Bahama Health Services, East Mall Dr., Freeport, Grand Bahama Island, ☏ 350-6700.
Infos online unter **www.phabahamas.org**

Tipp

Erkundigen Sie sich für alle Fälle vor Reiseantritt bei Ihrer Krankenkasse nach den für die Bahamas geltenden **Auslandsversicherungsbedingungen** und bei Ihrem Reisebüro nach entsprechenden **Zusatzversicherungen**. Mit den gesetzlichen Krankenkassen besteht kein Abkommen zum Krankenversicherungsschutz. Vor allem beim Krankenrücktransport, bei der Zuzahlung von Medikamenten und einem Krankenhausaufenthalt können hohe Kosten anfallen. Es ist zu empfehlen, eine **Auslandsreisekrankenversicherung** abzuschließen, die einen Rücktransport für den Notfall einschließt.

Auto fahren und Verkehrsregeln

s. auch „Führerschein"

Tankstellen sind auf manchen Inseln rar gesät

Auf den Bahamas Auto zu fahren ist nicht ganz einfach. Erstens wird auf allen Inseln links gefahren. Da die meisten Kraftfahrzeuge aus den USA importiert werden, haben sie das Lenkrad – wie in Europa – ebenfalls auf der linken Seite. D.h., dass der Fahrer sich nicht am Mittel- sondern am Randstreifen orientieren muss. Dazu kommt, dass manch eine Autovermietung Fahrzeuge herausgibt, die – ganz in britischer Tradition – das Lenkrad rechts haben. Es hilft also, wenn man ein wenig flexibel an das Projekt „Auto fahren auf den Bahamas" herangeht. Auf der anderen Seite lohnt es sich unbedingt, mit dem eigenen Fahrzeug unterwegs zu sein – allein schon aus Kostengründen. Denn wer sich auf der Straße oder im Hotel ein Taxi besorgt und sich zur anderen Seite der Insel fahren lässt, bezahlt für die Tour gut und gerne 100 $ und mehr. Ein Leihwagen dagegen ist auf den touristischen Inseln schon ab 60 $/Tag mit unbegrenzten Kilometern zu haben. Auch ist besonders auf den Out Islands das Verkehrsaufkommen sehr gering, man wird also kaum im Stau stehen oder an Ampeln lange warten müssen. Denn meist gibt es keine.

Die **Höchstgeschwindigkeit** beträgt 45 Meilen in der Stunde (mph), wenn nicht anders angegeben, und 25 mph im Stadtgebiet. Auf vielen Straßen auf **New Providence** darf man nur 30 mph fahren. Das sind vor allem jedoch Richtwerte für Inselbesucher. Viele Bahamaer haben hingegen ihre ganz persönlichen Vorstellungen von Geschwindigkeitsbegrenzungen.

Die **Straßenverhältnisse** sind auf den Hauptstrecken im Allgemeinen gut. Trotzdem können immer mal **Schlaglöcher** auftreten, die insofern tückisch sind, da sie scharfe Kanten haben und in der Regel recht tief sind. Hier holt man sich gerne einmal einen platten Reifen oder eine verbogene Achse. Bevor Sie eine **Nebenstrecke** fahren, sollten Sie sich bei den Einheimischen nach dem Zustand der Straße oder Piste erkundigen. Zu bedenken ist, dass man nicht überall wenden und zurückfahren kann.

Autovermietung

Wer lediglich den Resort-eigenen Strand nutzen möchte, für den lohnt es sich auf keinen Fall, einen Mietwagen zu ordern. In Nassau und Freeport kann man sich zudem mit öffentlichen Verkehrsmitteln und Taxis fortbewegen. Wer dennoch unabhängig sein will, findet auf **New Providence** und **Grand Bahama Island** vertrauenswürdige internationale Mietwagenfirmen. Mieten darf, wer älter als 21 bzw. 25 Jahre alt ist (hängt von der Mietwagenfirma ab) und einen gültigen europäischen Führerschein hat. Der Zustand der Wagen entspricht in der Regel dem europäischen Standard.
Avis, ☏ 377-7121, www.avis.com
Budget, ☏ 325-8154, www.budget.com
Hertz, ☏ 377-8684, www.hertz.com

Auf den anderen Inseln kann man Mietwagen normalerweise über das Hotel oder private Firmen (Tankstellen oder Autowerkstätten) bekommen. Zu prüfen ist, ob die Bremsen funktionstüchtig sowie Reserverad und Wagenheber im Kofferraum sind.

Die **Kosten** bewegen sich zwischen 60 und 80 $ pro Tag zzgl. Benzinkosten. Für längere Vermietungsfristen können Rabatte ausgehandelt werden. Bezahlung mit Kreditkarte ist üblich, damit entfällt auch eine Kaution.

Benzin gibt es ohne Probleme in Nassau und Freeport, ist jedoch teurer als in den USA. Eine Gallone (1 US Gallon = 3,787 l) kostet zwischen 4,40 $ auf den Hauptinseln und 6 $ (Jan. 2015) auf entlegenen Inseln. Auf den Out Islands ist das Tanken ein wenig schwieriger, da die Zahl der Tankstellen geringer ist und die Öffnungszeiten eingeschränkt sind. Auch die Preise variieren dort von Insel zu Insel. Zumeist verfügen die Hauptorte über eine Tankmöglichkeit. Bei der Preiskalkulation ist nicht zu vergessen, dass die meist amerikanischen Autos der Mietwagenfirmen im Durchschnitt einen **höheren Verbrauch als europäische Wagen** haben.

Banken

s. auch „Geld“ und „Devisen“

In **Nassau** und **Freeport** kann man problemlos Bankgeschäfte zu den regulären Öffnungszeiten abwickeln: Mo–Do 9.30–15, Fr 9.30–16.30 Uhr. Auf den **Out Islands** sind Banken häufig nur an wenigen Wochentagen und nicht immer den ganzen Tag geöffnet. Wer dem aus dem Weg gehen möchte, der bringt geldautomatenfähige Kreditkarten mit wie MasterCard oder Visa.

Geldautomaten gibt es auf so gut wie allen Inseln, auch von den Einheimischen werden sie regelmäßig genutzt. Wenn möglich, sollte man den Sonntagabend zum Geldabheben vermeiden, da einige Automaten dann bereits leer sind. Die Kosten für die Barauszahlung und die Höhe des Verfügungsrahmens hängen von den Konditionen der jeweiligen Hausbank ab, erkundigen Sie sich dazu vor der Reise bei Ihrer Hausbank.

Behinderte auf Reisen

Informationen über die behindertengerechte Ausstattung der Hotels und Transportmöglichkeiten sollte man auf jeden Fall schon während der Reiseplanung einholen. Nach der entsprechenden Gestaltung von öffentlichen Einrichtungen, Transportmitteln und Sehenswürdigkeiten kann man sich bei der **Bahamas Association for the Physically Disabled** (P.O. Box N 4252, Nassau, ☎ 322-2393,) erkundigen. Unter www.access-able.com finden sich zahlreiche Links für körperlich behinderte Reisende.

Busverbindungen

Am wenigsten würde man wohl auf den Bahamas ein flächendeckendes System öffentlicher Verkehrsmittel erwarten. Umso überraschender ist es daher, dass es auf **New Providence** und **Grand Bahama Island** ein gut ausgebautes Bussystem gibt. Dort kann man mit öffentlichen Bussen, den sog. **Jitneys**, auf Entdeckungstour gehen. Sie verkehren von morgens bis ca. 19 Uhr und halten an allen Sehenswürdigkeiten und Hotels. Der Fahrpreis für die Strecke Nassau – Cable Beach z. B. kostet 1,25 $, bis zum Flughafen 2,50 $.

Auf **Paradise Island** gibt es keine Jitneys, dafür unterhalten die Hotels einen Bus, den Casino Express. Dieser fährt im 30-Minuten-Takt von fast allen Teilen der Insel zum Atlantis Hotel & Casino. Zu erkennen sind diese Busse an den blau-weißen Streifen und der Aufschrift „Paradise Island“.

So mancher Fahrer eines Jitneys hält auch auf der Strecke an, wenn man durch **Handzeichen** zu erkennen gibt, dass man mitfahren möchte. Verlässliche **Fahrpläne** gibt es zwar nicht, aber da unzählige dieser Busse ihre Routen abfahren, wird man nie lange am Straßenrand warten müssen. Das Ziel des Busses ist an der vorderen Beschilderung zu erkennen. Nach der genauen Route erkundigt man sich dann beim Fahrer. Diese Art des öffentlichen Transports ist eine gute Möglichkeit, die Bahamas einmal original zu erleben, da man sich hier unter die Einheimischen mischen kann.

Der Name „Jitney“ stammt übrigens aus den USA und wurde zu Beginn des 20. Jh. wahrscheinlich in San Francisco geboren. Ein „jitney“ war ein Slang-Wort für eine kleine Münze, in dem Fall für einen „Nickel“ (5 Cent). Man kann also davon ausgehen, dass zur Geburtsstunde des öffentlichen Nahverkehrs auf den Bahamas der Preis für eine einfache Fahrt eben bei einem Nickel lag, 5 Cent oder einem „Jitney“.

Zwischen **Freeport** und **Lucaya** pendelt auch ein Bus, der Fahrgäste für 1,50 $ vom International Bazaar nach Lucaya und zurück bringt. Auf den **Out Islands** verkehren keine öffentlichen Verkehrsmittel.

Devisen

s. auch „Geld"

In den Städten Freeport und Nassau können auch größere Mengen an Devisen getauscht werden. Die Einfuhr von **Bahama-Dollar** (B$, Code: BSD) ist **nur mit Genehmigung der Central Bank of the Bahamas** gestattet. Es wird daher empfohlen, **Bargeld** in Form von US$ schon vor der Reise zu besorgen. Die Ausfuhr von Bahama-Dollar darf pro Person den Betrag von 70 B$ nicht überschreiten. In Deutschland kann man Bahama-Dollar jedoch nicht zurücktauschen, daher: vor Rückflug Restgeld ausgeben oder in US$ (die Ausfuhr von Fremdwährung ist unbeschränkt) zurücktauschen! In größeren Hotels, Restaurants und Geschäften auf **Grand Bahama Island** und **New Providence** kann man auch mit gängigen **Kreditkarten** wie Diners Club, EuroCard, Visa, MasterCard und American Express bezahlen.

Auf den **Out Islands** schadet es nicht, größere Mengen an Bargeld bei sich haben, da man hier mit Kreditkarten beim Bezahlen z. B. im Supermarkt oder an der Tankstelle nicht weit kommt. Mittlerweile gibt es aber auch auf den Out Islands zumindest einen Geldautomaten, an dem man frisches Kapital ziehen kann.

Diplomatische Vertretungen

Es gibt in Deutschland keine Botschaft und kein Generalkonsulat der Bahamas, in Deutschland und in der Schweiz gibt es jeweils ein Honorarkonsulat. Die nächste diplomatische Vertretung der Bahamas befindet sich in London. Sie ist Ansprechpartner für Visaangelegenheiten, falls Sie einen längeren Aufenthalt planen:

➤ **In London**
High Commission of the Commonwealth of The Bahamas, Bahamas House, 10 Chesterfield St., London W1J5JL, England, ☎ +44-20-7408 4488, www.bahamashclondon.net.

➤ **In Deutschland**
Honorarkonsul des Commonwealth der Bahamas,
Thomas Herzog, Friesstr. 3, 60388 Frankfurt, ☎ +49 69-420 89 020, BahamasHC@herzog-hc.de, Mo, Di und Do 10–16 Uhr sowie nach Vereinbarung.

➤ **In der Schweiz**
Honorarkonsulin des Commonwealth der Bahamas,
Ms. Michelle Jacqueline Degoumois, Bahnhofplatz 9, Postfach 1175, 8021 Zürich, ☎ +41 44-226 4042, www.thebahamas.ch

Auf den Bahamas

Deutsches Honorarkonsulat,
Hermann-Josef Hermanns, Honorarkonsul, Nassau Sandyport Office Center, Lagoon Court Building, Suite 115, Nassau, ☎ 327-1163, nassau@hk-diplo.de

Schweizer Honorarkonsulat,
Mr. Christian Coquoz, Honorarkonsul, Goodman's Bay Corporate Centre, West Bay Street P.O. Box N-4938 Nassau, ☎ 302-2100, nassau@honrep.ch

Österreichisches Honorarkonsulat,
Ernst Rumer, Honorarkonsul, Winton Meadows,
Everglades Road 14 (off Holly Road) , P.O. Box SS6138, Nassau, ☎ 364-3297, 356-0000, konsulatofaustria.bs@live.com, austria1939@yahoo.com

Drogen

Der Besitz und Konsum von Drogen jeder Art werden auf den Bahamas sehr hart bestraft. Halten Sie sich daher von jeglichen Anbietern fern. Es ist schon so mancher wegen einer Partylaune in Schwierigkeiten geraten.

Einreisebestimmungen

Besucher aus Deutschland, Österreich und der Schweiz benötigen zur Einreise einen Reisepass, der noch sechs Monate gültig ist, sowie ein Rückreiseticket. Bereits im Flugzeug wird ein Einreiseantrag (Immigration Card) verteilt, der ausgefüllt werden muss. Übersteigt die Aufenthaltszeit mehr als drei Monate (für Schweizer acht Monate), muss ein Visum beantragt werden.

Wer über die USA einreist, muss unbedingt die **Einreisebestimmungen für die Vereinigten Staaten** beachten.

Achtung
Bewahren Sie die Kopie des Einreiseantrags gut auf, da sie bei der Ausreise wieder vorgezeigt werden muss.

Einkaufen

Die Touristenzentren der Bahamas, Nassau und Lucaya, sind ein **Shopping-Paradies**. Designermode, Uhren, Schmuck, Sommerkleidung und Parfum – **internationale Markenprodukte** eben – werden in edlen Boutiquen und Shoppingzentren angeboten. Für den Fall, dass man das eine oder andere für seinen Strandurlaub vergessen hat, ist es beruhigend zu wissen, dass man hier so gut wie alles zollfrei erwerben kann. Viele internationale Marken haben sogar ihre eigenen Dependancen. Die **Bay Street** ist das kommerzielle Herz **Nassaus**. Dabei säumen schöne alte Häuser die belebte Geschäftsstraße, die zum Bummeln einlädt.

Auf **Grand Bahama Island** gibt es zwei Einkaufzentren: In **Freeport** wartet der **International Bazaar** mit etlichen großen und kleinen Läden, Boutiquen, Galerien und Restaurants auf – allerdings schwer in die Jahre gekommen und nicht mehr so attraktiv wie die Konkurrenz in **Lucaya**: Denn im Nachbarort Lucaya liegt am Jachthafen der nette **Port Lucaya Marketplace**. Nachts beliebte Ausgehmeile, wandelt er sich tagsüber in ein Einkaufszentrum. In den Kaufhäusern und noblen Boutiquen sind die **Preise zwar zollfrei, jedoch nicht verhandelbar**.

Um den Verkauf von **Produkten mit gefälschtem Markenzeichen** zu vermeiden, sollte man auf das **Zeichen mit dem rosa Flamingo** achten, das vom Duty Free Promotion Board an Läden mit lauteren Geschäftsmethoden vergeben wird. Da die Preise auf den amerikanischen Markt abgestimmt sind, lohnt immer ein **Preisvergleich**. Nicht immer ist das zollfreie Angebot günstiger als ein vergleichbares Angebot über ein Internetportal. Aber das Shoppen selbst soll ja auch Spaß machen, und da sind Sie in den Läden der Bahamas richtig. Als hilfreich für die Einkaufsplanung kann sich auch ein Blick in die kostenlos in Geschäften ausliegenden und bei den Touristenämtern erhältlichen Broschüren wie „**What-to-Do**" (www.bahamasnet.com) erweisen.

Achtung
Vorsicht ist bei den Conch-Muscheln und anderen Muscheln sowie allen Produkten aus Korallen geboten, da sie unter das Washingtoner Artenschutzübereinkommen fallen und nicht in die EU eingeführt werden dürfen.

Souvenirs werden auch am Strand angeboten

Wer etwas **typisch Bahamaisches** mit nach Hause nehmen will, sollte nach **Produkten aus Stroh**, **bunten Androsia-Batikstoffen**, **Gewürzen**, **Tees**, **Marmeladen**, **Rum** und **Rumkuchen** Ausschau halten. Am westlichen Ende der Bay Street in **Nassau** befindet sich der **Straw Market**, ein lebhafter und sehr touristischer Strohmarkt, der sein Angebot längst auf die üblichen, bedruckten T-Shirts ausgedehnt hat. Hier werden aus Stroh oder Palmenblätter geflochtene Hüte, Taschen und Körbe angeboten. Zudem findet man auf dem Markt die **typische Batikbekleidung** aus Andros und weitere Souvenirs einheimischer Produktion.

Auf Andros selbst gibt es eine große Auswahl der Batikware in der **Androsia Batik Works Factory** in Fresh Creek (www.androsia.com). Hier werden noch die in vielen Souvenir- und Bekleidungsgeschäften angebotenen Tücher, Röcke und

Hemden gefertigt. „Noch", denn die Androsia Batik Works haben den Besitzer gewechselt: Die Familie Garzaroli, stolze Besitzer des Traditionshotels „Graycliff" in Nassau, haben sich die Markenrechte an Androsia gesichert und werden mit der gesamten Firma in den nächsten Jahren nach Nassau umziehen. Hier haben sie ambitionierte Pläne: Neben dem Graycliff und den Restaurants betreiben die Garzarolis bereits auf dem Gelände des Hotels eine Zigarrenfabrik und seit 2012 auch eine Chocolaterie – damit aber nicht genug: Auf der anderen Straßenseite liegt eine alte Industriebrache. „Die kann man doch wiederbeleben", dachten die Garzarolis, kauften kurzerhand Androsia und planen, auf der Industriebrache die Batikfabrik wieder anzusiedeln.

Hinweis
Einige der großen Geschäfte liefern auch an die Heimatadresse in Europa. Wer also einen „Großeinkauf" plant, sollte sich nach dem entsprechenden Kundenservice erkundigen.

Holzschnitzereien, Aquarelle und anderes Kunsthandwerk sind oft auch in zu kleinen Läden umfunktionierten Wohnzimmern und in den Dörfern am Straßenrand der Out Island zu finden. Hier kann man auch den Frauen bei der Arbeit zuschauen, wie sie z. B. die Korbwaren herstellen. Auf den Märkten und bei fliegenden Händlern können Sie **feilschen**, wie Sie Lust haben, und wenn Sie hartnäckig genug sind, auch gute Preise erzielen.

Wer es hochprozentig mag, der wird kaum an den zahlreichen Spirituosenläden mit einheimischem **Rum** vorbeigehen können. Eine besondere Spezialität ist der ein paar Jahre gelagerte **Anejo Rum**, der einem Cognac gleichkommt – und viel zu schade für einen Grog ist.

Eine weitere „Spezialität" der Bahamas sind die Produkte der **Perfume Factory** in Freeport (Fragrance of the Bahamas, www.perfumefactory.com). Hier können Sie sich sogar ihre ganz persönliche Duftnote anmischen lassen.

Elektrizität

Die Stromspannung beträgt 120 Volt/60 Hz Wechselstrom. Für elektrische Geräte benötigt man einen Adapter wie für die amerikanischen Flachsteckdosen. Da man sich in der Regel nicht darauf verlassen kann, dass das Hotel genügend Adapter zur Verfügung hat, sollte man sich bereits zu Hause einen entsprechenden Adapter besorgen. Ob für die mitgebrachten Geräte ein Transformator nötig ist, sollte man vor der Reise klären.

Fahrrad fahren

Besonders auf den **Out Islands** eignet sich für Inselerkundungen die Fahrt mit dem Fahrrad. Hier herrscht kaum Verkehr und als Radfahrer bietet sich oft die Gelegenheit zu einem netten Gespräch mit den Bahamaern. Viele der Hotels verleihen Fahrräder an ihre Gäste, einige Häuser in Nassau bieten auch organisierte Ausflüge mit dem Fahrrad an.

Vor dem Ausflugsstart sollte man sich ausreichend mit Sonnenschutzmittel und Getränken ausrüsten, da die Sonne und die hohen Temperaturen ihren Tribut fordern. Außerdem sollte man sich am ersten Tag nicht zu viel vornehmen und erst einmal ausprobieren, welche Strecken gut zu schaffen sind.

Feiertage

New Year's Day (Neujahrstag)	1. Januar
Good Friday (Karfreitag)	März/April
Easter Sunday & Monday (Ostersonntag/ -montag)	März/April
White Sunday & Monday (Pfingstsonntag/ -montag)	7 Wochen nach Ostern
Labour Day (Tag der Arbeit)	1. Freitag im Juni
Independence Day (Unabhängigkeitstag)	10. Juli
Emancipation Day (Tag der Sklavenbefreiung)	1. Montag im August
Discovery Day (Entdeckung durch Christoph Kolumbus)	12. Oktober
Christmas Day (Weihnachten)	25. Dezember
Boxing Day (Beginn der Junkanoo-Paraden)	26. Dezember

Fotografieren

Die Bahamas sind ein Paradies für Hobby-, Amateur- und Profifotografen. Selbst wer sich irgendwann an den immer schönen Stränden sattgesehen hat, findet problemlos neue Motive in Nationalparks und am Straßenrand. Die Bahamaerinnen und Bahamaer lassen sich recht gerne fotografieren, vor allem auf den Out Islands. Natürlich ist es immer besser, um Erlaubnis zu fragen oder später – im Zeitalter der E-Mail – einfach einen digitalen Abzug an den/die Fotografierten zu schicken.

Die tropischen Lichtverhältnisse erfordern meist recht niedrige ISO-Zahlen. Höher als 100 oder 200 ASA ist angebracht für die Unterwasserfotografie und Innenaufnahmen. UV-Filter und Sonnenblende sind für Außenaufnahmen eine gute Sache, bei der anschließenden Bildbearbeitung z.B. mit Photoshop allerdings längst keine Notwendigkeit mehr. Lichtreflexe auf dem Wasser lassen sich durch Polarisationsfilter abschwächen. Die besten „Fotografier-Zeiten" sind immer dann, wenn die Sonne schräg steht und Schatten wirft, also der frühe Morgen und der späte Nachmittag.

Für Unterwasseraufnahmen können bei den vielen Tauchausrüstern entsprechende Kameras unterschiedlicher Qualität gemietet werden. Unterwasserfotografie ist bei der vorherrschenden (Weit-)Sicht, für die die Gewässer der Bahamas berühmt sind, problemlos möglich. Wer tiefer taucht und fotografieren will, wird um ein Blitzlicht nicht herumkommen. Gleiches gilt auch für Besuche der Straw Markets und für Nachtaufnahmen, etwa beim abendlichen Buffet, der Show oder dem Barbecue am Strand.

Alle großen Fotomarken sind in Nassau oder Freeport/Lucaya in diversen Shops vertreten, sodass Speicherchips, Akkus, Filme, Batterien und Kamerazubehör an Ort und Stelle gekauft werden können – allerdings sind die Preise meist höher als z. B. in Deutschland.

Tipp

Nur wer mit dem Flugzeug über den Bahamas unterwegs ist, wird die Farbenpracht der Insel, der Korallenriffe und vor allem des Wassers vollständig erfassen können. Damit man einen guten Sitzplatz hat und schnell „schießen" kann, sollte man beim Check-In nach einem Fensterplatz fragen. Was bei etlichen Fluglinien wie Southern Air kein Problem ist, da es nur Fensterplätze gibt. Dann daran denken, dass Tragfläche oder Propeller eigentlich immer im Weg sind beim Blick auf das beeindruckende Blau. Daher am besten einen Fensterplatz ganz hinten oder ganz vorne wählen. Das Flugmaterial ist nicht immer neu. Daher kann es passieren, dass die Scheibe zerkratzt ist oder verschmiert. Beim ersten hilft es manchmal, den Platz zu wechseln – wenn möglich, bei zweitem hilft ein Lappen. Nicht vergessen: sehr kurze Belichtungszeit wählen, damit das Bild nicht verwackelt.

Fremdenverkehrsämter

Für Deutschland, Österreich, Schweiz und Osteuropa
Bahamas Tourist Office, c/o Majunke International Sales, Claudia Majunke, Waldstr. 17, D-61479 Glashütten/Frankfurt, ☎ +49 6174 619014, www.bahamas.de

Auf den Bahamas
Bahamas Ministry of Tourism, P.O. Box N-3701 Nassau,
Market Plaza, Bay St., Nassau, ☎ 302-2000, www.bahamas.com

Die Adressen und Telefonnummern für die lokalen Fremdenverkehrsämter auf den unterschiedlichen Inseln sind in den Reisekapiteln bei den entsprechenden Reisepraktischen Informationen aufgeführt.

Führerschein

Ein europäischer Führerschein ist auf den Bahamas die ersten drei Monate nach der Einreise gültig. Man benötigt keinen internationalen Führerschein.

Geld

Gängige Zahlungsmittel auf den Bahamas sind der **Bahama-Dollar** (B$, *Bahamian Dollar*) und der gleichwertige US$, d. h. sie stehen im Verhältnis 1:1. 100 Cent entsprechen 1 Bahama-Dollar. Im Land kann man sowohl mit US$ als auch mit B$ bezahlen. Ein paar Tage vor der Abreise sollte man darauf achten, die B$ auszugeben, da diese in europäischen Banken nicht zurückgetauscht werden. Bei höheren Summen lohnt es sich auch, die Bahama-Dollar in US$ umzutauschen. Hier gibt es keine Ausfuhrbeschränkung. **Banknoten** sind im Wert von 50 Cent, 1, 3, 5, 10, 20, 50 und 100 B$ auf dem Markt. Einen 3-$-Schein wird man jedoch nicht häufig zu Gesicht bekommen, da er inzwischen Sammlerwert hat. An **Münzen** sind 1-, 5-, 10-, 15- und 25-Cent-Stücke im Umlauf. 15-Cent-Münzen sind recht selten, ebenso wie Münzen mit Dollarbeträgen.

☞ **Hinweis**
Die Einfuhr von Bahama-Dollar ist nur mit Genehmigung der Central Bank of the Bahamas gestattet. Daher wird die Mitnahme von US$ empfohlen. Die Ausfuhr darf die Summe von 70 B$ nicht überschreiten.

Es empfiehlt sich an Bargeld die Mitnahme von **US$ oder US$-Reisechecks**. An **Kreditkarten** werden Diners Club, Visa, MasterCard und American Express in den meisten Hotels akzeptiert. Erkundigen Sie sich am besten gleich bei der Buchung der Unterkunft. Auf den Out Islands kann es manchmal schwierig sein, mit der Kreditkarte zu bezahlen. Mit den gängigen Kreditkarten (versehen mit Cirrus-, Visa/Plus- und Maestrozeichen) kann auch per PIN Bargeld an den zahlreichen Bankautomaten (ATM) gezogen werden. Die Gebühren sind von Bank zu Bank unterschiedlich, man sollte sich vor der Abreise bei der Hausbank danach erkundigen.

Geldwechselmöglichkeiten befinden sich in den örtlichen Banken, in Hotels und an den Flughäfen.

Gesundheit/Notfälle

s. auch unter „Ärzte", „Impfungen"

Die allgemeine **Notfallnummer** für Polizei, Krankenwagen und Feuerwehr ist ☎ **919** oder **911**.

Auf den **Family Islands** und falls Sie Probleme mit einer Notfallnummer oder die entsprechende Information nicht zur Hand haben, sollten Sie immer zuerst das Hotelpersonal fragen.

Für einen **Krankentransport per Flugzeug** in ein größeres Krankenhaus in Nassau oder in Florida stehen u. a. folgende Einrichtungen zur Verfügung:
Air Ambulance Services, ☎ 377-1606
Bahamas Air Sea Rescue (BASRA), ☎ 325-8864

Verhalten im Notfall: Suchen Sie fernab der großen Touristenzentren nicht lange nach einer Telefonzelle. Wenden Sie sich am besten gleich an einen Einheimischen mit der Bitte um Hilfe. Und fragen Sie im Hotel gleich das Personal.

☞ **Hinweis**
Die Telefonnummern von Krankenhäusern und -stationen sowie der Polizei sind in den jeweiligen Reisepraktischen Informationen aufgeführt.

Auf Great Exuma besteht ganzjährig ein minimales Risiko einer Malariainfektion *(Plasmodium falciparum)*. Dengue wird landesweit durch den Stich der tagaktiven Mücke *Aedes aegypti* übertragen. Wegen der **mückengebundenen Infektionsrisiken** (Malaria, Dengue) empfiehlt sich ein ausreichender Mückenschutz. Als Schutz dienen das Tragen von körperbedeckender heller Kleidung (lange Hosen, lange Hemden) und das wiederholte Auftragen von Insektenschutzmitteln auf den freien Körperstellen ganztägig (Dengue) und in den Abendstunden und nachts (Malaria). Wenn möglich, empfiehlt es sich, unter einem Moskitonetz zu schlafen.

Gegen mögliche **Durchfallerkrankungen** hilft es einige Regeln zu beachten: Nie Leitungswasser trinken, sondern nur Wasser aus Flaschen. Bei Nahrungsmitteln gilt der Grundsatz: Kochen oder Schälen. Fliegen und Mücken von Lebensmitteln fernhalten. Die Hände möglichst oft mit Seife waschen, immer aber nach dem Toilettengang und immer vor der Essenszubereitung und vor dem Essen.

Durch ungeschützte sexuelle Kontakte und bei Drogengebrauch (unsaubere Spritzen etc.) besteht grundsätzlich das Risiko einer **HIV/AIDS-Infektion**. Kondombenutzung wird stets, vor allem bei Gelegenheitsbekanntschaften empfohlen.

Aktuelle Gesundheitsempfehlungen hält das Auswärtige Amt bereit (online unter www.auswaertiges-amt.de).

Heiraten

Wer sich die Reiseprospekte zu den Bahamas anschaut, wird bald merken, dass die Bahamas ein konstant gut gehender Markt für Heiratswillige sind. Der Hollywood-Schauspieler Leonardo DeCaprio etwa heiratete in seiner Rolle als Wall Street-Broker Jordan Belfort in dem Kinofilm „Der Wolf der Wall Street" seine blonde Freundin im One & Only Ocean Club auf Paradise Island – bei blauem Himmel und türkisfarbenem Meer. Anschließend schenkte er ihr eine Jacht, schön in Szene gesetzt in der Marina des Atlantis Resort und drehte mit ihr ein paar Runden vor traumhafter bahamaischer Kulisse.

Heiraten auf den Bahamas, z.B. in den Sandals Resorts

Aber auch, wer nicht ein betrügerischer Wall Street Broker ist, kann sich eventuell eine Hochzeit auf den Bahamas leisten. So gibt es zahlreiche Anbieter, die eine Hochzeit mit karibischem Ambiente in romantisch lauer Sommernacht von A bis Z organisieren: Von Blumen, Champagner und Hochzeitstorte bis zur Organisation eines Friedensrichters oder Pfarrers. Ein Hochzeitsfoto, z. B. vor einem Wasserfall oder einem Hibiskusstrauch im Botanischen Garten von Grand Bahama Island, sind dabei nur eine kleine Auswahl von Hintergrundmotiven. Sie können natürlich auch an einem der zahlreichen einsamen Strände oder im Tauchanzug unter Wasser den Bund der Ehe eingehen. Am Ziel der anschließenden Hochzeitsreise sind Sie dann ja schon.

info

„Beautiful Beginnings“

„Destination Weddings“ ist auf den Bahamas ein sehr großes Thema. Ganze Festgesellschaften werden in den USA in Flugzeuge gepackt und zu einem Resort gebracht, in dem sich Paare das feierliche Ja-Wort geben. Die Möglichkeiten, so eine Hochzeit zu einem einmaligen Erlebnis zu machen, sind beinahe unbegrenzt und viele Resorts bieten komplette Sorglos-Pakete an.

Seit 1994 werden z. B. in den „Sandals“-Resorts am Cable Beach und auf Great Exuma Hochzeiten veranstaltet, einige Tausend sind es seitdem geworden. Es gibt in jedem Hotel ein „Wedding Office“ in dem die „Wedding Planner“ mit dem Brautpaar die Hochzeit durchsprechen, den Trauungsort auswählen und alles vor Ort organisieren. Jedes Brautpaar hat einen festen Hochzeitsplaner als Ansprechpartner, der ihm während des Aufenthalts zur Seite steht. Alle erforderlichen Formalitäten für deutschsprachige Paare werden bereits im Vorfeld der Reise vom „Sandals“-Büro in Düsseldorf vorbereitet.

Brautpaare können das kostenlose Hochzeitsarrangement „Beautiful Beginnings“ buchen, das auch bei den deutschen Paaren sehr beliebt ist – ab drei Übernachtungen ist das Paket im Reisepreis inklusive. Im Arrangement ist vom Hochzeitsplaner bis zum kontinentalen Frühstück im Bett und Hochzeitsfoto alles drin.

Interessant sind die Bahamas aber nicht nur zum Heiraten, sondern natürlich auch als romantisches Traumreiseziel für die Flitterwochen. Auch dafür hat Sandals ein eigenes Arrangement: Beim kostenlosen „Honeymoon Package“ erwartet das Paar u. a. gekühlter Sekt auf dem Zimmer, ein mit Rosenblüten dekoriertes Bett sowie Frühstück im Bett am ersten Tag nach der Ankunft. Voraussetzung für dieses Arrangement ist lediglich, dass das Paar vor der Anreise online eincheckt und eine Heiratsurkunde vorlegt.

Auch die Erneuerung des Eheversprechens ist als Arrangement mit allem Drum und Dran buchbar.

Informationen und Eindrücke über verschiedene Arrangements unter: www.sandals.com/weddingmoons

Eine Hochzeit auf den Bahamas formal durchzuführen, ist recht einfach:
Beide Partner müssen zum Zeitpunkt der Beantragung der Heiratsgenehmigung seit mindestens 24 Stunden auf den Bahamas sein. Man braucht lediglich einen amtlichen Lichtbildausweis (Reisepass), der durch eine Regierungsbehörde im Wohnsitzland ausgestellt ist. Beide Partner müssen den Beweis über ihr Ankunftsdatum auf den Bahamas erbringen. Die Einwanderungskarte und der Einreisestempel für die Bahamas sind erforderlich.

Viele Länder fordern eine „Apostille" an, ein offizielles Dokumente wie die internationale Heiratsurkunde, die von dem ausstellenden Land beglaubigt werden muss. Auf den Bahamas bedeutet das, dass eine Apostille (ein spezieller Stempel) von der entsprechenden Behörde angebracht wird, um zu beglaubigen, dass das Dokument eine wahrheitsgetreue Kopie vom Original ist. Die Apostille kann Ihnen innerhalb von 30 Tagen nach Beantragung zur Verfügung stehen. Die Kosten betragen 10 $ pro Dokument, für das eine Apostille erforderlich ist, und müssen beim Finanzministerium eingezahlt werden.

Wer auf einer der Out Islands heiraten möchte, kann eine Heiratsgenehmigung beim Hochkommissariat dieser Insel erhalten und muss nicht nach Nassau kommen. Die Genehmigung gilt für einen Zeitraum von drei Monaten. Die Gebühr für die Genehmigung beträgt 100 $. Zusätzliche Heiratsurkunden sind für 20 $ pro Urkunde erhältlich. Heiratsgenehmigungen werden im Haupt-Zivilstandsamt (Registrar General) in Nassau ausgestellt (mit Ausnahme der Hochzeiten, die auf den Out Islands stattfinden). Das Büro ist Mo–Fr 9.30–16 Uhr geöffnet.

Infos
Registrar General's Department, P.O. Box N-532, Nassau, ☎ 397-9179, www.bahamas.gov.bs/rgd. Aktuelle Informationen bietet auch die Website www.bahamas.de.

Impfungen

s. auch „Gesundheit/Notfälle"

Es sind keine speziellen Impfungen für die Einreise vorgeschrieben. Empfohlen werden Impfungen gegen Tetanus, Diphtherie und Hepatitis A.

Internet

In der Regel bieten alle größeren Hotels Internetzugänge mit eigenen Computern oder WLAN (WiFi) an. Hier kann man **E-Mails** verschicken und mit dem Smartphone oder dem eigenen Laptop online gehen. Gelegentlich kostet der WiFi-Service einen kleinen Aufpreis. Nicht nur auf den Out Islands kann es passieren, dass das WiFi einer gewissen Wetterunsicherheit unterliegt. Bei heftigem Regen und/oder Sturm bricht das WiFi schon mal zusammen. Normalerweise ist die Reparatur aber immer schnell gemacht.

Es gibt auch noch ein paar **Internetcafés** auf den größeren Inseln, die z. T. auch recht gut mit Notebook-Anschlüssen, Webcams, Scanner und Kopierer ausgestattet sind. Man kann jedoch nicht davon ausgehen, dass immer alles funktioniert.

Online-Informationen zu den Bahamas

- **www.bahamas.com** und der deutschsprachige Ableger **www.bahamas.de** sind sehr gute und zuverlässige Informationsquellen.
- Hinter **www.bahamasvisitorsguide.com** verbirgt sich ein Nassauer Verlag, der für alle touristisch entdeckten Inseln jeweils einen jährlich erscheinenden, bunten und informativen „Visitors Guide“ als Heft herausbringt. Dieses liegt in vielen Hotels und Touristeninformationen aus.
- Für Naturliebhaber ist die Website des Bahamas National Trust, **www.bnt.bs**, eine Fundgrube zu Flora und Fauna das Inseln.
- **www.meine-bahamas-reise.de** ist eine informative Quelle, die alles zusammenträgt, was für Besucher der Insel interessant sein könnte.
- Majestic Tours Ltd. & Majestic Holidays Ltd. Head Office aus Hillside Manor/Nassau, ist der größte Touranbieter auf den Bahamas. Die Website **www.majestic holidays.com** erzählt viel über Geschichte und Jetztzeit der Inseln.
- **www.savethebays.bs** ist die Website einer professionellen „Non-Profit“-Organisation, die es sich zum Ziel gesetzt hat, auf Umweltzerstörungen auf den Bahamas hinzuweisen und die Öffentlichkeit zu alarmieren. Mit allen ihnen zur Verfügung stehenden Mitteln wird versucht, Gefahren für die Umwelt abzuwenden.

Kartenmaterial

Die **Karten amerikanischer Firmen** sind das Beste, was es auf dem Markt gibt. Sie sind in größeren europäischen Buchhandlungen zu bekommen. Vor Ort ist der Erwerb von gutem Kartenmaterial schon schwieriger. Wer plant, ausführliche Touren auf den **Out Islands** zu unternehmen, sollte auf jeden Fall in Nassau oder Freeport einen Buchladen aufsuchen und nach einem Exemplar des „**Atlas of the Bahamas**“ fragen. Hier sind alle Touren auf den Out Islands rot markiert. Auf den Out Islands selbst Kartenmaterial zu bekommen, ist äußerst unwahrscheinlich.

Stadtpläne für Nassau und Freeport/Lucaya sind kostenlos bei den Fremdenverkehrsämtern erhältlich. Recht gute Pläne sind auch in der Broschüre „**What-to-Do**“ oder in den Heften „**Bahamas Visitors Guide**“ zu finden, die in vielen Geschäften, Hotels und Touristeninformationen ausliegen. Manche Hotels haben auch eine eigene, meist handgezeichnete Karte mit den schönsten Stränden und wichtigsten Sehenswürdigkeiten.

Kasinos

Wer sich gerne dem Glückspiel hingibt, kann sich in einem der Kasinos auf New Providence, dem „Atlantis“ und ab Ende 2014 dem „Baha Mar“, oder auf Grand Bahama Island im „Grand Lucayan“ vergnügen. Erwarten Sie aber keine „Baden-Baden-Atmosphäre“. Anstelle der eher ruhigen Atmosphäre um den Roulettetisch begleitet Sie auf den Bahamas das Automatengeklingel im „Las-Vegas-Stil". Man kann jedoch auch beim Black Jack oder dem Würfelspiel sein Glück versuchen.

Kirchen/Religion

Die Kirche spielt im Leben der Bahamaer eine große Rolle. Bei einer Tour durch die Stadt oder über Land fällt auf, dass es sehr viele Kirchen gibt und am Sonntag fast jeder Bahamaer festlich gekleidet zum Gottesdienst geht (besonders eindrucksvoll ist die Hutparade der Damen!). Immerhin sind 95 % der Bahamaer Christen, davon 34,9 % Baptisten, 13,7 % Anglikaner, 12 % Katholiken, 8,9 % Pfingstkirchler, 4,4 % Adventisten, 3,6 % Methodisten und 17,6 % andere Richtungen.

Auch wer zu Hause nie in die Kirche geht, sollte auf den Bahamas einmal einen **Gottesdienst** besuchen, um einen besseren Eindruck vom Leben auf diesen Inseln zu gewinnen. Zu empfehlen ist sicher ein Baptistengottesdienst, da man dort bei Gospelgesängen und heftigen Predigten eine ganz andere Art von Glaubensausübung kennenlernt, als man es aus Europa gewohnt ist. Am besten gehen Sie im Rahmen des **People-to-People-Programms** (s. S. 78) zusammen mit Ihren Gastgebern dorthin, da Sie dann gleich in die Gemeinde eingeführt werden und hinterher auch Fragen stellen können.

Kleidung

Da auf den Bahamas das ganze Jahr hindurch ein sommerliches Klima herrscht, gehört vornehmlich leichte **Sommerbekleidung** ins Reisegepäck. Der „Notpullover" für einen möglicherweise frischen Abend am Wasser sollte jedoch nicht fehlen.

Im Allgemeinen reicht leger-sportliche Kleidung aus. Für ein Abendessen in einem besseren Restaurant oder für eine Veranstaltung in einem guten Hotel sollten Sie jedoch auch die bessere Hälfte Ihres Kleiderschranks berücksichtigen. Eine Krawatte oder das „kleine Schwarze" nehmen ja nicht viel Platz im Koffer ein. Wenn Sie ein Zimmer in einer luxuriösen Hotelanlage gebucht haben, ist darüber hinaus eine größere Variationsbreite an guter Kleidung angemessen. Auf keinen Fall zu vergessen ist natürlich **Badebekleidung**. (Auf Freikörperkultur sollten Sie auf den Bahamas mit Rücksicht auf das dort herrschende Verbot in der Öffentlichkeit verzichten!)

Kreuzfahrten

Um die Bahamas richtig kennenzulernen, ist eine Kreuzfahrt nicht unbedingt der geeignete Weg. Kreuzfahrtgäste sind in der Regel nur für einige Stunden oder einen Tag auf New Providence oder Grand Bahama Island und können nur einen kurzen Eindruck des Bahamas-Feelings erhaschen.

Kriminalität

In Nassau, Freeport und Lucaya sollten Sie besonders in den Abend- und Nachtstunden etwas vorsichtig sein. Besonders Nassau genießt nicht unbedingt berechtigterweise vor allem bei Kreuzfahrten den Ruf, gefährlich zu sein. Tatsächlich passiert ein Großteil der Verbrechen in Nassau „Over the Hill", d. h. in den Quartieren der Einheimischen hinter dem Torbogen, der unterhalb des Government House die Stadt trennt. In Nassau Downtown dagegen ist ein Aufenthalt normalerweise gefahrlos möglich.

Auf den Out Islands ist jedoch die Kriminalitätsrate so gering, dass es in einigen Hotels nicht einmal Zimmerschlüssel gibt. Trotzdem sollte man Geld, Schecks und Wertgegenstände an der Rezeption verwahren lassen oder den zimmereigenen Safe nutzen.

Maßeinheiten

Gewichte

1 ounce	=	28,35 g
1 pound (lb.)/16 oz.	=	453,59 g
1 ton/2.000 lb	=	907 kg

Abmessungen

1 fluid ounce	=	29,57 ml
1 pint (16 fl. oz.)	=	0,47 l
1 quart (2 pints)	=	0,95 l
1 gallon (4 quarts)	=	3,79
1 barrel (42 gallons)	=	158,97 l

Flächen

1 square inch (sq.in.)	=	6,45 cm²
1 square foot (sq.ft.)	=	929 cm²
1 square yard (sq.yd.)	=	0,84 m²
1 acre (4.840 sq.yd.)	=	4.046,8 m²
1 sq.mi. (640 acres)	=	2,59 km²

Längen

1 inch (in.)	=	2,54 cm
1 foot (ft.)/12 in.	=	30,48 cm
1 yard (yd.)/3 ft.	=	0,91 m
1 mile/1.760 yd.	=	1,61 km

Temperaturen

23 °F	=	-5 °C
32 °F	=	0 °C
41 °F	=	5 °C
50 °F	=	10 °C
59 °F	=	15 °C
68 °F	=	20 °C
73,5 °F	=	23 °C
77 °F	=	25 °C
86 °F	=	30 °C
95 °F	=	35 °C
104 °F	=	40 °C

Für die Umrechnung muss man von der jeweiligen Fahrenheit-Temperatur die Zahl 32 abziehen, mit 5 multiplizieren und durch 9 dividieren, z. B. 0 °C = 32 °F, 25 °C = 77 °F, 100 °C = 212 °F.

Medien

Ein vortreffliches Informationsmedium, das auch und vor allem auf den Out Islands als ständige Quelle von Geschichten geschätzt wird, ist die Website **www.bahamaspress.com**. Hier ist man immer auf dem Laufenden über die Ereignisse auf den Bahamas.

Auf New Providence informieren die beiden **Zeitungen „Nassau Guardian"** (www.thenassauguardian.com) und **„Tribune 242"** (www.tribune242.com) über das Tagesgeschehen, während auf Grand Bahama Island die **„Freeport News"** (http://freeport.nassauguardian.net) diesen Zweck erfüllt. Darüber hinaus werden auf diesen Inseln amerikanische Tageszeitungen, wie „New York Times" oder „US Today", verkauft. Auf vielen Out Islands wird man jedoch auf eine aktuelle Ausgabe verzichten müssen.

Der staatliche Sender „Broadcasting Corporation of the Bahamas" hat vier **Radioprogramme**: **ZNS** (www.znsbahamas.com) ist das bekannteste bahamaische Programm und wird bereits seit 1936 gesendet. Hier wird viel über aktuelle Themen und Religion gesprochen, es gibt Musik und Sportinformationen. Seit 1993 sind auch private Programme zugelassen, die in der Regel moderne Musik senden. **ZNS TV** ist der staatliche **Fernsehsender** der Bahamas, den man auf Kanal 13 empfangen kann. Die Themen der Sendungen sind in der Regel auf die Bahamas bezogen. Beherrscht wird der bahamaische Fernsehschirm ohnehin von amerikanischen Sendern, denn viele Bahamaer haben eine Satellitenschüssel.

Mehrwertsteuer/VAT

Seit 1. Januar 2015 gibt es auf den Bahamas eine Mehrwertsteuer. Diese „Value Added Tax" (VAT) in Höhe von 7,5 % ist – wie in der Europäischen Union – eine Steuer, die auf den Preis des Produkts oder eine Leistung aufgeschlagen wird. Damit verteuerten sich so gut wie alle Güter auf den Bahamas zum Jahreswechsel um 7,5 %. Die VAT soll nach einer Übergangszeit nicht mehr extra ausgewiesen werden, sondern ist im Endpreis inklusive. Teilweise werden Preisangaben gemacht als „VAT inclusive pricing" – hier ist die Mehrwertsteuer inklusive –, oder „VAT exclusive pricing". Im Gegenzug wurde die bisherige „Hotel Guest Tax" in Höhe von 10 % abgeschafft.

Motorroller

Motorroller (Scooter) sind ein beliebtes und unkompliziertes Fortbewegungsmittel auf den Bahamas. In der Regel ist ein entsprechendes Gefährt (mitsamt Helm) beim Hotel oder an der Straße zu mieten. Ein Scooter zur Miete kostet für einen Tag rund 55 $.

Nationalparks und Schutzgebiete

Die **Nationalparks und Schutzgebiete der Bahamas** werden vom **Bahamas National Trust** unterhalten. Sie beherbergen zahlreiche bedrohte Biosysteme – darunter eines der weltweit größten Unterwasserhöhlensysteme – und schützen bedrohte Tierarten. Einer der größten Erfolge des Bahamas National Trust ist die Bewahrung der ehemals bedrohten Kolonie von **westindischen Flamingos**, die heute mit rund 60.000 Tieren auf Great Inagua lebt. Ähnlich wichtige Programme dienten z.B. der Verhinderung des Aussterbens der **Grünen Schildkröte** und des **Bahamas-Papageis** (Bahama Parrot), der heutzutage wieder mit geschätzten 8.000 bis 13.000 Exemplaren auf Inagua und rund 3.000 bis 5.000 Papageien auf Great Abaco vertreten ist.

Insgesamt gibt es **27 Nationalparks und Schutzgebiete**. Der größte Nationalpark ist der knapp 526.000 ha umfassende West Side Nationalpark auf Andros, zu dem außer umfangreichen Mangroven- und Feuchtgebieten zwei spektakuläre Teile des Andros Barrier Reef gehören, dem drittgrößten Barrier Reef der Welt.

Der Bahamas National Trust als gemeinnützige Organisation setzt sich zudem für die Bewahrung historisch wichtiger Gebäude und landschaftlich schöner Abschnitte der Bahamas ein. Er verwaltet, betreut und erschließt die Nationalparks und setzt sich für Forschungsaufträge ein, die die Bahamas betreffen. In diesem Zusammenhang arbeitet diese Organisation sehr eng mit einigen Universitäten in den Vereinigten Staaten zusammen. Regelmäßig werden auch Schulungen für Kinder und Erwachsene durchgeführt. Informationen über die Nationalparks und geschützten Landschaften auf den Bahamas gibt es beim **Bahamas National Trust**, P.O. Box N-4105, The Retreat, Village Road, Nassau, ☎ 393-1317, www.bnt.bs. Weitere Infos zu den Schutzgebieten sind in den Reisepraktischen Informationen und den Reisebeschreibungen der jeweiligen Inseln zu finden.

info

Übersicht über die wichtigsten Nationalparks

Abaco National Park, **The Abacos**: In diesem Park kann man auf einem großen Areal in dem für einige Inseln typischen Pinienwald wandern und auch den Bahama Parrot, eine bahamaische Papageienart, antreffen.
Exuma Cays Land & Sea Park, **The Exumas**: Ein Teil der Cays der Inselgruppe der Exumas wurde zusammen mit den sie umgebenden Gewässern schon 1958 zum Nationalpark erklärt, um diese Landschaft in ihrer Gesamtheit zu erhalten. In dem Park kann man sich an der wunderschönen Unterwasserwelt der flachen Karibischen See und den herrlichen Stränden der Cays erfreuen. Auf einem Cay gibt es noch die letzte auf den Bahamas verbliebene Leguankolonie.
Harrold & Wilson Ponds National Park, **New Providence**: 2002 wurde der Park gegründet und ist jetzt die geschützte Heimat von mehr als hundert Vogelarten, darunter eine besonders hohe Konzentration von Ibissen, Kormoranen und Reihern.
Inagua National Park, **Great Inagua**: Dieser hauptsächlich aus Seenlandschaft bestehende Park im Inneren Inaguas beherbergt die größte Flamingokolonie der Karibik und ist ein Paradies für Vogelkundler.
Leon Levy Native Plant Preserve, **Eleuthera**: Jüngster Neuzugang (2009) und gegründet durch die private Initiative der US-Amerikanerin Shelby White. Ihr Mann, Leon, hatte ein Vermögen an der New Yorker Börse gemacht – auf den Bahamas fand das Paar seine zweite Heimat.

Als Leon 2003 verstarb, gründete Shelby ihm zu Ehren das Naturschutzgebiet. Das Leon Levy Native Plant Preserve spiegelt die Geschichte Eleutheras und der Bahamas in Flora und Fauna.

Little Inagua National Park: Der südlichste Nationalpark ist die Insel Little Inagua und liegt ca. 600 km von Nassau entfernt. Sie gehört zu den größten unbewohnten Inseln der Karibik und soll auch zukünftig ihre Unberührtheit bewahren. Little Inagua gilt u. a. als beliebter Brutplatz für die gefährdeten Wasserschildkröten.

Lucayan National Park, **Grand Bahama Island**: Naturbelassener Mangrovensumpf am Gold Rock Creek. Eines der längsten Höhlensysteme der Welt kann man hier zu Wasser und zu Land, tauchend oder von einem Boot aus erforschen.

Moriah Harbour Cay National Park, **The Exumas**: Moriah Harbour Cay und das Meergebiet drumherum sind ein Ausschnitt eines sehr lebendigen Ökosystems zwischen Great und Little Exuma. Dazu gehören unberührte Strände, Sanddünen, von Mangroven gesäumte Flüsschen und Seegrasfelder, in denen eine beeindruckende Vielfalt an Vögeln nistet. Viele Meerestiere finden in dem Wurzelwerk sicheren Lebensraum.

Pelican Cays Land & Sea Park, **The Abacos**: Ebenso wie der Park auf den Exumas wurde die Natur hier sowohl zu Wasser als auch zu Land unter Schutz gestellt. Auf einer Bootstour und mit Schnorchelbrille ist er ein großes Erlebnis.

Peterson Cay National Park, **Grand Bahama Island**: Ein unter Naturschutz gestelltes Riff, das man mit einem Boot erreichen kann, ist hier durch die Schnorchelbrille zu „besichtigen".

Primeval Forest, **New Providence**: Der Urwald liegt im Westen von New Providence. Das Gebiet besteht aus dem immergrünen, tropischen Hardwood Forest, auch als Blackland Coppice bekannte Bäume, die sehr selten sind.

Rand Nature Centre, **Grand Bahama Island**: Ein Spazierweg führt durch eine Anpflanzung von einheimischen bahamaischen Gewächsen. Die typische Tierwelt ist mit Papageien, Vogel- und anderen Tierarten repräsentativ vertreten.

The Retreat, **New Providence**: Hier ist das Hauptquartier des Bahamas National Trust. Im Retreat sind fast 200 unterschiedliche Palmenarten zu bestaunen – eine der größten privaten Palmensammlungen der Welt.

Union Creek Reserve, **Great Inagua**: Dieser kleine Park wurde zur Erhaltung und Erforschung eines für die Bahamas typischen, von den Gezeiten abhängigen Bachs („Creek") gegründet. Solche Creeks dienen auch als Brutgebiet der gefährdeten Grünen Meeresschildkröte.

Walker's Cay Marine Park ist das nördlichste Schutzgebiet und liegt nicht weit von Floridas Küste entfernt – mit herrlichen Korallenformationen und einer äußerst vielseitigen Meeresfauna.

West Side National Park, **Andros**: Der 2002 gegründete Park beherbergt ein großes Sumpfgebiet und Mangrovenwald sowie zwei spektakuläre Teile des Andros Barrier Reef.

Öffnungszeiten

Die Geschäftszeiten sind auf den Bahamas recht variabel – bis auf Sonn- und Feiertage, an denen die Geschäfte geschlossen sind. In der Regel sind aber Mo–Sa die meisten Geschäfte 9–17.30 Uhr geöffnet (Supermärkte sind häufig schon ab 7 Uhr geöffnet und manche Geschäfte schließen erst um 18 Uhr).

Auf den **Out Islands** kann es auch passieren, dass ein Geschäft gerade geschlossen hat, weil etwa der Besitzer zum Fischen gegangen ist, oder dass ein Laden nur aufgemacht wird, wenn gerade Bedarf ist. Auch können sich Öffnungszeiten nach einer Art touristischem Wecker richten und dann öffnen, wenn z.B. gerade die Fähre aus der Hauptstadt eintrifft. Scheuen Sie sich also nicht, im Ort nachzufragen, an die Tür zu klopfen oder die an der Eingangstür genannte Telefonnummer anzurufen.

People-to-People-Programm

Die beste Möglichkeit, nicht nur Land, sondern auch die Menschen kennenzulernen, bietet das People-to-People-Programm. Bereits 1977 wurde dieses „interkulturelle" Programm von der bahamaischen Tourismusbehörde in Nassau ins Leben gerufen. Heute gehören rund 1.500 Bahamaer auf ehrenamtlicher Basis zum festen Stamm des „Besuchs"-Programms. Das People-to-People-Programm gibt es auch auf den Out Islands wie Abaco, Exuma, Bimini, Cat Island, San Salvador.

Dabei fungieren Einheimische als persönliche Gastgeber für die Besucher der Inseln. Dafür werden aus Hunderten von Bewerbern nach bestimmten Kriterien die geeigneten Bahamaer ausgewählt. Wie die gemeinsame Zeit verbracht werden soll, hängt von den Besuchern und den Gastgebern ab. Von Inselbesichtigung, College-Besuch bis zur Restaurantauswahl durch den einheimischen Spezialisten, vom Discobesuch bis zum Kirchgang – fast alles ist möglich.

Wer an dem Programm teilnehmen möchte, ruft am besten vor Reiseantritt unter der unten angegebenen Telefonnummer des Bahamas Ministry of Tourism an und legt seine Interessen dar – oder meldet sich online an unter **www.bahamas.com/people-to-people**. Daraufhin bekommt man eine Telefonnummer, über die man sich mit einem Bahamaer privat verabreden und etwas mit ihm oder ihr oder gleich einer ganzen Familie unternehmen kann.

Wer auf **Long Island** urlaubt und keine Zeit oder Gelegenheit hat, einen ganzen Tag am Programm teilzunehmen, der kann den Nachmittag mit einer „Tea Party" verbringen. Diese werden an wechselnden Orten veranstaltet, zum Programm gehören Kunst, eine Live-Band und leckere bahamaische Genüsse.

i Infos

Bahamas Ministry of Tourism, People-to-People Office, ☎ 338-8668, www.bahamas.com/people-to-people. Vor Ort wenden Sie sich bitte an die jeweiligen Touristeninformationen oder an den Concierge-Service im Hotel.

Post

Die Post wird mit bahamaischen Briefmarken frankiert (amerikanische Marken werden nicht akzeptiert). Briefmarkensammler, die an schönen Motiven interessiert sind, werden aber sicher nicht nur für ihre Post, sondern auch fürs Album etwas Passendes finden. Ein Luftpostbrief (First Class Letter) nach Deutschland, Österreich oder in die Schweiz kostet 70 Cent, eine Postkarte 50 Cent. In der Regel dauert die Post 7–10 Tage. Es ist aber damit zu rechnen, dass sie von den Family Islands aus nach Europa in manchen Fällen auch zwei bis drei Wochen unterwegs ist.

Die Postämter sind auf den Bahamas normalerweise Mo–Fr 8.30–17.30 und Sa 8.30–12.30 Uhr geöffnet.

Reisezeit

Die beste Reisezeit für die Bahamas ist von Dezember bis Mai (s. hierzu „Klima“, S. 19).

Restaurants

Auf den Bahamas kann man ausgezeichnet essen gehen. Vom frischen Conch-Salat an einem Verkaufsstand auf Potter's Cay bis zum fünfgängigen Menü im Restaurant der Luxusklasse wird in dieser Beziehung auf den Bahamas alles geboten, was das Herz von Freunden kulinarischer Köstlichkeiten höher schlagen lässt.

Detaillierte Informationen, die die Auswahl der Restaurants möglicherweise etwas erleichtern können, sind unter den Reisepraktischen Informationen zu den jeweiligen Orten/Inseln zu finden.

Sicherheit

Wichtige Reisedokumente sollten im Hotelschließfach oder im Safe, der meist im Schrank des Hotelzimmers untergebracht ist, deponiert werden.

Frauen können ohne Bedenken alleine die Bahamas bereisen. Wie in jedem anderen Land auf der Welt, sollte jedoch vermieden werden, nachts alleine unterwegs zu sein. Im Land sind – außer in Nassau und „Over the Hill“ – keine besonderen Sicherheitsrisiken bekannt.

Sport

Funsportarten

Besonders die Hotels auf New Providence, Paradise Island und Grand Bahama Island bieten Wasserski, Jetski, Parasailing, Bananaboat Riding und Wasserfahrräder an.

Golf

Der erste Golfplatz auf den Bahamas wurde bereits 1929 gegründet. Heute gibt es den Cable Beach Golf Course in Nassau immer noch, allerdings unter dem Namen Jack Nicklaus Signature Golf Course. Insgesamt stehen golfbegeisterten Urlaubern und Einheimischen acht Plätze zur Verfügung, die vorwiegend von renommierten Architekten wie Dick Wilson, Joe Lee und Robert Trent Jones Jr. gestaltet wurden. Neben landschaftlicher Schönheit und sportlicher Herausforderung punktet die Golfdestination Bahamas mit idealem Klima das ganze Jahr über.

Grand Bahama Island

Reef Course

Robert Trent Jones Jr. hat den 18-Loch-Platz mit einer Länge von 6.339 m entworfen. Der Par-72-Kurs bietet 57 Bunker, 14 Löcher und malerische Seen. Infos: www.grandlucayan.com

The Ruby

18-Loch-Platz, seit 1964, neu gestaltet 2002 von Jim Fazio, nach zwei Hurrikans zwischendurch geschlossen, aber 2008 renoviert, wiedereröffnet und deutlich einfacher zu spielen als The Reef. Infos: www.rubygolfcoursebahamas.com

Fortune Hills Golf & Country Club

Der 9-Loch-Platz ist rund 3 km lang mit einem Slope-Wert von 125. Er wurde von Joe Lee und Dick Wilson 1972 gestaltet. Infos: www.bahamasgolf.com/courses/fortune-hills

The Abacos

The Abaco Club on Winding Bay

Der exklusive Golf & Sport Club liegt auf einer Halbinsel mit kilometerlangem pudrigem Sandstrand und Dünenlandschaften. Vom Clubhaus aus hat man einen traumhaften Blick über die Winding Bay und den 18-Loch-Platz, der von Donald Steel gestaltet wurde. Die letzten Fairways und Greens des 6.568 m langen Platzes liegen erhöht und bieten einen direkten Blick auf den Ozean. Das 18. Loch liegt auf 10 m Höhe und führt am Meer entlang. Es heißt, es wäre eines der besten Abschluss-Fairways eines Golfplatzes. Außerdem bietet der Golf Club ein Driving Range und Putting Green, eine Akademie und einen Pro-Shop. Infos: www.myabacoclub.com

Treasure Cay Golf Course

Das Besondere am Treasure Cay-Golfplatz ist, dass generell keine Abschlagszeiten erforderlich sind. Der Platz hat 18 Löcher und wurde von Dick Wilson direkt am Meer entworfen. Mit einer Strecke von knapp 6.400 m von den blauen Abschlägen und mit 66 strategisch platzierten Sand-Bunkern ist der Golfplatz eine anspruchsvolle Herausforderung mit Meereswinden und engen Fairways. Infos: http://treasurecay.com/golf

New Providence

Jack Nicklaus Signature Golf Course (Cable Beach Golf Course)

Wiedereröffnet im Frühjahr 2014 gehört der ausgiebig renovierte Golfplatz zum

Gesamtkonzept des benachbarten Baha Mar Resorts. Niemand geringerer als Golf-Legende Jack Nicklaus gestaltete den 18-Loch-Platz und hinterlässt hier eindrücklich seine Handschrift. Nicht ohne Grund trägt der Golfplatz nach der Wiedereröffnung den neuen Namen Jack Nicklaus Signature Golf Course. Infos: www.bahamar.com

Ocean Club Golf Course
Der 18-Loch-, Par-72-Championship-Platz wurde von Tom Weiskopf entworfen. Der PGA-Platz bietet landschaftliche Abwechslung auf 6.500 m sowie einen Pro-Shop und ein neues Clubhaus. Er gehört zum Atlantis Resort und liegt direkt am Meer auf Paradise Island. Infos: www.atlantis.com.

Golfplatz des Sandals auf Great Exuma

The Exumas: Sandals Emerald Reef Golfclub
Das Sandals Emerald Bay Hotel auf Great Exuma besitzt einen eigenen 18-Loch-Golfplatz am Meer, der von Greg Norman entworfen wurde. Die ersten neun Löcher des anspruchsvollen Platzes schlängeln sich durch Mangrovenfelder, die letzten neun entlang der felsigen Küste. Infos: www.sandals.com/main/emerald/em-golf/

Reiten

Möglichkeiten zum Reiten gibt es auf New Providence, Grand Bahama Island und seit Anfang 2013 auch auf Eleuthera: Die Oceanview Farm bei Governor's Harbour bietet Ausritte über den pittoresken Teil der Insel, ideal für Naturliebhaber und Pferdefreunde zugleich. **Oceanview Farm**, Governor's Harbour, Eleuthera, ☎ 357-4258, www.oceanview242.com

Segeln, Jetski und Surfen

Wo es eine touristische Infrastruktur auf den Bahamas gibt, sind die Strände in der Regel gut mit sportlichem Zubehör zum Mieten ausgestattet: Vermietet werden Surfbretter, kleine Segelboote, Motorboote (Scooter) oder Kanus sowie Wasserski und Jetski. Viele Hotels bieten ihren Gästen auch die Möglichkeit zum Segeln. Segelschulen bieten Kurse für Anfänger und Fortgeschrittene, bei Charterfirmen kann man Segelboote und Jachten mieten, wahlweise mit oder ohne Begleitcrew.

Tauchen & Schnorcheln

Die Bahamas sind ein Paradies für Taucher und Schnorchler. Die Inselgruppe liegt direkt am drittgrößten Barriereriff der Welt. Neben spektakulären Tauchgängen entlang teils kilometertief abfallender Meereswände und einer großen Fischvielfalt sind die zahllosen Wracks und „Blue Holes" Attraktionen für Unterwassersportler.

Begegnung mit einem Lionfish, der durch seine starke Vermehrung eine Bedrohung für die Korallenriffe ist

Wer keinen Tauchschein besitzt, kann die Unterwasserwelt auch schnorchelnd *(snorkeling)* erkunden. Das türkisblaue, glasklare Wasser ist für seine enormen Sichtweiten berühmt, sodass Schnorchler Fische und Korallengärten problemlos von der Wasseroberfläche aus beobachten können.

Ein Tauchgang kostet im Schnitt 60–100 $. Vieltaucher sparen Geld, wenn sie gleich ganze Pakete buchen. Hotels bieten ihren Gästen z.T. vergünstigte Tauchgänge und Kurse an. Schnorchelausrüstungen können überall auf den Bahamas ausgeliehen werden.

Dekompressionskammern gibt es in Freeport und in Nassau.

Infos zum Tauchen auf den Bahamas gibt es z.B. online bei **www.bahamasdiving.com**, der Website der **Bahamas Diving Association**.

Adressen für Ausrüster und Tipps für gute Tauchgründe sind in den Reisepraktischen Informationen aufgeführt.

Tennis

Die großen Hotelanlagen auf New Providence verfügen in der Regel über recht gute Tennisplätze. Auf anderen Inseln ist die Qualität sehr unterschiedlich. Nicht jeder Tennisplatz, der im Prospekt noch schön aussieht, ist dann in der Realität gut bespielbar.

Sprache

Die Landessprache der Bahamas ist **Englisch**. Gesprochen wird es von den Bahamaern mit einem recht charmanten Akzent. Solange sie sich an die hochsprachliche Version halten, kann man sie mit dem üblichen Schulenglisch sehr gut verstehen, wenn sie allerdings in ihren Dialekt verfallen, wird das schon schwieriger. Dazu kommt, dass sich die Dialekte nicht nur von Insel zu Insel unterscheiden, sondern sogar auf der Insel selbst. Besucher treffen z.B. auf Eleuthera gleich auf mindestens drei Dialekte, die alle ihren Charme haben und sich vor allem durch die unterschiedliche Betonung von Silben unterscheiden.

Strände

Auf den Bahamas gibt es **wunderschöne Strände** – vielleicht die schönsten Strände der Welt. Auf jeden Fall landen einige davon regelmäßig in den weltweiten

Pink Sands Beach auf Harbour Island

Top Ten, wie z. B. der Strand auf der Halbinsel Treasure Cay/Abaco. Sicher ist: Vom Hotel oder Resort ist es nicht weit bis zum Strand, und dieser Strand wird normalerweise schön sein. Das einzige, was Urlauber befürchten müssen, sind die nachhaltigen Bisse der Sandmücken *(sandflies)*.

Da es auch sehr viele und sehr unterschiedliche Strände gibt, ist für jeden Geschmack etwas dabei. Ob man nun einen „Partystrand" **mit viel Rummel** oder die **romantische Einsamkeit** eines langen Strands an einem entlegenen Fleckchen auf den Family Islands vorzieht, man findet mit Sicherheit den idealen Strand für seinen persönlichen Geschmack.

Infos zu Stränden und Strandaktivitäten sind unter den Reisepraktischen Informationen aufgeführt.

Taxi

Taxifahren kann schnell zum teuersten Posten im Reiseetat werden. Das liegt einerseits daran, dass an den Flughäfen ein Taximonopol herrscht, während es normalerweise keinen öffentlichen Nahverkehr rund um die Flughäfen gibt. Wer also unvorbereitet ankommt, der muss sich einem Taxi anvertrauen. Kein Problem z. B. auf Bimini, wo der Transport vom Flughafen nach Nord Bimini mit Taxi und Fähre fixe 5 $ kostet. Teuer wird es dann, wenn die Wege länger werden. Wer z. B. in Marsh Harbour/Abaco landet mit dem Ziel Treasure Cay, der muss für die 25 Min. Taxifahrt 85 $ hinblättern. Eine Fahrt über die Insel kann dann recht schnell mit 200 $ oder mehr zu Buche schlagen.

Tipps

- Genau recherchieren, welcher Zielflughafen der richtige ist. Etliche Out Islands haben mehr als einen Flughafen. Der richtige ist normalerweise der, der am nächsten zum Wunschziel liegt.
- Beim Hotel nachfragen, ob der Transport organisiert werden kann und eventuell inklusive ist.
- Falls nicht: Nachfragen, was das Taxi zum Hotel kosten darf.
- Wer mehr von der Insel sehen und sich nicht einer geführten Rundtour anschließen möchte, sollte sich ein Auto mieten. Das ist deutlich günstiger als Taxifahren und schont den Geldbeutel.

Als Trinkgeld werden 15 % des Fahrpreises empfohlen.

Telefonieren

Wichtige Telefonnummern

Vorwahl
Vorwahl für die Bahamas: 001 242
Internationale Vorwahl
nach Deutschland: 01149
nach Österreich: 01143
in die Schweiz: 01141

Notfall, Konsulat, Touristeninformation
Notrufnummer (Feuerwehr, Ambulanz, Polizei): ☎ 919 oder 911
Deutsches Honorarkonsulat auf den Bahamas: ☎ 327-1163
Toruisteninformation Nassau: ☎ 302-2000, 302-2003

Festnetz

Von den Bahamas kann man direkt ins Ausland telefonieren. Von einigen Inseln (vor allem von den Family Islands) bekommt man über eine Vermittlung („0" = Operator) eine internationale Verbindung. Die Gespräche über die Vermittlung sind teurer als die direkte Verbindung. Die Gebühren sind in den Hotels am höchsten. Faxen ist leider oft nicht viel billiger.

Tipp
Am besten kauft man sich gleich zu Anfang eine internationale Telefonkarte. Diese ist wesentlich günstiger als ein Anruf über das normale Festnetz.

Um aus dem Ausland einen Teilnehmer auf den Bahamas zu erreichen, muss man die **internationale Vorwahl 001** wie für die Vereinigten Staaten und dann die **Vorwahl der Bahamas 242** wählen.

Innerhalb der Bahamas wählt man die siebenstellige Nummer ohne die Vorwahl (242), auch wenn man einen Teilnehmer auf einer anderen Insel anruft. Über die Vermittlung geht es mittels eines „Over Seas Operator".

Telefonzellen

Auf den Family Islands gibt es nur wenige Telefonzellen. Dort ist das Hauptgebäude der staatlichen Telefongesellschaft BaTelCo häufig die beste Möglichkeit, einen Anruf zu tätigen, falls kein Hotel in der Nähe sein sollte.

Mobil telefonieren

Der Netzstandard auf den Bahamas ist, wie in den USA, GSM 1900. Um das Handy per Roaming nutzen zu können, muss man BTC wählen. Die Roamingkosten können allerdings gewaltig sein. Wer das vermeiden will, besorgt sich eine SIM-Card für das eigene Smartphone als Prepaid SIM Card der Bahamas Telecommunications Company BTC. Kosten: 15 $ und der Betrag, den man auf die Karte laden lässt – bei einer Laufzeit von 90 Tagen. Man erhält dann eine bahamaische Nummer (242) und kann problemlos national und international telefonieren. Infos unter www.btcbahamas.com.

Trinkgeld

In **Restaurants und Bars** fallen 15 % Bedienungsgeld an, die oft automatisch auf der Rechnung ausgewiesen werden. Eine kleine Aufmerksamkeit nach eigenem Ermessen ist natürlich trotzdem willkommen, wenn Sie mit dem Service sehr zufrieden waren. Dieses gilt mit Einschränkung auch für **Hotels**. Hier sollten Sie sich vorher aber erkundigen, ob Trinkgelder automatisch mit auf die Hotelrechnung gesetzt werden. Wenn das nicht der Fall ist, sind 15 % der übliche Satz für Serviceleistungen. Für das Zimmermädchen sollten Sie 1–2 $ pro Tag einrechnen. Ein Page bekommt pro Koffer in der Regel 1 $, das gilt aber nicht für jedes kleine Gepäckstück. Bei **Taxifahrten** sind ebenfalls 15 % Trinkgeld, das nicht mit im Preis ist, angemessen. Trinkgeld ist übrigens nach wie vor steuerfrei, es wird keine VAT (s. Mehrwertsteuer) fällig.

Trinkwasser

Das Leitungswasser auf den Bahamas ist stark gechlort und als Trinkwasser nicht zu empfehlen. Abgekochtes Wasser kann z. B. zur Zubereitung von Tee verwendet werden. Zum Trinken sollte man Mineralwasser aus Flaschen kaufen.

Unterkünfte

Auf den Bahamas gibt es eine große Auswahl an Unterkünften. Dabei werden nicht nur hochpreisige, exklusive Hotelzimmer in Luxusresorts angeboten, es gibt auch die Möglichkeit, in günstigeren Gästezimmern zu übernachten. Hotels gibt es in jeder Größe und Preisklasse, angefangen bei kompletter Ausstattung mit Zimmerservice, Swimmingpool und jeglicher Art von Entertainment bis hin zu einfachen Inns. Klar muss aber sein, dass es keine echten Preisbrecher gibt. Auch für ein recht einfaches Hotel, wie das Towne Hotel in Nassau (www.townehotel.com), werden für ein brauchbares, aber nicht überragendes Doppelzimmer 100 $ fällig.

In der Regel werden die Unterkünfte als Pauschalpaket angeboten, die auf jeden Fall wesentlich günstiger sind, als wenn man sich erst vor Ort ein Zimmer sucht. Vor Ort ein Zimmer zu suchen, ist normalerweise keine gute Idee. Die „Walk In Rate“ oder „Rack Rate“ , der Preis, der direkt am Counter verlangt wird, ist meist höher als der Preis online. Wer also eine bestimmte Unterkunft im Auge hat, sollte erst einmal deren Website checken. Hier gibt es immer eine „Online Rate“, die deutlich unter dem Normalpreis liegt.

Noch besser ist es, sich über die gängigen Internetplattformen wie www.expedia.com, www.agoda.com oder www.booking.com schlau zu machen und aus deren Kontingenten heraus zu buchen.

Es ist wichtig, auch das **Kleingedruckte** bei der Hotelbuchung zu checken. Denn es ist gut möglich, dass unterschiedliche Arten von örtlichen Steuern, Strom- und/ oder Wasser-Zuschlägen, Reinigungs- und Abnahmekosten oder WiFi-Gebühren

Hotel in ruhiger Lage auf New Providence: das Orange Hill Beach Inn

auf den eigentlichen Zimmerpreis aufgeschlagen werden. Damit kann sich der Preis locker um 25 % verteuern. Also immer schauen und im Zweifelsfall nachfragen, ob im genannten Endpreis bereits alle Steuern und Abgaben inklusive sind.

Da es die unterschiedlichsten Pakete mit variierenden Preisen gibt, wurden in den Reisepraktischen Informationen die Standardpreise für ein Doppelzimmer aufgelistet. Je nach Saison und Buchungsvariante können die tatsächlichen Preise in der Regel erheblich darunter liegen.

Was die **Klassifikation der Hotels** auf den Bahamas angeht, so gibt es nicht wirklich Standards, an denen man sich orientieren kann. Begriffe wie „deluxe" oder „First Class" werden oft sehr großzügig interpretiert. Und auch in diesen Hotels kann es einem passieren, dass man unter der Dusche steht und kein Wasser aus dem Duschkopf kommt. Ein gängiges Unterscheidungsmerkmal aber ist „All inclusive". Auch wer von dem Konzept nicht viel halten mag, da es einem die Wahlfreiheit raubt, sollte sich das auf den Bahamas gut anschauen. Der Vorteil von „All inclusive" ist im wahrsten Sinne des Wortes, dass eben alles inklusive ist. Also von Frühstück bis zu Mitternachtsbuffet, vom morgendlichen Kaffee über das Kalik-Bier an der Poolbar bis hin zum „Dirty Banana Cocktail" nach dem Abendessen. Auch verfügen die Resorts normalerweise nicht nur über ein oder zwei Restaurants, sondern gleich über fünf oder mehr – vom Italiener bis zum Sushi-Shop, damit bei den Gästen auch in Sachen Verpflegung ja keine Langeweile aufkommt. Das klassische Frühstücks-, Mittag- und Abendbuffet gibt es meist trotzdem. Ein weiterer Aspekt des „All inclusive" sind die Freizeitangebote, die inklusive sind. Das geht z. B. bei den Re-

Übernachtungskategorien

$	bis 100 $
$$	100–200 $
$$$	200–300 $
$$$$	300–500 $
$$$$$	ab 500 $

Preise pro Person mit Übernachtung im DZ und Frühstück

sorts von „Sandals" auf New Providence und Great Exuma so weit, dass für zertifizierte Taucher sogar die zwei täglichen Tauchgänge kostenlos sind ...

Folgende Abkürzungen sind auf den Bahamas üblich:
EP (European Plan): Übernachtung ohne Mahlzeiten
CP (Continental Plan): Übernachtung und Frühstück
MAP (Modified American Plan): Halbpension, d.h. Frühstück und Abendessen
AP (American Plan): Vollpension, d.h. drei Mahlzeiten am Tag
All inclusive: Im Zimmerpreis sind alle Mahlzeiten enthalten sowie Getränke, die Benutzung der Sport- und Freizeiteinrichtungen und oft auch Trinkgelder und Ausflugsangebote.

Wer sich vorab über die Zimmerauswahl, Ausstattung und aktuellen Preise der verschiedenen Hotels des Urlaubsziels informieren möchte, sollte sich rechtzeitig bei Reisebüros und Spezialveranstaltern beraten lassen. Ausgewählte Hotels mit Internetadresse und eine Beschreibung der einzelnen Unterkünfte sind unter den Reisepraktischen Informationen für die jeweilige Insel zu finden. Detaillierte Informationen zu Unterkünften finden Sie auch unter www.bahamas.com bzw. www.bahamas.de.

Tipp

Manche Resorts und Reiseanbieter haben sog. „**Fly Free-Specials**" im Angebot. Hier kann man bei Buchung gleich entscheiden, ob man ein anderes Hotel/Resort derselben Kette auf einer anderen Insel besuchen will. Bei Buchung eines Aufenthalts von mindestens drei oder vier Nächten ist dann der Flug ohne Mehrkosten im Angebot inklusive.

Verhalten im Alltag

Die Gewohnheiten und das Leben der Einwohner auf den Bahamas stehen ganz im Zeichen des **karibischen Lebensgefühls**. Diese gewisse Gelassenheit und Entspanntheit etwa empfindet der urlaubsreife Reisegast oft so angenehm anders im Vergleich zur hektischen Arbeitswelt. Dies ändert sich allerdings auch nicht, wenn es um pünktliche An- und Abfahrtszeiten geht oder man es selbst plötzlich eilig hat.

Auch dann bestimmt die sog. „**Bahamian Time**" das Leben auf diesen Inseln. Nach dem Motto „Alles braucht seine Zeit" geht es hier ohne Hektik durchs Leben. Akzeptieren Sie einfach von vornherein, dass **Pünktlichkeit nicht als eine Tugend** auf den Bahamas angesehen wird.

Genießen Sie einfach die Freiheit, sich und anderen Zeit lassen zu können, was ja erst eine richtige Urlaubsatmosphäre ausmacht. Ärgern Sie sich nicht, wenn es nicht nach Ihrem gewohnten Tempo geht, der Hotelmanager nicht erscheint oder der Taxifahrer nicht wartet. Lassen Sie sich auf den Rhythmus der Inselbewohner ein. Grundsätzlich sind Bahamaer sehr zuverlässig, aber nach europäischen Maßstäben glänzen sie nicht unbedingt durch Pünktlichkeit. Und, was nicht vergessen werden sollte: Auf den Bahamas werden Sie nie verloren gehen. Egal ob eine Panne mit dem Auto, sich verfahren, die Tankstelle, der Supermarkt oder der Liquor Store geschlossen ist, einfach hupen oder die nächsten Menschen ansprechen. Denn es gibt normalerweise immer eine Lösung für das Problemchen.

Kleidung

Bei den angenehmen Temperaturen ist es sehr verlockend, auf den Bahamas von morgens bis abends in Badesachen herumzulaufen. Doch die Bahamaer legen großen Wert auf angemessene Kleidung. Nehmen Sie darauf Rücksicht und tragen Sie ihre Strandmode nur dort, wofür sie auch gemacht wurde: am Strand.

Fotografieren und Filmen

Die Bahamas ohne Fotoapparat sind wie Baden ohne Wasser! Hier können Sie traumhafte Strandfotos machen und romantische Sonnenuntergänge festhalten. Wenn Sie allerdings Fotos von Einheimischen machen, sollten Sie immer zuerst um Erlaubnis fragen und nicht einfach ihre Privatsphäre stören. Auch sollten Pietät und Respekt beim Filmen und Fotografieren eine Selbstverständlichkeit sein. Und wenn Sie gefragt werden, ob Sie der abgelichteten Person einen digitalen Abzug per E-Mail schicken können, überlegen Sie gut, ob Sie dieses Versprechen einhalten können. Ansonsten freut sich jemand umsonst auf Elektropost aus Europa.

Visum

Für den Ferienaufenthalt als Tourist besteht keine Visumspflicht, wenn man nicht länger als drei Monate auf den Bahamas bleibt. Erforderlich für die Einreise sind ein Reisepass, der noch sechs Monate gültig ist, und ein Rück- oder Weiterflugticket.

Zeit

Auf den Bahamas gilt die **Eastern Standard Time**, d.h. von der Mitteleuropäischen Zeit (MEZ) sind sechs Stunden abzuziehen. Wenn es in Mitteleuropa 12 Uhr mittags ist, beginnt um 6 Uhr morgens der Tag auf den Bahamas. Die Umstellung von Winter- auf Sommerzeit bzw. umgekehrt erfolgt auf den Bahamas am ersten April- und am letzten Oktobersonntag.

Zoll

Zollfrei sind z.B. 200 Zigaretten oder 50 Zigarren oder 450 g Tabak und 1 Liter Alkohol. Offiziell müssen alle Waren über einem Wert von 100 B$, die nicht für den persönlichen Bedarf bestimmt sind, angegeben werden, ebenso wie Geldmengen, die die Summe von 10.000 B$ übersteigen. Bei der Rückreise gelten die im Heimatland üblichen Zollbestimmungen.

Achtung

Die dekorativen **Conchmuscheln** unterliegen dem Washingtoner Artenschutzabkommen und dürfen nicht in die EU eingeführt werden.

Das kostet Sie das Reisen auf den Bahamas

Stand Februar 2015

Die Grünen Seiten wollen Ihnen Preisbeispiele für den Urlaub auf den Bahamas geben, damit Sie sich ein realistisches Bild über die Kosten einer Reise und eines Aufenthalts machen können. Natürlich sollte man die Preise nur als vage Richtschnur auffassen.

Wechselkurs
Der Bahama-Dollar (B$) ist im Verhältnis 1:1 fest an den US$ gebunden.

1 € = 1,14 B$, 1 B$ = 0,87 €
1 CHF = 1,09 B$, 1 B$ = 0,91 CHF

Beförderungskosten

Flug

Die Flugpreise für eine Reise auf die Bahamas bewegen sich zwischen 650 und 1.200 €, je nach Saison und Verbindung. **British Airways** (www.britishairways.com) fliegt z. B. von Deutschland, der Schweiz und Österreich über London-Heathrow. British Airways bietet den einzigen Direktflug von Europa auf die Bahamas: London-Heathrow – Nassau.

Delta Airlines (www.delta.com) fliegt über Atlanta, American Airlines (www.aa.com) über New York und Miami. Dort heißt es umsteigen in die Flieger der Tochtergesellschaft **American Eagle** (www.aa.com).

Inlandsflüge mit dem größten regionalen Anbieter, der staatlichen Fluggesellschaft **Bahamasair** (www.bahamasair.com), kosten etwa 140–160 $ (ca. 70–90 $ für ein One-Way-Ticket). Die Preise der Konkurrenz liegen auf ähnlichem Niveau. Der Onlinevergleich lohnt sich aber alleine schon wegen der unterschiedlichen Flugzeiten.

Charterflüge sind teurer und werden entsprechend nach Größe des Flugzeugs (z. B. 5- oder 9-Sitzer) und den Flugstunden berechnet. Die Preise liegen je nach Strecke zwischen 500 und 3.300 $ pro Charter für einen 5-Sitzer. Beispiele: Nassau – Abaco (Marsh Harbour): 91 Meilen, 45 Minuten, 1.100 $; Nassau – Berry Islands (Big Whale Cay): 26 Meilen, 15 Minuten, 500 $.

Mietwagen

Die Kosten bewegen sich zwischen 50 und 80 $ pro Tag zuzüglich Benzinkosten und gewünschter Versicherung. Je weiter die Insel von der Hauptinsel New Providence entfernt und je kleiner die Insel ist, desto höher liegen die Kosten. Das gilt für den Mietwagen und das Benzin. Für längere Vermietungsfristen können Rabatte ausgehandelt werden. In der Regel wird die Bezahlung mit Kreditkarte erwartet, damit umgeht man die Hinterlegung einer Kaution.

Schiff
Eine Überfahrt innerhalb der Bahamas mit einem **Postboot** kostet je nach Insel zwischen 40 und 60 $. Mit **Bahamas Ferries** (www.bahamasferries.com) kosten die One-Way-Trips pro Person rund 65 $.

Taxi
Auf New Providence und Grand Bahama haben alle Taxis Taxameter, die Fahrpreise sind von der Regierung vorgeschrieben. Es werden 3 $ für die erste ¼ Meile verlangt, und 40 Cent für jede weitere. Da das Taxameter häufig kaputt ist oder dessen sinnvolle Nutzung angezweifelt wird, kann man auch einen Festpreis aushandeln. Oder er ist (eigentlich) vorgeschrieben: So kostet die Fahrt vom Nassau International Airport nach Cable Beach offiziell 18 $, bis nach Paradise Island 32 $ (zzgl. 2 $ Brückenmaut). Mehr als zwei Personen und Extra-Gepäck kosten Aufpreis (3 $). Sobald es dunkel wird, steigen die Preise.

Öffentliche Verkehrsmittel
Der Jitney-Fahrpreis für die Strecke Nassau – Cable Beach beträgt 1,25 $.

Motorroller und Fahrräder
Motorroller (Scooter) kosten ca. 55 $ pro Tag, Fahrräder ca. 20 $.

Aufenthaltskosten

Unterkunft
Auf den Bahamas gibt es eine große Auswahl an Unterkünften, die von kleinen Pensionen über Feriendörfer bis hin zu Luxusresorts mit Privatstrand reichen. Hotels sind zudem in jeder Größe und Preisklasse vorhanden, angefangen bei kompletter Ausstattung mit Zimmerservice, Swimmingpool und jeglicher Art von Entertain-

Bungalow mit eigenem Steg ins Meer: Compass Point Beach Resort auf New Providence

ment bis zu einfachen Inns. Einfache Pensionen sind für rund 100 $, zu haben, Mittelklassehotels liegen bei 100–300 $, und richtig viel Luxus gibt es ab 500 $.

Freizeitaktivitäten
Tauchen: ein Tauchgang kostet im Schnitt 80–100 $; Reiten: ca. 100 $ für 1 Std.

Briefmarken
Ein Luftpostbrief *(First Class Letter)* nach Deutschland, Österreich oder in die Schweiz kostet 70 Cent, eine Postkarte 50 Cent.

Benzin
Benzin ist ohne Probleme in Nassau und Freeport erhältlich. Auf den Out Islands ist das schon schwieriger. Auch die Preise variieren dort von Insel zu Insel. Je weiter die Insel vom Zentrum der Bahamas entfernt ist, desto teurer. Durchschnittlich muss man mit rund 4,40–6 $ pro Gallone rechnen (1 US Gallon =3,787 l).

Essen und Trinken
Restaurants
Für ein Mittagessen kann man auf den Bahamas ab 12 $ in einem einfachen einheimischen Restaurant rechnen. Ein Abendessen sollte mit 30–50 $ pro Person in einem Restaurant mittlerer Preisklasse veranschlagt werden, in den schickeren Restaurants kostet es ab 50 $. Dazu kommen die Getränkekosten von ca. 2–4 $ für alkoholfreie Getränke, rund 2 $ für Tee/Kaffee, 4–6 $ für einheimisches Bier (Importbier ist etwas teurer). Eine Flasche Wein bekommen Sie ab 30 $.

Lebensmittel
Rund 80 % aller Lebensmittel müssen importiert werden, vor allem aus den USA. Daher liegen die Preise in der Regel deutlich über dem Niveau in Deutschland oder den USA. Durchschnittliche Lebensmittelpreise in einem lokalen Supermarkt:

1,8 l Milch	3,00 $	12 Eier	2–4,00 $
1,8 kg Zucker	2,50 $	2,2 kg Mehl	4,00 $
3,7 l Mineralwasser	4–6,00 $	1 Brot	3–6,00 $
2,2 kg Reis	3–4,00 $	250 g Schinken	5,50–6,00 $
1 Kasten Bier (Kalik) ca.	40,00 $		

(Die teils etwas krummen Mengenangaben ergeben sich durch die Umrechnung von den auf den Bahamas üblichen Maßen wie z. B. Gallonen).

Trinkgeld
In den meisten Restaurants ist ein Trinkgeld *(Service Charge)* von 15 % bereits im Endpreis enthalten. Sollte dies nicht der Fall sein, wird ein Trinkgeld in etwa dieser Höhe erwartet. Taxifahrer erhalten in der Regel 15 %, Kofferträger 1 $ pro Gepäckstück.

Mehrwertsteuer/VAT
Seit 1. Januar 2015 wird auf den Bahamas auf so gut wie alle Produkte und Leistungen eine Mehrwertsteuer (VAT) in Höhe von 7,5 % erhoben. Dafür entfällt die Hotel Guest Tax in Höhe von 10 %.

3. REISEN AUF DEN BAHAMAS

Die Inselwelt der Bahamas im Überblick – von Norden nach Süden

Die **Inselwelt im Norden** der Bahamas bietet im Gegensatz zum Süden des Inselstaats nicht nur schöne, weiße Strände, leuchtende Korallenriffe, Mangrovenwälder und eine faszinierende Unterwasserwelt, sondern teils auch eine komplette touristische Infrastruktur mit Geschäften, Bars, Restaurants und quirligem Nachtleben. Aktives Strandleben und Entertainment sind hier problemlos zu finden. Die touristisch am besten erschlossenen Inseln sind New Providence mit der Hauptstadt Nassau und Cable Beach, Paradise Island und Grand Bahama Island mit Freeport und Lucaya. Der Vorteil dieser Inseln ist, dass es hier selbst in der Hochsaison oft noch verhältnismäßig günstige Pauschalangebote gibt.

Alle anderen Inseln werden als **Out Islands** bezeichnet, sie sind wesentlich weniger touristisch und teils völlig einsam. Andros, The Exumas und The Abacos bieten etwa eine gute Mischung aus touristischer Infrastruktur und Naturerlebnis. Für absolute Individualisten und Abenteurer sind die dünn besiedelten Inseln mit raren Übernachtungsmöglichkeiten auf Acklins and Crooked Island, Mayaguana oder Inagua südlich der Crooked Island Passage genau richtig. *Naturerlebnis*

Die nördlichen Inseln

Grand Bahama Island

An der 100 km langen Südküste dieser nördlichsten Insel des Reisegebiets reiht sich von Xanadu Beach bis Pelican Point ein feiner Sandstrand an den nächsten. In Lucaya, dem touristischen Zentrum der Insel, haben sich die meisten Hotels angesiedelt und für Einkaufs- und Kasinovergnügungen, Nachtclubs, Golf- und Tennisplätze ist die Infrastruktur dieser Insel maßgeschneidert. Wer Boot- und Strandpartys liebt, hat hier die besten Voraussetzungen für eine entsprechende Abwechslung. Aber auch Freunde der Natur kommen auf ihre Kosten. Touren durch den Lucayan National Park mit seinem gewaltigen, z. T. unter Wasser liegenden Höhlensystem und den wunderschön verwunschenen Pfaden durch die Mangroven zählen zu den großen Naturattraktionen der Insel. *Mangrovensümpfe*

The Abacos

Die Abaco-Inseln gelten als Paradies für Segler und Motorbootfahrer und bilden mit dem traditionellen bahamaischen Schiffsbauzentrum Man-O-War-Cay das Bootsbauzentrum des Inselstaats. Kleine Handwerksbetriebe bauen hier Boote aus einheimischen Hölzern. Auf Green Turtle Cay kann man einen Ausflug unternehmen in eine Stadt, die immer noch in der Gründerzeit zu leben scheint: New Plymouth. Das Mekka für Segler und überhaupt jegliche Bootsbesitzer ist vor allem im Juli zur Regatta des „Green Turtle Jacht Club“ der Anlaufpunkt für Wassersportler. Neben der beliebten Wasserwelt bieten die Abacos auch wunderschöne Strände und eine gute touristische Infrastruktur. Resorts auf Walker's, Green Turtle Cay oder Treasure Cay bieten Rundumversorgung. In dem im einsamen Süden von Abaco liegenden Abaco National Park leben noch rund 1.000 der bedrohten Bahama- oder Abaco-Papageien.

Bimini

Ernest Hemingway hat die Biminis mit seinen Büchern („Inseln im Strom" und „Der alte Mann und das Meer") weltberühmt gemacht. Er selbst lebte hier 1935–1937. Am 31. Dezember 2005 brannte leider die Hauptattraktion der Inseln – seine Stammkneipe und daher weltberühmte Bar „The Complete Angler" – bis auf die Grundmauern nieder. Alte Fotos, auf denen er an der Mauer der Bar lehnte, wurden zerstört. Erhalten ist noch sein altes Cottage Blue Marlin. Im Nordosten von Alice Town (North Bimini) gibt es feinsandige Strände, etliche ruhige Buchten bieten geschützte Ankerplätze. Die südlichen Inseln sind weitgehend unerschlossen.

The Berry Islands

Diese kleine, 70 km² große Inselgruppe ist vor allem ein Paradies für Taucher und Freizeitkapitäne, die gerne etwas abseits des Rummels – wie etwa auf Paradise Island – ihren Urlaub verbringen. Die meisten der Inseln sind unbewohnt oder in Privatbesitz.

Bimini: Schwimmen mit Delfinen

New Providence (Nassau/Paradise Island/Cable Beach)

Die verhältnismäßig kleine Insel New Providence mit der größten Bevölkerungsdichte des Landes ist das historische Herz des Inselstaats. Mit der quirligen Hauptstadt Nassau bietet die Insel den belebtesten Teil der Bahamas. Der historische Stadtkern mit kolonialer Architektur und moderner touristischer Infrastruktur bietet jede Art von Entertainment gleich neben wunderschönen Stränden wie Cable Beach und Cabbage Beach auf Paradise Island.

Eleuthera

Eleuthera ist wohl die abwechslungsreichste Insel der Bahamas. Hier, so heißt es, finde man die ursprünglichen Bahamas: verträumte kleine Hotelanlagen, Fischerdörfer, Ananasfelder, sanfte Hügel mit tropischen Gärten und Palmenalleen, alles da. Im Süden ist der 1.000 Einwohner zählende Ort Rock Sound berühmt für das Ocean Hole, ein fast kreisrundes Loch mit 75 m Durchmesser. Die Glass Window Bridge gilt – nicht nur bei den Bahamaern – als eines der Weltwunder der Neuzeit. Auf der Atlantikseite von Nord Eleuthera liegt Harbour Island, weltberühmt für den rosafarbenen Strand (Pink Sands Beach). Dunmore Town, in früheren Zeiten Hauptstadt der Bahamas, ist heute ein pittoreskes Kleinod aus der Gründerzeit und Touristenmagnet.

The Exumas

Great Exuma ist mit 60 km Länge die größte der insgesamt 365 Riffinseln der Exumas, die sich über 160 km wie an einer Perlenkette von Norden nach Süden verteilen. Kein Wunder, dass ein beliebter Werbespruch heißt: „Für jeden Tag des Jahres eine Insel". Die meisten von ihnen sind unbewohnt. Der Hauptort George Town liegt ganz im Süden und bietet einen schönen Blick auf Stocking Island, das für seine weißen Strände und den Mystery Cave, ein weit verzweigtes Unterwasser-Höhlensystem, berühmt ist. Am Elisabeth Harbour findet jedes Jahr im April eine Out-Islands-Regatta mit traditionellen Booten statt. Die Exumas sind mit dem Exuma Cays Land and Sea Park und ihren vielen anderen Cays ideal für Taucher und Leute, die die Welt gerne von einem Boot aus erleben. Auf Allan's Cay findet man noch „Bahamaische Drachen" (Leguane), die recht selten geworden sind. Taucher sollten sich eine Tour zu der berühmten Thunderball Grotto nicht entgehen lassen, und ein Ausflug zu den schwimmenden Schweinen von Big Major Cay gehört zum touristischen Pflichtprogramm.

Andros

Die größte Insel der Bahamas gilt als „Bonefishing Capital" der Bahamas und ist vor allem durch das vor ihrer Ostküste gelegene 225 km lange Barriereriff bekannt, das damit länger als die Insel selbst ist (167 km lang, 64 km breit). Es ist das drittgrößte Barriereriff der Welt und fällt bis zu 1.800 m an der Kante des Kontinentalschelfs zur Tiefsee ab. Die „Tongue of the Ocean“, die in der Tiefe gelegene enge Schlucht des Riffs, und auch die große Anzahl an Blue Holes machen Andros zu einem Eldorado für Taucher. Auf den drei Teilen der Insel kann man einen riesigen Nationalpark und unberührte Mangrovenwälder erleben.

Die südlichen Inseln

Die weit verstreuten Inseln im Süden der Bahamas zeichnen sich aus durch oft einsame, hervorragende Strände, spärliche Vegetation und exzellente Tauch- und Angelmöglichkeiten.

Long Island

Hai-Tauchen

Die ihrem Namen alle Ehre machende 100 km lange und bis zu 5 km breite Insel ist vor allem für die bis zu 200 m tiefe Unterwasserhöhle („Blue Hole“) und das spektakuläre Hai-Tauchen (Tauchgänge mit Haifütterung) am Riff von Stella Maris bekannt. Die meisten der rund 3.000 Einwohner leben in winzigen Dörfern mit bunten Holzhäusern entlang der einzigen Inselstraße. Mangoplantagen und Salzteiche, die Hauptwirtschaftszweige der Einwohner, säumen die Wege.

San Salvador

Die San Salvadorianer sind sich sicher: Hier hat Christoph Kolumbus im Jahr 1492 zum ersten Mal den Boden der Neuen Welt betreten. Mit diesem geschichtlichen Hintergrund und wunderschönen Stränden könnte die eine Flugstunde von Nassau entfernte Insel wesentlich mehr Touristen anziehen, als das heutzutage der Fall ist.

Cat Island

Kilometerlange Sandstrände

So stellt man sich die Karibik vor: kilometerlange, cremefarbene Sandstrände, grün bewaldete Hügelketten, und auf dem höchsten „Berg“, dem Mount Alvernia (63 m) der 76 km langen und nur wenige Kilometer breiten Insel, thront die unbedingt sehenswerte Einsiedelei „The Hermitage“. Daneben gibt es etliche Ruinen der einst blühenden Baumwollplantagen, die den Wohlstand der Insel ausmachten. Heute leben die Insulaner vor allem von Brandrodung und der Rinde der Cascarilla, die überwiegend in Italien zu Arzneimitteln, Duftstoffen und Campari verarbeitet wird. Nicht zu vergessen die Tauchgründe, die zu den besten der Bahamas zählen.

Acklins and Crooked Island

Die größte Attraktion der Inselgruppe ist die Einsamkeit, die es hier im Überfluss gibt. Von einer Infrastruktur für Touristen kann kaum gesprochen werden. Auf Crooked Island halten sich ein Hotel und einige kleine Pensionen. Dafür gibt es vor der Nordküste der Insel ein 80 km langes Barriereriff (Taucherparadies), einsame Sandbuchten mit feinstem Korallensand, Mangrovensümpfe und zahlreiche Tropfsteinhöhlen mit Stalaktiten und Stalagmiten ungewöhnlichster Arten und Formen. Auf zwei winzigen Inseln der Gruppe, Long Cay im Nordwesten und Castle Island im Süden, leben sehr seltene und scheue Leguane der Gattung Anolis.

Mayaguana

Bis 1812 war Mayaguana, die ihren ursprünglichen Arawak-Namen behalten hat und die östlichste der Bahamas ist, unbewohnt. Und auch heute ist die Besiedlung des unberührten Naturparadieses mit knapp einem Bewohner pro Quadratkilometer sehr spärlich. Obwohl es sogar ein paar Unterkünfte im Hauptort Abraham's Town gibt, verirren sich nur sehr selten Touristen auf diese Insel. Der ideale Ort also für Individualtouristen, die genügend Abenteuerlust haben, um die einsamen, traumhaften Strände, dichten Mangrovenwälder und das Buschland von Mayaguana zu erkunden.

Unberührtes Naturparadies

Inagua

Auch die südlichste und zusammen mit der unbewohnten Nachbarinsel Little Inagua die drittgrößte Insel des Inselstaats ist touristisch kaum erschlossen und mit rund 1.000 Bewohnern spärlich besiedelt. Die beherrschende Bevölkerungsgruppe besteht aus 60.000 Flamingos, die auf Great Inagua ihr Hauptquartier der Bahamas aufgeschlagen haben. Kilometerlange Salzfelder sind typisch für die Insel, die viel näher an Haiti als an der Hauptstadt Nassau liegt. Ein Besuch einer Salzanlage ist neben der außergewöhnlichen Vogelwelt eine weitere Attraktion der Insel.

Flamingo-Kolonie

Inselidylle: Cat Island

New Providence

Telegramm New Providence

Name	New Providence
Fläche	207 km²
Einwohnerzahl	249.000 (2010)
Einwohnerzahl pro km²	1.200
Größter Ort	Nassau
Weitere Orte	Fox Hill, Carmichael Village, Adelaide Village, Gambier Village
Wichtigste Wirtschaftszweige	Tourismus, Finanzwirtschaft
Touristisches Potenzial	Strände mit gutem Wassersportangebot, Downtown Nassau, historische Gebäude, Nachtleben, The Retreat, Botanischer Garten, Unterwasserpark BREEF

Geschützter Hafen

Diese für die Bahamas mit ihren 207 km² recht kleine Insel verdankt ihre Bedeutung der günstigen verkehrstechnischen Lage an der „Tongue of the Ocean", die sich als Northeast Providence Channel an der Nordseite der Insel entlangzieht, und dem durch Paradise Island gut geschützten natürlichen Hafen von Nassau. Dieses recht flache Eiland, auf dem sich nur ein Hügelrücken von Nassau bis Love Beach nicht weit von der Küste erhebt, ist ansonsten recht flach und von einigen Süßwasserseen durchbrochen. Der große **Lake Killarney**, der auch entscheidend für die Wasserversorgung der Bevölkerung ist, bildet das größte Binnengewässer der Insel. An der Küste findet man viele **schöne Strände** und entsprechende Hotelanlagen. Besonders beliebt sind die Küste von **Paradise Island**, das Nassau nördlich vorgelagert ist, und **Cable Beach** westlich von Nassau.

Die Hauptstadt erfuhr durch die Jahrhunderte ein wechselvolles Schicksal, konnte sich jedoch als **Handelszentrum** der Bahamas bis zum heutigen Tag behaupten. Auf New Providence leben mit den gut 249.000 Einwohnern etwa zwei Drittel der Gesamtbevölkerung der Bahamas. Entsprechend urban ist die Struktur der Insel. Hier gibt es die meisten Hotels und Restaurants auf den Bahamas, und der **Kreuzfahrthafen** ist das Tourismuszentrum Nummer eins.

Entfernungen

Nassau Downtown – Cable Beach 10 km
Nassau Downtown – Paradise Island 2 km
Nassau – Gambier Village 15 km
Nassau – Mount Pleasant 20 km
Nassau – Adelaide Village 18 km

Geschichte

Die Geschichte von New Providence ist die von Nassau. Seit der Besiedlung 1656 durch **Puritaner** von den Bermudas nahm sie einen wechselhaften Verlauf mit vielen Höhen und Tiefen. Nassau, das 1695 nach dem Prinz von Oranien-Nassau (William III. von England) seinen heutigen Namen erhielt, hieß bis zu diesem Zeitpunkt nach Charles II. von England **Charles Towne**. Auch New Providence hatte anfangs einen anderen Namen. Die Insel wurde zuerst nach dem ehemaligen Gouverneur der Bermudas **William Sayle's Island** benannt. Sayle hatte 1648 eine Gruppe bermudischer Puritaner nach Konflikten mit den Anglikanern auf die Bahamas geführt. Der Versuch, auf Eleuthera ein eigenes Staatswesen und gewinnbringende Plantagen aufzubauen, schlug zwar fehl, aber jene Puritaner, die schließlich nach New Providence kamen, konnten sich ganz gut über Wasser halten.

Etwa 20 Jahre nach ihrer Besiedlung entdeckten die Piraten der Region, dass New Providence mit seinem günstig gelegenen und leicht zugänglichen, natürlichen Hafen bei Nassau ein guter Ort für ihre „Geschäfte" war. Nassau wurde somit Ende des 17. Jh. und Anfang des 18. Jh. zur **Piratenhochburg** der Karibik. Da der Weg von den reichen Kolonien Spaniens und Frankreichs in Süd- und Mittelamerika dem Golfstrom folgend zurück nach Europa durch die Gewässer der Bahamas führte, wurden die schwimmenden Schatztruhen häufig von Seeräubern geentert.

Redaktionstipps

- Unbedingt die **bahamaische Küche** probieren. Wer sich selbst (noch) nicht an das Thema herantraut, macht mit bei einer Führung der „Tru Bahamian Food Tours" (S. 129).
- Ein Besuch im **Graycliff**, einem Gesamtkunstwerk mit Hotel, Fünf-Sterne-Restaurant, Zigarrenfabrik und Chocolaterie (S. 110, 125, 128).
- Einen **Conch-Salat** auf Potter's Cay oder am Fish Fry probieren ist ein absolutes Muss (S. 115, 119).
- Bahamaer kennenlernen über das **People-to-People-Program** (S. 78, 124).
- Spaziergang durch das **historische Nassau** (S. 108).
- Das **Balcony House** in Nassau besuchen (S. 111).
- Ein Nachmittag im **Clifton Heritage National Park** (S. 122).
- Ein Abend im **Atlantis** (S. 116, 131).
- **Strandvergnügen** am Cable Beach oder Cabbage Beach (S. 120, 133).

Kreuzfahrtschiffe vor dem Atlantis Paradise Island

info

Lebensunterhalt als „Wrecker"

Es waren nicht nur Piraten, die sich ganze Schiffe und damit ihre Ladungen zu eigen machten: Große Teile der bahamaischen Bevölkerung betätigten sich von Mitte des 17. bis ins 19. Jh. hinein als **„Wrecker"** (Wreck = engl. für Schiffswrack). Einer heute widerlegten Legende nach ließen findige Bahamaer in der Dunkelheit einen Esel den Strand hinauf- und hinablaufen. Der Esel hatte eine Laterne um den Hals und sollte passierende Schiffe irritieren auf der Suche nach einem leitenden Licht durch die Korallenriffe. Klar war dann aber, dass das Korallenriff vor dem Strand des Esels ein besonders massives war und das Schiff auflaufen musste. War das erwartungsgemäß passiert, machten sich die Wrecker, die das Ganze beobachtet hatten, an die Arbeit und plünderten das Schiff. Die Wissenschaft hat geklärt, dass Laternen um Eselhälse kaum in der Lage waren, Schiffe zu leiten, da das Licht schlichtweg nicht weit genug strahlte. Trotzdem gab es die beleuchteten Esel wohl. Sie wurden von den Wreckern eingesetzt, um den Weg zum gestrandeten Schiff zu finden. Denn in der Tat strandeten etliche Schiffe im Laufe der Jahre in den flachen Gewässern, dem „baha mar" (spanisch für flaches Meer).

Den Wreckern ging es gut. So gut, dass die Regierung der Bahamas bald Lizenzen für das Wrecking vergab und das Plündern aufgelaufener Schiffe durch eine Satzung regelte: So wurde der erste Wrecker, der das Schiff erreichte, zu einer Art Projektleiter und allgemeiner Ansprechpartner. Alles sollte seine Ordnung haben. 1856 etwa verfügten 2.679 Menschen aus einer damaligen Gesamtbevölkerung von rund 27.000 über eine Lizenz zum Wrecken, die Regierung kassierte 15–40 % der Einnahmen. Man kann sich vorstellen, wie groß der Aufschrei war, als auf den Bahamas ab Anfang des 19. Jh. die ersten Leuchttürme gebaut wurden. Bei manch einem wurden zwar noch die Lichter im wahrsten Sinne des Wortes „ausgeschossen", aber zum Ende des 19. Jh. und 37 Leuchttürme später, war es vorbei mit dem Wrecking als sicherer Einnahmequelle.

Piratenangriffe

Die häufigen Piratenübergriffe auf Handelsschiffe hatten mehrfache Angriffe von spanischer und französischer Seite zur Folge. Unter besonders schweren Beschuss geriet die Stadt zwischen 1703 und 1706. Trotz eines Forts war Nassau den Angriffen recht hilflos ausgeliefert. Doch die Piraten konnten nicht „ausgeräuchert" werden. Die englische Regierung, die die Übergriffe auf spanische und französische Schiffe lange Zeit mit Wohlwollen geduldet hatte, da so ihre Feinde geschwächt wurden, versuchte, dem Sittenverfall in Nassau zu diesem Zeitpunkt auch vergeblich ein Ende zu setzen. Es muss damals hoch hergegangen sein.

Bis zu **3.000 Piraten** und unter ihnen die gefürchtetsten Männer und Frauen der karibischen Gewässer bevölkerten damals die Stadt. Natürlich hatten diese ihre eigenen Vorstellungen von einem guten Leben, und bürgerliche Tugenden bestimmten diese sicher ebenso wenig wie ein ausgeprägter Sinn für Recht und Ordnung.

Posen vor dem Piratenmuseum in Nassau

1717 wurden die Bahamas offiziell zur **britischen Kronkolonie** ausgerufen.

Um der Lage wieder Herr zu werden, bestimmte die britische Regierung sogar einen ehemaligen Piraten zum **ersten Gouverneur** der Bahamas und verfügte eine Generalamnestie für Freibeuter. **Woodes Rogers**, der in seiner Piratenkarriere zu zweifelhaftem Ruhm gekommen war, sollte mit Verhandlungen und starker Hand Ordnung schaffen. Die Verhältnisse in Nassau besserten sich, aber der erhoffte wirtschaftliche Aufschwung ließ noch lange auf sich warten. Während des amerikanischen Unabhängigkeitskriegs wurde Nassau 1776 von **Revolutionstruppen** unter der Führung von **Ezekiel Hopkins** eingenommen. Fort Nassau und das 1742 fertiggestellte Fort Montagu erwiesen sich als ineffektive Verteidigungsanlagen. Im Gegensatz zu den Spaniern, die Nassau 1782 für ein Jahr lang besetzten, verschwanden die Amerikaner nach einigen Wochen. Befreit wurde die Stadt damals von Loyalisten unter der Führung von **Andrew Deveaux**.

Plantagenwirtschaft

Nach der Niederlage der Engländer und der königstreuen **Loyalisten** 1781 in Yorktown stieg die Bevölkerungszahl der Bahamas sprunghaft an. Viele englandtreue Amerikaner wichen damals auf die Bahamas aus, da sie mit der neuen Regierungsform in Amerika nicht einverstanden waren. Sie brachten die **Plantagenwirtschaft** im größeren Stil mit auf die Inseln, ebenso wie ihre Sklaven. Der Bevölkerungsanteil der Schwarzen stieg damals auf 75 %. Der wirtschaftliche Boom hielt aber nur bis zum Beginn des 19. Jh. an, da die Plantagen wegen einer zu dünnen Humusschicht und der teilweise zu hohen Transportkosten von den Out Islands unrentabel wurde. Die Proklamation der **Abschaffung der Sklaverei** 1834 und die endgültige Ausführung 1838 versetzte der Plantagenwirtschaft auf den Bahamas den endgültigen Todesstoß.

Lord Dunmore, ehemaliger Gouverneur von Virginia, war 1787 Gouverneur der Bahamas geworden und hatte mit dem Bau von Fort Fincastle und Fort Charlotte das Stadtbild von Nassau geprägt. Die Bahamas versanken jedoch nach 1800 wieder im ökonomischen Dornröschenschlaf, und die Stadt wurde nie wieder angegriffen, sodass diese Befestigungsanlagen nie ihre Feuerprobe bestehen mussten. Bis Anfang des 19. Jh. hatte Nassau sich entlang der Bay Street in östliche und westliche Richtung ausgedehnt.

Befreite Sklaven

Mit der **Abschaffung des Sklavenhandels** 1807 und der Sklaverei 1834 benötigte die befreite schwarze Bevölkerung neuen Wohnraum. Die britische Marine brachte nach 1807 befreite Sklaven von Schiffen, die sich nicht an das Gesetz hielten, nach Nassau, wo sie von der britischen Regierung als frei erklärt wurden. Der damalige Gouverneur Lewis Grant gründete daher 1821 über dem Hügel („Over the Hill") Grant's Town, sodass sich die Stadt von dem Zeitpunkt an auch nach Süden ausdehnte.

Aufwärts ging es aber erst wieder während des **amerikanischen Bürgerkriegs**, als die Bahamas die Basis für die „Blockade Runners" wurden, die die Blockade der Nordstaaten durchbrachen und die Südstaaten versorgten. Zwischen 1861 und 1865 floss der Champagner in Nassau wieder literweise, denn hier trafen sich schwerreiche Kriegsgewinnler, Baumwollhändler und die Südstaatenelite.

Blühender Schmuggel

Nach dem Ende des Amerikanischen Bürgerkriegs ging man in Nassau wieder zum Alltag über. Auf den Bahamas wurde damals mit Schwammfischerei, Bootsbau und Ananasanbau Geld verdient. Der nächste Boom war auch durch eine Änderung der amerikanischen Verhältnisse bedingt. Als 1919 die **Prohibition** in den Vereinigten Staaten gesetzlich in Kraft trat (bis 1933), waren die Bahamas wieder durch ihre geografische Lage prädestiniert, als Basis für die **Schmuggler** („Rum Runners") zu dienen. Obwohl die größten Lagerhallen für den in den Vereinigten Staaten trotz des Verbots so heiß begehrten Alkohol auf Grand Bahama Island standen, profitierte natürlich auch Nassau vom wirtschaftlichen Aufschwung.

Bei Ankunft im Kreuzfahrtterminal in Nassau darf zur Begrüßung getrommelt werden

Bis 1967 bestimmte die weiße Minderheit die politischen und ökonomischen Geschicke des Landes. Die sog. „**Bay Street Boys**" hatten bis zur Machtübernahme der schwarzen Mehrheit alle Fäden in der Hand. Da sie ihre Geschäfte in der Bay Street in Nassau abzuwickeln pflegten, bekamen sie diesen Spitznamen, der gelegentlich auch als Schimpfname gebraucht wird. 1967 übernahm dann zum ersten Mal die schwarze Mehrheit die Regierung. 1973 wurden die Bahamas **unabhängig**.

Eindämmung des Drogenhandels

Neben der zunehmenden Bedeutung des Tourismus für die Wirtschaft nach dem Zweiten Weltkrieg erlebte die Stadt in den 1970er- und 1980er-Jahren einen weiteren wirtschaftlichen Höhepunkt durch den **Drogenhandel**. Die Bahamas wurden zur Brücke für den Handel mit Kokain aus Südamerika in die Vereinigten Staaten. Durch Regierungsabkommen zwischen den USA und den Bahamas und strengere Kontrollen konnte der Drogenhandel in den Folgejahren mehr und mehr unterbunden werden.

Das **heutige Nassau** gibt sich ganz hauptstädtisch und ist noch ein wenig „funky" wie die Nassauer Band „The Beginning of the End" 1971 in ihrem Gassenhauer „Funky Nassau" textete – in Euphorie und am Vorabend der bahamaischen Unabhängigkeit, die 1973 folgte:

„Nassau's gone funky
Nassau's gone soul
We've got a doggone beat now
We're gonna call our very own
Nassau rock
And Nassau roll
Nassau's got a
Whole lot of soul (…)"

„Soul" der Stadt

Man muss sich schon ein bisschen mehr Zeit nehmen, um Nassaus „Soul" zu finden. Äußerlich gibt es einen ausladenden internationalen Flughafen, benannt nach Sir Lynden O. Pindling, dem ersten Premierminister des Commonwealth of The Bahamas. Es gibt Bibliotheken und Museen, die Stadt ist als internationaler Finanzplatz anerkannt und ist als Konferenzort und Reiseziel vor allem für „Incentive"-Reisen und -Ausflüge mit abwechslungsreichem Programm beliebt. Etliche ausländische Unternehmen haben sich hier niedergelassen. Konkret mit den Händen gearbeitet wird noch in der Konservenindustrie und der Fischerei, in der Rumdestillation und dem Bootsbau. Der Tiefwasserhafen zieht täglich ganze Heerscharen von Kreuzfahrtschiffen und -Touristen an, die per Schnelldurchlauf durch die Attraktionen geschleust werden.

Doch sollte man nicht vergessen, dass Nassau als eine der malerischsten Städte der Westindischen Inseln gilt. Nicht zu unrecht: Auch wenn vielleicht der Sonntag kein guter Tag zum Shoppen und für Museumsbesuche ist, da so gut wie alles geschlossen ist, lohnt sich doch ein morgendlicher Spaziergang. Vor den Kirchen sammelt sich die gläubige Gemeinschaft, fein herausgeputzt und plaudert vor und nach dem Gottesdienst über dies und das. Ganz sicher spielt irgendwo ein Kapelle, die Stadt fühlt sich sonntäglich-feierlich an und zeigt ein Stück ihrer Seele.

New Providence heute

New Providence bildet mit der Hauptstadt Nassau das **ökonomische Herz** der Bahamas. Die beiden bedeutendsten Wirtschaftszweige des Landes, der Tourismus und die Finanzwirtschaft, prägen das Stadtbild. Auf New Providence gibt es mehr Banken und Hotels als auf jeder anderen Insel des Staates. Zusätzlich zu den 249.000 Inselbewohnern besuchen jährlich Millionen von **Touristen** die Insel. Viele von ihnen kommen mit den Kreuzfahrtschiffen nur für einen kurzen Aufenthalt, aber auch für einen längeren Urlaub wird viel geboten. Das zweite wirtschaftliche Standbein, die Finanzwirtschaft, entwickelte sich nach der Verabschiedung des **International Business Companies Act** 1990, der ähnliche Bankgesetze wie in der Schweiz einführte, sehr gut. Bis heute haben sich die Bahamas zu einem der größten „Offshore"-Finanzzentren der Welt gemausert, der Handel mit Geld ist der zweitwichtigste Wirtschaftszweig des Landes geworden. 2012 waren rund 25.000 Menschen im Bereich der Finanzen tätig und damit 15 % aller Beschäftigten. Im September 2013 gab es auf den Bahamas allein 258 Bankinstitute und Trusts, gegenüber 415 im Jahr 1999.

Finanzwirtschaft

Doch wo viel Geld im Spiel ist, kommt es zu Missbrauch. So waren die Bahamas lange eine „sichere Bank" in Sachen Kapitalflucht, Schwarzgeld und Steuerhinterziehung. Im Jahr 2000 musste die Regierung auf Druck der internationalen Organisationen „Financial Action Task Force" (FATF) und der OECD einlenken und die Finanzgesetzgebung ändern. Nachdem das geschehen war, wurden die Bahamas 2001 wieder von der „schwarzen Liste" gestrichen – als einer der ersten Staaten, die es auf die Liste geschafft hatten. Die Regierung gibt sich weiterhin Mühe: Bis Februar 2011 unterzeichneten die Bahamas mit 23 Staaten Abkommen über den Informationsaustausch in Steuersachen (TIEA).

Arbeitgeber Tourismusindustrie

Der größte „Arbeitgeber" ist die Tourismusindustrie. Die Situation auf dem Stellenmarkt zieht viele Leute von den Family Islands nach New Providence. Nicht alle von ihnen gehen gern in die Hauptstadt, aber der **Arbeitsmarkt** und die besseren Ausbildungsmöglichkeiten zwingen sie, ihre Heimatinsel zu verlassen. Am Wochenende sind Heerscharen von Bahamaern unterwegs, um ihre Familien auf den Family Islands zu besuchen.

Das traditionsreiche Nassau hat sich zu einer modernen Stadt mit den entsprechenden Problemen entwickelt. In der Rush Hour, zur „Dinnerzeit" und sonntags vor dem Gottesdienst stockt der Verkehr im Stau. Aufgrund der hohen Bevölkerungsdichte muss **Trinkwasser** auf Tankschiffen von der Nachbarinsel Andros eingeführt werden, und wegen der niedrigen Bebauungshöhe sind Teile der Insel entsprechend zersiedelt. Die hohe Anzahl an meist illegal auf den Bahamas lebenden **Haitianern** hat die Ausländerproblematik nicht nur nach Nassau gebracht. Die Haitianer kamen früher als Gastarbeiter und dann als politische Flüchtlinge.

Infolge der hohen Bevölkerungsdichte ist allerdings auch die Anzahl der **Arbeitslosen** in Nassau mit rund 20 % verhältnismäßig hoch. Ebenso ist Kriminalität nicht wie auf den Family Islands ein Fremdwort, sondern „Over the Hill" Alltag, auch wenn es in Nassau, verglichen mit anderen Städten der Karibik, recht ruhig zugeht.

National Art Gallery in Nassau in einer nachgebauten Villa aus dem 19. Jh.

Kolonialer Stil mit karibischem Charme

Die Hauptstadt der Bahamas ist aber auf jeden Fall einen Besuch wert, da sie kolonialen Stil mit karibischem Charme auf eine ganz eigene Art verbindet. Für den Touristen ist in jeder Form gesorgt. Es gibt eine große Vielfalt an Restaurants. Die Hotels entsprechen einem hohen Standard und verwöhnen ihre Gäste mit gutem Service und einem breiten Freizeitangebot. Die Innenstadt ist mit ihren historischen Bauten geschichtsträchtiger als der Rest aller anderen Bahamas-Inseln, und in den vielen kleinen Geschäften lässt es sich gut einkaufen.

Ein Bummel durch die Innenstadt Nassaus ist sowohl für einen Einkaufslustigen als auch für historisch Interessierte zu empfehlen. Neben Fort Fincastle, Queen's Staircase und dem Government House gibt es hier noch eine Menge zu sehen. Wer sich lieber der Tier- und Pflanzenwelt widmen möchte, kann den Zoo, den Botanischen Garten oder The Retreat mit 200 unterschiedlichen Palmenarten besuchen. An einem der vielen Strände kann man natürlich auch gut den Tag verbringen. Aufgrund des breiten Wassersportangebots und der Strandbars wird es einem dort bestimmt nicht langweilig werden.

Außerhalb von Nassau bietet eine Tour über Compass Point zum Clifton Heritage National Park etwas Abwechslung zum Strandleben. Auf dem Weg sollte man Fort Charlotte nicht auslassen. Wer sich lieber beim Golf vergnügt, hat dazu auch gute Gelegenheit. Der Platz auf Paradise Island ist wegen seiner guten Aussicht sehr geschätzt. Hier sollte man sich auf jeden Fall auch The Cloisters und Versailles Gardens ansehen.

Was man aber auf keinen Fall versäumen sollte, ist eine Runde auf Potter's Cay, wo das bunte Treiben zwischen den Postschiffen, den Conch-Imbissen und Marktständen die richtige Urlaubsatmosphäre aufkommen lässt.

Sehenswürdigkeiten
1 Touristeninformation
2 Straw Market
3 Pompey Museum
4 British Colonial Hotel
5 Christ Church Cathedral
6 Pirates of Nassau Museum
7 Government House
8 Graycliff
9 National Art Gallery of The Bahamas
10 St. Francis Xavier Cathedral
11 John Watling's Distillery
12 Balcony House
13 Trinity Methodist Church
14 St. Andrew's Presbytarien Kirk
15 Gregory's Arch
16 General Post Office
17 Nassau Public Library and Museum
18 Supreme Court
19 House of Assembly
20 The Bahamas Historical Society Museum
21 Queen's Staircase
22 Fort Fincastle

Unterk
1 British C
2 Graycliff
3 The Tow

Pirates Cove
Paradise Beach
Cabbage Beach
Paradise Island
Atlantis Lagoon
Dolphin Cay
Sheraton Grand Resort
3
2
Atlantis Paradise Island Royal Towers
1
Atlantis Marina
Marina Village
1
Casino Drive
Paradise Island Dr.
4
Paradise Beach Dr.
Casuarina Beach
Paradise Beach Dr.
Shoppers Mall Rd.
Harbour Dr.
Versailles Garden, The Cloisters
Nassau Harbour
Southbound Rd.
Paradise Island Br.
Hurricane Hole
Paradise Island Br.
Potters Cay
Sir Sidney Poitier Br.
Bay Street
East Bay St.
East Bay St.
4
Christie St.
Armstrong St.
Moss Ln.
Dowdswell St.
Hall Ln.
Church St.
Collins Ave.
Mt. Royal Ave.
Sweeting St.
Sears Rd.
Buen Retiro Rd.
Shirley St.
Shirley Park Ave.
Shirley Shope
Ernest St.
Alice St.
Mackey St.
Okra Hill
William's St.
National Centre for the Performing Arts
Albury Ln.
Laud Alley
Bilney Ln.
Shirley St.
Mt. Royal Ave.
Mt. Royal Ave.
East Ter.
Retirement Rd.
Mackey St.
Ivanhoe Rd.
Warwick St.
Shirlea Rd.
St. James Road
Lancaster Rd.
Windsor Rd.
Tedder St.
Rosetta St.
Yonder Rd.
nfte
lonial Hilton
e Hotel
0 Essen & Trinken
1 Athena Café & Bar
2 Café Matisse
3 Graycliff
4 Poop Deck Restaurant
5 Taj Mahal
6 Van Breugel's Bistro & Bar
7 Bahamian Cooking
8 Pepper Pot Grill & Juice Bar

Spaziergänge in der Innenstadt von Nassau

Da die Sehenswürdigkeiten in Nassau nicht sehr weit voneinander entfernt sind, sollte man die Innenstadt zu Fuß erkunden. Es geht los auf dem **Rawson Square**. Hier kann man sich bei der **Touristeninformation (1)** gleich einen Stadtplan und einige gute Tipps holen. Wer von hier in nördliche Richtung geht, kommt zum **Prince George Wharf**. Hier legen die riesigen Kreuzfahrtschiffe an, die viele amerikanische Tagestouristen nach Nassau bringen. Man sollte sich nicht wundern, wenn man plötzlich fast von einer großen Gruppe „baseballbemützter" US-Amerikaner umgerannt wird. Bevor die Kaianlagen erreicht werden, belagern einen die Damen des „**Hair Braiding Centre**". Wer will, kann sich gleich sein Äußeres mit geflochtenen Zöpfchen auf bunte Urlaubsstimmung „stylen" lassen.

Anlegestelle der Kreuzfahrtschiffe

Ein Stück weiter kann man dann die größten **Kreuzfahrtschiffe** der Welt bewundern. Der Grundstein für diese Hafenanlage wurde zur Zeit der „Rum Runners" gelegt, als der alte Hafen von Nassau nicht mehr ausreichende Kapazitäten bot, um die Vereinigten Staaten illegal mit Alkohol zu versorgen. Benannt wurde sie nach Prince George, Herzog von Kent. Heute können an den Kaianlagen der Prince George Wharf bis zu sieben große Kreuzfahrtschiffe gleichzeitig festmachen. Nassau verfügt somit über den größten Kreuzfahrthafen der Karibik. Es ist schon ein recht imposanter Anblick, diese schwimmenden „Luxushochhäuser" nebeneinander zu sehen.

Vom Ausblick zurück Richtung Innenstadt, lohnt es sich, hinter dem Hair Braiding Centre rechts in den **Woodes Rodgers Walk** einzubiegen. Dort reihen sich bunte Stände mit Muscheln, T-Shirts und Buden, an denen Cocktails und andere Leckereien aufs Probieren warten. Ein paar Schritte weiter folgt auf der linken Seite der **Straw Market (2)**. Das renovierte Gebäude vermittelt noch ein wenig Marktatmosphäre, auch wenn es hier von Souvenirhändlern nur so wimmelt. Hier gibt es, neben den üblichen T-Shirts und Souvenirs, die originalen Strohwaren, die typisch für die Bahamas sind. Häufig flechten die Marktfrauen, während sie auf Kundschaft warten, sodass man zusehen kann, wie die Hüte und Taschen entstehen. Die Herstellung von landestypischen Holzschnitzereien kann man hier ebenfalls beobachten.

Einkaufsbummel im Straw Market

Wenn man den Straw Market in Richtung Bay Street verlässt und in diese rechts einbiegt, hat man es bis zum **Pompey Museum of Slavery & Emancipation (3)** zur rechten Hand nicht mehr weit. Das Museum wurde bei einem Brand 2011 schwer beschädigt. Ein Großteil der Exponate konnte gerettet werden, sodass das Museum nach seiner Instandsetzung im November 2014 wiedereröffnet werden konnte. Das Pompey Museum ist nach dem Anführer eines **Sklavenaufstands** auf Great Exuma benannt und beschäftigt sich mit der Geschichte der schwarzen Bevölkerung der Bahamas. Mit vielen unterschiedlichen Ausstellungsstücken, Fotos und einem Video wird hier auf eindringliche Art und Weise gezeigt, welchen Leidensweg die Sklaven von ihrer Gefangennahme an der afrikanischen Westküste und ihrer Verschleppung als Arbeitssklaven auf die Plantagen in den Süden der USA, bis sie mit den ausgewanderten Loyalisten im amerikanischen Unabhängigkeitskrieg auf die Bahamas kamen und wie sie hier lebten. Die Ausstellung verdeutlicht außerdem die weitere geschichtliche Entwicklung der Lebensbedingungen der schwarzen Bevölkerung auf den Bahamas. Untergebracht ist das Museum im **Vendue House**, das Mitte des 18. Jh. ursprünglich als einstöckiges Haus gebaut worden war und als Auktions- und Handelshaus diente. Hier wurden bis ins 19. Jh. auch die Sklaven versteigert und verkauft.

Geschichte der schwarzen Bevölkerung

Pompey Museum of Slavery & Emancipation, *Bay St., ☏ 356-0495, 325-2315, Mo–Mi, Fr–Sa 9.30–16.30, Do bis 13 Uhr, Erw. 3 $, Kinder 1 $.*

Vom Pompey Museum aus sieht man schon das **British Colonial Hotel (4)** an der Marlborough Street (s. S. 125). Das im spanisch-amerikanischen Stil erbaute Hotel, heute British Colonial Hilton, wurde in dieser Form 1923 wiedereröffnet, nachdem das alte Hotel aus Holz ein Jahr zuvor abgebrannt war. Die Architektur der alten Flageler-Hotels in Florida hat hier deutlich ihre Spuren hinterlassen. In der Bar dieses eleganten und traditionsreichen Hauses wurden Szenen für einen James-Bond-Film gedreht. Wer sich also gern in alte Kinotage zurückversetzen lassen will, schaut einfach mal rein und genießt die herrliche Aussicht auf die Hafeneinfahrt von Nassau. An dieser Stelle stand früher das **Fort Nassau**, die erste Verteidigungsanlage der Bahamas überhaupt. Vor dem Hotel erhebt sich die Statue des ersten Gouverneurs der Bahamas, Woodes Rogers, der 1718 sein Amt antrat, um unter den Piraten aufzuräumen. Rodgers war allerdings vor seiner Ernennung selbst ein Pirat.

Christ Church Cathedral ist die älteste Kirche in Nassau

Von der Marlborough Street aus gelangt man stadteinwärts über die King Street auf die George Street, wo man auf die **Christ Church Cathedral (5)** zukommt. Diese etwas unscheinbare anglikanische Kirche wurde 1837 gebaut und ist die älteste Kirche in Nassau. Der erste Vorgängerbau geht auf das Jahr 1670 zurück. Einen Hingucker wert sind die farbig bemalten Fenster, die einmalig sind auf den Bahamas. Direkt gegenüber in der King Street befindet sich das 2003 eröffnete **Pirates of Nassau Museum (6)**. Hier werden alle interaktiven Hebel in Bewegung gesetzt, um das für Nassau „Goldene Zeitalter" der Piraterie wieder aufleben zu lassen. Das Piratenschiff „Revenge" lädt zum Entern ein, Piraten erzählen aus ihrem Leben und Woodes Rogers wird vorgestellt, ein zum Gouverneur mutierter Pirat, der seinen ehemaligen Kumpels auf Geheiß der britischen Krone mit harter Hand den Garaus machte.

Zeitalter der Piraten

Pirates of Nassau Museum, *King St., ☎ 356-3759, www.pirates-of-nassau.com, Mo–Sa 9–18, So 9–12 Uhr, Erw. 13 $, 4–17 Jahre 6,50 $.*

Geht man die George Street weiter hinauf Richtung Süden, sieht man ein großes Gebäude in Rosa und Weiß: das **Government House (7)**. Seit 1801 ist es die Residenz des Generalgouverneurs. Das Gebäude im georgianisch-kolonialen Stil wurde nach seiner Verwüstung durch einen Hurrikan in den 1930er-Jahren wiedererrichtet. Während des Zweiten Weltkriegs residierten hier der Herzog und die Herzogin von Windsor (Gouverneur 1940–1945). Seit 1830 blickt eine **Statue von Christoph Kolumbus** vor dem Anwesen über die Innenstadt. Zu besichtigen ist das Haus nicht, da es heute noch Residenz des Generalgouverneurs ist.

Sozusagen gleich um die Ecke (Blue Hill Rd./West Hill St.) befindet sich das **Graycliff Hotel (8)**, das Ende der 1720er-Jahre von dem Piraten Howard Graysmith als Altersruhesitz gebaut wurde. Heute ist dieses wunderschöne Beispiel georgianisch-kolonialer Architektur ein Hotel (s. S. 125) als Gesamtkunstwerk mit eigener Zigarrenfabrik, einem unerreichten Weinkeller, einer Chocolaterie und einem sehenswerten Pool in strahlendem Blau, dessen Kacheln von einem italienischen Künstler handbemalt wurden. Man kann durch das Haus und den Garten streifen und einen Hauch Geschichte spüren. Wer sich etwas Besonderes gönnen will, sollte sich ein Essen im Restaurant leisten. Es war immerhin das erste Fünf-Sterne-Restaurant der gesamten Karibik. Die Inhaberfamilie des Hotels, die Garzaroli, hatten schon immer ein Händchen für das Ausgefallene. So holten sie 1999 den persönlichen Zigarrenroller von Fidel Castro aus Kuba nach Nassau, um später eine eigene Zigarrenfabrik zu gründen. 2013 kauften sie kurzerhand die Markenrechte der Androsia Batik-Fabrik auf Andros und planen eine Art Künstlerdorf mit Androsia-Produkten auf der Straßenseite gegenüber. Da den Garzolis die Ideen nicht ausgehen, gründeten Sie im Sommer 2014 das **Heritage Museum of the Bahamas** im historischen Mountbatten House gegenüber dem Graycliff. Hier kann man sich über die unterschiedlichesten Facetten der Geschichte der Bahamas informieren – von der Steinzeit bis heute, vom hier gefundenen Meteorit über einen Haizahn bis zum Souvenir-T-Shirt.

Heritage Museum of the Bahamas, *West Hill Street, ☎ 302-9150, Mo–Fr 9–17 Uhr, Erw. 12,50 $, Audioguide inkl.*

Gleichzeitig soll die West Hill Street zu einer Fußgängerzone werden, denn an ihrem Ende liegt ein weiterer Kulturtempel in Nassau, die **National Art Gallery of The Bahamas (9)**. 1996 beschloss die damalige Regierung, dass die Bahamas ein eigenes Kunstmuseum verdient hätten. Sieben Jahre später, 2003, wurde die National Gallery of The Bahamas in der picobello restaurierten Villa Doyle, die aus den 1860er-Jahren stammt, eröffnet. Zu sehen gibt es logischerweise Kunst von den Bahamas – von den Anfängen bis heute, alle namhaften Künstler wie Amos Ferguson, Maxwell Taylor und Antonius Roberts sind vertreten.

Kunst der Bahamas

National Museum of The Bahamas, *Villa Doyle, West and West Hill Streets, ☎ 328-5800, www.nagb.org.bs, Di–Sa 10–16, So 12–16 Uhr, Erw. 5 $, bis 12 Jahre frei.*

Am Ende der West Hill Street trifft man auf die West Street, an der die älteste katholische Kirche der Insel steht. Die **St. Francis Xavier Cathedral (10)** wurde 1886 fertiggestellt und seitdem um zwei Flügel erweitert. Interessanterweise wurde sie von der Erzdiözese New York errichtet, die damals für die Mission auf den Bahamas zuständig war. Von der Straße aus erscheint diese Kirche architektonisch recht unansehnlich, aber wenn man um das Gebäude herumgeht, entfaltet sich doch noch etwas von der alten Schönheit.

Die West Street geht es ein paar Meter weiter den Hügel hinauf, dann rechts in den Delancy Street. Schon von Weitem grüßen die farbenprächtigen, renovierten Holzhäuser der **John Watling's Distillery (11)**. Auf dem historischen Buena Vista Estate, gebaut 1789, kann man sich einen Überblick verschaffen, wie bis heute Rum gemacht wird – von den Grundstoffen bis zur Abfüllung in die Flaschen. Zu besichtigen ist die historische Wasserquelle, und ein kleiner, beschilderter Rundgang illustriert den Weg des Rums. Mit ein bisschen Glück wird in der Halle gerade gearbeitet, hier ist die Produktion gläsern. Zum Abschluss den Rundgangs besucht man den kleinen Shop – natürlich mit hauseigenem Rum im Angebot – und den historischen Probierraum für den gewünschten Cocktail.

Rumproduktion

John Watling's Distillery, *17 Delancy St., ☏ 322-2811, www.johnwatlings.com, tgl. 10–18, Fr bis 21 Uhr, Eintritt frei.*

Geht man die West Hill Street und Duke Street am Government House vorbei wieder zurück und biegt links in die Market Street ein, so kann man sich dort ein weiteres altes Gebäude der Stadt ansehen, das zweistöckige **Balcony House (12)**. Wer sich für die Geschichte der „Wrecker" interessiert (s. S. 100) wird hier

Hauseigenen Rum kann man in der John Watling's Distillery erstehen

Balcony House mit Mahagoni-Treppe aus einem Schiffswrack

fündig: Die in den ersten Stock führende Mahagoni-Treppe stammt aus einem geplünderten Schiff des 18. Jh. und ist wunderbar in das Ambiente des Holzhauses integriert worden. Das Haus selbst gilt als Nassaus ältestes, noch stehendes Holzgebäude. Der Name stammt vom großzügigen Balkon, der das pinkfarbene Balcony House zur Market Street hin schmückt. Ein Geheimnis des Gebäudes und des bahamaischen „Clapboard-Houses"-Baustil ist die Durchlüftung desselbigen. So gibt es in den Zimmern unterhalb der Decke großzügige Aussparungen für frischen Wind, und das Haus steht auf Stelzen. Sehenswert sind die Zimmer mit ihrer historischen Möblierung und auch das Bad mit seinen handbemalten Kacheln. Das Haus blickt auf eine interessante Geschichte zurück: So lebte hier etwa ein Zeit lang Stephen Dillet. Er war 1833 der erste farbige Bahamaer, der ins Parlament gewählt wurde.

Balcony House Museum, *Market St., ☎ 326-2566, www.ammcbahamas.com, Mo, Mi, Fr 9.30–16.30, Do 9.30–13 Uhr, Eintritt: Spende.*

Über die Market Street in Richtung Trinity Place gelangt man rechts hinter der Zentralbank zur **Trinity Methodist Church (13)**. Ein Jahr nach ihrer Fertigstellung wurde sie 1866 durch einen Hurrikan zerstört. An der neuen Kirche, die 1869 wiederaufgebaut wurde, sind besonders die Fenster schön. Auf eine weitere Kirche, die **St. Andrew's Presbyterien Kirk (14)**, stößt man, wenn man die Frederick Street wieder in Richtung Süden geht und dann rechts in die Princess Street einbiegt.

Biegt man hinter der Kirche in südliche Richtung in die Market Street ein, sieht man dort das alte Tor nach **Grant's Town**, den **Gregory's Arch (15)**. Das Tor wurde Mitte des 19. Jh. nach dem Gouverneur John Gregory benannt. Es verband die von Weißen bewohnte Innenstadt von Nassau mit Grant's Town, dem 1921 gegründeten Stadtteil für die schwarze Bevölkerung. Wer hier durchgeht oder -fährt, begibt sich nicht nur geografisch „Over the Hill" und damit in einen wenig begangenen Teil der Stadt. Hier gibt es zwar keine Sehenswürdigkeiten, aber das „andere" Nassau ist deswegen nicht weniger interessant. Wer mit einem eigenen Fahrzeug unterwegs ist, sollte den Abstecher zum Tonique Williams-Darling Highway unternehmen und sich in der **Bäckerei Original Patties** ein paar leckere Patties holen. Patties sind Teigtaschen, gefüllt mit Hühnchenfleisch, Rind oder Gemüse. Sie sind heiß gemacht einfach köstlich – ein netter Snack für rund 2 $, der hier direkt aus dem Ofen kommt.

Patties für unterwegs

Original Patties Bakery, *Tonique Williams-Darling Hwy., ☏ 341-1871, www.originalpatties.com, Mo–Sa 7–20 Uhr.*

Auf dem Weg zurück in die Innenstadt kommt man am **General Post Office (16)** (Hauptpostamt) vorbei, wenn man von der East Hill Street in östliche Richtung abbiegt. Vom Postamt aus führt die Parliament Street den Hügel hinunter wieder auf die Bay Street der Innenstadt. Hier folgt bald die 1797 erbaute, auffällig achteckige **Nassau Public Library and Museum (17)**. In den Anfangszeiten ein Gefängnis, wurde das Gebäude 1873 zur Bücherei umgewidmet. In den ehemaligen Zellen stehen jetzt Bücherregale und Studiertische. Auf den unterschiedlichen Etagen kann man alte Stiche, Skeletteile und Siegel bewundern. Von oben bietet sich zudem ein schöner Ausblick in Richtung Parlament.
Nassau Public Library and Museum, *Shirley St. (Eingang an der Nordseite), ☏ 322-4907, Mo–Fr 10–21, Sa 10–16 Uhr, Eintritt frei.*

Oberster Gerichtshof

Von hier aus ist es nur noch ein Steinwurf zu den Parlamentsgebäuden. Wenn man in Richtung Bay Street läuft, folgt nördlich der Bibliothek der **Supreme Court (18)**, das Oberste Gericht der Bahamas. Da die Bahamaer nach englischer Tradition Recht sprechen, tragen die Richter auch die entsprechende Robe und die weißen Perücken. Ein Stückchen weiter am Rawson Square gilt es, die Statue von **Queen Victoria** (1819–1901) zu bewundern, die recht jugendlich dargestellt ist. Sie wurde zum Geburtstag der Queen am 24. Mai 1905 vier Jahre nach ihrem Tod aufgestellt.

Zur Linken sieht man das **House of Assembly (19)**, in dem 38 Parlamentarier ihr Amt wahrnehmen. Die Funktion des House of Assembly entspricht in etwa dem britischen Unterhaus. Direkt hinter der Statue liegt zentral das Senatsgebäude, in dem die 16 Mitglieder des Senats tagen. Im Gebäude zur Linken sind Büros der Regierung untergebracht. Diese drei Gebäude im Südstaatenstil sind zwischen 1790 und 1813 nach dem Vorbild von entsprechenden Gebäuden in New Bern gestaltet, der alten Hauptstadt des amerikanischen Bundesstaats North Carolina. Darin spiegelt sich das Selbstverständnis der Loyalisten wider, die nach ihrer Immigration Ende des 18. Jh. die Macht auf den Bahamas übernahmen.

Rundgang im östlichen Teil von Nassau

Geschichte der Bahamas

Der zweite Rundgang ist zwar mit etwas Treppensteigen verbunden, er lohnt sich jedoch wegen der einmaligen Aussicht vom Fort Fincastle. Etwa 300–400 m vom Rawson Square entfernt zweigt die Elizabeth Avenue von der Bay Street ab. Wenn man hier in Richtung Süden rechts abbiegt, kommt man an der Ecke Shirley Street zum **The Bahamas Historical Society Museum (20)**. In diesem kleinen Museum kann man nicht nur etwas über die Geschichte der Bahamas lernen, sondern auch etwas über die unterschiedlichen Arten von Schwämmen, die ein halbes Jahrhundert eine der größten Einnahmequellen der Inselgruppe waren. Von Funden aus der präkolumbianischen Zeit, über einen loyalistischen Nachttopf bis zu einer interessanten Muschelsammlung kann man sich hier an den unterschiedlichsten Gegenständen erfreuen. Fotografien, Karten und Drucke geben erläuternde Informatio-

Von Sklaven in den Felsen gehauen: Queen's Staircase

nen. Wer wissen will, ob Blackbeard ein Pirat oder eine Korallenart ist, sollte einen Besuch dieses Museums nicht versäumen.
The Bahamas Historical Society Museum, *Elizabeth Ave., ☏ 322-4231, www.bahamashistoricalsociety.com. Mo, Di, Do, Fr 10–16, Sa 10–12 Uhr, Juli/Aug. geschl., Erw. 1 $, Kinder 50 Cent.*

Ein Stück weiter die Elizabeth Avenue hinauf geht es am **Princess Margaret Hospital** vorbei, dem größten staatlichen Krankenhaus der Bahamas, und direkt auf **Queen's Staircase (21)** zu. Bevor man die 65 Stufen der Felsentreppe zum **Fort Fincastle (22)** auf Bennet's Hill hinaufsteigt, kann man sich im Schatten des Felsens noch etwas bei den Souvenirständen umsehen. Die Treppe wurde von Sklaven 1793 auf Befehl von Gouverneur **Lord Dunmore** in den Kalksandsteinfelsen gehauen, um eine Verbindung zwischen Fort und Stadt zu schaffen. Ihren Namen erhielten die Stufen allerdings erst 1884 anlässlich des 65. Geburtstags von Queen Victoria zu Ehren der britischen Monarchin. Auch Fort Fincastle wurde 1793 fertiggestellt und war ebenso wenig wie das ebenfalls in der Regierungszeit Lord Dunmores fertiggestellte Fort Charlotte je in eine Kriegshandlung verwickelt. Anfang des 19. Jh. diente es als Leuchtturmersatz. Heute ist es Touristenattraktion; interessant – da ungewöhnlich – ist immerhin seine Form. Der alles überblickende Wasserturm ist geschlossen und wartet auf seine Renovierung.
Fort Fincastle, *Elizabeth Ave., ☏ 322-7500, tgl. 8–15 Uhr, Erw. 1 $, Kinder 50 Cent.*

Über einen Weg westlich des Forts geht es zur Sands Road, über die man, wenn man links abbiegt, auf die East Street gelangt und von dort in nördlicher Richtung wieder zur Bay Street. Da die East Street weniger von Touristen frequentiert ist, vermittelt sie einen Eindruck davon, wie Nassau jenseits der „Hochglanzquartiere" aussieht.

Paradise Island und Potter's Cay

Wege nach Paradise Island

Es gibt drei Möglichkeiten, nach Paradise Island zu kommen, wenn man den knapp 2 km langen Weg entlang der Bay Street nicht laufen will. So kann man eine Fähre von Prince George Wharf nehmen (hin und zurück 6 $) oder mit dem Taxi fahren (ein Weg ca. 12 $). Die interessantere Variante ist eine Busfahrt mit einem Jitney, dem öffentlichen Minibus. Die Busse fahren Ecke Frederick St./Bay St. ab. Der Bus

Domino am Potter's Cay

(1,25 $) fährt nur bis zur Paradise Island Bridge, aber das bunte Treiben auf Potter's Cay unterhalb dieser Brücke sollte man ohnehin nicht versäumen.

Der ausgezeichnete **Conch-Salat** an einem der dortigen Stände (s. S. 41) zählt zu den kulinarischen Highlights in Nassau. Das Obst- und Gemüseangebot auf dem Markt ist für Europäer schon exotisch anzuschauen. Von **Potter's Cay** aus legen auch die Postschiffe zu den anderen Inseln der Bahamas ab. Sie befördern nicht nur Post, sondern auch Fracht und Passagiere. Vor der Einrichtung der Fluglinien waren diese Schiffe die einzige Verbindung der Inseln untereinander. Viele Bahamaer erinnern sich nicht wirklich gerne zurück an die langen Nächte unter Deck in Enge und Dieselgestank.

Exklusiver Jachthafen

Über die Paradise Island Bridge, von der aus sich ein schöner Ausblick über den Hafen von Nassau ergibt, gelangt man auf die gleichnamige Insel. Von der Brücke aus sieht man auf der rechten Seite schon das **Hurricane Hole (1)**, einen der exklusivsten Jachthäfen der Bahamas. Paradise Island selbst bietet wenig in Richtung Sehenswürdigkeiten, ist aber insofern doch sehenswert, da man hier erfährt, wie mit amerikanischer Denke ein modernes Urlaubsparadies scheinbar optimal gestaltet werden kann. Paradise Island hat die schönsten Strände von New Providence und seinen Namen sicher nicht umsonst bekommen, aber man muss auch den gutorganisierten Serviceurlaub mögen, um sich hier wohlzufühlen. Die Hotels haben einen hohen Standard und lassen kaum Wünsche offen. Ein riesiges Kasino befindet sich ebenfalls auf Paradise Island, sodass man außer am Strand sein Glück auch an den Spielautomaten suchen kann.

„Schweineinsel"

Ursprünglich hieß die Insel **Hog Island** („Schweineinsel"). Warum der Puritaner **William Sayle** dieser Insel den nicht gerade schönen Namen gegeben hat, bleibt bis heute den Spekulationen der Historiker überlassen. Sicher ist nur, dass er das schöne Eiland Mitte des 17. Jh. gekauft hatte. In den 1930er-Jahren ging Paradise Island in den Besitz des schwedischen Industriellen Axel Wenner-Gren über, der hier außer der Verschönerung seines Domizils Shangri-La auch die Gartenarchitektur förderte. Er ließ nach französischem Vorbild am heutigen Paradise Island Drive (erste Straße rechts hinter dem Kreisverkehr) die **Versailles Gardens (2)** anlegen.

Nach seinem Tod kaufte der mehrfache amerikanische Millionär **Huntington Hartford II** die Insel und nannte sie Paradise Island. In Florida fand er ein passendes Stück Architektur für seine Insel und kaufte dem Medienmogul William Ran-

Ein ungewöhnlicher Anblick: ein französisches Kloster und französische Gärten auf den Bahamas

Kloster aus Frankreich

dolph Hearst ein Stück Kloster aus dem 12. Jh. ab, das dieser aus Frankreich importiert hatte. Heute ist **The Cloisters (3)** ein seltsam anmutendes Kleinod auf einer unwirklichen Insel, aber es ist in der Tat sehr stimmungsvoll. Von hier bietet sich ein wunderschöner Blick auf den **Versailles Garden** auf der einen und auf die Wasserpassage zwischen Nassau und Paradise Island auf der anderen Seite. Die Skulpturen, die Hartford sammelte, ließ er im Garten aufstellen. Faust und Franklin D. Roosevelt sind hier verewigt, ein Großteil der Gärten gehört heute aber zum Hotel One & Only Ocean Club.

Die Strände von **Paradise Island** gehören in der Regel jeweils zu einer Hotelanlage. Wer also auf der Insel wohnt, hat das Badevergnügen gleich vor der Haustür. Öffentlich zugänglich und unbedingt einen Besuch wert ist der tolle Strand **Cabbage Beach (4)**.

Großes Freizeitgelände

Auch wenn es keine offizielle Sehenswürdigkeit ist, sollte man sich das Resort mit Freizeitgelände **Atlantis Paradise Island (5)** und das Kasino am Casino Drive ansehen. Das Kasino ist für die Öffentlichkeit zugänglich, das restliche Gelände nicht. Wer mehr sehen will, muss Gast sein oder an einer Tour teilnehmen. Die Anlage erinnert mit künstlichen Wasserfällen, Grotten und ihrem Rummel nicht nur ein bisschen an Disneyland. Ein Highlight ist das riesige im Hotel integrierte **Aquarium**, in dem sich Haie und Wasserschildkröten tummeln.

Atlantis Paradise Island, *One Casino Dr., ☎ 363-3000, www.atlantis.com. Ein Tagesbesuch ist z. B. möglich mit dem Paket „Discover Atlantis". Mit dem passenden Armband als „Eintrittskarte" kann man die Attraktionen „The Dig", die Ruinen, „Predator" und „Water's Edge Lagoons" besuchen, aber nicht die eigentliche Attraktion, den Wasserpark. Für Erw. kostet der Spaß 45 $, 4–12 Jahre 30 $. Es werden zahlreiche weitere Touren und Pakete angeboten.*

Erkundung des östlichen Teils von New Providence

Hinweis

s. Karte hintere Umschlagklappe

Für diese Tour benötigt man einen fahrbaren Untersatz. Wer in der Innenstadt von Nassau startet, fährt am besten die Shirley Street (Achtung: die Bay Street ist in diesem Bereich eine Einbahnstraße) in östliche Richtung. An der Kreuzung, wo die Shirley Street, die bis dahin auch Einbahnstraße ist, wieder in beide Richtungen befahrbar wird, kann man abbiegen und sich die älteste Kirche von Nassau ansehen. Die **St. Matthews Church** wurde 1802 geweiht und stand damals am östlichsten Punkt von Nassau. Interessant ist vor allem der Friedhof mit vielen alten Gräbern.

Älteste Kirche von Nassau

Wieder auf der Shirley Street, geht es an der nächsten Ampel links in die Mackey Street und vor der Brücke rechts in die East Bay Street. Das letzte Gebäude („The Pink'Un") vor der Harbour Bay Shopping Mall zur rechten Hand ist etwas für Fans von **John Steinbeck**, da er hier den Winter 1940 verbracht hat – heute wird es als Kunstraum genutzt. Kurz vor einer scharfen Rechtskurve sieht man dann schon das **Fort Montagu**, das zwischen 1741 und 1744 fertiggestellt wurde. Es sollte den Ostzugang zum Hafen von Nassau verteidigen. 1776 wurde es jedoch von amerikanischen Revolutionstruppen eingenommen, ebenso wie 1783 von den Loyalisten, die sich gegen die Spanier durchsetzten. Diese hatten Nassau für kurze Zeit unter ihre Kontrolle gebracht. Fort Montagu ist das älteste noch erhaltene Fort auf der Insel. Man hat von dort einen schönen Blick über den Hafen von Nassau und die **Montagu Bay**.

Nach der scharfen Kurve geht die East Bay Street in die Eastern Road über. Wenn man diese bis East End Point weiterfährt, kommt man durch eine Wohngegend mit großen, schönen Häusern. Hier residieren die wohlhabenden Insulaner von New Providence. Am East End Point führt ein schmaler Fußweg zu den Überresten von **Blackbeard's Tower**, der außer seinem Namen wahrscheinlich nichts mit dem berüchtigten Piraten zu tun hat. Die Aussicht von dort ist aber die Fahrt wert.

Wer noch einen kleinen Abstecher nach **Fox Hill** machen will, fährt die Eastern Road weiter, bis zur Yamacraw Hill Road, die dann bis zur Fox Hill Road in Richtung Westen führt. Hier geht es rechts ab. Fox Hill ist ein recht lebendiger Ort, in dem man sich einen Eindruck vom Alltagsleben des bahamaischen Durchschnittsbürgers verschaffen kann. Hier stehen viele Häuser mit Satellitenschüsseln, am Straßenrand wird am Auto gebastelt, und in den Kneipen wird das Bier auch schon mal aus der Flasche getrunken. Benannt ist der Ort nach Samuel Fox, der nach seiner Befreiung zu einem nicht unbedeutenden Landbesitzer wurde. Fox Hill ist aber auch „berüchtigt" für **Her Majesty's Fox Hill Prison** (Gefängnis), das nicht gerade zu einem Besuch einlädt.

Ein Stück weiter sieht man schon das Benediktinerkloster **St. Augustine's Monastery** und das daran angeschlossene College (der beste Weg dorthin führt über den Prince Charles Drive, in den man an der Ampel links einbiegen muss, dann rechts in die St. Augustine Road). Die Baupläne wurden von **Father Jerome**, mit bürgerlichem Namen John Hawes, entworfen und die Gebäude 1946 fertiggestellt.

Entworfen von Father Jerome

Der zum Katholizismus konvertierte Architekt betrieb auf den Bahamas sehr engagiert die Mission voran und ist bei seiner Einsiedelei The Hermitage auf Cat Island begraben (s. S. 229). Dort verbrachte er seine letzten Jahre in Einsamkeit und innerer Einkehr. Von St. Augustine ist nur die Kapelle zu besichtigen.

Seltene und exotische Palmen

Am Ende der Tour steht noch ein Besuch in einer schönen Gartenanlage an. Wieder am Prince Charles Drive angelangt, biegt man jetzt rechts ab, um dann an der Village Road noch einmal rechts einzubiegen. Auf der rechten Seite ist nach einigen Querstraßen **The Retreat** erreicht, das Hauptquartier des **Bahamas National Trust**. Auf einem ca. 4,4 ha großen Gebiet gibt es fast 200 unterschiedliche Palmenarten zu bewundern. Diese stammen zum großen Teil aus der einmaligen privaten Sammlung von Arthur und Margaret Langlois, denen das Anwesen früher gehörte. Es gibt Führungen und eine Karte, anhand derer man sich frei im Gelände orientieren kann. Der Bahamas National Trust, der The Retreat heute betreut, hat sich zum Ziel gesetzt, die Natur auf den Bahamas so gut wie möglich zu bewahren. Diese Organisation ist auch für die Nationalparks zuständig.
The Retreat, *Village Rd., ☎ 393-1317, www.bnt.bs, Mo–Fr 9–17 Uhr, Erw. 2 $, 5–12 Jahre 1 $.*

Über die Village Road in Richtung Norden geht es wieder auf die Shirley Street. Wenn man von dieser an der Mackey Street rechts abbiegt, kommt man am Kreisverkehr vor der Brücke auf die Bay Street, die in westliche Richtung wieder direkt in die Stadt führt.

Erkundung des westlichen Teils von New Providence

Für die Erkundung des Westens von New Providence sollte man sich schon einen Tag Zeit nehmen, um auch wirklich etwas davon zu haben. Am besten mietet man sich ein Auto, da es zu umständlich und zeitaufwendig ist, mit dem Bus zu fahren und ein Taxi für einen Tagesausflug zu teuer ist.

Fort Charlotte

Befestigungsanlage

Von der Marlborough Street aus, die direkt am British Colonial Hotel vorbeiführt, muss man sich rechts halten, wenn sie auf die West Street trifft, um direkt auf die West Bay Street zu kommen. An schönen Häusern vorbei, kommt man nach kurzer Zeit zum **Fort Charlotte** auf der Anhöhe zur Linken. Lord Dunmore ließ es in den späten 1880er-Jahren noch bauen, um die Westeinfahrt des Hafens unter Kontrolle zu haben. Ebenso wie Fort Fincastle wurde auf dieses Fort nie ein Schuss abgefeuert. Der forcierte Bau von Befestigungsanlagen Ende des 18. Jh. war aber sicher nicht – wie häufig behauptet – ein Spleen von Lord Dunmore. Sicher hatten dabei nicht nur der Gouverneur, sondern auch die Bevölkerung die Besetzung durch die Spanier und Amerikaner in Erinnerung. Das Fort ist das größte der Bahamas und wurde nach Königin Charlotte benannt, vermählt mit George III.,König

Warten auf Kundschaft: Shop am Fort Charlotte

von Großbritannien und Irland. Über eine Zugbrücke gelangt man hinter seine Mauern, wo auch die alten Kerker zu besichtigen sind. Ursprünglich war die Anlage mit 42 Kanonen bestückt. Heute hat man durch die Schießscharten eine wundervolle Aussicht über die Westeinfahrt des Hafens und kann auch den Leuchtturm von Paradise Island sehen.
Fort Charlotte, *Off Way, West Bay St., ☎ 325-9186, tgl. 8–16 Uhr, Erw. 5 $, bis 12 Jahre 2 $.*

Cricket im Haynes Oval

Unterhalb des Forts befindet sich der **Clifford Park**. Wer Glück hat, wird Zuschauer eines Relikts aus der britischen Kolonialzeit, das im Haynes Oval ausgetragen wird. Auf den Bahamas spielt man nämlich auch Cricket. Man sollte sich lieber nicht nach den Regeln erkundigen. Man muss zwar offensichtlich nicht Brite sein, um sie zu verstehen, aber sie sind doch recht kompliziert. Im Clifford Park werden auch offizielle Feierlichkeiten abgehalten, wie 2013 die Festivitäten zum 40. Geburtstag der Unabhängigkeit.

Arawak Cay

Imbiss am Fish Fry

Direkt gegenüber dem Fort liegt **Arawak Cay**, eine künstlich angelegte Insel. Auch wenn der hiesige „**Fish Fry**" einen recht touristischen Eindruck macht, sollte man es auf keinen Fall versäumen, hier einen kleinen Imbiss zu sich zu nehmen. Ein schöner Auftakt ist z. B. frisches Wasser aus der Kokosnuss, frisch aufgeschnitten an „Flo's Fruit Stand" an der West Bay Street, gegenüber dem Parkplatz von Arawak Cay. Am Fish Fry selbst fällt die Wahl des Imbisses schwer. Einen guten Ruf genießen: „The Anchorage", „Goldie's" und „Curly's". Aber wirklich falsch kann man nichts machen. Hier gibt es Fisch und Meeresfrüchte auf original bahamaische Art zubereitet, man kann bei der Zubereitung zusehen. Wer zum Nachspülen etwas Härteres braucht, der kauft sich einen „Jagemeiter". Es erübrigt sich fast zu erwähnen, dass Freunde des Conch-Salats hier garantiert auf ihre Kosten kommen. Am Samstagabend und sonntags geht an dieser Budenpromenade die Post ab. Wer gerne das Tanzbein schwingt, ist hier dann genau richtig, da die Goombay-Musik hier auch noch live und ohne Kompromisse an europäischen Geschmack gespielt wird. Der Fish Fry auf Arawak Cay wird übrigens aus Geldern der staatlichen Lotterie finanziert, sicher keine schlechte Investition.

Botanischer Garten und Ardastra Gardens

Tropische Pflanzen

Für Freunde von Zoos und Botanischen Gärten bietet sich jetzt noch die Möglichkeit, in die Chippingham Road westlich des Forts einzubiegen, um zum **Botanischen Garten** oder **Ardastra Gardens** zu gelangen. In diesem Botanischen Garten kann man jede Menge über tropische Pflanzen lernen. Mehr als 600 Pflanzenarten von Bäumen bis zum Kaktus sind hier auf rund 7,3 ha untergebracht. Aber auch für botanisch weniger Interessierte ist der Garten ein schöner Ort zur Entspannung.

Nassau Botanical Garden, *Chippingham Rd., ☎ 323-5975, Mo–Fr 8–16, Sa 9–16 Uhr, Erw. 3 $, bis 12 Jahre 1,50 $.*

Direkt gegenüber liegt der größte Zoo der Bahamas. Er ist sicher nicht mit den großen Zoos in Europa vergleichbar, aber durch die tropischen Pflanzen hat er einen Charme, den Letztgenannte nie erreichen werden. Hier können sich Interessierte etwas mehr mit der typisch bahamaischen Tierwelt beschäftigen. Außer dem Karibischen Flamingo – dem Highlight des Zoos und Nationalvogel der Bahamas – gibt es z. B. auch Schlangen oder Iguanas, eine seltene Echsenart, zu bestaunen. Besonders charmant: Drei Mal täglich werden die Papageien gefüttert.

Ardastra Gardens, Zoo and Conservation Center, *Chippingham Rd., ☎ 323-5806, www.ardastra.com, tgl. 9–17 Uhr, Erw. 16 $, 4–12 Jahre 8 $.*

Cable Beach

Die West Bay Street führt dann an **Saunders Beach**, an dem man gut baden kann, vorbei nach **Cable Beach**. Cable Beach hat einen etwas ungewöhnlichen Namen, da von hier aus 1892 das erste Überseekabel nach Florida verlegt wurde, um New Providence an den Rest der Welt „anzuschließen". Blickfang an Cable Beach ist das **Baha Mar**, ein Resort, das 27 Stockwerke hoch, vier Hotels und ein Kasino schwer, die Landschaft beherrscht (s. S. 28). Immerhin aber flossen auch ökologi-

Reichlich Auswahl am Fish Fry

sche Aspekte beim Bau des Großprojekts mit ein. So wurden z. B. vor dem Strand Barrieren aufgebaut, um dem beständigen Abwandern des Sandstrands Einhalt zu gebieten. Auf der anderen Seite des Resorts wurden Straßen und Gebäude neu verlegt, begleitet von einem schönen Parkgelände, das intensiv als morgendliche Joggingstrecke genutzt wird. Cable Beach selbst ist eine Mischung aus Resorts und Privatvillen. Es gibt ein Ortszentrum und einen Supermarkt.

Rock Point, The Caves und Gambier Village

Drehort von „Thunderball“

Weiter an der Küste entlang, kommt man zum **Rock Point**. Hier wurden einige Szenen für den James-Bond-Film „Thunderball" („Feuerball") gedreht. Ein Stück weiter sind auf der linken Seite **The Caves**, eine Höhle. Die Abfahrt zum Flughafen (Blake Road), hinter der man nach **Gambier Village** kommt, ist auch nicht weit von den Caves. Außer der schönen, weiß leuchtenden **Gambier Church** gibt es hier eine Menge Luxushäuser zu sehen. Diese haben nichts mehr mit den Hütten der ersten Siedler an diesem Ort zu tun. Nach dem Verbot des Sklavenhandels 1807 durch die britische Regierung wurden hier die freigelassen Schwarzen von aufgebrachten Sklavenhändlerschiffen angesiedelt.

Compass Point Beach Resort

Bunte Bungalows

Weiter geht's zum farbenprächtigen **Compass Point Beach Resort**. Es lohnt für einen kleinen Halt und ein kühles Getränk und vor allem für den Blick auf die wunderbar bunten und fröhlichen 18 Bungalows, die hundertfach fotografiert geradezu idealtypisch für karibisches Lebensgefühl stehen. Das 1995 eröffnete Resort und vor allem der Eigentümer, der Jamaikaner Chris Blackwell, blicken auf eine interessante Geschichte zurück. Mit den „Compass Point Studios" eröffnete Blackwell, der damals Inhaber des Musiklabels „Island Records" war, 1977 ein Tonstudio, in dem sich die Größen des Popgeschäfts bald die Klinke in die Hand geben sollten. U2 nahmen hier auf, Grace Jones ließ sich den letzten Schliff geben, und schon ab 1971 hatte Blackwell einen Musiker unter Vertrag, der bis heute auf den Bahamas ganz große Fußspuren hinterlassen sollte: Bob Marley (s. S. 36). Dem Reggaemusiker gefiel es auf New Providence so gut, dass er sich gemeinsam mit seiner Familie in Cable Beach ein nettes Häuschen am Strand zulegte, das heutige „Marley Resort". 1989 verkaufte Blackwell „Island Records" und zog anschließend über die gesamte Karibik verteilt etliche Resorts hoch – das Compass Point Beach Resort war dabei sein Gesellenstück.

Lyford Cay

Nach **Lyford Cay**, ein Stück weiter südwestlich, kommt man nicht hinein, da dort mehr oder weniger unter Ausschluss der Öffentlichkeit die Millionäre und Promis von heute wohnen. Mit einem Besuch bei Sean Connery wird es also ohne offizielle Einladung Probleme geben. Er verbringt übrigens gerne viel Zeit auf den Bahamas. Nicht nur, weil hier etliche James-Bond-Filme gedreht wurden, er seiner Lei-

„Sacred Space", Holzskulpturen von Antonius Roberts im Bahamas Clifton Heritage National Park

denschaft Golf nachgehen kann und das Klima angenehm ist. Vielmehr gefällt es ihm, dass er in Nassau Downtown spazieren gehen kann und von wirklich niemandem angesprochen oder um ein Autogramm gebeten wird. Ein Grund, warum sich etliche „Celebrities" zumindest einen Zweitwohnsitz auf den Bahamas gesichert haben. Johnny Depp gehört dazu, Oprah Winfrey und seit Sommer 2013 auch Popsternchen Miley Cyrus, die sich auf Treasure Cay/The Abacos ein kleines Stück Strand gesichert hat.

Goodfellow Farms

Bauernhof und Naturkostladen

Der nächste Ort, Mount Pleasant, ist weniger exklusiv. Wer hier links auf die Nelson Road abbiegt und ihr rund 2 km folgt, der kommt zu einem Kleinod, wie man es auf den Bahamas vielleicht nicht erwartet: die **Goodfellow Farms**. Die Farm ist eine Art Bauernhof mit Gewächshaus, Streichelzoo, Naturkostladen und ausgezeichnetem Garten-Restaurant (Lunch 11–15 Uhr). Wer auf dem Weg zum Bahamas Clifton Heritage National Park ist (s. u.) kann sich hier den Picknickkorb mit Produkten aus kontrolliert biologischem Anbau füllen und gleich noch einen fair gehandelten Kaffee trinken.

Goodfellow Farms, *Nelson Rd., Mt. Pleasant, ☎ 377-5000, www.goodfellowfarms.com, Mo–Sa 8–16, So 10–16 Uhr.*

Bahamas Clifton Heritage National Park

Das westliche Ende von New Providence ist beim Clifton Point erreicht. Hier lohnt ein kurzer Stopp oder auch ein längerer, denn das gesamte Gelände ist seit 2004 der **Bahamas Clifton Heritage National Park** – der einiges zu bieten hat. Da sind etwa die berühmten Strände wie Jaws Beach, wo man die eine oder andere James-Bond-Kulisse wiedererkennen kann. Da sind die Überreste einer ehemaligen Plantage, vom Herrenhaus stehen noch die Ruinen, einige Sklavenhäuser wurden renoviert – und da gibt es die Steinstufen an der **Stone Wharf**. 22 Stufen wurden hier in den Stein und als enge Passage durch den Fels gemeißelt. 22 schicksalhafte Stufen, denn unten legten die Schiffe an, deren Ladung aus schwarzen Sklaven bestand. Die Sklaven mussten die Stufen hinaufsteigen, zwar jetzt auf festem Grund, aber nicht in die Freiheit. Vielmehr wurden sie ab hier auf die verschiedenen Plantagen verteilt, wo sie ihr elendes Dasein fristen mussten.

22 schicksalhafte Stufen an der Stone Wharf

Gleich nebenan ist ein schöner Ort des Gedenkens entstanden: Der „Sacred Space", 2007 in Holz vom bahamaischen Künstler Antonius Roberts geschaffen, um den „Triumph der Hoffnung und den Willen zum Erhalt unseres Erbes" zu zeigen. Es sind weibliche Holzfiguren, entstanden aus den Stämmen unerwünschter Casuarina-Bäume, die in einem „Garden of Genesis" ihre geschwärzten Gesichter in alle Himmelsrichtungen recken. „Sacred Space" ist als Ort der Einkehr gedacht, ein Ort, um sich an die Vorfahren zu erinnern, an deren Geschichte und an die Auswirkungen auf das Leben im Jetzt und in der Zukunft.
Bahamas Clifton Heritage National Park, *Southwest Rd., Clifton Pier, ☎ 362-4368, www.bahamascliftonheritagepark.org. Mo–Fr 9–17 Uhr, Erw. 2 $, Kinder 1 $, Führungen (50 Min.) 10 $ p. Pers.*

Seit Oktober 2014 gibt es im Meer vor dem Clifton Heritage Park eine Attraktion, die laut Aussage der Verantwortlichen nicht weniger ist als „die größte Unterwasserattraktion der Welt": Der **BREEF Sir Nicholas Nuttall Coral Reef Garden** ist ein Unterwasserpark, bei dem Skulpturen von namhaften Künstlern aus vielen Ländern der Welt betaucht, beschnorchelt oder vom Boot aus angeschaut werden können. Die Skupturen aus PH-neutralen Materialien sollen sich im Laufe der Jahre zu einem künstlichen Korallenriff entwickeln und somit zu einem Gesamtkunstwerk werden. *Unterwasserpark*

Zurück nach Nassau

Weiter auf der Straße folgen das größte Kraftwerk der Insel und die Commonwealth Brewery Ltd. In dieser 1987 errichteten Brauerei wird das nationale **Kalik-Bier** gebraut. *Kalik-Brauerei*

Der folgende Ort **Adelaide Village** wirkt eher verschlafen. Es ist ebenso wie Mount Pleasant auf eine Gründung von befreiten Sklaven zurückzuführen und ein reines Wohnviertel. Die South West Road geht hier in die Adelaide Road über.

Weiter auf der **Carmichael Road** kommt man durch den gleichnamigen Ort, der möglicherweise die erste Siedlung freigelassener Sklaven auf New Providence war. Bis Nassau Innenstadt geht es jetzt durch mehrere unterschiedliche Wohngegenden. An der Blue Hill Road heißt es links abbiegen, um wieder zum British Colonial Hotel zu kommen.

Reisepraktische Informationen New Providence

Information

Bahamas Ministry of Tourism, *Hilton Commerce Centre, 4th Floor, No. 1 Bay St., Nassau, ☎ 302-2000, www.bahamas.com/islands/nassau.*
Am Flughafen, *☎ 377-6806, und im* **Festival Place**, *dem Terminal für die Kreuzfahrtschiffe, ☎ 328-3182, gibt es Ableger des Ministry of Tourism.*
People-to-People-Program, *☎ 356-0435/326-9772.*
www.nassauparadiseisland.com *ist eine bunte und bilderprächtige Website, die die Attraktionen von New Providence mit Schwerpunkt auf die Umgebung rund um Nassau vorstellt.*

Wichtige Telefonnummern

Notfall/Polizei, *☎ 919 oder 911.*
Polizei, *☎ 322-4444.*
American Express, *☎ 1-800-528-4800.*
VISA, *☎ 1-800-847-2911.*
MasterCard, *☎ 1-800-307-7309.*

Hinweis

s. Karten S. 106 (Nassau Downtown, Paradise Island westl. Teil) und hintere Umschlagklappe (New Providence und Paradise Island)

Im Krankheitsfall

Doctor's Hospital, *Collins Ave., ☎ 302-4600, www.doctorshosp.com.*
Princess Margaret Hospital, *Shirley St., ☎ 322-2861, www.pmh.phabahamas.org.*
Air Ambulance, *☎ 377-1606.*
Bahamas Air Sea Rescue *(BASRA), ☎ 352-8864.*

Banken

In der Innenstadt von Nassau gibt es eine Vielzahl an Banken, bei denen man Geld wechseln kann. Wegen der besseren Wechselkurse sollte man dort und nicht im Hotel tauschen. Wer US-Dollar aus dem Automaten ziehen will, sollte auf die Zeichen an den Geldautomaten achten. Nicht alle Automaten geben US-Dollar heraus, sondern nur Bahama-Dollar. Scotiabank z. B. bietet beide Währungen an.

Unterkunft

Letztendlich ist es Geschmackssache, in welcher Ecke von New Providence man seine Unterkunft wählt. In **Nassau** *ist man mitten in der Hauptstadt und mitten im Geschehen. Allerdings werden mit Einbruch der Dunkelheit recht schnell die „Bürgersteige*

Handbemalte Kacheln im Pool: Das Graycliff Hotel hat einen ganz besonderen Charme

hochgeklappt" und die arbeitende Bevölkerung verschwindet „Over the Hill". Downtown in der Nacht kann eine recht traurige Angelegenheit sein. **Paradise Island** *hat den Vorteil, dass alles direkt vor der Tür liegt – vom wunderbaren Strand über den Amüsiertempel „Atlantis" und das Kleinod „The Cloisters" bis hin zu Nassau Downtown in Gehentfernung. Das quirlige* **Cable Beach** *verändert sich gerade gewaltig mit dem Bau und der Eröffnung des* **Baha Mar (4)** *(s. S. 28) im Juni 2015. Es bleibt abzuwarten, wie sich das Umland entwickelt und sich die beinahe dörflichen Strukturen verändern. Weiter an der Küste Richtung Westen bedeutet näher am Flughafen zu sein, damit verringern sich die Taxipreise deutlich. Wer also viel fliegen will oder muss, der kann sich Richtung* **Compass Point** *orientieren.*

Nassau

The Towne Hotel (3) $–$$, *40 George St., ☎ 322-8450, www.townehotel.com. Die Lobby ist bunt und lustig, die Zimmer eher auf der einfachen Seite. Es gibt einen kleinen Pool, ein Restaurant und eine Terrasse. Mitten in Downtown gelegen ist das Towne House die kostengünstige Alternative zu den Strandresorts.*

British Colonial Hilton (1) $$$–$$$$$, *1 Bay St., ☎ 322-3301, www.hiltoncaribbean.com. Dieses 1922 gebaute, traditionsreiche Hotel war nicht nur Drehort für James-Bond-Filme, sondern es steht auch an exponierter Stelle an der westlichen Hafeneinfahrt auf einem Grundstück, auf dem das erste Fort Nassaus gebaut wurde. Von der berühmten Bar und dem Bayside Restaurant aus hat man einen wunderschönen Ausblick aufs Wasser. Die Atmosphäre des vom einstigen Hotelkönig Floridas (Flagler) im spanisch-amerikanischen Stil wiedererrichteten Hauses ist international, und man ist im Zentrum Nassaus auch mitten im Geschehen.*

Graycliff (2) $$$$–$$$$$, *West Hill St., ☎ 302-9150, www.graycliff.com. Wer möchte nicht einmal in der ehemaligen Residenz eines richtigen Seeräubers wohnen? Wer im Graycliff bucht, kann dieses Erlebnis nachholen. Das 1740 gebaute Haus gehörte Kapitän John Howard Graysmith und ist ein Juwel unter den historischen Hotels. Es liegt* *schräg gegenüber dem Government House im alten Nassau. So illustre Leute wie Winston Churchill und die Beatles haben schon hier gewohnt. Das Restaurant zählt zu den besten der Bahamas. Die Kacheln des ausladenden Pools sind handbemalt, in einem Nebengebäude werden Zigarren gerollt, seit Juni 2012 sorgt die hauseigene Chocolaterie für Wohlgerüche und freitagabends ist Party angesagt: Pizza und drei Bier für 20 $, unschlagbar.*

Paradise Island

Best Western Plus Bay View Suites (3) $$$–$$$$, *Bayview Dr., ☎ 363-2555, www.bwbayviewsuites.com. Diese Anlage ist die Alternative zum Rummel der großen Hotels auf Paradise Island. In einem schön angelegten Garten kann man auf der eigenen Terrasse oder an einem der drei Pools sitzen und es sich gut gehen lassen. Die Apartments und Häuser sind alle sehr geräumig und mit einer Küche und ansprechendem Mobiliar ausgestattet, sodass man sich hier richtig zu Hause fühlen kann. Zum Strand sind es 7 Min. zu Fuß, zum Atlantis mit den Restaurants, dem Kasino und dem tropisch angehauchten Abendprogramm nur 5 Min. Die Hotelanlage ist zudem sehr familienfreundlich strukturiert.*

Comfort Suites Paradise Island (2) $$$–$$$$, *Paradise Island Dr., ☎ 363-3680, www.comfortsuitespi.com. Dieses Hotel mit großen Zimmern und einem schönen Swimmingpool ist genau das Richtige für Leute, die unkomplizierten Komfort lieben. Da dieses Haus genau gegenüber dem Atlantis liegt, ist es nur ein Katzensprung, wenn man sich ins Nacht- und Kasinoleben stürzen will. Wenn man zum guten hauseigenen Restaurant eine Abwechslung sucht, findet man sie ebenfalls gleich über die Straße. Da die Comfort Suites einiges bieten, aber nicht teuer sind, stimmt das Preis-Leistungs-Verhältnis wie in kaum einem anderen Hotel.*

Atlantis Paradise Island (1) $$$$–$$$$$, *Casino Dr., ☎ 363-3000, www.atlantis.com. Diese Hotelanlage ist eine sehr amerikanische Stadt für sich. Wer sich in Las Vegas wohlfühlt, wird das Atlantis lieben. Man hat hier eine Anzahl guter Restaurants und Bars zur Auswahl. Für die Unterhaltung ist mit Varieté-Shows, einem breiten Wassersportangebot und natürlich nicht zuletzt dem Kasino gesorgt. Die Außenanlagen laden mit ihren Wasserfällen, Grotten und einem riesigen Open-Air-Aquarium zum Spazierengehen und Träumen ein. Die ganze Anlage versetzt einen in eine fantastische Welt, ob man nun im Swimmingpool badet oder einen Cocktail trinkt. Am Hausstrand Paradise Beach kann man sich dann der Sonne und dem Meer hingeben.*

One & Only Ocean Club (4) $$$$$, *Ocean Club Dr., ☎ 363-2501, www.oneandonlyresorts.com. Der Ocean Club ist die beste Adresse auf Paradise Island. Dieses exklusive Hotel liegt am Garden of Versailles und an einem wunderschönen Strand. Es ist das ehemalige Anwesen des Millionärs Huntington Hartford II und verfügt über sehr gute Tennisplätze und eines der besten Restaurants der Insel. Man kann hier im privaten Whirlpool den Tag beginnen und sich rundum verwöhnen lassen.*

Cable Beach

Nettie's Place Casuarinas (3) $$, *West Bay St., ☎ 327-8153, www.nettiesplace.com. Inmitten von Casuarinas am Strand gelegen, trägt dieses Hotel seinen Namen zu Recht. Es hat am Cable Beach eine günstige Lage und ist eine prima Möglichkeit für weniger betuchte Urlauber, günstig und gut unterzukommen.*

Orange Hill Beach Inn (2) $$, *West Bay St., ☎ 327-7157, www.orangehill.com. Nur 10 $ mit dem Taxi vom Flughafen entfernt, ist es in der Ecke von New Providence zwar recht ruhig, aber es gibt einen Strand und Cable Beach ist nur fünf Fahrminuten entfernt.*

Bahamas-Feeling im Compass Point Beach Resort

Eine Leserinnen-Meinung: „Das Orange Hill war o.k. Für den Preis bekommt man sonst kaum was in Nassau und Umgebung. Super ist die Nähe zum Flughafen mit nur 10 $ fürs Taxi! Das Personal ist auch sehr freundlich. Und der Strand dort hat mir auch gut gefallen. Kommt halt drauf an, was man mag. Wenn man lieber seine Ruhe haben möchte und etwas abseits von den anderen Touristen sein möchte, dann ist's dort echt schön."

Tipp Unterkunft

Breezes (6) $$$, *West Bay St., ☏ 273-3937, www.breezes.com. Nennt sich „Super-Inclusive"-Resort, weil hier wirklich alles inklusive ist. Die Eintrittskarte ist ein farbiges Armband, dann läuft alles von selbst – vom Frühstücks- bis zum Mitternachtsbuffet, von Rum & Coke bis zum eiskalten Kalik-Bier am frühen Nachmittag, begleitet von einem Cheeseburger, gebraten in der Poolbar, danach ein Cocktail am Strand mit Blick auf das Volleyballfeld. Hier wird einiges geboten, Urlauber können und sollen ihre Sorgen an der Rezeption abgeben. Es soll Menschen geben, die in ihrem zweiwöchigen Bahamas-Urlaub das Breezes nicht verlassen haben – aber ein Spaziergang am schönen Cable Beach entlang sollte auf jeden Fall drin sein.*

Compass Point Beach Resort (1) $$$–$$$$, *West Bay St., Gambia, ☏ 327-4500, www.compasspointbeachresort.com. Eine Augenweide, sofort Kamera zücken: Diese abseits des allgemeinen Trubels gelegene Anlage besticht nicht nur durch ihre interessante und farbenfrohe Architektur, sondern ist mit den 18 Häuschen (alle mit Kitchenette) ein netter Ort, um an einem schönen Strand Ferien zu machen. Es gibt in der Anlage auch eine gute Bar und ein ansprechendes Restaurant.*

Sandals Royal Bahamian (5) $$$$–$$$$$, *West Bay St., ☏ 327-6400, www.sandals.com. Der unmittelbare Mitbewerber um die All-inclusive-Klientel, die auch im „Breezes" zu finden ist. Im Sandals allerdings ist alles deutlich schicker – worauf schon der buchbare und sehr persönliche „Butlerservice" hinweist. Ursprünglich war diese luxuriöse Hotelanlage ein privater Club. Das „Couples Only"-Hotel – Alleinreisende und Familien sind nicht eingeladen – ist bekannt für die guten Restaurants – auch ein japanisches ist hier zu finden – und die beeindruckende Poolbar. Wem es rund um den Hauptpool zu*

laut ist, der lässt sich am „Quiet Pool" nieder. Man kann wählen zwischen einem Raum im Manor House oder einer Suite in einer Villa. Die Inneneinrichtung ist in jedem Fall englisch traditionell und sehr stilvoll gehalten.
Tipp: Das Fitness Center des Sandals im 7. Stock besuchen. Die Aussicht über die Hotelanlage und Cable Beach ist gewaltig.

Restaurants

Es gibt nirgendwo auf den Bahamas so viele verschiedene Restaurants wie auf New Providence. Es folgt nur eine kleine Auswahl. Bei der Fülle des internationalen Angebots sollte man es auf keinen Fall versäumen, die **bahamaische Küche** *ausgiebig kennenzulernen.*

Nassau

Athena Café & Bar (1), *Charlotte St. North, ☎ 326-1296, www.athenacafebar.com. Seit 1995 am selben Ort, in den Händen derselben Familie, und eine Tochter des Hauses wurde 2007 zur „Miss Bahamas" gekürt. Was will man mehr? Vielleicht den exzellenten griechischen Salat mit bahamaischem Einschlag? Oder einfach nur bei einem griechischen Kaffee die Aussicht vom Balkon aus genießen, die Bay Street hinauf und hinunter …*
Café Matisse (2), *Bank Lane, ☎ 356-7012, www.cafe-matisse.com. Hier gehen auch die Einheimischen hin, wenn sie mal ein wenig Abwechslung auf dem Esstisch brauchen. Die italienische Speisekarte kann sich sehen lassen, die Wände auch. Denn hier hängen, wer hätte es gedacht, Drucke des französischen Malers Henri Matisse. Reservierung empfohlen.*
Graycliff (3), *12 West Hill St., ☎ 302-9150, www.graycliff.com. Eines des besten Restaurants der Bahamas und sicher auch eines der teuersten. Aber die „Investition" lohnt sich. Das Ambiente der alten Piratenresidenz hat einen ganz eigenen Charme, und vielleicht trifft man ja hier seinen Lieblingsstar aus Hollywood. Abendgarderobe. Reservierung erbeten. Sehen lässt sich auf jeden Fall auch die Weinkarte, und der Weinkeller selbst ist weit über die Landesgrenzen hinaus berühmt.*

Feine Spezialitäten im Restaurant des Graycliff Hotels

Poop Deck Restaurant (4), *East Bay St. & West Bay St., ☎ 393-8175, www.thepoopdeckrestaurants.com. Das Poop Deck gibt's gleich zwei Mal, in Nassau Eastbay und Sandyport/Cable Beach. Man sollte sich nicht vom Namen abschrecken lassen. In diesen Restaurants wird erstklassiges bahamaisches Essen mit Aussicht serviert. Auch bekannt für die Fischgerichte.*
Taj Mahal (5), *48 Parliament St., ☎ 356-3004, www.tajmahalbahamas.com. Ein indisches Restaurant auf den Bahamas, warum nicht? Das Taj Mahal hält sich seit etlichen Jahren und kann auf eine treue Stammkundschaft zählen. Kein Wunder, die Currys sind köstlich, und es gibt sogar ein „Tandoori-style" Conch. Da kann ja nichts mehr schiefgehen. Reservierung empfohlen.*

Van Breugel's Bistro & Bar (6), *Charlotte St. South, ☎ 322-2484, www.vanbreugels.com. Für viele gilt der holländische Chef Freddy schlichtweg als der beste Küchenchef der Bahamas. Sein Conch Chowder ist auf jeden Fall einen Versuch wert, das schicke Bistro im historischen Gebäude sollte man auf keinen Fall versäumen. Zum Lunch treffen sich hier die krawattentragenden Banker aus Downtown, und mit ein bisschen Glück erzählt Freddy in allen Sprachen der Welt einen Schwank aus seinem bewegten Leben als weltreisender Küchenchef.*

Tipp

Manch ein bahamaisches Restaurantjuwel verbirgt sich in einer Seitengasse in Nassau Downtown. Auch ist die Beschilderung manchmal recht unscheinbar, man möchte sich nicht aufdrängen. Aber woher sollen Urlauber wissen, dass es im **Bahamian Cooking (7)** *am Trinity Place die besten Peas 'n' Rice gibt, während* **Pepper Pot Grill & Juice Bar (8)** *in der King Street einfach köstliche und würzige jamaikanische Küche serviert? Hier setzt* **Tru Bahamian Food Tours** *mit der „Bites of Nassau Food Tasting and Cultural Walking Tour" an. In rund 3 Std. geht es dabei zu Fuß durch Nassau, Geschichte wird am, im und vor dem Objekt – dem Restaurant, der Kirche, dem Museum – lebendig und Chefin Alanna Rodgers (s. S. 45) lässt dabei nichts unversucht, um ihre Gäste von der Einzigartigkeit der bahamaischen Küche zu überzeugen – was ihr normalerweise gelingt. Sieben Orte werden besucht, die alle etwas mit Gaumengenüssen zu tun haben, dazwischen gibt es jede Menge Stadtgeschichte und Anekdoten. Am besten sollte man die Tour an den Anfang eines Bahamas-Aufenthalts setzen und in den folgenden Tagen vom neuen Wissen profitieren.*

Mit Alanna Rodgers unterwegs mit Tru Bahamian Food Tours

Tru Bahamian Food Tours, *☎ 1-800-656-0713, 601-1725, www.trubahamianfoodtours.com. Die „Bites of Nassau Food Tasting & Cultural Walking Tour" findet in der Saison zwei Mal täglich statt, pro Person kostet der interessante Spaß 69 $ – alle Mahlzeiten und Naschereien inklusive.*

Paradise Island

Café Martinique (1) *(Marina Village im Atlantis), Casino Dr., ☎ 363-3000, www.atlantis.com. Wer wie James Bond speisen will, ist hier richtig. Denn das Café Martinique tauchte einst im James-Bond-Klassikers „Thunderball" auf. Das muss man sich aber auch etwas kosten lassen. Der elsässische Küchenchef Jean-Georges Vongerichten serviert eine feine französische Küche mit tropischen Einflüssen. Reservierung erbeten.*

Chop Stix (2) *(Coral Towers im Atlantis), Casino Dr., ☎ 363-3000, www.atlantis.com. Gutes chinesisches Essen im Shanghai der früheren Jahre – zumindest legt dies das De-*

Das Atlantis Paradise Island vereint Unterkünfte, Restaurants und Kasino

kor nahe. Reservierung erbeten. Wem nicht der Sinn nach chinesischem Essen steht, für den bietet das Atlantis noch einige andere Möglichkeiten. Man sollte sich treiben und verführen lassen – was im Atlantis kein Problem ist.

Ein guter Tipp ist das **Marketplace** *im Royal Towers des Atlantis. Das Buffet ist beeindruckend und gilt als das beste auf Paradise Island.*

Courtyard Terrace (3) *(im One & Only Ocean Club), Ocean Club Dr., ☎ 866-552-0001. Für die Romantiker und Freunde der gediegenen Atmosphäre ist dies das richtige Restaurant. Die Küche bietet bahamaische und internationale Gerichte. Abendgarderobe, Reservierung erbeten.*

Anthony's Grill (4), *Paradise Island Shopping Plaza, ☎ 363-3152, www.anthonysgrillparadiseisland.com. Wer den großen Resorts und endlosen Buffets entfliehen will, ist hier richtig. Alles schön bunt hier, die Speisekarte ist karibisch/US-amerikanisch, und es gibt eine ausladende Drink-Auswahl an der Bar.*

Blue Lagoon Seafood Restaurant (5) *(Club Land'or), Paradise Dr., ☎ 326-2400, www.bluelagoonseafood.com. Hier ist nicht nur das Dekor, sondern auch das feine Essen sehr maritim gehalten. Wie der Name vermuten lässt, an der Lagune gelegen. Reservierung erbeten.*

Cable Beach

Am Cable Beach verändert sich die Restaurant-Landschaft ab Eröffnung des Resorts Baha Mar. Beständig bleibt das **Poop Deck at Sandyport** *(s. Nassau, www.thepoopdeckrestaurants.com), das bekannt gut und zuverlässig ist. Wer ein Fahrzeug hat, ein Jitney (Nr. 10) oder ein Taxi nimmt, der fährt ein bisschen weiter Richtung Westen:*

Traveller's Rest (2), *West Bay St., Gambier, ☎ 327-7633. 1972 gegründet, war es über Jahrzehnte die nächste Bier- und Cocktailkneipe zum Flughafen und daher sehr beliebt. Immerhin, so heißt es, wurde hier der „Banana Daiquiri" erfunden. Nach mehrfachem Besitzerwechsel heute ein netter Ort für bahamaische Küche und tropische Drinks – Blick aufs Meer inklusive.*

Goodfellow Farms (I), *Nelson Rd., Mt. Pleasant Village, ☎ 377-500, www.goodfellowfarms.com. Schönes Ziel für einen Halbtagesauflug, beliebt als Naturkostladen und zum Auffüllen des Picknickkorbs. Auch das Gartenrestaurant ist schön offen angelegt. Das Mittagsmenü erfreut sich großer Beliebtheit, das Gemüse kommt frisch aus dem Garten, biologisch angebaut.*

Lohnender Ausflug zum Naturkostladen Goodfellow Farms

Nachtleben

The Atlantis Resort's Casino, *auf halbem Weg zwischen Royal Tower und Coral Tower, Casino Dr., ☎ 363-3000, www.atlantis.com. Die größte Auswahl an Abendveranstaltungen der Bahamas. Hier kann man essen, trinken, spielen und sich die Anlage ansehen. Wer Lust hat, die Nacht tanzenderweise zum Tag zu machen, 40 $ Eintritt für männliche und 25 $ für weibliche Begleitung nicht scheut, der sollte sich das* **Aura** *mal anschauen. Ab 23.30 Uhr geht's los, um 4 Uhr ist schlagartig Schluss, die Lichter gehen an und die Rausschmeißer walten ihres Amtes. Das* **Aura** *ist nicht wirklich anders als viele Clubs in vielen anderen Städten der Welt, aber wer in Partylaune ist, kann wohlhabenden US-Amerikanern beim Abfeiern zuschauen. Es darf geraucht werden.*

Señor Frog's, *West Bay St., ☎ 323-1778, www.senorfrogs.com. „Food, Fiesta & Souvenirs" ist das Motto von Senor Frog's. Das gesamte Etablissement ist „auf den Frosch gekommen" – was den Fans des nächtlichen Absackers aber keinen Abbruch tut.*

Tipp

Zigaretten gibt es nicht im Automaten, sondern bei der Klofrau/dem Klomann (bathroom attendant). Einfach fragen, ein Rucksack mit den gängigen Zigarettenmarken wird sich auftun, die Schachtel dann für 10 $ den Besitzer wechseln.

Einkaufen

Im Folgenden werden nur Geschäfte erwähnt, in denen man typisch bahamaische Waren kaufen kann. In der Innenstadt von Nassau gibt es entlang der Bay Street darüber hinaus eine große Anzahl an Geschäften, in denen zollfrei eingekauft und günstig Markenartikel erstanden werden können.

Bahamas Hand Prints, *Island Hand Prints Company Ltd, Island Traders Building, Ernest St., ☎ 394-4111, www.bahamahandprints.com. Schicke, handbedruckte Stoffe, welche die Farbigkeit der Bahamas aufnehmen.*

Doongalik Studios Art Gallery, *18 Village Rd., ☎ 394-1886, www.doongalik.com, Mo–Fr 9–16, Sa 9–13 Uhr. Ein wenig außerhalb gelegen, aber der Weg lohnt sich. Wer sich über die zeitgenössische Kunstszene der Bahamas schlau machen will, der ist hier richtig. Neben einer Galerie mit wechselnden Ausstellungen gibt es einen netten Shop in*

einem historischen Clapboard-House. Schon allein der Garten mit Pool wäre den Besuch wert. Natürlich kann man auch Kunst kaufen – der Grundeinsatz ist erstaunlich gering.
Pure Caribean, *Prince George Plaza, ☏ 328-1234, www.pasionteas.com. Hier gibt es die schärfste Sauce der Bahamas, sagt man. Kein Wunder, dass das gute Stück „Holy Shit Pepper" heißt. Wem das dann doch zu intensiv ist, probiert „Hot Mango". Ein nettes Mitbringsel ist auch Tee von den Bahamas – hier in allen möglichen Geschmacksrichtungen vorrätig.*
Tortuga Rum Cake Company, *Frederick St. North, ☏ 326-1680, www.tortugarumcakes.com. Normalerweise ist ein „Rum Cake" ein Stück Kuchen, das in Rum ertränkt wurde. Die Tortuga Rum Cake Company aber hat den Rum Cake zur Kunstform erhoben: 90 % Kuchen, 10 % Rum, die Mischung macht's.*

Märkte

Festival Place, *Prince George Wharf, Bay St., ☏ 323-3182, tgl. 8–19 Uhr. Der Festivalplatz und das Hüttendesign wurden vom preisgekrönten einheimischen Architekten Jackson Burnside entworfen. Sein farbenfrohes Design soll den Stil der ursprünglichen Dörfer auf den Bahamas widerspiegeln und an eine Zeit erinnern, als die Künstler und Kunsthandwerker ihre Kunst und deren Verkauf in den kleinen Gemeinden betrieben.*
Straw Market (2), *Bay Street, Nassau, einen Block östlich vom British Colonial Hotel. Dies ist einer der größten Strohmärkte weltweit und sieben Tage die Woche von früh morgens bis zum Abend geöffnet. Handeln unbedingt erwünscht!*

Sportangeln

Von Nassau aus muss man nicht weit fahren, um sich am Hochseeangeln erfreuen zu können, da die Insel direkt an The Tongue of the Ocean liegt, die die entsprechenden Wassertiefen hat.
Nassau Yacht Haven, *☏ 393-8173, www.nassauyachthaven.com.*
Hurricane Hole Marina, *☏ 363-3600, www.hurricaneholemarina.com.*

Wassersport

Ob **Parasailing, Surfen, Wasserski, Kite Boarding, Kanutouren, Schnorcheln, Tauchen oder Unterwasserspaziergänge** *– auf New Providence und Paradise Island kann man nahezu jede Wassersportart ausprobieren. Viele Hotels haben ein umfangreiches Sportprogramm und entsprechendes Material zum Ausleihen, das auch Besucher von außerhalb nutzen können. Besonders zum Tauchen und Schnorcheln bietet sich der* **Love Beach** *auf New Providence an.*

Tauchen/Schnorcheln

Aqua Cat Cruises, *3700 Hacienda Boulevard Suite G, Davis, Florida USA, ☏ (888) 327-9600, www.aquacatcruises.com. Tauchen und Schnorcheln von der Luxusjacht Aqua Cat. Wöchentlich starten Tauchtouren zu den einsamen Exuma-Inseln. Ein besonderer Tipp ist eine Tour zum Exuma Cays Land und Sea Park.*
Bahama Divers, *Nassau, an der Paradise Island Bridge, ☏ 393-5644, www.bahamadivers.com. Wrack-, Riff- und Blue-Hole-Tauchtouren.*
Dolphin Encounters, *Blue Lagoon Island, ☏ 363-1003, www.dolphinencounters.com. Eine ganze Insel als Freizeitpark, 20 Fahrminuten von Paradise Island entfernt. Hier ist Schnorcheln angesagt, der Picknickkorb ist immer dabei und die Hängematte unter Plamen ruft. Das Highlight ist „Schwimmen mit Delfinen".*

Stuart Cove's Dive South Ocean, *beim South Ocean Beach & Golf Resort, Südwesten von New Providence, ☎ 362-4171, www.stuartcove.com. Bietet außer den üblichen Tauchkursen und Haitauchen auch Fahrten nach Exuma, Andros und die Berry Islands an.*

Golf

Jack Nicklaus Signature Golf Course, *www.bahamar.com. Der von Jack Nicklaus neu gestaltete Golfplatz in Cable Beach, wiedereröffnet im Frühjahr 2014, gehört zum Gesamtkonzept des benachbarten Baha Mar Resorts.*
Ocean Club Golf Course. *Der 18-Loch-, Par-72-Championship-Platz wurde von Tom Weiskopf entworfen. Der PGA Platz bietet landschaftliche Abwechslung auf 6.500 m sowie einen Pro-Shop und ein neues Clubhaus. Er gehört zum Atlantis Resort und liegt direkt am Meer auf Paradise Island. Infos unter www.atlantis.com.*

Reiten

Windsor Equestrian Centre & Happy Trails Stables, *Coral Harbour, ☎ 362-1820, www.bahamahorse.com. Reitausflüge, Strandausritte etc. Der Transfer vom und zum Hotel ist in der Reservierung inbegriffen (etwa 25 Min. von Nassau entfernt).*

Strände

Die meisten großen Hotels auf **Paradise Island** *und in* **Cable Beach** *haben einen schönen Strand direkt vor der Haustür. Auf Paradise Island sind* **Paradise Beach**, **Pirates Cove**, **Cabbage Beach** *und* **Casuarina Beach** *sehr beliebt. In Cable Beach zieht sich der* **Cable Beach** *an der Küste des Ortes entlang. Darüber hinaus sind* **Saunders Beach**, **Love Beach** *und* **Adelaide Beach** *zu empfehlen.*

Wunderschöner Strand auf Paradise Island: Cabbage Beach

Aufwendige Kostüme bei der Junkanoo Parade

Veranstaltungen

Bahamas Goombay Summer Festival, *Mitte August.*

Junkanoo Parade, *26. Dezember und 1. Januar.*

Sicherheit

Auch wenn man auf New Providence nicht, wie auf den Out Islands, die Türen des Hotelzimmerns offenstehen lassen kann, oder es vielleicht keinen Schlüssel gibt, so gilt Nassau Downtown nicht wirklich als gefährlich. Die hohe Verbrechensquote Nassaus resultiert aus Geschehnissen, die meist „Over the Hill" stattfinden und unter den Einheimischen ausgetragen werden. Da 90 % aller Besucher mit dieser weniger schönen Gegend der Hauptstadt keine Bekanntschaft machen werden, gelten für Nassau Downtown die üblichen Tipps: Vorsicht in stockdunklen Gassen, am besten nach Einbruch der Dunkelheit in einer Gruppe unterwegs sein, große Geldbeträge nicht in der Öffentlichkeit herzeigen, Rucksack und Jackentaschen immer verschließen, Kamera nicht gut sichtbar im Leihwagen liegen lassen. Cable Beach und Paradise Island gelten als recht sicher.

Flüge

Der **Lynden Pindling International Airport** *(LPIA), ☎ 377-1759, www.nas.bs, liegt 13 km westlich von Nassau am Lake Killarney und ist die Drehscheibe für den Flugverkehr auf den Bahamas.*

Transfer vom Flughafen: *Vor den Terminals des Flughafens stehen immer Taxis bereit. Eine Fahrt nach Cable Beach kostet offiziell 18 $. Nach Paradise Island muss man mit 32 $ rechnen. Viele Hotels bieten einen Shuttle Service an. Man sollte sich danach gleich bei der Zimmerbuchung erkundigen. Der Minibus 12b verkehrt ab dem ersten Kreisverkehr vor der Flughafenzufahrt* *(s. S. 56).*

Einige wichtige internationale Fluglinien, die Nassau anfliegen:
Air Canada, *☎ 377-8220, www.aircanada.com.*
American Airlines/American Eagle, *☎ 377-1369, www.aa.com.*
British Airways, *☎ 377-2338, www.ba.com.*
Delta, *☎ 377-1053, www.delta.com.*
Southwest Airlines, *☎ 702-7355, www.southwest.com.*
Nationale Fluglinien:
Bahamasair, *☎ 702-7323, www.bahamasair.com.*
Flamingo Air, *☎ 377-0364, www.flamingoairbah.com.*

SkyBahamas, ☎ *377-8777, www.skybahamas.net.*
Southern Air Charter, ☎ *377-2014, www.southernaircharter.com.*
Pineapple Air, ☎ *328-1329, www.pineappleair.com.*
Western Air, ☎ *377-2222, www.westernairbahamas.com.*

Mietwagen

Verfügbarkeit: *www.nassauairportcarrental.com.*
Avis, *Flughafen (West),* ☎ *377-7121, www.avis.com.*
Budget, *Flughafen (West),* ☎ *377-9000, www.budget.com.*
Hertz, *Flughafen,* ☎ *377-8684, www.hertz.com.*
Dollar/Thrifty, *Flughafen (West),* ☎ *377-8300, www.dollar.com.*
National/Alamo, *Flughafen,* ☎ *377-0355.*

Motorroller

Virgo Car & Scooter Rental, *Nassau, Kemp Road,* ☎ *393-7900.*
Viele **Hotels** *haben auch einen eigenen Motorrollerverleih.*
Am **Kreuzfahrthafen** *werden günstige Motoroller ab 40 $ am Tag für die zahlreichen Passagiere der Kreuzfahrtschiffe angeboten. Hier sollte man sich das günstige Gefährt vor dem Unterschreiben ganz genau anschauen.*

Busse

*Ein sehr beliebtes Transportmittel bei den Einheimischen ist der „***Jitney***“, ein kleiner oder mittelgroßer Bus, mit dem man für 1,25 $ von morgens bis abends durch ganz Nassau fahren kann. Es gibt keine festen Fahrpläne, aber tagsüber wird man in der Innenstadt von Nassau nicht lange warten müssen. Die meisten Fahrer halten auf Handzeichen auch außerhalb der gekennzeichneten Bushaltestellen. Wer neugierig auf Land und Leute ist, sollte auf keinen Fall eine Fahrt mit diesem Bus verpassen. Das ist Sightseeing mal ganz anders.*
Für Touristen wichtigstes Jitney ist die **Linie 10**. *Mit der Linie kann man ab Nassau Downtown (Ecke George St./Bay St.) bis zum Compass Point Beach Resort fahren. Bis einschließlich Cable Beach kostet der Spaß 1,25 $, danach 2,50 $.*
Zum **Flughafen** *oder vielmehr am Flughafen vorbei fährt die* **Linie 12b**. *Aussteigen muss man am Kreisverkehr vor der Einfahrt zum Flughafen und dann noch rund 500 m laufen.*

Tipp

Bezahlt wird beim Aussteigen und beim Fahrer. Der Fahrer beantwortet normalerweise auch alle Fragen und sagt – ganz touristenfreundlich – Haltestellen an. Wer an der nächsten Haltestelle aussteigen will, ruft laut und deutlich „Bus stop – coming up“, der Fahrer winkt zurück und wird plangemäß anhalten.

Taxis

Bahamas Taxi Cab Union, ☎ *323-8222, 323-5818.*
Meter Cab Taxi Service, ☎ *323-5111, 323-5112, 323-5113.*

Water Taxi

Zwischen der **Prince George Wharf** *und* **Paradise Island** *pendeln zwischen 9 und 18 Uhr Water Taxis im 30-Min.-Takt. Die Fahrt kostet 6 $ (hin und zurück).*

Kutschfahrten

Am Woodes Rodgers Walk stehen tagsüber und zur Ankunft der Kreuzfahrtschiffe Kutschen bereit, mit denen man sich durch Nassau kutschieren lassen kann.

Sightseeingtouren

Majestic Tours, *Hillside Manor, ☎ 322-2606, www.majestictoursbahamas.com. Majestic ist der größte Anbieter, was Touren betrifft. Die Palette reicht von Stadtrundtouren über Schwimmen mit Delfinen, Katamaran-Ausflüge bis zur Dinnershow im Kasino. Wer gerne eine Dinner-Bootstour machen und sich bei dem einen oder anderen Cocktail an Bord amüsieren möchte, kann ebenso bei Majestic buchen. In den meisten Hotels hat diese Firma einen Tour Desk, an dem man alles planen und organisieren lassen kann. Ansonsten liegen die Prospekte mit dem Angebot in der Lobby aus.*

Spritztour mit dem Powerboat

Powerboat Adventure, *Paradise Island Ferry Terminal, ☎ 363-2265, www.powerboatadventures.com. Die Tour mit einem schnellen Motorboot zu den Exuma Cays ist sehr zu empfehlen. Auf Allan's Cay kann man die seltenen Leguane füttern und im glasklaren Wasser schnorcheln. Zu sehen gibt es wunderschöne Strände, und für das leibliche Wohl ist auch gesorgt. Auf Channel Cay wird frischer Fisch gegrillt.*

Flying Cloud Catamaran Adventures, *Paradise Island West Dock, ☎ 394-5067, www.flyingcloud.info. Für die Segelfreunde werden hier unterschiedliche Touren mit einem Katamaran angeboten. Vom Sunset Cruise bei aufgehender Sonne bis zum Dinner Cruise, der ein Essen in romantischer Atmosphäre mit einschließt, ist für jeden was dabei.*

Soter Aviation, *Nassau, ☎ 421-3226. Ein schönes Erlebnis der Lüfte ist eine Tour mit dem Helikopter. Von oben sieht die Welt wirklich ganz anders aus. Man kann die Riffe unter der Wasseroberfläche sehen und sich schon einmal eine Trauminsel aussuchen. Die Flüge starten vom Heliport auf Paradise Island aus. Rundflüge ab 45 $/Pers.*

Touren in Nassau und auf Providence Island mit der Bahamaerin **Alanna Rodgers** *sind nicht nur individuell, sondern auch intensiv. Wer sich der Gründerin von* **Tru Bahamian Food Tours**, *☎ 601-1725, www.trubahamianfoodtours.com* *(s. S. 45)* *anvertraut, der lernt ihre Heimat von einer anderen Seite kennen – eben die der hier lebenden Menschen. Da geht es um Geschichte und Anekdoten, ums Essen und Trinken, um Politik und Schicksale, um Kunst und Kommerz – und vor allem um den Alltag der Bahamaer. Alanna Rodgers kann als Guide gebucht werden, wenn sie nicht gerade eine Food Tour durch Nassau leitet. Eine kenntnisreiche Stunde mit ihr kostet 60 $.*

Grand Bahama Island

Telegramm Grand Bahama Island

Name	Grand Bahama Island
Fläche	1.370 km²
Einwohnerzahl	51.500 (2010)
Einwohnerzahl pro km²	38
Größter Ort	Freeport
Weitere Orte	Lucaya, West End, Eight Miles Rock, Freetown, Pelican Point, McLean's Town
Wichtigste Wirtschaftszweige	Tourismus, Hafenwirtschaft
Touristisches Potenzial	Kasino, UNEXSO (Tauchen), Garden of the Groves, Lucayan National Park, breites Wassersportangebot

Die viertgrößte Insel der Bahamas ist fast 120 km lang und liegt zusammen mit den Abacos und westlich dieser Inselgruppe auf der **Little Bahama Bank** nördlich des **Northwest Providence Channel**. Die Insel ist zum größten Teil von karibischen Pinien bewachsen. An der Küste findet man Mangrovensümpfe und schöne Strände. **Freeport** als zweitgrößte Stadt der Bahamas ist ebenso wie die Zwillingsstadt **Lucaya** großflächig angelegt. Der Freihafen von Freeport, neben dem Tourismus das zweite wirtschaftliche Standbein der Insel, ist ständig im Ausbau begriffen.

Viertgrößte Insel

Geschichte

Die ersten Bewohner der Insel waren vermutlich **Siboney-Indianer**, die von Kuba aus wahrscheinlich 2500 v. Chr. mit Booten die nördlich gelegenen Inseln der Bahamas erkundeten und sich u. a. auf Grand Bahama Island niederließen. Bis ca. 800 n. Chr. konnten sie dort in Frieden leben, wurden dann aber von den Lucaya-Indianern, die ebenfalls aus südlicher Richtung die Bahamas besiedelten, verdrängt. Nachdem die **Spanier** die Bahamas entdeckt hatten, wurde die indianische Bevölkerung in kurzer Zeit durch Verschleppung als Arbeitssklaven in die Minen auf Hispaniola und durch Seuchen ausgerottet.

Den Namen Grand Bahama Island bekam die Insel durch die Spanier, die sie nach ihren Gewässern

Redaktionstipps

- Eine **Kajaktour** durch den Mangrovensumpf unternehmen (S. 154).
- Mit **Delfinen** an der **Sanctuary Bay** baden (S. 146, 155).
- **Tauchen** mit **UNEXSO** (S. 155).
- Im **Garden of the Groves** spazieren gehen (S. 147).
- Den **Lucayan National Park** besuchen (S. 147).
- Ein lockerer Nachmittag oder Abend in den Bars am **Port Lucaya Marketplace** (S. 146).

Entfernungen

(vom International Bazaar in Freeport)
Freeport – West End 40 km
Freeport – Eight Mile Rock 15 km
Freeport – Lucayan National Park 32 km
Freeport – Freetown 51 km
Freeport – McLeans Town 96 km

Grand Bajamar (in etwa: „weites niedriges Meer“) nannten. Da die Insel keine natürlichen Häfen an ihrer Küste aufzuweisen hatte, war sie lange Zeit für eine Besiedlung uninteressant.

Erst Anfang des 19. Jh. ließen sich vereinzelt einige **Siedler** in Nähe von **West End** nieder. Die erste größere Besiedlungswelle erlebte Grand Bahama Island nach 1834, dem Jahr, in dem die Befreiung der Sklaven proklamiert wurde. Zu jener Zeit wurde auch der Ort **Freetown** gegründet. Während des Bürgerkriegs auf dem nordamerikanischen Kontinent wanderten wieder viele Siedler ab, um auf anderen Inseln mit den **Blockadebrechern**, die die Südstaaten versorgten, Geschäfte zu machen. Ab 1870 etablierte sich aber mit der **Schwammfischerei** wieder ein lohnender Wirtschaftszweig auf der Insel. Später kam der Anbau von **Sisal** hinzu.

info

Das Schicksal der indianischen Bevölkerung

Die ersten menschlichen Bewohner der Bahamas waren indianischen Ursprungs. Vermutlich siedelten die Siboneys, ein primitiver Stamm der Arawak-Indianer, zuerst auf der Inselgruppe nördlich der großen Antillen. Die Besiedlung erfolgte wahrscheinlich um 2500 v. Chr., und erst sehr viel später, um 800 n. Chr. wurden die Siboneys von den Lucayas verdrängt, die ebenfalls zu den Arawak-Indianern gerechnet werden. Ihren Lebensraum auf Kuba, Hispaniola (Haiti), Jamaika und Puerto Rico hatten die Arawaks vermutlich von Südamerika aus mit Booten erobert. Der dritte Arawak-Stamm – die Tainos – blieben auf Hispaniola.

Von Südamerika aus besiedelten auch ihre Feinde, die kannibalischen Caribs, die kleinen Antillen. Die Arawaks waren ein friedliches Volk, das die Übergriffe der Caribs fürchtete, da diese auch Gefangene nahmen und die männliche „Beute“ verzehrten. Der Besiedlungszeitraum des amerikanischen Kontinents überhaupt ist schwer zu bestimmen. Man nimmt an, dass es vor rund 10.000 Jahren (möglicherweise aber schon vor 30.000 Jahren) eine Völkerwanderung vom asiatischen Kontinent über eine Landbrücke im Bereich der Behringstraße gegeben hat. Von dort aus erfolgte eine Besiedlung bis weit nach Südamerika hinein.

Über die Gewohnheiten der bahamaischen Lucayas ist recht wenig bekannt, da sie keine Schriftkultur entwickelt haben. Man ist bei der Rekonstruktion der Lebensweise auf archäologische Funde und Vermutungen angewiesen. Charakteristisch für Lucayas ist die Schädelform. Die Stirn ist infolge einer artifiziell herbeigeführten Verflachung gekennzeichnet. Wahrscheinlich wurde diese Verformung durch ein Holzbrett herbeigeführt, das im Kindesalter auf die Stirn geschnürt wurde.

Am meisten über das Äußere der Lucayas weiß man allerdings aus Aufzeichnungen der spanischen Eroberer. Die Entdeckung Amerikas durch Christoph Kolumbus, der 1492 zum ersten Mal auf San Salvador den Boden der Neuen Welt betrat, führte innerhalb eines Zeitraums von 20 Jahren zur völligen Ausrottung der indianischen Bevölkerung auf den Bahamas. Der Entdecker Floridas, Juan Ponce de León, der 1513 auf der Suche nach der Quelle der ewigen Jugend auf mehreren bahamaischen Inseln Station machte, sah vermutlich einen der letzten Lucayas auf einem Cay in der Nähe von Grand Bahama Island. Das Volk der Lucayas war zu diesem Zeitpunkt durch Verschleppung in die Bergwerke der Hispaniola, europäische Krankheiten, gegen die sie keine Abwehrstoffe hatten, und kriegerische Handlungen so gut wie ausgelöscht.

Sie waren ein sehr friedliebender Stamm, der in kleinen Gemeinschaften von fünf bis sechs Großfamilien in Hütten aus Holzstangen und Palmenwedeln lebte. Außer der Fischerei bauten sie Maniok, Tabak, Baumwolle u.a. für den täglichen Bedarf an. Gefischt wurde meist mit Einbaumkanus und Speeren. Die für den Bau der Boote benötigten Steinäxte importierten sie von Hispaniola, die sie Haiti nannten. Den kleinen Gemeinschaften stand ein Medizinmann und Häuptling vor. Die Lucayas waren wahrscheinlich kaum bekleidet, legten aber viel Wert auf Körperbemalung, die sowohl zu kosmetischen als auch zu insektenabwehrenden Zwecken aufgetragen wurde.

Einer der schönsten Strände auf Grand Bahama Island: der Pelican Point Beach

Schmuggel durch die Rum Runners

Richtig Schwung kam aber erst in die wirtschaftliche Entwicklung, als in den Vereinigten Staaten die **Prohibition** 1919 gesetzlich festgelegt wurde. In West End entstanden damals riesige Lagerhäuser, in denen der Alkohol gelagert wurde, der dann mit den sog. „Rum Runners" an die Ostküste der Vereinigten Staaten geschmuggelt wurde. Mit der Abschaffung der Prohibition in den 1930er-Jahren versank Grand Bahama Island über Nacht wieder in der Bedeutungslosigkeit.

Eine Fischdosenfabrik, die der schwedische Industrielle Axel Wenner-Gren während des Zweiten Weltkriegs am West End aufbaute, brachte nicht den gewünschten Erfolg. Als jedoch die **Abaco Lumber Company** 1944 von den Abacos nach Grand Bahama Island überwechselte, um dort die Pinienwälder abzuholzen, wurden viele Arbeitskräfte benötigt. Der Handel mit dem Holz, das an Minen in Mittel- und Südamerika verkauft wurde, ließ die Einwohnerzahl erheblich steigen. 1946 übernahm der Millionär Wallace Groves aus Virginia die Lumber Company.

In den 1950er-Jahren wurde die Insel auch für den **Tourismus** entdeckt, aber das meiste Geld brachte nach anfänglichen Schwierigkeiten das große **Freihafenprojekt**. 1955 schlossen die Britische Krone und die von Wallace Groves geleitete

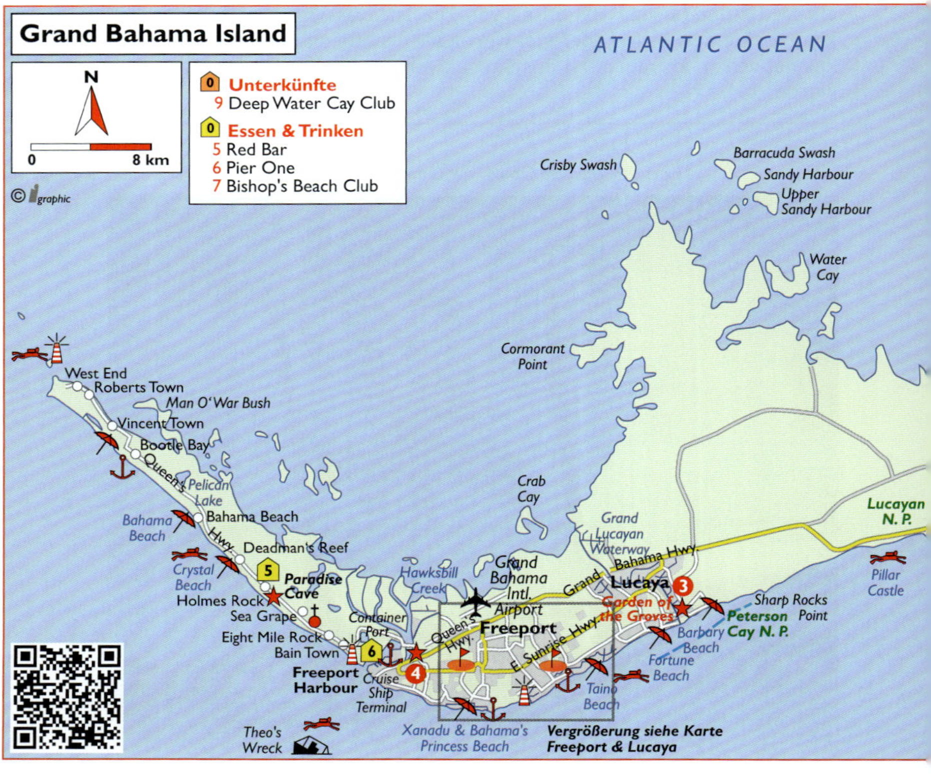

Grand Bahama Island Port Authority das **Hawksbill Creek Agreement** ab, ein Übereinkommen, das dieser Gesellschaft 20.000 ha für 99 Jahre übereignete, wenn diese im Gegenzug einen Hafen und Infrastruktur anlegen würde, um Investoren und Arbeit auf die Insel zu holen. Als Anreiz galt die Freiheit von Zöllen und Steuern im Gebiet der Hafengesellschaft. Wallace Groves schuf eine Insel, deren Infrastruktur auf dem Reißbrett entstanden war: Großzügige Alleen mit ebenso großzügigen Kreisverkehren sollten den Verkehr lenken. Denn die Insel war, ganz amerikanisch, auf den Autoverkehr ausgelegt. Zwischen den Alleen liegen Wohngebiete, Kanäle, Resortanlagen und alles, was Städte zum Überleben brauchen. Der Plan reichte allerdings nur bis knapp über den Grand Lucayan Waterway, der die Insel teilt. Östlich davon überwiegt bis heute die Natur – sofern sie nicht abgeholzt wurde.

Auf dem Reißbrett angelegt

Nach Schwierigkeiten mit Investoren wurden 1960 noch einmal 20.000 ha dazugeschlagen und 1963 die Genehmigung für den Betrieb der sonst verbotenen **Kasinos** erteilt. Somit waren die Weichen für die Entstehung der beiden modernen Städte **Freeport** und **Lucaya** gestellt. Während Freeport zu einem großen Teil vom Freihafen lebt, ist in Lucaya das Vergnügen von Touristen vorrangig. Wer Steu-

Eingang zum International Bazaar in Freeport

ern sparen will, ist natürlich mit einem Wohnsitz in der Freihandelszone ohne Steuerbelastung gut bedient, sodass hier viele Grundstücke an reiche Amerikaner und auch Europäer verkauft wurden.

Durch die enormen Investitionen, die seit Ende der 1950er-Jahre auf dieser Insel getätigt wurden, war Grand Bahama Island in den folgenden Jahrzehnten das Aushängeschild der modernen Bahamas. Der **Überseehafen** und das **Industriegebiet** westlich von Freeport waren ebenso wie der **Kasinobetrieb** und die gut ausgebaute **touristische Infrastruktur** das Rückgrat der prosperierenden wirtschaftlichen Entwicklung der Insel. Das Princess Casino in Freeport galt als eines der größten der Welt, viele meist amerikanische Touristen ließen hier ihr Geld. Im damals größten Einkaufszentrum, dem **International Bazaar**, konnte man in über 90 Geschäften einen Einkaufsbummel zu günstigen Preisen machen.

Freeport war als der Ort gedacht, in dem sich die Resorts und Vergnügungsstätten für die Urlauber befinden. Von dort aus ging es dann für einen Tagesausflug an den Strand.

Grand Bahama Island heute

Resorts in Lucaya und Port Lucaya

Bald aber rückten die weltweite Rezession und die Finanzkrise Anfang des Millenniums Grand Bahama Island an den Rand der touristischen Wahrnehmung. Etliche Resorts mussten schließen, so auch das Princess Casino. Die Hauptstadt Freeport ist heute, vorsichtig gesagt, keinen touristischen Besuch wert. Nach Downtown kommt man wegen der dortigen Banken oder Behördenbesuchen, der International Bazaar ist ein Schatten seiner selbst. Die Hotellerie ist weitergezogen an die Küste und dort besonders nach Lucaya und Port Lucaya. In Freeport und im Landesinneren stehen noch ein paar eindrucksvolle Ruinen gescheiterter Investments, wie z. B. die beiden Türme des früheren Hotels The Lucayan. Der Golfplatz, der als der beste der Insel galt, ist geschlossen. Am Hafen von Lucaya ist das Angebot zu finden, das Touristen erwarten. Und der dortige Port Lucaya Marketplace hat dem International Bazaar längst und zu Recht den Rang abgelaufen.

Wer dem touristischen Rummel entfliehen möchte – der zur Zeit der Besuche der Kreuzfahrtschiffe deutlich zunimmt – findet dazu im **Nationalpark** oder dem wunderschön angelegten **Garden of the Groves** Gelegenheit. Da man auf Grand

Bahama Island auf große Trinkwasservorräte und eine sich gut entwickelnde Landwirtschaft zurückgreifen kann, sind noch lange nicht alle Ressourcen für eine wirtschaftliche Weiterentwicklung ausgeschöpft. Zurzeit ist einer der größten Containerhäfen der Welt in Planung.

Um die Entwicklung der Insel weiter voranzutreiben, gönnt sich Grand Bahama Island seit Mai 2012 einen eigenen Minister, Michael Darville, mitsamt dazugehörigem Ministerium. Seine Aufgabe ist es, Zollfreiheit, Tourismus, Kreuzfahrtschiffe und kommerzielle Schifffahrt gewinnbringend zu verwalten und zu gestalten. Große Hoffnungen werden auf den weiteren Ausbau des Panamakanals gelegt, der 2014 angegangen wurde und die Durchfahrt von sog. Postpanamax-Schiffen ermöglichen soll. Grand Bahama Island bietet mit dem Hafen von Freeport immerhin das tiefste Hafenbecken in einem internationalen Hafen weit und breit – die weltgrößten Containerschiffe können hier anlegen.

Wassersport-angebot

Wer Trubel, Beachpartys und das Kasinoleben schätzt, ist in Lucaya gut aufgehoben. Das große Wassersportangebot sorgt für viel Abwechslung, mit UNEXSO liegt eine bekannte und ausgezeichnete Tauchschule vor der „Haustür". Wer lieber an Land bleibt, findet auf Grand Bahama Island drei gute Golfplätze, um sich die Zeit zu vertreiben.

Wer eher das beschauliche Naturerlebnis schätzt, findet im **Rand Nature Centre** Gelegenheit, auf Wanderwegen durch das ca. 40 ha große Naturgebiet viele einheimische Tiere und Pflanzen kennenzulernen. Der **Garden of the Groves** ist zwar nicht die „wilde" Natur, sondern eher mit einem botanischen Garten zu vergleichen, aber dennoch kann man sich hier auf entspannende Weise auch mit der einheimischen Pflanzenwelt vertraut machen. Der **Lucayan National Park** wiederum bietet mit seiner Mangrovenlandschaft ein ganz besonderes Naturerlebnis. Nur mit dem Boot ist der **Peterson Cay National Park**, eine unter Naturschutz gestellte Rifflandschaft unter Wasser, 25 km östlich von Freeport, zu erreichen.

Um sich ein besseres Bild von der Insel machen zu können, lohnt es sich, ein Auto zu mieten, um sie fern des Touristenrummels zu erkunden.

Freeport

Der **Runfurly Circle**, an dem die Haupttangenten des Freeporter Straßensystems **The Mall** (bzw. East Mall) und der West (bzw. East) **Sunrise Highway** sternförmig aufeinanderstoßen, ist das Zentrum der weiträumig angelegten Stadt. Hier liegt – hinter dem beeindruckenden japanischen Torii Gate – der **International Bazaar (1)**. Von den ehemals 90 Geschäften aus 25 Ländern sind allerdings etliche geschlossen. Neben dem International Bazaar befindet sich der örtliche **Straw Market**. Hier gibt es Strohwaren und witzige T-Shirts. In und um den International Market warten einige Restaurants und Snackbars auf Besucher.

Strohwaren

An der nordwestlichen Ecke des Bazaars befindet sich ein rosafarbenes Gebäude, die **Perfume Factory**, wo man einen Blick in die Labors werfen kann. Freunde

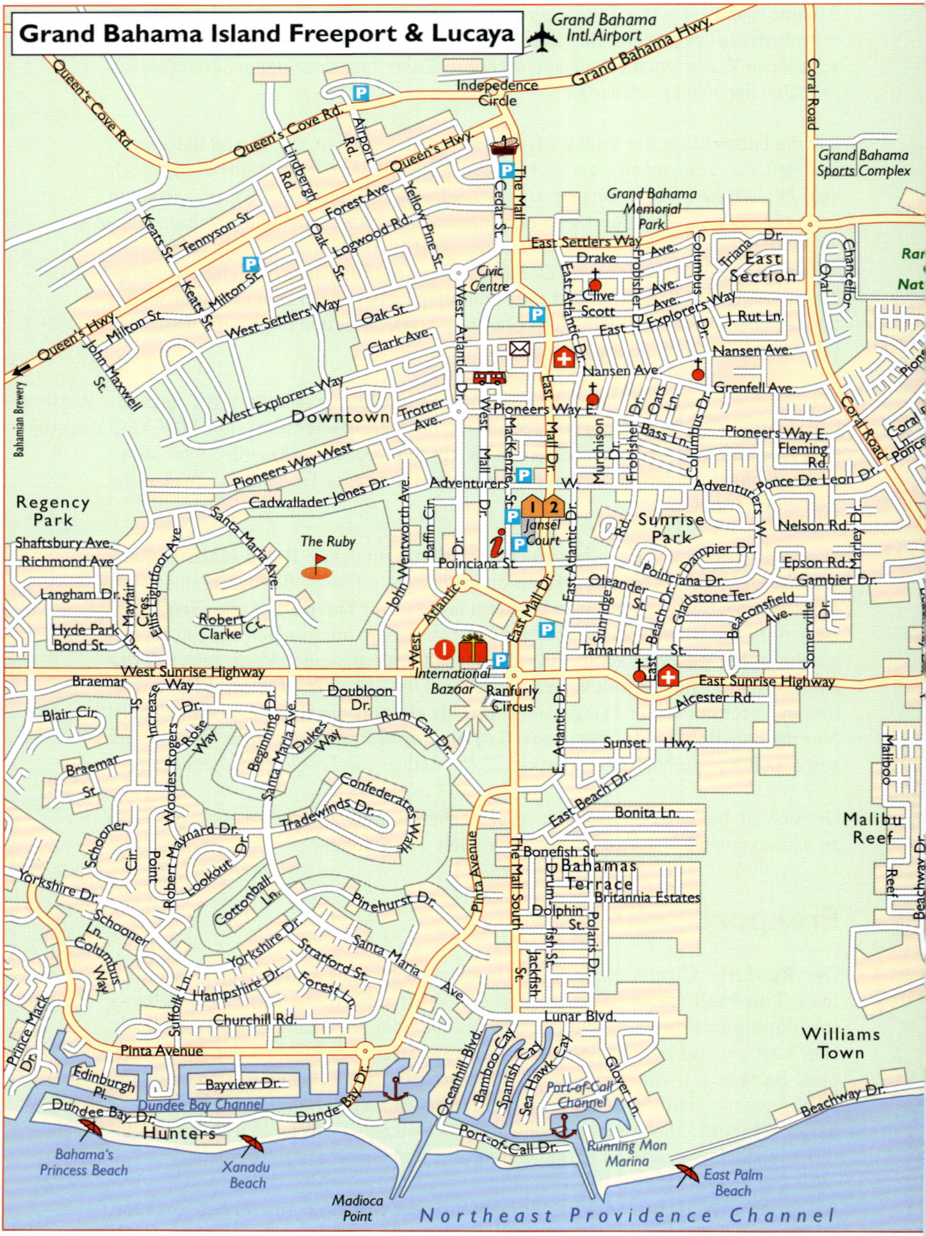
Grand Bahama Island Freeport & Lucaya
Grand Bahama Intl. Airport
Grand Bahama Hwy.
Independence Circle
Queen's Cove Rd.
Airport Rd.
Lindbergh Rd.
Queen's Hwy.
The Mall
Cedar St.
Coral Road
Grand Bahama Sports Complex
Grand Bahama Memorial Park
Tennyson St.
Keats St.
Forest Ave.
Yellow Pine St.
Logwood Rd.
Oak St.
East Settlers Way
Drake Ave.
Frobisher Dr.
Columbus Dr.
Triana Dr.
East Section
Chancellor
Oval
Milton St.
West Settlers Way
Civic Centre
West Atlantic Dr.
East Atlantic Dr.
Clive Ave.
Scott Ave.
East Explorers Way
J. Rut Ln.
Clark Ave.
Nansen Ave.
Grenfell Ave.
John Maxwell St.
West Explorers Way
Downtown
Trotter Ave.
Pioneers Way E.
Oats Ln.
Bass Ln.
Fleming Rd.
West Mall Dr.
MacKenzie St.
East Mall Dr.
Murchison Dr.
Bahamian Brewery
Pioneers Way West
Adventurers W.
Ponce De Leon Dr.
Regency Park
Cadwallader Jones Dr.
John Wentworth Ave.
Baffin Cir.
Jansel Court
Sunrise Park
Nelson Rd.
Marley Dr.
Shaftsbury Ave.
Richmond Ave.
Santa Maria Ave.
The Ruby
Poinciana St.
Dampier Dr.
Epson Rd.
Poinciana Dr.
Gambier Dr.
Langham Dr.
Ellis Lightfoot Ave.
Mayfair Cres.
Oleander St.
Sunridge Rd.
Gladstone Ter.
Beaconsfield Ave.
Somerville Dr.
Hyde Park Dr.
Bond St.
Robert Clarke Ct.
West Atlantic
Tamarind St.
Beach Dr.
West Sunrise Highway
International Bazaar
Ranfurly Circus
East Sunrise Highway
Alcester Rd.
Braemar Way
Doubloon Dr.
Rum Cay Dr.
Blair Cir.
Increase St.
Rose Way
Beginning Dr.
Dukes Way
E. Atlantic Dr.
Sunset Hwy.
Maliboo
Braemar St.
Woodes Rogers Dr.
Confederates Walk
East Beach Dr.
Bonita Ln.
Malibu Reef
Schooner Cir.
Robert Maynard Dr.
Tradewinds Dr.
Pinta Avenue
The Mall South
Bonefish St.
Bahamas Terrace
Britannia Estates
Reef
Beachway Dr.
Point
Lookout Dr.
Cottonball Ln.
Drumfish St.
Dolphin St.
Polaris Dr.
Yorkshire Dr.
Schooner Ln.
Pinehurst Dr.
Columbus Way
Stratford St.
Santa Maria Ave.
Jackfish St.
Suffolk Ln.
Hampshire Dr.
Forest Ln.
Churchill Rd.
Lunar Blvd.
Williams Town
Prince Mack Dr.
Edinburgh Pl.
Bayview Dr.
Dundee Bay Channel
Dundee Bay Dr.
Oceanhill Blvd.
Bamboo Cay
Spanish Cay
Sea Hawk Cay
Port-of-Call Channel
Glover Ln.
Hunters
Port-of-Call Dr.
Running Mon Marina
Bahama's Princess Beach
Xanadu Beach
Madioca Point
East Palm Beach
Northeast Providence Channel

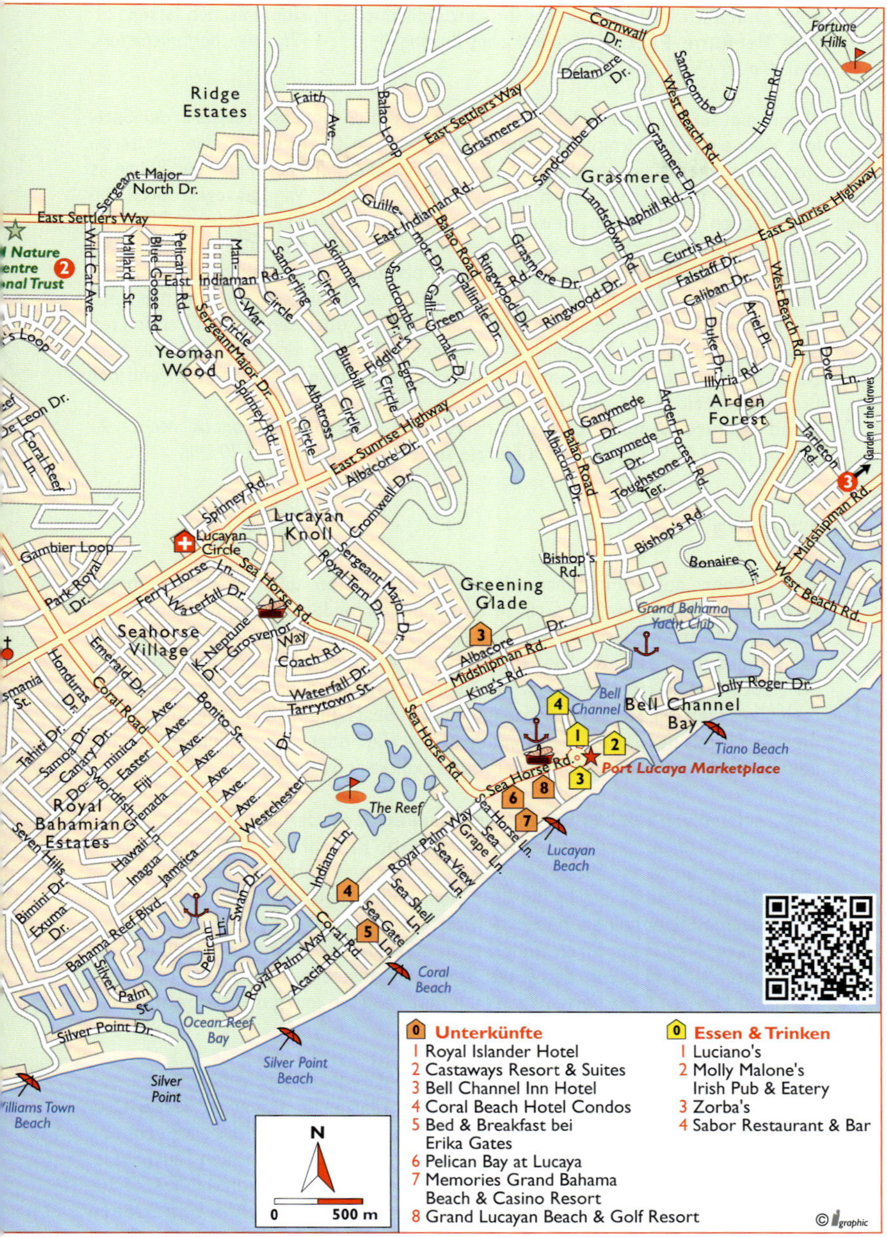
Ridge Estates
Yeoman Wood
Lucayan Knoll
Seahorse Village
Royal Bahamian Estates
Greening Glade
Grasmere
Arden Forest
Bell Channel Bay
Bell Channel
Fortune Hills
Port Lucaya Marketplace
Grand Bahama Yacht Club
The Reef
Tiano Beach
Lucayan Beach
Coral Beach
Silver Point Beach
Silver Point
Ocean Reef Bay
Williams Town Beach
Nature Centre
Lucayan Circle
Garden of the Groves
East Settlers Way
East Sunrise Highway
Sea Horse Rd.
Balao Road
West Beach Rd.
Midshipman Rd.
Coral Road
Royal Palm Way
Sergeant Major Dr.
Cornwall Dr.
Delamere Dr.
Grasmere Dr.
Sandcombe Dr.
Ringwood Dr.
Albacore Dr.
Bishop's Rd.
Jolly Roger Dr.
King's Rd.
Bahama Reef Blvd.
Silver Point Dr.
N
0
500 m
0 Unterkünfte
1 Royal Islander Hotel
2 Castaways Resort & Suites
3 Bell Channel Inn Hotel
4 Coral Beach Hotel Condos
5 Bed & Breakfast bei Erika Gates
6 Pelican Bay at Lucaya
7 Memories Grand Bahama Beach & Casino Resort
8 Grand Lucayan Beach & Golf Resort
0 Essen & Trinken
1 Luciano's
2 Molly Malone's Irish Pub & Eatery
3 Zorba's
4 Sabor Restaurant & Bar
© graphic

edler Duftstoffe können sich hier ihr ganz individuelles Parfum mischen lassen.
The Perfume Factory, *International Bazaar, ☏ 352-9391, www.perfumefactory.com, Mo–Fr 9–17, Sa 11–15 Uhr.*

Ausflug in die Pflanzen- und Vogelwelt

Wenn man auf dem East Mall Dr. in Richtung Flughafen fährt und rechts in den Settlers Way einbiegt, kommt man zum **Rand Nature Centre (2)**, einer weiteren Attraktion, die Besuchern die Pflanzen- und vor allem die Vogelwelt der Bahamas näherbringt. Man kann in einem 40 ha großen Gebiet auf Wanderwegen durch den „karibischen Wald" laufen. Führer benennen nicht nur die verschiedenen Pflanzen, sondern erzählen auch interessante Geschichten zur bahamaischen Bush Medicine. Vom einfachen Mittelchen gegen Schnupfen bis zum Aphrodisiakum gibt es gegen alles ein Kraut. Außer den von Inagua eingeführten Flamingos kann man hier auch den Bahamas Parrot, eine bahamaische Papageienart, oder den aus den Vereinigten Staaten eingeführten Waschbären bewundern. Es wird vermutet, dass die Rum Runners dieses auf den Bahamas ursprünglich nicht heimische Tier während der Prohibitionszeit nach Grand Bahama Island gebracht haben.
Rand Nature Centre, *East Settler's Way, ☏ 352-5438, www.bnt.bs, Mo–Fr 9–16 Uhr, Erw. 5 $, 5–12 Jahre 3 $. Geführte Touren Di und Do um 10.30 Uhr.*

Lucaya

Von Freeport aus kommt man am unkompliziertesten auf dem **East Sunrise Highway** nach Lucaya. Eine Grenze zwischen den beiden Städten ist heute kaum noch zu erkennen, da sie aufeinander zugewachsen sind. Beim großen Verkehrskreisel muss man dann die Sea Horse Road in Richtung Süden abfahren, um nach Port Lucaya (dem Jachthafen) mit der Einkaufszone um den Marketplace zu kommen. Zwischen der Sea Horse Road und Lucaya Beach (dem Strand) liegen auch die meisten Hotels des Ortes, und am Ende der Straße findet man zur linken Hand das Taucherzentrum **UNEXSO** (Underwater Explorers Society).

Das Zentrum von **Port Lucaya** ist der **Marketplace**, der mit einer Seite an der Kaimauer abschließt. Auf der Landseite ist er von Restaurants, Bars und Geschäften umgeben. In seiner Mitte, dem Count Basie Square, steht ein Pavillon, in dem täglich Bands meist karibische Musik spielen. Am Marketplace trifft man sich zu einem *Bahama Mama*, einem netten Schwätzchen und vielleicht auch einer kleinen Tanzeinlage. Man kann dort wunderbar in einer der Außenbars sitzen, die Leute beobachten und sich von der guten Stimmung anstecken lassen, die hier stets herrscht. Um den Platz herum kann man nett shoppen und gut essen gehen – das Kasino ist gleich über die Straße.

Tauchen und Schwimmen mit Delfinen

Wer sich eher sportlich betätigen will, kann entweder das reichhaltige Wassersportangebot der Hotels am **Lucayan Beach** wahrnehmen oder mit **UNEXSO** tauchen gehen. Vom Wracktauchen bis zum Haie füttern wird dort alles geboten, was das Taucherherz erfreut. Für Anfänger gibt es dort natürlich auch Tauchkurse. Wenn man den Kopf lieber über Wasser hat, kann man auch vom UNEXSO aus mit einem Boot zur **Sanctuary Bay** fahren, wo sich **Dolphin Experience** (Schwimmen mit Delfinen) befindet. Nebenan liegt gleich der Golfplatz **The Reef**.

Neben den hoteleigenen Stränden gibt es ein kleines Stückchen öffentlichen Strand, das man über einen kleinen Pfad rechts des Polizeireviers erreichen kann – einfach der Beschilderung folgen.

Über die Midshipman Road, die nördlich des Jachthafens von der Sea Horse Road bis zum **Grand Lucayan Waterway** führt, gelangt man nach **Taino Beach** und **Fortune Beach**, wenn man die West Beach Road oder den Fortune Bay Drive in Richtung Süden abbiegt. Über die Midshipman Road geht es auch zum **Garden of the Groves (3)**, einem Naturerlebnis ganz anderer Art als im Rand Nature Centre. In dieser wunderschönen Anlage können Besucher auf einer Fläche von ca. 4,5 ha mehr als 5.000 unterschiedliche Pflanzenarten bewundern. Ob man nun den Garden of the Groves eher als botanischen Garten nutzt oder sich ein romantisches Plätzchen zum Träumen sucht, sollte man auf jeden Fall etwas Zeit mitbringen. Unter einem Hibiskus kann man sich beim leisen Rauschen eines Wasserfalls wunderbar entspannen. Wer den Bund des Lebens auf den Bahamas schließen will, findet hier Gelegenheit, in einer romantisch angelegten **Grotte** zu heiraten. Zudem gibt es ein Labyrinth, einen Shop, ein idyllisches Café mit Bar und einen Kinderspielplatz.

Romantisches Naturerlebnis

Garden of the Groves, *Midshipman Rd., ☎ 374-7778, www.thegardenofthegroves.com, tgl. 9–17 Uhr, Erw. 15 $, unter 12 Jahren 10 $.*

Der östliche Teil von Grand Bahama Island

Die einzige Möglichkeit, den **Grand Lucayan Waterway** mit dem Auto zu überqueren, ist die Brücke des Casuarina Drive in Ost-Lucaya. Auf dieser Straße gelangt man über den East Sunrise Highway. Am Kreisel, wo der Highway nach Süden abknickt, muss man in nördliche Richtung auf den Casuarina Drive abbiegen, der dann in den östlichen Teil des **Grand Bahama Island Highway** einmündet. Auf diesem Highway kann man bis nach **McLean's Town** am Ostende der Insel fahren.

Zuerst erreicht man nach rund 32 km den **Lucayan National Park**. Hier findet man auf 16 ha alle Landschaftsformen, die für Grand Bahama Island typisch sind: Mangrovensumpf, weiten Strand mit Kasuarinen und Karibische Kiefern (Caribbean Pine). Ein ausgeschilderter Weg führt auf Holz-

Pfad durch den Mangrovensumpf im Lucayan National Park

Höhlenbesichtigung in Ben's Cave

stegen durch den herrlichen Mangrovensumpf zum mindestens ebenso schönen **Gold Rock Beach**, der zum Baden und auch zu einem Picknick einlädt. Ein echtes Highlight ist die Besichtigung von **Ben's Cave**, einer Höhle, die zum vermutlich längsten Unterwasserhöhlensystem der Welt gehört. Jeder Besucher wird nach dem Abstieg die steile Spindeltreppe hinunter die andächtige Stimmung in der Grotte spüren. Ein paar Meter weiter, in der Burial Mound Cave, wurden auch archäologische Funde der Lucaya-Indianerkultur gefunden.
Lucayan National Park, *Grand Bahama Island Hwy., ☏ 352-5438, www.bnt.bs, tgl. 8–17.30 Uhr, Eintritt 5 $, bis 12 Jahre frei. Es gibt einen Parkplatz (5 $), ein Office und eine Toilette.*

Weiter geht es durch **Freetown**, eine der ältesten Siedlungen der Insel. Bald folgt das Örtchen High Rock. Beim Schild „Welcome to High Rock" lohnt es sich, rechts abzubiegen, an der Küste dann noch einmal rechts. Es folgen ein wunderschöner Strand und **Bishop's Beach Club**. Der Beach Club ist ein zugleich einfaches, aber auch eines der besten Fischrestaurants der Insel. Zwar sieht das blaue Gebäude eher wie ein Lebensmittelladen aus, aber daran sollte man sich nicht stören, denn so guten und frischen Conch bekommt man nicht überall. Beste Beilage: Kartoffelsalat!

Schöner Strand

Auf der Strecke nach **Pelican Point** folgen riesige Öltanks neueren Datums. In dieser Gegend sind auch vermehrt kleine Stände mit Muscheln zu sehen. Insbesondere Pelican Point lohnt für einen Zwischenstopp mit Aussicht und Imbiss – der Strand gilt als einer der schönsten von Grand Bahama Island.

Im unscheinbaren Ort **McLean's Town** erreicht man schließlich das Ostende von Grand Bahama Island. Der Blick übers Wasser geht auf die Nachbarinsel zum **Deep Water Cay Club** (s. Unterkunft).

Der westliche Teil von Grand Bahama Island

Wer sich über den Queen's Highway auf den Weg in den Westen macht, sollte eine der neueren touristischen Attraktionen der Insel nicht links liegen lassen. Seit 2008 residiert an der Kreuzung Queen's Highway und Fishing Hole Road die **Bahamian Brewery (4)**. Mit den Marken „Sands" und „High Rock" gelang es der Brauerei in kürzester Zeit, einen festen Platz in der bahamaischen Bierkultur zu erobern. Heute gilt „Sands" als eine Art „Alltagsbier", während man sich das gute alte „Kalik" aus New Providence eher zu besonderen Gelegenheiten oder als Entspannungsbier gönnt. Die Bahamian Brewery veranstaltet auf Nachfrage Brauereiführungen (Mo–Fr). In einem kleinen Shop gibt es T-Shirts und alles, was des Biertrinkers Herz begehrt. Größte Attraktion für die Einheimischen ist aber der „Jimmy's Liquor Store" (Mo–Sa 9–18 Uhr) im selben Gebäude mit seiner reichhaltigen Getränkeauswahl. Wen das Heimweh gepackt hat: Ein Fläschchen Piccolo der Marke Henkell Trocken geht für 4,50 $ über die Theke.

Brauerei-führungen

Bahamian Brewery, *Ecke Queen's Hwy./Fishing Hole Rd., ☏ 352-4070, www.bahamianbrewery.com.*

Auch wenn der **Hafen von Freeport** offiziell nicht zu den Touristenattraktionen der Insel gehört, so ist es doch interessant, auch einmal diese Seite der Bahamas zu betrachten – wenn man den alles überlagernden Geruch der riesigen Öltanks außer Acht lässt. Mit etwas Glück liegen gerade einige **Kreuzfahrtschiffe** im Hafen, sodass außer Lager- und Industrieeinrichtungen auch die schmucken Schiffe den Blick fangen. Ein besonderes Vergnügen ist es, auf der Veranda des **Pier One** an der Hafeneinfahrt zu sitzen und „Schiffe zu gucken". Am Abend bietet dieses Restaurant auch eine Haifischmahlzeit im doppelten Sinne. Man kann dort ausgezeichnet „shark steak" (Haifischsteak) essen, während der Wirt auch den Haien im Wasser einige Leckerbissen zukommen lässt. Zum Pier One gelangt man über den Queen's Highway, den man bis zum Ende fährt. In der Nähe des Eingangs zum Kreuzfahrthafen liegt die Abzweigung zum Pier One, die entsprechend ausgeschildert ist.

Um nach West End zu kommen, muss man den Queen's Highway wieder zurück in Richtung Freeport fahren und bei der großen Kreuzung links in die Fishing Hole Road einbiegen. Über den **Hawksbill Creek** (Brücke) kommt man nach **Eight Mile Rock**, nach Freeport und Lucaya der drittgrößte Ort der Insel. Ortschaft und Umgebung wurden von den Hurrikans Frances und Jeanne im September 2004 nahezu vollständig zerstört, was man heute noch an vielen kaputten Häusern sieht, die nach dem Hurrikan von ihren Besitzern verlassen wurden. Salzwasser, das über mehrere Wochen etwa einen halben Meter hoch in den Kiefernwäldern stand, zerstörte ein Drittel des Baumbestands.

Zerstörungen durch Hurrikans

Hierher kommen nicht so viele Touristen, und man kann sich eher eine Vorstellung vom bahamaischen Alltagsleben machen als in Freeport. In der Nähe von Eight Mile Rock gibt es ein sog. **Boiling Hole** („kochendes Loch"). Dort ist ein „Deckenteil" eines unterirdischen Höhlensystems, das mit dem Meer verbunden ist, eingestürzt. Entsprechend des Tidenhubs „kocht" (blubbert) hier das Wasser, das mit großem Druck vom Meer hereingespült wird.

Nördlich der kleinen Orte **Hanna Hill** und **Holmes Rock** befindet sich bei **Deadman's Reef** die **Red Bar**. Dort kann man den fantastischen Ausblick auf einen schönen Strand und einen kühlen Drink genießen.

Über **Bottle Bay Village** kommt man dann nach **West End**, der ältesten Siedlung der Insel. Das älteste Gebäude dort ist wahrscheinlich die 1893 erbaute

Beliebtes Ferienziel: die Strände von Grand Bahama Island

St. Mary Magdalene Church, aber West Ends Tradition geht bis zum Anfang des 19. Jh. zurück. Heute ist der Ort allerdings ziemlich heruntergekommen, und es zeugen nur noch die verlassenen Gebäude der Holzfabrik und des ehemaligen Grand Bahama Island Resorts von der einst so großen Vergangenheit des Ortes, der zu Zeiten der Prohibition fast 2.000 Einwohner zählte. Damals war hier so illustrer Besuch wie der des Chicagoer Mafiabosses Al Capone keine Seltenheit. West End hatte eine der größten „Bunkerstationen" für alkoholische Getränke, die dann nachts mit kleinen Booten an die Ostküste der Vereinigten Staaten geschafft wurden.

Besuch von Al Capone

Die Rum Runners, so nannte man die Schmuggler, hatten damals mehr als ein Vermögen mit ihrer heißbegehrten Ware verdient. Nachdem 1989 das Grand Bahama Islands Resort schloss, versank der Ort wieder im Dornröschenschlaf. An der Küste kann man jedoch sehen, dass eine Tradition alle Höhen und Tiefen überdauert hat: Nach wie vor wird Conch gefangen und auf althergebrachte Art zubereitet. Zeugen dafür sind die vielen Haufen an Muscheln, die am Strand oder an einer Kaimauer rosa in der Sonne leuchten. Das Grand Bahama Islands Resort wurde vor einigen Jahren als **Old Bahama Bay Resort & Yacht Harbour** mit etlichen Sternen und mindestens ebenso viel Kapital von Bobby Ginn, einem sehr reichen Investor, als Luxusanlage und unter dem Namen Old Bahama Bay at Ginn sur Mer & Marina wieder zum Leben erweckt. Das Großprojekt wird nach dem Ausscheiden Ginns von den „West End Owners" weiter vorangetrieben. Der Schauspieler John Travolta besitzt innerhalb der Apartmentanlage eine Wohnung, in der sein 16-jähriger autistischer Sohn Jett auf tragische Weise ums Leben kam. Doch dieser Resort-Wiederbelebungsversuch liegt einige Kilometer entfernt an der Westspitze von Grand Bahama Island und verhilft dem West End kaum zu Glanz.

Reisepraktische Informationen Grand Bahama Island

Information

Grand Bahama Island Tourism Board, *Fidelity Financial Center, West Mall Dr./Poinciana Dr., ☎ 352-8356, www.grandbahama.bahamas.com, Mo–Fr 9–17 Uhr. Die Informationslage ist hier eher spärlich, bis auf eine Handvoll Prospekte sollte man nicht allzu viel erwarten. Es gibt ein Extra-Faltblatt über „Eco-Activities": Ausflüge in die Natur, veranstaltet vom Ministry of Tourism. Am International Airport, am Port Lucaya Marketplace und am Kreuzfahrthafen gibt es weitere Informationsschalter.*

www.grandbahamavacations.com *ist eine bunte, informative Website des Grand Bahama Island Tourism Board, die Werbung für „eine der beliebtesten Inseln der Bahamas" macht.*

Wichtige Telefonnummern

Notfall/Polizei *☎ 919, 911 oder 352-2689.*
Bahamas Air Sea Rescue (BASRA), *☎ 352-2628, 919 oder 911.*
Feuerwehr, *☎ 911 oder 352-8888.*

Im Krankheitsfall

Rand Memorial Hospital, *Freeport, East Atlantic Dr., ☎ 352-6735, www.gbhs.phbahamas.org.*

Banken

So gut wie alle Banken haben einen Geldautomaten, an dem mit MasterCard, Visa und anderen Karten mit dem Cirrus-Symbol Bargeld gezogen werden kann. Die großen Banken, First Carribean International Bank, RBC Royal Bank, Commonwealth Bank und Scotiabank sind in Freeport Downtown zu finden.

Unterkunft

Die meisten Besucher von Grand Bahama Island finden sich in einem der großen Resorts wieder, umgeben von allen Möglichkeiten des „All inclusive" und einem herrlichen Strand. Meist gibt es einen hoteleigenen Shuttlebus, der Urlauber nach Downtown, zum International Bazaar oder zum Port Lucaya Marketplace bringt. Am besten sucht man sich ein Resort in Lucaya, da Freeport als touristische Destination nicht viel hergibt.

Wer allerdings auf eigene Faust unterwegs ist, wird sich mangels Alternativen recht schwer tun, eine bezahlbare Unterkunft zu bekommen. Bei der Buchung sollte man beachten, dass auf den jeweiligen Zimmerpreis noch Government Tax, Service Charge, Reinigungsgebühr und Ähnliches aufgeschlagen werden. Damit kann der Zimmerpreis locker um 20–30 % steigen. Wer dem aus dem Weg gehen will, versucht sein Glück über www.booking.com, www.expedia.de oder andere Portale, die den Endpreis gleich mit ausweisen. Klimaanlage aber ist immer dabei.

Hotels

Bell Channel Inn Hotel (3) $, *Kings Rd., Lucaya, ☎ 373-1053, www.bellchannelinn.com. Gegenüber dem Port Lucaya Marketplace am Bell Channel gelegen. Recht einfach, freundlich und unkompliziert. Jedes der großen Zimmer mit Kühlschrank hat einen Aus-*

blick auf den Kanal und den hoteleigenen Swimmingpool. Gut, günstig und zur Happy Hour (17–19 Uhr) gut gefüllt ist das hauseigene Restaurant mit Bar „Upstairs".

Royal Islander Hotel (1) $, *East Mall, Freeport, ☎ 351-6000, www.royalislanderhotel.com. Ähnliche Klasse wie das Bell Channel Inn, es gibt einen Swimmingpool und ein Restaurant. Wer sich viel auf dem Internationalen Bazaar oder in Downtown aufhalten will, ist hier richtig. Ansonsten ist das Royal Islander weit weg vom Strand oder dem Post Lucaya Marketplace, sodass Busfahren angesagt ist. WiFi kostet extra.*

Castaways Resort & Suites (2) $, *East Mall, Freeport, ☎ 410-9676, www.castaways-resort.com. Auch nur einen Steinwurf vom International Bazaar entfernt, gehalten in einem amerikanischen Motel-Stil, umgeben von einem Garten, mit Reisebüro, Pool und Kinderspielplatz.*

Coral Beach Hotel Condos (4) $–$$, *Royal Palm Way, Lucaya, ☎ (703) 298-2335, www.coralbeachcondo.com. Eine günstige Übernachtungsmöglichkeit mit nett angelegtem Garten für Leute, die den Betrieb großer Hotels nicht so sehr schätzen und lieber als Selbstversorger leben.*

Bed & Breakfast bei Erika Gates (5) $$, *135 Sea Gate Lane, Lucaya, ☎ 373-2485, www.grandbahamanaturetours.com. Diese 200 m vom Strand entfernt gelegene Übernachtungsmöglichkeit gehört zu den* **Grand Bahama Nature Tours** *und bietet als familiär betriebenes Bad & Breakfast eine Alternative zu den großen Hotelkomplexen. Zugang zum „Garden of the Groves" ist inklusive, genauso wie WiFi.*

Resorts

Die Resorts auf Grand Bahama Island sind, ohne Übertreibung, meist riesig und auf den US-amerikanischen Geschmack zugeschnitten. An dieser Politik halten die Verantwortlichen der Insel fest und investieren weiter gemeinsam mit meist chinesischen Investoren in Großprojekte. So wurde bis Ende 2103 z. B. das bisherige Lucayan Reef Village von Grund auf renoviert und erstrahlt wieder im neuen Glanze als Fünf-Sterne-Resort mit 460 Suiten als **Memories Grand Bahama Beach & Casino Resort (7)**, *Seahorse Lane, Lucaya, ☎ 373-2583, www.memoriesresorts.com. In dem Zuge wurde auch gleich das einzige Kasino der Insel, untergebracht im selben Haus, aufgehübscht.*

Grand Lucayan Beach & Golf Resort (8) $$–$$$$, *1 Seahorse Lane, Lucaya, ☎ 373-1333, www.grandlucayan.com. Gilt als eines der größten Resorts der Bahamas und ist keine schlechte Wahl. Direkt am Strand gelegen, den Port Lucaya Marketplace vor dem Eingang, bietet das Grand Lucayan wirklich alles, was das Herz begehrt: Spa, Poollandschaft, Shopping Mall, etliche Restaurants, der Reef-Golfplatz liegt gleich nebenan. In der Nebensaison starten die Zimmerpreise bei 99 $/Pers.*

Pelican Bay at Lucaya (6) $$–$$$$, *Seahorse Rd., Lucaya, ☎ 373-9550, www.pelicanbayhotel.com. Sehr schön gelegen direkt am Kanal hinter dem Port Lucaya Marketplace. Der Strand ist allerdings ein paar Gehminuten entfernt. Die Einrichtung ist stylish und schick, jedes Zimmer hat eine Terrasse oder einen Balkon. Zum Haus gehört das beliebte Restaurant Sabor (s. Restaurants).*

Deep Water Cay Club (9) $$$$$, *Reservierungen über: Deep Water Cay Club, 1100 Lee Wagener Blvd., Ft. Lauderdale, FL 33315, USA, ☎ 888-420-6202, www.deepwatercay.com. Dieser Club ist etwas für Sportangelenthusiasten und Urlauber, die sich fernab aller Alltagshektik erholen wollen. Er liegt ganz im Osten von Grand Bahama Island, ist aber nicht weniger exklusiv. Auf dem Deep Water Cay südöstlich der Hauptinsel gibt es keinen Autoverkehr und keinen Einkaufsrummel. Außer dem Angelprogramm wird auch Tauchen angeboten. Von West Palm Beach und Fort Lauderdale in Florida aus kann* *man sich mit einem kleinen Flugzeug direkt in dieses stille Paradies einfliegen lassen. Mindestbuchung: 3 Tage.*

Restaurants/Cafés

Von bahamaischer bis japanischer Küche finden Besucher so gut wie alles auf Grand Bahama Island. Die verschiedenen Resorts geben sich größte Mühe, ihre Gäste auch mit gutem Essen bei Laune zu halten. Wer außerhalb der Hotelwände fündig werden will, schaut sich auf dem Port Lucaya Marketplace um oder sollte ein Fahrzeug haben. Hier ein paar anerkannt gute Restaurants.

Port Lucaya Marketplace

Luciano's (1), ☎ *373-9100, www.lucianosofportlucaya.com. Auch nach Renovierung der beste Italiener am Ort, ausgezeichneter Fisch und Meeresfrüchte. Das Restaurant befindet sich im ersten Stock. Schöner Ausblick.*

Molly Malone's Irish Pub & Eatery (2), ☎ *373-8404. Der einzige „authentische" Irish Pub auf den Bahamas bietet neben klassischen irischen Mahlzeiten wie Lamm und Shepard's Pie natürlich auch Guinness frisch vom Zapfhahn.*

Zorba's (3), ☎ *373-6137, www.zorbasbahamas.com. Sieht schon von außen aus wie ein griechisches Restaurant, ganz in blau und weiß gehalten, und ist auch eins. Hier wird eine lockere Mischung aus bahamaischer Küchen mit griechischen Wurzeln – oder umgekehrt – serviert. Klar, dass ein paar Bilder von Anthony Quinn die Wände zieren, der in einem seiner bekanntesten Filme den Alexis Zorbas gab. Und das Mousaka ist wirklich einen Versuch wert. Bekannt für sein bahamaisches Frühstück.*

Sabor Restaurant & Bar (4), *im Pelican Bay Hotel,* ☎ *373-5588, www.sabor-bahamas.com. In dem beliebten Restaurant steht „fusion cooking" auf der Speisekarte, oft untermalt von Livemusik, aber immer mit einem hervorragenden Ausblick auf die Marina und den Marketplace.*

Richtung Westen

Pier One (6), *Freeport Harbour,* ☎ *352-6674, www.pieronebahamas.com. Hier kann man auf der Veranda sitzen, sich das gute Essen schmecken lassen und gleichzeitig die Haie bei ihrer Mahlzeit beobachten. Besonders zu empfehlen ist das Shark Steak. Tolle Aussicht über das Meer und die Hafeneinfahrt von Freeport.*

Red Bar (5), *Paradise Cove, Deadman's Reef,* ☎ *349-2677, www.deadmansreef.com. Eine gute halbe Stunde Fahrzeit von Lucaya aus, am Hafen vorbei, Richtung West End. Nicht nur der Strand ist sehr beliebt, sondern auch die Bar, die einen herrlichen Ausblick auf der Treiben im Wasser bietet. Bei Hunger hilft ein Burger …*

Richtung Osten

Bishop's Beach Club (7), *High Rock,* ☎ *353-5485, www.bishopsresort.net. Das einfache Restaurant, das seit 1981 an dem schönen Strand liegt, wurde 2005 durch Hurrikan Wilma stark beschädigt. Doch Mr. Roberts, der von seinem Club selbstbewusst behauptet, das beste Seafood weltweit zu servieren, ließ sich durch den Sturm nicht von dem Plan abbringen, den Club möglichst weiter zu betreiben. Allein der Ausblick von der Bar über den Strand ist einen Ausflug wert.*

Nachtleben

Besonders um den **Lucaya Marketplace** *ist eigentlich immer Partystimmung.*

In vielen Bars kann man hier draußen sitzen und zu karibischer Musik einen Bahama Mama, Rum Punch oder Daiquiri schlürfen – dazu noch die abendliche Liveband, und alles passt.

Einkaufen

In den beiden großen Einkaufszentren, dem **International Bazaar** *und* **Port Lucaya Marketplace**, *gibt es eine Vielzahl an Geschäften, in denen man Schmuck, Parfum, Porzellan und Markenartikel aller Art einkaufen kann. Im International Bazaar findet man Geschäfte mit südamerikanischen Waren ebenso wie mit afrikanischen. Die Architektur ist der jeweiligen Region nachempfunden, um die Kunden etwas einzustimmen. Es gibt aber nicht nur Geschäfte, sondern auch Restaurants im Bazaar, sodass man zwischendurch essen gehen kann.*

Der **Port Lucaya Marketplace** *ist kleiner als der International Bazaar, aber nicht weniger interessant. Besonders anziehend ist der eigentliche „Marktplatz" – der Count Basie Square – auf dem sich alle möglichen Leute zum Cocktail und zum Essen treffen. Man hat einen schönen Blick auf den Hafen, und in einem Pavillon in der Mitte des Platzes spielen Bands karibische Musik. Hier kann man sich nach ein wenig Shopping lässig auf einem Barhocker niederlassen, einen Drink bestellen und das bunte Treiben genießen.*

Bootstouren/Ausflüge

Reef Tours, *Port Lucaya Marketplace, ☎ 373-5880, www.reeftoursfreeport.com. Bieten neben zahlreichen Fun-Wassersportgeräten auch Touren mit dem Glasbodenboot „Ocean Wonder" an.*

Superior Watersports, *Freeport, ☎ 373-7863, www.superiorwatersports.com. Auf dem 22 m langen Catamaran „Bahama Mama" werden täglich neben Dinner-Fahrten und der Robinson Crusoe Beach Party auch Schnorcheltouren angeboten.*

Grand Bahama Nature Tours, *Touren mit Erika Gates, Port Lucaya, ☎ 373-2485,*

Kajaktouren von Grand Bahama Nature Tours führen durch die Mangrovensümpfe des Lucayan National Park

www.grandbahamanaturetours.com. Auch für Anfänger sind die Paddeltouren im Kajak durch die Mangrovensümpfe ein Erlebnis. Gleichzeitig lernt man viel über die Natur und Kultur auf Grand Bahama Island. Gates bietet auch Fahrradtouren, Schnorchelsafaris und Jeepausflüge an.

Sportangeln

Exotic Adventures, *Freeport, ☎ 374-2278, www.exoticadventuresbahamas.com. Ein Tagestrip kostet ab 139 $ pro Person.*

Deep Water Cay Club, *Buchungen über: Deep Water Cay Club, 1100 Lee Wagener Blvd. Ft. Lauderdale, FL 33315, USA, ☎ 888-420-6202, www.deepwatercay.com. Hier kann man einen mehrtägigen Angelurlaub mit allem inklusive auf einem entlegenen Cay südöstlich der Hauptinsel buchen.*

Reef Tours, *Port Lucaya, ☎ 373-5880, www.reeftoursfreeport.com. Bietet die günstigste Möglichkeit, an einer Tiefseeangeltour von Grand Bahama Island aus teilzunehmen. Eine Tagestour kostet 90 $ pro Angler und 45 $ für jemanden, der dabei nur zuschauen möchte.*

Capt. Phil & Mel Bonefishing Guides, *☎ 353-3960, www.bahamasbonefishing.net. Haben neben Angel- auch Schnorcheltrips im Angebot.*

Wassersport

Am Xanadu Beach, Club Viva Fortuna und Island Seas Beach verleiht Surfausrüstungen: **Paradise Watersports**, *Xanadu Beach, Freeport, ☎ 373-2887.*

Tauchen

Underwater Explorers Society (UNEXSO), *Port Lucaya, ☎ 373-1244, www.unexso.com. UNEXSO ist eine der bekanntesten und traditionsreichsten Tauchschulen der Bahamas. Vom Tauchen mit Delfinen oder Haien über das Nachttauchen bis zum Wracktauchen deckt UNEXSO die ganze Palette des Adventure Diving ab. Im hauseigenen Shop gibt es alles, was Wasserratten brauchen. Angeboten wird auch eine Bootstour zu den Delfinbecken der Sanctuary Bay. Dort kann man nicht nur eine Menge über die Meeressäuger lernen, sondern auch mit ihnen im Wasser hautnah in Kontakt kommen.*

Caribbean Divers, *im Bell Channel Club Inn, Port Lucaya Ostseite, ☎ 373-9111, www.bellchannelinn.com/dive. Auch mit den „Karibischen Tauchern" kann man Haie füttern und auf Nachttouren gehen. Im Paket wird es billiger. Tauchkurse und ein Abholservice stehen ebenfalls auf dem Programm.*

Golf

The Reef, *Sea Horse Rd., Lucaya, ☎ 373-2004, www.grandlucayan.com, s. Grand Lucayan Beach & Golf Resort. Klassischer Links-Course, entworfen von Robert Trent Jones. Der beständige Wind ist hier die größte Herausforderung.*

The Ruby, *West Sunrise Hwy., Lucaya, ☎ 352-1851, www.rubygolfcoursebahamas.com. 2008 neu gestaltet und deutlich einfacher zu spielen als The Reef.*

Fortune Hills Golf & Country Club, *Lucaya Beach, ☎ 373-2222, www.bahamasgolf.com/courses/fortune-hills. War ehemals als 18-Loch-Course angelegt worden, doch die hinteren neun Löcher wurden nie fertig gestellt.*

Tennis

Das **Grand Lucayan Beach & Golf Resort**, *1 Seahorse Ln., Lucaya,*

☏ 373-1333, www.grandlucayan.com, unterhält eine eigene Tennisschule. Miete für Grasplatz: 40 $/Std.

Reiten

Pinetree Stables, *North Beachway Dr., Freeport, ☏ 602-2122, www.pinetree-stables.com. Hier kann man nicht nur Reitstunden nehmen, sondern auch herrliche Ausritte machen.*

Strände

Die großen Hotels verfügen alle über schöne Strände, die allerdings auch entsprechend bevölkert sein können. Als der beste Strand im Stadtgebiet von Freeport gilt **Xanadu Beach**. *In Lucaya reihen sich* **Lucayan Beach**, **Taino Beach**, **Smith's Point** *und* **Fortune Beach** *aneinander. Zu empfehlen sind auch die Strände Richtung Osten, z. B. in* **Pelican Point** *oder bei* **Bishop's Beach Club** *in High Rock. Der schönste Strand für die stillen Genießer befindet sich allerdings beim Nationalpark:* **Gold Rock Beach** *ist mit seinem türkis schillernden seichten Wasser und kilometerlangen von Kasuarinen umsäumten Sandstrand in der Woche recht einsam. Am Wochenende trifft man hier häufig kleine Picknickgesellschaften.*

Flüge

Der **Grand Bahama International Airport**, *☏ 352-6020, hat zwei Terminals, die ein paar hundert Meter voneinander entfernt sind: Domestic und International.*

Einige wichtige Fluggesellschaften, die Freeport anfliegen:
American Airlines, *☏ 1-800-433-7300, www.aa.com.*
Bahamasair, *☏ 352-8346, www.bahamasair.com.*
Delta Air, *☏ 1-800-221-1212, www.delta.com.*
Flamingo Air, *☏ 351-4963, www.flamingoairbah.com.*
SkyBahamas, *☏ 225-2808, www.skybahamas.net.*
US-Airways, *☏ 1-800-622-1015, www.usairways.com.*

Transfer vom Flughafen

Wer keinen Hoteltransfer hat, muss sich einem Taxi anvertrauen oder einen Mietwagen nehmen. Wer noch keinen Mietwagen gebucht hat, der kann sich an einem der Schalter bei der Ankunft informieren. Vor beiden Terminals des Flughafens stehen bei Ankunft der Flugzeuge immer genug Taxis bereit. Die Fahrt ins Zentrum von Freeport kostet ca. 20 $, nach Lucaya ca. 40 $.

Mietwagen

Ein Mietwagen ist eine gute Idee für Besucher, die sich auch außerhalb der gängigen Touristenzentren bewegen wollen. Denn man sollte die Entfernungen auf der Insel nicht unterschätzen. Auch Lucaya ist so großflächig angelegt, dass sich ein kleiner Spaziergang schon mal zu einer Wanderung ausdehnt. Mietwagen kosten ab ca. 50 $/Tag, je nach Fahrzeugtyp.

Im International und im Domestic Terminal des Flughafens gibt es im Ankunftsbereich Schalter von etlichen Kleinanbietern wie „M & K Car Rental" oder „Brad's Car Rental". Man sollte beim Preisvergleich darauf achten, dass unbegrenzte Kilometer inklusive sind.

Der schöne Gold Rock Beach liegt im Nationalpark

Die Versicherung (Collision Damage Waiver, CDW) kostet extra und kann am Tag mit 18–30 $ zu Buche schlagen, bei 350 $ Selbstbeteiligung.
Avis, *Grand Bahama Island International Airport, ☎ 351-2847, www.avis.com.*
Hertz, *Grand Bahama Island International Airport, ☎ 352-3297, www.hertz.com.*

Motorroller/Scooter

Manche Hotels vermieten Motorroller und oft sieht man an der Straße vor den Hotels Verleiher. Die Leihgebühr liegt pro Tag bei ca. 50 $.

Fahrradverleih

Für Fahrräder gilt das gleiche wie für die motorisierten Gefährte. Wenn das Hotel keine entsprechenden Möglichkeiten bietet, ist es sicher nicht weit bis zu einem Straßenverleih. In der Regel werden Roller und Fahrräder an den gleichen Stellen vermietet. Ein Fahrrad kostet pro Tag um die 20 $.

Busse

Die Mini-Buslinie 1 fährt tgl. vom International Bazaar und Downtown Freeport nach Lucaya – recht häufig, aber ohne festen Fahrplan. Bushaltestellen sind als solche klar erkennbar. Die Fahrt kostet 1,50 $.

Taxis

Ein Taxi kann man auf Grand Bahama Island ohne Probleme bekommen. Eigentlich stehen immer Taxis am Grand Bahama Island International Airport, am Lucayan Harbour und vor den größten Hotels und Touristenattraktionen. Für die erste Viertelmeile werden 3 $, jede weitere Viertelmeile 0,40 $ fällig. Jeder zusätzliche Passagier kostet 3 $.
Freeport Taxi Co., *Freeport, ☎ 352-6666.*
Grand Bahama Taxi Company, *Freeport, ☎ 352-7101, www.gbtaxicompany.com.*

Die nordwestlichen Family Islands

Die nordwestlichen Family Islands liegen zwischen der Tongue of the Ocean, einem tiefen Einschnitt in der Great Bahama Bank vom Atlantik aus und der Straße von Florida auf der Great Bahama Bank. Nördlich trennt der Northwest Providence Channel diese Inselgruppe von Grand Bahama Island und The Abacos auf der Little Bahama Bank.

Während die **Bimini Islands** und die **Berry Islands** jeweils eine Inselgruppe aus mehreren kleinen Cays bilden, hat **Andros** als größte Insel der Bahamas eine völlig andere Landschaftsstruktur. Auf den kleinen Inselgruppen dominieren **Strände** und **Sandsteinküste**, aber auf Andros herrscht ein undurchdringlicher **Mangrovensumpf** vor. Entlang der Ostküste zieht sich eines der längsten **Barrierериffs** der Welt, und auch nur dort sind Strände zu finden. **Zentral-** und **Nord-Andros** werden ebenso wie **Mittel-Andros** und **Süd-Andros** durch sog. **Creeks**, breite Gewässer, voneinander getrennt.

Andros

Telegramm Andros

Name	Andros
Fläche	5.957 km²
Einwohner	7.500 (2010)
Einwohner pro km²	1,26
Größter Ort	Nicholl's Town
Weitere Orte	San Andros, Mastic Point, Staniard Creek, Fresh Creek, Andros Town, Behring Point, Moxey Town, Congo Town,
Wichtigste Wirtschaftszweige	Tourismus, Fisch- und Landwirtschaft
Touristisches Potenzial	Tauchen am längsten Riff der Bahamas, Angeln

Kaum bewohnte Insel

Andros ist mit seiner Länge von ca. 167 km (breiteste Stelle 64 km) die größte Insel der Bahamas. Die Ostküste liegt an der **Tongue of the Ocean**, dem tiefen Graben, der sich vom Atlantik wie eine Zunge in die Great Bahama Bank hinein erstreckt. Außer an einem schmalen Streifen an der Ostküste ist die Insel kaum bewohnt, da die Zentralinsel sowie die Westküste zum größten Teil von Buchten, Creeks und undurchdringlichen Mangrovensümpfen durchzogen sind. Der Westteil von **Nord-Andros** wird daher auch **The Mud** („Der Schlamm") genannt, im Gegensatz zum meist von Kiefern und Buschwerk bewachsenen Rumpf der Nordinsel, der auf Karten auch als **The Yard** („Der Hof") bezeichnet wird.

Sonnenuntergang an der Small Hope Bay auf Andros

Schöne **Strände** gibt es an der **Ostküste**, an der sich auch die einzig gut befestigte Teerstraße entlangschlängelt und die kleinen Orte des meistbevölkerten Teils von Andros verbindet. Der Nordteil der Insel wird durch die Gewässer des **North Bight** von Mittel-Andros, das noch einmal vom **Middle Bight** durchzogen wird, getrennt. **South Bight** wiederum grenzt **Süd-Andros** von **Mangrove Cay**, dem größten Landesteil von Mittel-Andros ab. Die Strände befinden auf diesen Inselteilen an der Ostküste, während der östliche Teil sumpfig ist.

Die größte Attraktion von Andros ist jedoch das der Ostküste vorgelagerte **Andros Barrier Reef**, ein 220 km langes Barriereriff, das nur 1–2 km von der Küste entfernt die flachen Gewässer der Great Bahamas Bank von den Tiefen der Tongue of the Ocean trennt. Es wird auch einfach **The Wall** („Die Wand") genannt und gehört zu den größten der Welt. Auf der Insel findet man auch eine Menge **Blue Holes** („Blaue Löcher"), tiefe Kavernen im Kalksandstein, die je nach vorhandener Verbindung zum Meer mit Salz- oder Süßwasser gefüllt sind und deren Wasser durch die Tiefe eine dunkelblaue Farbe bekommt.

Barriereriff

Geschichte

Über die reale Geschichte der großen Insel ist nicht viel zu erfahren. **Kolumbus** nannte sie bei seiner Entdeckung 1492 **La Isla des Espiritu Santo**, die „Insel des Heiligen Geistes", und ihren heutigen Namen soll sie **Sir Edmund Andros** (1637–1714) verdanken, der in einem bewegten Leben britischer Gouverneur von New York, Vir-

Entfernungen

Andros Town – Nicholl's Town 70 km
Andros Town – Behring Point 30 km
Moxey Town – Lisbon 10 km
Congo Town – Deep Creek 25 km

Andros
N
0
20 km
© graphic
Pine Cay
Red Bays
Lowe Sound
Morgan's Bluff
Northeast Providence Channel
Nassau
Nicholl's Town
Conch Sound
Uncle Charlie's Blue Hole
Cross Cays
Loggerhead Point
San Andros Airport
San Andros
Mastic Point
August Town
Rat Cay
Main Lumber Rd.
Queen's Hwy.
Cunningham
Gambier Village
Adelaide
Adelaide Village
Nassau Intl. Airport
New Providence
Rising Point
North Andros
Stafford Creek
Blanket Sound
Owen's Town
Stafford Creek
Great Bahama Bank
Staniard Creek
Love Hill Beach
Hard Bargain
Captain Bill's Blue Hole
Love Hill
Tongue of the Ocean
Twin Lakes
Fresh Creek
Fresh Creek/Coakley Town
Andros Town
Williams Island
Andros Town Airport
Minns
Somerset Beach
Gold Cay
Bowen Sound
Man of War Sound
Central Andros
Cargill Creek
Behring Point
Wide Opening
North Bight
Wood Cay Point
Big Wood Cay
Little Loggerhead Cr.
Moxey Town (Little Harbour)
Middle Bight
Mangrove Cay Airport
Mangrove Cay
Lisbon Creek
Yellow Cay
Chalk Sd.
Wood Cay
Middle Bight
Driggs Hill
South Bight
Congo Town
Congo Town Airport
High Rock
The Bluff
Great Bahama Bank
New Zealand Point
Kemp's Bay
Black Point
South Bight
Red Shank or Last Point
South Andros
Deep Creek
Rolle Town
Deep Cr.
Little Creek
Stargate Blue Hole
Mars Bay
Krall Cr.
Water Cays
Unterkünfte
1 Conch Sound Resort Inn
2 Small Hope Bay Lodge
3 Chickcharnie Hotel
4 Lighthouse Yacht Club & Marina
5 Mangrove Cay Inn
6 Emerald Palms Resort Hotel
Essen & Trinken
1 Kristina's

ginia und Guernsey war. Auf Süd-Andros wurden Skelette von **Lucaya-Indianern** gefunden, die eine entsprechende Besiedlung belegen. Die Legende, dass in den undurchdringlichen Sümpfen noch Nachfahren dieser Indianer überlebt haben, konnte bis heute nicht nachgewiesen werden.

Redaktionstipps

- Für **Sportangler** ist Andros ein Paradies (S. 167).
- Auch als Nichtangler lohnt es sich, eine **Bootstour** z.B. von Behring Point aus zu unternehmen (S. 165).
- **Small Hope Bay Lodge** ist für Taucher eine der besten Möglichkeiten, ihrer Leidenschaft zu frönen (S. 166).
- Eines oder mehrere **Blue Holes** besuchen (S. 159, 163).
- Schnorcheln und Tauchen am **Andros Barrier Reef** (S. 159).

In den 1880er-Jahren jedoch flohen **Seminole-Indianer** und freigelassene **Sklaven** aus den Everglades in Florida vor den Truppen der amerikanischen Regierung mit kleinen Booten auf die Insel. Ihre Nachfahren leben heute in **Red Bays Settlement** noch nach tradierten Vorstellungen. Von ihnen stammt sicher auch die Legende, dass es auf Andros **Chickcharnies** gibt. Hinter diesem Namen verbirgt sich eine Art Geist, der mit seinen jeweils drei Zehen Äste von Bäumen umklammert und mit dem Kopf nach unten auf den nächsten Schabernack wartet, den er mit einem Vorbeigehenden treiben kann. Ob diese Erscheinung nun zwei rote oder nur ein schwarzes Auge hat, muss man wohl selbst herausfinden. Dass Chickcharnies jedoch einen Bart haben und ein grünes Federkleid tragen, scheint auf der Insel allgemein bekannt zu sein. Einige Wissenschaftler vermuten, dass die Legende auf die reale Existenz einer riesigen Eulenart zurückgehen könnte, die in der Abgeschiedenheit der Insel noch bis ins letzte Jahrhundert überlebt haben könnte. Vorsicht: Wer einen Chickcharnie ärgert, dem kann übel mitgespielt werden.

Schabernack treibende Wesen

Andros heute

Andros lebt heute überwiegend vom Tourismus, den riesigen **Wasserreservoirs**, die auch New Providence mit Süßwasser versorgen, und der **Landwirtschaft**. Allein nach Nassau werden ab Morgan's Bluff täglich 7 Mio. Gallons Wasser verschifft, also nicht weniger als 26.497.882,49 Liter. Nachdem in der Nähe des Flughafens von San Andros ein Versuch fehlschlug, im großen Stil Rinderzucht und Milchviehhaltung zu betreiben, werden heute der **Gemüseanbau** und die **Plantagenwirtschaft** mit **Zitrusfrüchten** weiter ausgebaut. Andros produziert auf diesem Sektor nicht nur für den Eigenbedarf, sondern auch für den Export – hauptsächlich nach New Providence. Die Exporte nach Florida sind von der dortigen Marktlage abhängig. Es ist ein großer Vorteil, dass die Früchte und Gemüsesorten unter natürlichen Bedingungen gewachsen sind und daher eine gute Qualität hervorbringen.

Große Wasservorräte

Ein weiterer großer Wirtschaftsfaktor auf Andros ist **AUTEC**, das **Atlantic Undersea Test and Evaluation Center** südlich von Andros Town. Von dieser strengbewachten Militärbasis aus testen die amerikanische und die britische Marine sicher nicht nur U-Boote. Es bietet aber für viele Inselbewohner Arbeitsplätze. Fischerei und Bootsbau haben eine denkbar lange Tradition auf Andros, spielen aber außer für den Eigenbedarf keine große Rolle.

Korallenriff bei Andros

Andros ist in erster Linie eine **Taucherhochburg**, die nebenbei auch „Bonefishing Capital of the World" genannt wird. Das **Andros Barrier Reef** der Welt bietet optimale Bedingungen, um die Unterwasserwelt der Karibik zu erkunden. Selbst auf Wracktauchen braucht man hier nicht zu verzichten, da 1963 in der Nähe von Fresh Creek das „Barge Wreck" eigens zu diesem Zweck versenkt wurde und vor Nicholl's Town der 1952 gesunkene Frachter Potomac unter Wasser zu bestaunen ist.

Die meisten Taucher kommen aber wegen der unglaublichen Vielfalt an Fisch- und Korallenarten, die an dem Riff zu bestaunen sind, und um einmal einen Blick über „The Wall" zu werfen. Hinter dem Riff geht es nämlich bis fast 2.000 m in die Tiefe des Meeres.

info

Die Entstehung von Koralleninseln

Das Korallenriff verdankt seine Entstehung nicht nur den Korallen, sondern auch den Ablagerungen von Kalkalgen, Schnecken, Muscheln, Seeigeln und auch Krebsen. Hauptproduzent sind jedoch die Korallen, die als Hohltiere nach außen eine Kalziumkarbonatverbindung absondern und als Polypen in ihrem Inneren über eine Art Darmraum eine Unzahl an maritimen Kleinstlebewesen fangen und verspeisen. Die Kalziumkarbonatausscheidungen, die als eine Art Außenskelett dienen, entwickeln sich nach dem Ableben des Polypen zusammen mit anderen Kalkablagerungen zu Kalkstein.

Auf den Bahamas herrschen optimale Lebensbedingungen für Korallen, sodass die gesamte Inselgruppe ohne diese Lebewesen möglicherweise gar nicht entstanden wäre. Das Wasser ist klar, und die Strömungsverhältnisse sind an vielen Stellen optimal. Die Durchschnittstemperatur des Wassers liegt konstant über 20 °C, und der Salzgehalt entspricht den Lebensbedingungen der Riffbewohner. Außerdem gab es in den Gewässern der Bahamas immer Ansatzpunkte in 40–50 m Meerestiefe, die die Ansiedlung von Korallen begünstigten. Die Theorien, wie diese Inselgruppe letztendlich entstand, gehen zwar weit auseinander, aber dass die Bahamas ausschließlich aus Kalkstein bestehen, steht außer Zweifel.

info

Vermutlich sind die Inseln aufgrund tektonischer Plattenverschiebungen, die das Absinken des Meeresbodens zur Folge hatten, und aufgrund von Schwankungen des Meeresspiegels infolge mehrerer Eiszeiten entstanden, sodass die Korallen dann immer in entsprechender Meerestiefe leben und die Inseln aufbauen konnten. Sicher ist auch, dass die Bahamas nicht wie die Atolle im Pazifik ursprünglich vulkanischen Ursprungs sind.

Da Kalkstein sehr wasserdurchlässig ist, gibt es auf den Bahamas keine Flüsse. Die Kavernenbildung, die an Höhlen und Blue Holes gut nachzuvollziehen ist, gibt der Landschaft der Inselgruppe eine sehr typische Ausprägung. Die Kavernen entstanden ebenso wie die Höhlen durch unterirdische „Flüsse", in denen das Regenwasser, das im Boden versickert war, ins Meer floss. Ebenso prägen die wunderschönen Strände die Landschaft, die Ergebnis des Zusammenspiels von Wellenbildung, Meeresströmung und Kalkablagerungen am Meeresgrund sind.

Blue Holes

In der Nähe des Riffs kann man ebenso wie an Land die sog. **Blue Holes** erforschen. Allein in Nord-Andros gibt es einige: Bob's Blue Hole, Conch Sound Blue Hole, Long Rock Blue Hole, Mastic Point Blue Hole, Ocean Blue Hole und Rat Cay Blue Hole. Das Guardian Blue Hole in der Nähe von Behring Point ist mit rund 700 m Länge und einer Tiefe von 133 m eine der größten und tiefsten Höhlen der Bahamas. Der Name „Guardian" („Wächter") kommt daher, weil ein einzelner Barrakuda über Jahre hinweg einen der beiden Eingänge bewachte. So gut wie jedes Blue Hole hat seine eigene (Entdeckungs-)Geschichte. Wer sie sich anschauen und vor allem die Storys dazu hören will, sollte sich einem ortskundigen Guide anvertrauen. Am besten im Hotel fragen.

Weitere große Attraktion von Andros ist das **Bonefishing** um Lowe Sound, von Cargill Creek, Fresh Creek und Behring Point aus.

Wanderungen

Wanderungen in Gebieten, in denen es seltene Vogelarten wie die Bahama-Papageien oder Orchideen gibt, sollten gut geplant sein und nicht ohne einheimischen Führer unternommen werden, da man sonst möglicherweise eher einen Chickcharnie als einen Papageien zu Gesicht bekommt. Da solche Touren nicht organisiert angeboten werden, sollte man sich im Hotel oder im Ort erkundigen. Hier kennt jeder jeden.

Rundtour auf Nord-Andros

Da die besten Unterkunftsmöglichkeiten in oder in der Nähe von **Andros Town** oder **Fresh Creek** sind, werden wohl die meisten von hier aus ihre Erkundungstour starten. In Andros Town ist die über die Grenzen der Bahamas hinaus bekannte Batikstoff-Fabrik „**Androsia**" zu finden – allerdings nicht mehr lange Zeit. Die Besitzer des Hotels „Graycliff" in Nassau haben die Markenrechte erstanden und planen mittelfristig, die komplette Fertigung nach Nassau zu holen (s. S. 64).

Blick auf die Small Hope Bay aus der Luft

Wer am Kreisverkehr rechts abfährt kommt zum idyllischen Doppeldorf **Fresh Creek/Coakley Town**. Hier gibt es alles, was man für den Grundbedarf braucht: einen kleinen Supermarkt, ein Souvenirgeschäft, ein Restaurant und natürlich eine Tankstelle – nicht zu vergessen, das Büro der örtlichen Touristeninformation. Ein kleiner Spaziergang am Wasser, der an einem für Andros recht typischen **Creek** („Bach“) entlangführen kann, wird Besucher für die weitere Fahrt einstimmen.

Zurück am Kreisverkehr, gelangt man rechts nach **Coakley Town** und zur **Calabash Bay**. Dort befindet sich eine der bekanntesten Tauchhotelanlagen der Bahamas, die **Small Hope Bay Lodge**. Die Lodge gilt als ein Vorzeigeprojekt des bahamaischen Öko-Tourismus und konnte bisher etliche nationale und internationale Preise einheimsen. Flaschen und Aluminium werden recycelt, aus nicht recycelbaren Flaschen wird Geschirr für die Lodge gebastelt, der Garten wächst hervorragend dank Biokompost. Klar, dass auch Spaziergänge und Touren auf Andros angeboten werden, die die Ökologie zum Thema haben.

Der nächste Ort **Love Hill** hat nicht viel zu bieten, aber beim Schild nach **Staniard Creek** sollte man nach links abbiegen, da dort sowohl Mangrovensümpfe als auch ein schöner Strand mit Palmen zu finden sind. Sehr idyllisch und verschlafen, wie alle Orte auf Andros, ist auch **Blanket Sound** (die Abzweigung ist ausgeschildert). Ein paar hundert Meter hinter der Kirche muss man links abbiegen, um an eine schöne Bucht mit kleinen, der Küste vorgelagerten Inseln zu kommen.

Wer auf der Hauptstraße weiterfährt, erreicht den Ort **Staffort Creek**, nachdem eine Brücke mit schöner Aussicht überquert wurde. In Staffort Creek befindet sich außer einer **Meeresforschungsanstalt** nichts Nennenswertes.

Nachfahren der Indianer

Auf dem Weg nach **Mastic Point** werden Besucher viel landwirtschaftlich genutztes Gebiet sehen. Von Zitrusfrüchten bis zu Kohl werden auf den Plantagen und Feldern alle möglichen Obst- und Gemüsesorten angebaut. Etwa 5–6 km hinter der Abfahrt zum Flughafen geht eine Straße links nach **Red Bays** ab zu einer Siedlung, in der noch Nachfahren der **Seminoles-Indianer** leben, die vor den Truppen der Weißen von Florida auf die Bahamas geflüchtet waren.

Mastic Point (ausgeschilderte Abfahrt rechts) ist eher unscheinbar, und bis zum Kreisverkehr sollte man einfach geradeaus fahren. Dort geht es in südlicher Richtung zu den großen **Wasserreservoirs**, die u.a. Nassau versorgen.

Vom Kreisverkehr aus führt die Straße in westliche Richtung nach **Lowe Sound**. In der Nähe von Lowe Sound fährt man direkt am Wasser entlang und genießt einen wunderschönen Ausblick. Aus gleichem Grund sollte man bei der Gabelung an der Kirche den rechten Weg wählen. Man fährt dort zwischen pittoresken Fischerhäuschen und dem Ufer entlang, an dem man die heimgekehrten Conchfischer beobachten kann. Dieser Ort gilt auch als einer der besten Plätze für Bonefishing.

Seeräuberversteck

Wieder zum Kreisverkehr zurückgekehrt, sollte man noch einen Abstecher in Richtung Norden machen. Dort liegt **Morgan's Bluff**, ein kleiner Hafen mit einem schönen Strand. Die Höhle in der Nähe soll früher Henry Morgan, einem berüchtigten Seeräuber des 17. Jh., als Versteck gedient haben. Man erreicht sie über die Straße, die vom Hafen aus östlich in Richtung des Hügels führt. An der Gabelung links halten und auf ein Schild achten, das den Weg zur Höhle weist. Nach dem Höhlenbesuch kann man noch ein Stück weiter bis zum Felsen fahren. Von dort eröffnet sich ein herrlicher Ausblick.

Die dritte Abzweigung am Kreisverkehr in Richtung Osten führt nach **Nicholl's Town**, das auch einen schönen Strand und ein kleines Hotel vorzuweisen hat. Am Anleger lohnt es sich, auszusteigen und an den kleinen Buden entlang zu schlendern. Dort kann man von Einheimischen gefertigte Strohwaren, Souvenirs und Fisch kaufen.

Ein Ausflug von San Andros in südliche Richtung ist eigentlich nur für Angler interessant. Landschaftlich gesehen, ist sie ebenso wenig abwechslungsreich wie die Nordroute. Die Orte **Bowen Sound** und **Man of War Sound** bieten nichts Besonderes. In **Cargill Creek** befinden sich jedoch die beiden bekanntesten **Bonefishing Clubs** des Nordteils der Insel.

Wettbewerb im Krabbenfangen

Auf dem Weg dorthin wird man zumindest im Sommer häufig Zeuge einer typisch androsischen Beschäftigung: dem **Landkrabbenfangen**. Diese Tiere verlassen während dieser Zeit ihre Höhlen an Land und laufen zum Meer, um zu laichen, wenn sie nicht vorher gefangen werden. Wer sich selbst im Krabbenfangen versuchen will, sollte bedenken, dass die Scheren der Krabben erhebliche Wunden an den Händen verursachen können. Wer die Tiere nicht mit schnellem Zugriff von hinten erwischt, hat ohnehin keine Chance.

Von **Behring Point** aus an der Südspitze kann man über den **North Bight** zum **Mangrove Cay** übersetzen. Man sollte am Anleger am Ende der Straße die Bootsleute fragen.

Mittel- und Süd-Andros

Es gibt einen Flugplatz bei **Congo Town** (Süd-Andros) und auf **Mangrove Cay** (Mittel-Andros). Die Straßenverhältnisse sind auf beiden Teilen der Inseln nicht besonders gut, und es gibt kaum Leihwagen. Man sollte daher mit einem Taxifahrer am Flugplatz eine Vereinbarung treffen, wenn man sich die Gegend ansehen will. Gleiches gilt für Touristen, die mit einem Boot kommen.

Es hilft, dass die Leute auf Andros mehr oder weniger alle miteinander verwandt sind und die „Infrastruktur" kennen. So erfordert es zwar etwas Abenteuerlust, aber man wird in der Regel keine Probleme haben, eine Unterkunft oder einen Fischer für eine Angeltour zu finden. Diverse Kalik in der Dorfkneipe können da Wunder bewirken. Die schönsten **Palmenstrände** gibt's auf Süd-Andros, wo man garantiert keine Sandburg bauen muss, um ein „Privatreich" zu haben.

Reisepraktische Informationen Andros

Information

Andros Tourist Office, *Fresh Creek, ☎ 368-2286, www.bahamas.com/islands/andros, Mo–Fr 9–17 Uhr.*

Wichtige Telefonnummern

Notfall/Polizei, *☎ 919.*

Im Krankheitsfall

Nicholl's Town Clinic, *☎ 329-2055.*
Mangrove Cay, *☎ 369-0089.*
Kemp's Bay Clinic, *☎ 369-4849.*

Banken

Royal Bank of Canada, *Fresh Creek, ☎ 368-2072, mit Bankautomat.*
Scotiabank, *Nicholl's Town, ☎ 329-2700, mit Bankautomat.*

Unterkunft

Conch Sound Resort Inn (1) $, *Nicholl's Town, North Andros, ☎ 329-2060. Kleines, einfaches Hotel, einige Zimmer mit Kitchenette, kleiner Fußmarsch zum Strand.*
Chickcharnie Hotel (3) $–$$, *Fresh Creek, North Andros, ☎ 368-2025. Unkompliziertes Hotel für Angler. Achtung: Nicht alle Zimmer haben eine Klimaanlage, am besten danach fragen.*
Lighthouse Yacht Club & Marina (4) $$, *Andros Town, North Andros, ☎ 368-2305. Eine gute Hotelanlage an der Mündung des Fresh Creek. Hier trifft man vornehmlich Freizeitkapitäne und Urlauber, die gerne etwas abseits des Rummels bleiben.*
Mangrove Cay Inn (5) $$–$$$, *Mangrove Cay, North Andros, ☎ 369-0069, www.mangrovecayinn.net. Wer gerne seine Ruhe hat und allein die Natur erkundet, ist hier genau richtig. Neben dem Tauch- und Angelangebot gibt es hier – außer Radfahren und Schnorcheln – nämlich nicht viel zu unternehmen, und Mangrove Cay liegt recht isoliert zwischen den Bights.*

Tipp Unterkunft

Small Hope Bay Lodge (2) $$$$, *Small Hope Bay, North Andros, ☎ 368-2014, www.smallhope.com. Diese All-inclusive-Anlage mit Öko-Touch ist das Hotel für Tauch-Enthusiasten schlechthin. Es werden zwar noch andere Freizeitaktivitäten angeboten, aber Tauchen steht hier sicher an erster Stelle. Die Zimmer sind mit Batikstoffen de-*

koriert, und man wohnt direkt am Strand. Das Essen ist gut und reichhaltig. Die Bar wird häufig zum Treffpunkt für partylustige Gäste.

Restaurants

Auf Andros verfügt jedes Hotel über ein Restaurant oder einen Speisesaal, in dem man, auch ohne Gast dieses Hotels zu sein, speisen kann.
Kristina's (I), *Fresh Creek, ☎ 368-2182. Da die Auswahl an Restaurants auf North Andros nicht so groß ist, ist Kristina's umso bemerkenswerter. Seit etlichen Jahren gibt es in der unscheinbaren Bude am Highway alles rund um Conch und jede Menge Fisch – frisch vom Fang.*

Nachtleben

Das Nachtleben findet an den Hotelbars und in kleinen Kneipen am Straßenrand statt. Wer die einheimische Szene erkunden möchte, sollte sich auf jeden Fall vor dem Zug durch die Gemeinde überlegen, mit welchem Transportmittel er wieder nach Hause kommt. Da die Taxis privat sind, kann man das Pech haben, dass der Besitzer schon schläft oder auch in der Kneipe sitzt, wenn man nach Hause will.

Sportangeln

Die **Hotels und Resorts** *bieten in der Regel Ausflüge zum Angeln an oder können Guides vermitteln.*

Häufig kann man auch mit Fischern eine private Abmachung treffen, die günstiger ist als der Preis in einem Hotel. Infos gibt's bei **Big Bite Guide Services**, *Mangrove Cay, ☎ 369-0798, oder direkt bei den Bonefish Guides.*

Beliebt: Angeln auf Andros

Tauchen

Small Hope Bay Lodge, *Fresh Creek, ☎ 368-2014, www.smallhope.com.*
Andros Diving, *South Andros Island, ☎ 369-1454, www.androsdiving.com.*
Kamalame Cay, *Staniard Creek, ☎ 632-3213, www.kamalame.com.*

Strände

Schöne und sehr einsame Strände findet man auf **Süd-Andros** *entlang der Ostküste. Auf Nord-Andros sind die Strände häufig schmal, dafür aber lang gestreckt. Der Strand von* **Staniard Creek** *ist recht einsam. In* **Nicholl's Town** *und* **Morgan's Bluff** *tummeln sich schon mal einige Leute auf den Badelaken, aber richtig voll ist es hier auch nicht.*

Flüge

Bei der Wahl des Fluges sollte unbedingt beachtet werden, welcher Flughafen der richtige und damit in der Nähe der gewünschten Unterkunft ist. Andros hat gleich vier Flughäfen zur Auswahl: **San Andros Airport** *(North Andros Airport),* **Andros Town Airport**, **Mangrove Cay Airport** *(Clarence Bain Airport), und der südlichste* **Congo Town Airport**.

Wichtige Fluggesellschaften, die Andros anfliegen:
LeAir Charters, *☎ 368-2919, www.flyleair.com.*
Western Air, *☎ 377-2222, www.westernairbahamas.com.*

Transfer vom Flughafen
An den Flughäfen stehen Taxis bereit. Man sollte sich mit den Mitreisenden absprechen und ein Sammeltaxi organisieren. 10 km kosten ca. 20 $.

Fähre/Postschiff

Ab Nassau verkehren **Postschiffe** *nach North Andros (Fahrzeit 5–7 Std.), beliebter aber ist die Anfahrt mit den Fähren „Sea Link" oder „Sea Wind" ab Nassau, Potter's Cay, nach Fresh Creek, mit* **Bahamas Ferries**, *☎ 323-2166, www.bahamas ferries.com. Die Überfahrt dauert nur gute 2 Std., Hin- und Rückfahrt finden immer freitags statt.*

Um über einen der **Bights** *auf Andros überzusetzen, sollte man sich im Hotel nach einer Möglichkeit erkundigen. In Behring Point Settlement kann man am Hafen oder auf der Straße jemanden ansprechen, wenn man über den North Bight will.*

Mietwagen

Adderley's Car Rental, *Fresh Creek, ☎ 357-2149.*
A & H Car Rental, *Nicholl's Town, ☎ 329-2685.*
Cargill's Rentals, *Small Hope Bay, ☎ 368-2658.*
PB's Car Rental, *Little Harbour, Mangrove Cay, ☎ 369-0406.*

Taxis

Da Taxis in der Regel Privatwagen sind, lassen Sie sich am besten eines über die Hotelrezeption bestellen. Denn dort weiß man, welcher der Taxifahrer in der Nähe wohnt.

Bimini

Telegramm Bimini

Name	Bimini
Fläche	23 km²
Einwohner	ca. 2.000 (2010)
Einwohner pro km²	87
Größter Ort	Alice Town
Weitere Orte	Bailey Town, Porgy Bay
Wichtigste Wirtschaftszweige	Tourismus, Hochseeangeln
Touristisches Potenzial	Hochseeangeln, Resorttourismus

Die Bimini Islands liegen am Rand der westlichen **Great Bahama Bank** direkt am **Golfstrom**. Die kleine Inselgruppe ist nur 80 km von Miami entfernt und somit ideal für den amerikanischen **Bootstourismus** gelegen. **North** und **South Bimini** – die beiden bewohnten Hauptinseln – sind wie ein Haken um eine Bucht angeordnet, die einen guten natürlichen Hafen bildet. Zusammen sind sie nur etwa 23 km² groß.

80 km von Miami

South Bimini ist aber eher eine „Wohninsel", während North Bimini als das eigentliche Touristen- und **Hochseeangler-Eldorado** gilt. Auf South Bimini liegt der International Airport. Wer wissen will, wie dieser kleine Flughafen aussieht, schaut sich die letzten Minuten aus dem Thriller „Das Schweigen der Lämmer" (1991) an.

Am Radio Beach bei Alice Town

Redaktionstipps

- Einen **Strandspaziergang** entlang Spook Hill Beach Richtung Süden unternehmen (S. 174).
- Das **Dolphin House** besuchen (S. 174).
- Am Abend in die **End of the World Bar** einkehren (S. 176).
- Einen Snack an einem der zahlreichen **Conch-Stände** am Straßenrand bestellen.

Hannibal Lecter in Freiheit, er steigt aus einem Flugzeug, irgendwo am Ende der Welt – Bimini. In der Tat wurde die Sequenz hier gedreht und das Museum in Alice Town hat ein paar Fotos mit Schauspieler Anthony Hopkins parat, der genial den „Hannibal the Cannibal" gab.

Der Literaturnobelpreis-gekrönte US-amerikanische Schriftsteller **Ernest Hemingway** setzte der Insel in seinem Buch „Inseln im Strom" ein Denkmal und machte sie weltbekannt. Leider gingen etliche Spuren seines Schaffens Silvester 2005 verloren, als die Hotel-Kneipe „The Compleat Angler" abbrannte. Hemingway hatte hier einen Großteil seiner Freizeit verbracht, und „The Compleat Angler" widmete ihm einen ganzen Raum mit Memorabilien und vor allem Fotos, die das Feuer zerstörte. Bei dem Brand kam auch der Hotelbesitzer ums Leben. Wer sich heute auf Hemingways Spuren begibt, wird nicht mehr viel finden – bis auf diese eigentümliche, morbide Atmosphäre, die die Bimini Islands umgibt. Und natürlich viele kleine Bars, in der nachts heftig getrunken und über den „Fang des Tages" diskutiert wird.

Neue Marina Seit 2010 wurde am nördlichen Ende an einer riesigen Marina gebastelt: Die „Resorts World Bimini Bahamas" *(www.rwbimini.com)* lockt heute wohlhabende US-Amerikaner vor allem aus Florida auf die Insel – nicht nur zum Fischen. Es gibt einen gewaltigen Hafen samt Zoll, ein Kasino und andere Freizeitmöglichkeiten wie z. B. einen Golfplatz, dazu schicke Holzhäuser in einer Art Kolonialstil mit Blick auf

North Bimini gilt als ein Paradies für Hochseeangler

Bimini
N
0
500 m
© graphic
Straits of Florida
Cayce Point
North Bimini
East Wells
The Sound
Bimini Bay
Paradise Point
Bimini Bay
Resorts World Bimini Bahamas
1 2 3
Porgy Bay
Spoke Hill
Wreck of Sabona
Bailey Town
Blister Bay
Easter Cay
Alec Cay
Healing Hole
Bonefish Hole
Dolphin House
Alice Town
Queen's Hwy.
King's Hwy.
Radio Beach
4 5 6 7
Bimini Museum
Pigeon Cay
1 2
Friedhof
Buccaneer Point
Entrance Point
Airport Rd.
3
Fountain of Youth
Tiki Hut
Duck Lake
South Bimini
Port Royal
Shark Lab
Bimini International Airport
Nixon's Harbour Bay
Round Rock
Great Bahama Bank
0 Unterkünfte
1 Big Game Club Bimini
2 Bimini Blue Water Resort
3 Bimini Sands Resort & Marina
0 Essen & Trinken
1 Mackey's Sand Bar
2 Petite Conch Restaurant
3 Island Sushi
4 Anchorage Dining Room
5 Red Lion
6 Big John's
7 End of the World Bar

die Marina und stylishe Restaurants. Das ist das, was man heute sieht. Nicht sichtbar ist das gewaltige Ausmaß an Umweltzerstörung vor allem in der umliegenden Mangrovenwelt. Umweltschützer protestierten während der gesamten Baudauer laut, um das empfindliche Ökosystem der Mangroven zu schützen, aber vergeblich: Offensichtlich hatten die Verantwortlichen ihre Drähte zu Regierung und Behörden gut geschmiert.

Geschichte

Quelle der Jugend

Vor der Entdeckung Biminis durch den Spanier **Juan Ponce de León** im Jahr 1513 lebten auf diesen Inseln **Lucayas** und möglicherweise auch aus **Florida eingewanderte Indianer**. Der Spanier fand hier zwar nicht die sagenhafte **Quelle der Jugend**, von der die Taino-Indianer auf Puerto Rico erzählt hatten, aber für die Piraten, die die Inseln im 17. und 18. Jh. bevölkerten, entwickelten sie sich zur „Goldquelle". Von den schwer zu passierenden Gewässern um Bimini konnten sie die aus Süd- und Mittelamerika nach Europa zurückkehrenden Schiffe überfallen. Da der Golfstrom damals die Route für diese Schiffe war, hatten die Piraten dort den idealen Ausgangspunkt für ihre Kaperfahrten. Die Beute fuhr sozusagen direkt an der Haustür vorbei. Illustre Namen wie Captain Piquet, Henry Morgan, und der unter dem Namen Blackbeard gefürchtete Edward Teach haben sich von Bimini aus ein Vermögen zusammengeraubt.

Die Schätze, die die Piraten hier versteckt haben sollen, sind ebenso sagenumwoben wie die Steinformation vor der Nordwestküste von North Bimini, die „Bimini Wall". Dort soll sich eine versunkene Stadt aus grauer Vorzeit unter dem Wasser verbergen. Es verwundert nicht, dass viele Leute vermuten, dort im Meer liege das versunkene **Atlantis**.

Versteck und Umschlaghafen

Richtig besiedelt wurde Bimini erst 1835 nach der Sklavenbefreiung. Fünf Familien gründeten damals **Alice Town** auf North Bimini. Während der Blockade der Südstaatenhäfen durch die Unionstruppen im **amerikanischen Bürgerkrieg** erlebten die Inseln einen wirtschaftlichen Boom, da sie ideal als Versteck und Umschlaghafen für die Blockadebrecher waren. Diese Tradition sollte sich in den 1920er-Jahren während der Prohibitionszeit in den Vereinigten Staaten wiederholen. Damals wurden von Bimini aus Unmengen an Alkohol an die Ostküste Amerikas geschmuggelt. Als Wirtschaftszweig waren zeitweise auch die **Schwammfischerei** und der **Thunfischfang** bedeutsam. Es gab sogar eine Fabrik, in der der Fisch gleich in Dosen abgefüllt wurde. Nach dem Ersten Weltkrieg entwickelte sich Bimini zur „Welthauptstadt" des **Hochseeangelns**.

Bimini heute

Die Bewohner von Bimini leben heute hauptsächlich vom Tourismus und den Hochseeanglern, die das Stadtbild von Alice Town prägen. In den Jachthäfen dominieren die aufgeschossenen Motorboote mit den hohen Aussichtsdecks, und am King's Highway findet man auf einem Kilometer mehr Bars, Souvenirgeschäfte und

Stände mit Strohwaren und T-Shirts als an irgendeinem anderen Ort der Family Islands. Die Bevölkerung wäre ohne den Fremdenverkehr auch nicht zu ernähren, da die Biminis landwirtschaftlich wenig ertragreich sind und so gut wie alle Lebensmittel eingeführt werden müssen.

Anglerparadies

Die Biminis sind in erster Linie ein Anglerparadies (Hochseeangeln, Bonefishing). Es gibt aber auch gute Tauchmöglichkeiten um die Insel, wobei es Wracks, Riffe und das vermeintliche Atlantis zu entdecken gilt. Wer allerdings auch gerne in witzigen Bars sitzt und sich einmal wie Hemingway fühlen möchte, sollte auf den Bimini zumindest einmal vorbeischauen – Alice Town hat doch eine ganz spezielle Atmosphäre.

Unterwegs auf North Bimini

Sammlung im Bimini Museum

Alice Town lässt sich am besten bei einem Spaziergang erschließen. Wer größeres vorhat, kann sich ein Golf Cart mieten und es den Einheimischen nachmachen. So ziemlich am südlichsten Punkt von **North Bimini**, am Beginn des **King's Highway**, der Hauptstraße, landet die kleine Fähre an, die North mit South Bimini verbindet. Hier stehen erfahrungsgemäß ein oder zwei Taxis, deren Fahrer auf das eine Geschäft des Tages warten. Ein Stück weiter den King's Highway aufwärts folgt gleich eine der Attraktionen der Bimini: die **End of the World Bar**, ein absolutes „Muss" für den späteren Abend. Diese Mischung aus Strandhütte, Bar und „Dorfplatz" sollte man nicht verpassen. Martin Luther King soll hier schon mit seinen Kumpels gesessen und über seine wichtigste Rede „I have a Dream" nachgedacht haben. Gebaut wurde die Kneipe, damals an anderer Stelle, vom US-amerikanischen Kongressmitglied Adam Clayton Powell. Hier konnte er sich vom politischen Geschäft ausruhen.

Putzige Sammlung

Nächstes Highlight ist das **Bimini Museum**. Das Häuschen wurde 1921 erbaut und 1999 renoviert. Heute beherbergt es eine putzige Sammlung an Dingen, die über Jahrzehnte die Biminis bewegt haben: Fässer und Flaschen aus der Prohibitionszeit, Fotos von Berühmtheiten, Kanonenkugeln, Andenken an die Fischerei und vieles mehr – ein guter Einstieg in die Historie der Insel.
Bimini Museum, *King's Hwy., ☏ 473-1252, www.biminimuseum.com, tgl. 10–19 Uhr, Eintritt frei, aber eine Spende von 2 $ wird verlangt und erhält das Museum am Leben, heißt es auf einem Aushang.*

Gegenüber auf der rechten Straßenseite liegt die **Customs Hall**, wo früher Polizei, Gefängnis und Zoll unter einem Dach untergebracht waren. Dahinter liegen der Schiffsanleger und daneben das **Bimini Craft's Center**, ein Kunsthandwerkermarkt. Hier gibt es die für die Bahamas typischen Strohwaren, T-Shirts und Souvenirs.

Haus aus Muscheln und Steinen

Zwischen dem **Bimini Blue Water Resort** und dem **Bimini Big Game Club**, den beiden großen Hotelanlagen mit Jachthafen, läuft man dann an der Geschäftsmeile von Alice Town entlang. Auf halber Strecke lohnt sich ein kleiner Abstecher links die Straße hoch, wo das **Dolphin House** seine Besucher erwartet. Der heimische Historiker und Schriftsteller Ashley Saunders hat sich hier etwas ganz Besonderes gebaut: 1993 fing er an, tonnenweise Sand vom Strand per Schubkarre herzuschleppen und dann mit eigenen Händen und der Hilfe von Muscheln, Steinen, Stahl und anderen Materialien, die er gefunden hatte, ein Haus für die Ewigkeit zu bauen. Glücklicherweise gab es auf Bimini einige Ruinen, in denen er sich bedienen konnte. Das Ergebnis ist ein organisches Gebilde, das seine Form innen und außen über die Baumaterialien erhielt und ein ganz klein wenig an ein Hundertwasserhaus erinnert.

Geschaffen aus Muscheln, Steinen und anderen Materialien: das Dolphin House

Im Inneren gibt es einen kleinen Buchladen und ein Souvenirgeschäft. Nathan Saunders, der Vater von Ashely, war ein anerkannt guter Banjospieler und mit Ernest Hemingway befreundet. Hemingway erwähnt ihn in seinem Buch „Inseln im Strom“, im Gegenzug hat Saunders über Hemingway ein Lied geschrieben: „The Big Fat Slob“ (etwa: „Der große fette Fiesling“). Wer ein bisschen Zeit mitbringt, wird das Haus um einige Geschichten reicher wieder verlassen.
Dolphin House, *Dolphin Lane, Alice Town, ☏ 347-3201, www.pinterest.com/thedolphinhouse, Mo–Sa 10–18, So 12–18 Uhr.*

Love Beach

Bailey Town, der nächste Ort, fügt sich übergangslos an Alice Town an. Hier gibt es außer netten Wohnhäuschen und Snackbars nicht viel zu sehen. Wenn man sich außerhalb des bebauten Gebiets am Friedhof links hält, kommt man in Porgy Bay zu einem schönen Strand unter schattigen Kasuarinen – einfach dem Schild „**Love Beach**“ folgen und den Spook Hill Beach hinauflaufen. Die Küste wird nach dem schönen Sandstrand steinig, aber ein kleiner Waldspaziergang an der Küste bietet sich an.

Wer dem King's Highway weiter die Ostküste hinauf folgt, gelangt schließlich zum Resorts World Bimini Bahamas. Die gewaltige Marina-Anlage hat alle Annehmlichkeiten, die man bei dem Preisniveau erwarten kann – von Shops über eine öffentliche Toilette bis hin zu mehreren Restaurants und Bars *(www.rwbimini.com)*.

South Bimini

Wer sich South Bimini ansehen will, sollte gleich beim Fährboot eine Taxifahrt arrangieren, da man sich auf der Insel mit den vielen kleinen Straßen, Wohnhäusern und Kanälen leicht verfahren kann. Zu empfehlen ist der Ausblick von der Südspitze über die südlichen Cays. Man kann sich auch von der Terrasse des **Bimini Sands** aus den exklusiven Jachtclub **Cat Cay**, der in Privatbesitz ist, ansehen. Auf South Bimini gibt es darüber hinaus einen **Nature Trail**. *Naturlehrpfad*

Wer einen Versuch unternehmen will, die ewige Jugend herauszufordern, sollte die **Fountain of Youth** („Quelle der Jugend") besuchen. Der Taxifahrer kennt den Weg. Das Wasser dieser unscheinbaren Quelle hat allerdings auch Juan Ponce de León schon nicht zum gewünschten Ergebnis verholfen …

Reisepraktische Informationen Bimini

Information

Bimini Tourist Office, *Alice Town, neben dem Kunsthandwerkermarkt, ☎ 347-3529, www.bimini-bahamas.com, www.bimini.bahamas.com, Mo–Fr 9–17 Uhr.*

Wichtige Telefonnummern

Notfall/Polizei *☎ 919 oder 347-3144.*

Im Krankheitsfall

Government Clinic *(Porgy Bay), ☎ 347-2040.*
Medical Air Service Association, MASA *Nassau, ☎ 393-5048; Freeport, ☎ 351-5122.*

Bank

Royal Bank of Canada, *King's Hwy., Alice Town, ☎ 347-3031, Mo–Do 9.30–15, Fr 9.30–16.30 Uhr, mit Geldautomat.*

Unterkunft

Bimini Blue Water Resort (2) $$–$$$, *King's Hwy., Alice Town, ☎ 347-3166. Berühmt wurde dieses Resort wegen des Marlin Cottages, in dem Ernest Hemingway in den 1930er-Jahren wohnte. Von den etwas erhöht liegenden Gebäuden eröffnet sich eine wunderschöne Aussicht. Das gute Preis-Leistungs-Verhältnis macht das Resort zu einer beliebten Unterkunft. Wenn man allerdings in Hemingways altem Domizil (Marlin Cottage) wohnen will, muss man schon ein wenig mehr auf den Tisch blättern.*
Big Game Club Bimini (1) $$–$$$, *King's Hwy., Alice Town, ☎ 347-3391, www.biggameclubbimini.com. Der Club bietet ein breites Spektrum an Unterkunfts- und Wassersportmöglichkeiten. Vom Cottage oder Penthouse-Apartment bis zum geräumigen Ho-*

telzimmer ist für jeden Geschmack etwas dabei. Der große Jachthafen und das gute Angebot an Angelaktivitäten bieten neben Tauchtouren eine Menge fürs Wassersportlerherz.

Restaurants

Die oben genannten **Hotels** *verfügen alle über eigene Restaurants – meist mit herrlichem Ausblick aufs Meer. Wer also nicht hinaus zum Essen will, bleibt einfach im Resort. Wer Abwechslung sucht, hier ein paar Tipps:*

Anchorage Dining Room (1), *King's Hwy., Alice Town, ☎ 347-3166. Schon lange da, schon immer bekannt zuverlässig. Hier kann man nichts falsch machen. Die Karte reicht von Conch bis zum gegrillten Huhn. Dazu kommt der schöne Ausblick über den Hafen von Alice Town.*

Big John's (3), *Kings Hwy., Alice Town, ☎ 347-3117, www.biminibigjohns.com. Kann man nicht verfehlen, da schon früh am Nachmittag die Musik angeworfen wird. Big John's ist gut fürs Nachtleben, aber auch das täglich aktualisierte Lunch- und Dinnermenü kann sich sehen lassen.*

CJ's Deli, *Alice Town, Radio Beach, ☎ 347-3295. Eine wirklich günstige Alternative für Hausgemachtes, Terrasse mit Ausblick aufs Meer.*

Nachtleben

Nach einem harten Angeltag und einer kleinen Ruhepause geht das Leben abends auf den Bimini in den Bars und Discos weiter. Beliebt ist es, im **Bimini Big Game Club** *(s. Unterkunft) und in der* **End of the World Bar** *abzuhängen.*

End of the World Bar (4), *Alice Town, ☎ 347-2094. In dieser Bar kann man am „Ende der Welt" bis ans Ende der Nacht feiern. Auf bloßem Sand steht ein Tresen. Der Rest der Inneneinrichtung verschwindet fast unter den Tausenden von Visitenkarten, die Gäste hier gelassen haben.*

Red Lion (2), *Alice Town, ☎ 347-3259. Hier treffen sich auch viele Einheimische, und zum Wochenende kann es schon ganz schön hoch hergehen.*

Einkaufen

Straw Market, *Alice Town. Entlang dem King's Hwy. in Alice Town und besonders auf dem Kunsthandwerkermarkt gibt es eine Menge Stände, an denen Strohwaren und T-Shirts verkauft werden.*

Sport

Auch hier gilt, dass die Resorts normalerweise ein komplettes Wassersportangebot gleich mit anbieten, dabei sind auch Fahrräder und Gold Carts im Angebot.

Sportangeln

Deep Sea Fishing:

Ein halber Tag kostet ca. 300–400 $, ein ganzer Tag 600–700 $.

Capt'n Jerome Stuart, *☎ 347-2081.*

Edward Stuart, *☎ 347-2328.*

Capt'n Benjamin Francis, *☎ 347-2630.*

Bonefishing:

Bonefishing-Boote sind in der Regel 17 Fuß lang. Ein halber Tag kostet ca. 200 $, ein ganzer Tag rund 250 $.

Ebbie „Bonefish" David, ☎ *347-2053.*
Tommy Sewell, ☎ *347-3234.*
Ansil Saunders, ☎ *347-2696. Saunders ist eine Berühmtheit auf Bimini. Als gelernter Bootsbauer führte er Persönlichkeiten wie den früheren US-Präsidenten Richard Nixon zu dem Fischgründen rund um die Inseln und war ein Bekannter von Ernest Hemingway.*

Surfen

Biminis Water Sports, *Alice Town,* ☎ *464-5645.*

Tauchen/Wassersport

Bimini Undersea, ☎ *347-2941, www.biminiundersea.com, bietet eine komplette Auswahl in Sachen Wassersport. Neben dem Tauchen kann man sich auch ein Kajak ausleihen, eine Bootstour in die Mangroven unternehmen oder einfach nur schnorcheln gehen.*

Flüge

Western Air, ☎ *347-4100, www.westernairbahamas.com.*
Flamingo Air, ☎ *351-4963, www.flamingoairbah.com.*

Transfer vom Flughafen
Am Flughafen in South Bimini stehen Taxis nach jeder Landung bereit. Diese fahren zum kleinen Fährhafen, mit der Personenfähre kann man nach North Bimini übersetzen.
Vom Flughafen bis zum Fähranleger in Alice Town dauert der Transport rund 20 Min., Fixpreis: 5 $ für Taxi und Fähre.

Interessant und spannend ist eine Führung über den Nature Trail auf South Bimini

Hinweis

North Bimini ist so klein, dass man alles zu Fuß oder mit dem Fahrrad erreichen kann.

Mit der **Bimini Tram** *kann man sich über North Bimini fahren lassen, von Alice Town bis Porgy Bay. Tgl. 6–18 Uhr, Erw. 3 $, Kinder 1 $.*

Mietwagen/Golf Cart

Auf den Bimini Islands gibt es keinen Mietwagenverleih. Die gängigste Methode der Fortbewegung ist die mit einem Golf Cart, die an etlichen Ecken und Shops gemietet werden können, einfach den Schildern folgen (8 Std. ca. 60 $).

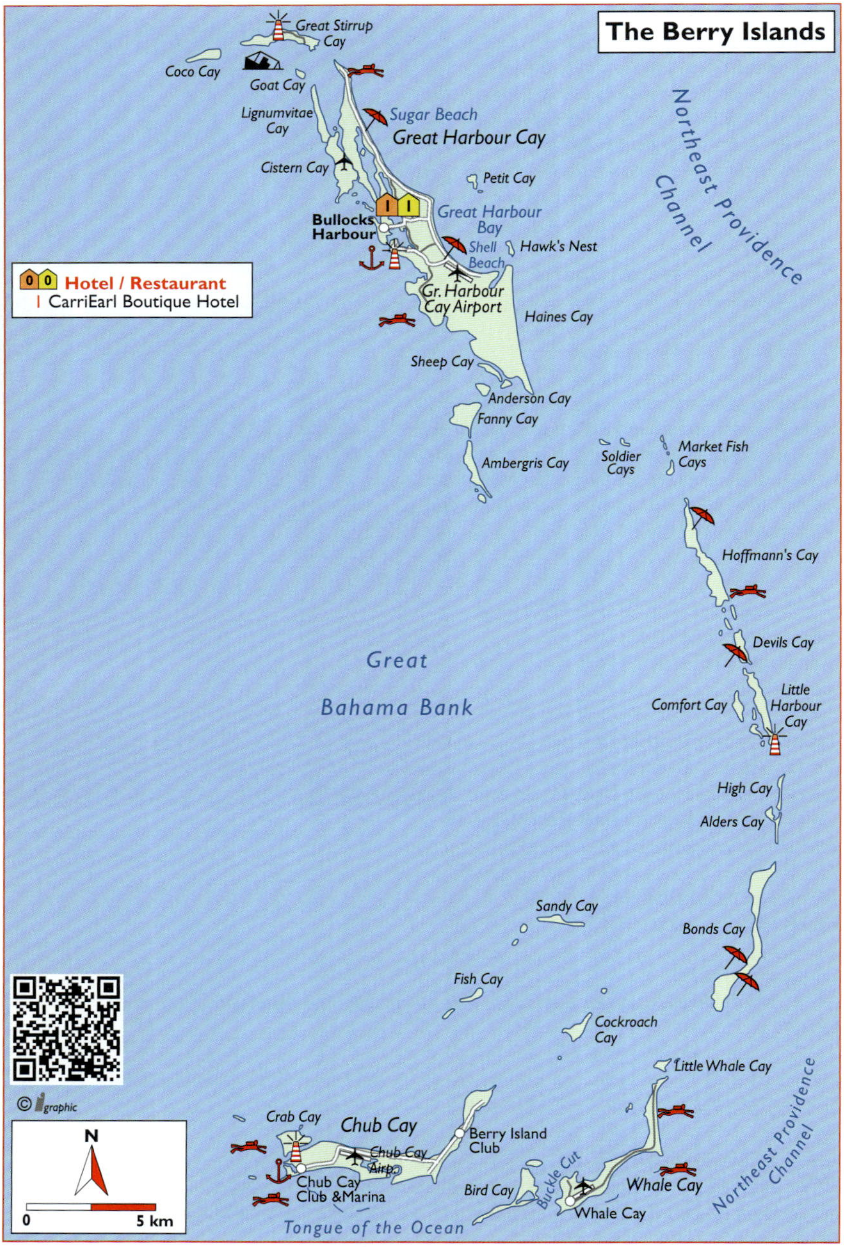
The Berry Islands
Hotel / Restaurant
I CarriEarl Boutique Hotel
Great Stirrup Cay
Coco Cay
Goat Cay
Lignumvitae Cay
Sugar Beach
Great Harbour Cay
Cistern Cay
Petit Cay
Bullocks Harbour
Great Harbour Bay
Shell Beach
Hawk's Nest
Gr. Harbour Cay Airport
Haines Cay
Sheep Cay
Anderson Cay
Fanny Cay
Ambergris Cay
Soldier Cays
Market Fish Cays
Northeast Providence Channel
Hoffmann's Cay
Devils Cay
Comfort Cay
Little Harbour Cay
Great Bahama Bank
High Cay
Alders Cay
Sandy Cay
Bonds Cay
Fish Cay
Cockroach Cay
Little Whale Cay
Crab Cay
Chub Cay
Berry Island Club
Chub Cay Airp.
Chub Cay Club &Marina
Bird Cay
Buckle Cut
Whale Cay
Whale Cay
Northeast Providence Channel
Tongue of the Ocean
N
0
5 km
© graphic

The Berry Islands

Telegramm The Berry Islands

Name	The Berry Islands
Fläche	31 km²
Einwohner	700 (2010)
Einwohner pro km²	26
Größter Ort	Bullock's Harbour
Wichtigste Wirtschaftszweige	Tourismus, Schwammfischerei
Touristisches Potenzial	Hochseeangeln, Bonefishing

Gruppe von 30 Inseln

Eine Gruppe von 30 Inseln am Nordostzipfel der **Great Bahama Bank** ist unter dem Namen The Berry Islands auf der Landkarte zu finden. Zwischen dem **Northwest Providence Channel** und der **Tongue of the Ocean** gelegen, sind diese Inseln ein idealer Ausgangspunkt für Hochseeangler. Von Great Stirrup Cay im Norden bis **Chub Cay** im Süden zieht sich diese Inselkette am Rand der Great Bahama Bank entlang. Auf der Hauptinsel **Great Harbour Cay** befinden sich auch der größte Ort **Bullock's Harbour** und eine der zwei Hotelanlagen dieser Inselgruppe. Von Chub Cay aus kann man interessante Tauchunternehmungen starten.

Geschichte

Die Inselgruppe wurde erst 1836 von freigewordenen **Sklaven** besiedelt. Heute weist sie mit ihren 700 Einwohnern sogar eine relativ hohe Bevölkerungsdichte auf. Die meisten Bewohner leben allerdings auf **Great Harbour Cay**, und es sind nicht alle Inseln bewohnt. Einige der Cays sind sogar in Privatbesitz. Es gibt hier schöne Strände, und der Alltagsrummel ist weit weg.

Es hilft, wenn man ein passionierter Angler oder Taucher ist, oder etwas für das Leben auf See übrig hat, da es auf den Inseln darüber hinaus nicht viel zu unternehmen gibt – außer Strandlaufen natürlich.

Abends an der Bar werden überwiegend Anglergeschichten erzählt. Man sollte aber

Auf Tuchfühlung mit einem Stachelrochen

nicht jedem glauben, dass er schon einen Blue Marlin gefangen hat. Dieser Riesenfisch geht nämlich sehr schwer an die Angel, und viele Freunde des Hochseesports versuchen Jahrzehnte vergeblich, einen dieser „fetten Brocken" zu Gesicht zu bekommen. Diejenigen, die es dann wirklich geschafft haben, tragen in der Regel ein Foto der seltenen Begebenheit bei sich, das sie natürlich stolz zeigen.

Reisepraktische Informationen The Berry Islands

Information
Im Internet: www.greatharbourcay.com.

Wichtige Telefonnummern
Notfall/Polizei, ☎ *919.*
Polizei Bullock's Harbour, ☎ *367-8344.*

Im Krankheitsfall
Great Harbour Cay Medical Clinic, *Bullock's Harbour,* ☎ *367-8400.*

Unterkunft
Auf den Berry Islands gibt es kaum hotelähnliche Unterkünfte. Hier ist es angesagt, ein Apartment, Cottage oder gleich ein ganzes Haus zu mieten. Adressen und Infos unter **www.greatharbourcay.com**
CarriEarl Boutique Hotel (I) $$$, *Great Harbour Cay,* ☎ *367-8785, www.carriearl.com. Sehr familiäre Unterkunft bei einem englischen Ehepaar im (Un-)Ruhestand – direkt am Strand. Beide pflegen die englische Gastfreundschaft und weisen ganz dezent darauf hin, dass das hauseigene* **Restaurant** *das beste auf den Berry Islands sei. Es gibt einen Pool und jede Menge menschenleere Strände zu entdecken unter dem Motto „A drink in your hand and your toes in the sand".*

Strände
Am Hotel von **Great Harbour Cay** *gibt es einen schönen Strand. Wer mit dem Boot die einzelnen* **Cays** *abfährt, wird dort auch schöne einsame Strände finden.*

Flüge
LeAir Charter, ☎ *322-1317, www.flyleair.com.*

Mietwagen/Golf Carts
The Three Anns Car Rental, *Bullock's Harbour,* ☎ *367-8116.*

Fahrradverleih
Dean's Bike Rental, *Great Harbour Cay International Airport,* ☎ *367-8117.*
Khia's Bike Rental, *Great Harbour Cay,* ☎ *367-8349.*

Taxis
B & D Bus Service, *Great Harbour Cay,* ☎ *367-8711.*
Island Bus Service, *Great Harbour Cay,* ☎ *395-3730.*

Die nordöstlichen Family Islands

Unterschiedliche Inseln

Viele Gemeinsamkeiten haben die drei nordöstlichen, am Atlantik gelegenen Family Islands **The Abacos**, **Eleuthera** und **Cat Island** nicht. Ihre Ostküsten sind zwar von der Dünung des tiefblauen und bisweilen tosenden Atlantiks gezeichnet, und die Westküsten mit ihrem seichten, türkisblauen Wasser strafen noch jedes Reklameposter Lügen. Lang und relativ schmal sind sie alle drei, aber das war es dann schon mit der Gemeinsamkeit. Für die **Exumas** sind die vielen kleinen Cays dieser Inselkette charakteristisch.

Die **Abacos** sind durch den **Northeast Providence Channel** von Eleuthera und Cat Island durch eine tiefe Zunge des Ozeans voneinander getrennt. Sie ähneln landschaftlich eher Grand Bahama Island, mit dem zusammen sie auf der Little Bahama Bank liegen. Auf ihnen findet man Mangroven und Pinienwälder. **Eleuthera** nordöstlich des Exuma Sound ist ein schmaler langer Landstreifen zwischen dem Atlantik und der karibischen See. Die hügelige Landschaft mutet fast lieblich an, wenn der Blick nicht gerade auf die zerklüftete Ostküste gerichtet ist. **Cat Island**, direkt zwischen Exuma Sound und Ozean gelegen, ist ebenso schmal, aber nicht so lang und abwechslungsreich wie Eleuthera, auch wenn sich hier der höchste Punkt der Bahamas befindet. Dafür sind die Strände auf dieser Insel einsamer und länger.

Die **Exumas** liegen westlich von Eleuthera und Cat Island etwas geschützter auf der anderen Seite des **Exuma Sound**. Diese Inselkette mit den unzähligen Cays erschließt sich in ihrer Vielfältigkeit erst, wenn man sie mit dem Boot erkundet.

Strandidylle am Cherokee Sound

The Abacos Übersicht
N
0
20 km
© graphic
ATLANTIC OCEAN
Umbrella Cay
Pensacola Cay
Spanish Cay
Spanish Cay
Powell Cay
Fox Town
Hawksbill Cays
Mount Hope
Crown Haven
Cedar Harbour
Cooper's Town
Ambergris Cay
Mangrove Cay
Little Abaco
Rock Harbour Cays
Blackwood Village
Nunjack or Manjack Cay
Basin Harbour Cay
S.C. Bootle Hwy.
siehe Vergrößerung Green Turtle Cay
Treasure Cay Airport
New Plymouth
No Name Cay
Davis Point
Whale Cay
Treasure Cay
1
2
Great Guana Cay
Fortsetzung siehe Karte Grand Bahama Island
Little Joe Downer Cay
Big Lake Cay
Sea of Abaco
Scotland Cay
Big Joe Downer Cay
Joes Creek
Bloody Bay
Man-O-War Cay
Grand Bahama
Big Cross Cay
Long Cay
Land and Sea Park
Little Bahama Bank
Lockhart Cay
Cistern Cay
siehe Vergrößerung
siehe Vergrößerung Elbow Cay
Big Coppice Mangrove
Dry Cay
Marsh Harbour
Hope Town
Marsh Harbour Intl. Airport
Spring City
Tilloo Cay N. P.
Snake Cay
Tilloo Cay
The Marls
The Marls Land and Sea Park
Great Abaco
Great Abaco Hwy.
Pelican Keys Land & Sea Park
Wilson City
Lynyard Cay
Wood Cay
Little Harbour
Hard Bargain
Moores Island
Casuarina Pt.
Lake City
Ocean Point
Cherokee Sound
Duck I.
Cherokee Point
Top Cay
Pine Beach
Northeast Providence Channel
Cornwall Point
Guinea Shooner Bay
Dames Cay Sound
Crossing Rocks
Gorda or Castaway Cay
Pumpkin Harbour
Great Abaco Hwy.
Thomas Bay
Sandy Point
Abaco National Park
Cross Harbour Point
Hole-in-the-Wall
South West Point
Nassau
Treasure Cay/Great Guana Cay:
0 Unterkünfte
1 Treasure Cay Beach, Marina & Golf Resort
2 Dolphin Beach Resort
0 Essen & Trinken
1 Nipper's Beach Bar & Grill

The Abacos

Telegramm The Abacos

Name	The Abacos
Fläche	1.681 km²
Einwohnerzahl	17.000 (2010)
Einwohner pro km²	10
Größter Ort	Marsh Harbour
Weitere Orte	Cherokee, Cooperstown, Crossing Rocks, Fox Town, Hope Town, New Plymouth, Sandy Point, Treasure Cay
Wichtigste Wirtschaftszweige	Tourismus, Hummerfang, Zitrusfrucht- und Gemüseanbau, Bootsbau
Touristisches Potenzial	Hochseeangeln und Bootscharter auf den Cays oder in Marsh Harbour, Besuch der geschichtsträchtigen Orte Hope Town und New Plymouth, Stranderlebnis in Treasure Cay oder auf Guana Cay

Die als **Segel- und Motorbootparadies** gerühmten Abacos liegen nördlich des Nordwestlichen Providence Channel, zwischen Grand Bahama Island und dem Atlantik auf der Little Bahama Bank. Die Cays an der Nordostküste mit ihren historischen „Puppenstubenorten" sowie **Marsh Harbour** als drittgrößter Stadt der Bahamas sind die touristischen Schwerpunkte der Abacos, das landschaftlich im Landesinneren nicht viel zu bieten hat. Der Süden von Great Abaco ist touristisch nicht so gut erschlossen, bietet aber für Urlaub „off the beaten track" einige interessante Möglichkeiten.

„Puppenstubenorte"

Geschichte

The Abacos waren entgegen der ursprünglichen Annahme schon lange, bevor Europäer die Bahamas erkundeten, besiedelt. Dieses beweist der Fund des rund 600 Jahre alten Schädels eines **Lucaya-Indianers** in **Hope Town** im Jahr 1990. Weitere Funde von Keramikscherben, die nach 1500 zu datieren sind, legen die Vermutung nahe, dass Lucayans an der Westküste der Abacos Zuflucht vor den spanischen Sklavenaushebungen gesucht haben. Aber auch sie sind offensichtlich den von den **Spaniern** importierten Übeln nicht entgangen: Zwangsarbeit auf Hispaniola und Krankheiten, wie Erkältung oder Masern, gegen die sie keine Abwehrkräfte hatten.

Entfernungen

Marsh Harbour – Sandy Point 75 km
Marsh Harbour – Treasure Cay 45 km
Marsh Harbour – Cooper's Town 70 km
Marsh Harbour – Fox Town 105 km

info

Wie Abaco aus Versehen seinen Namen bekam

„**Habacoa**“ ist vermutlich eine spanische Version des Namens, den die auf Hispaniola lebenden Taino-Indianer eigentlich Andros gegeben hatten.

Vermutlich wurde es durch den Fehler eines Kartografen erst zum Namen der Abacos. Im übertragenen Sinne bedeutet es „das große, obere Außen“. Durch englischen Spracheinfluss wurde es dann zu „**Abbacoe**“ und schließlich zu „**Abaco**“.

Auch das auf alten Karten häufig für die Abacos gebrauchte „**Lucayoneque**“ verweist auf die große Distanz, die die Tainos zwischen ihrem eigenen Land und den Abacos sahen. Die übertragene Bedeutung dieses Wortes ist „das Land der Leute entfernter Gewässer“.

Erstmals schriftlich erwähnt ist Abaco schon auf der 1500 von Juan de la Casa gezeichneten Karibikkarte.

Ob und wo Spanier auf ihren Erkundungsfahrten zu Beginn des 16. Jh. auf den Abacos an Land gingen, ist unklar. Man streitet sich noch heute, ob **Ponce de León**, der Entdecker Floridas, sich 1513 auf **Walker's Cay** oder **Elbow Cay** mit frischem Wasser versorgte. Den ersten Kolonisationsversuch auf dieser Inselgruppe starteten jedenfalls die **Franzosen** 1565. Weder das Nachfolgeschiff noch die Archäologen allerdings fanden bis heute eine Spur von ihnen. 1633 wurden die Abacos zusammen mit anderen Inseln der Bahamas von Kardinal Richelieu den protestantischen Hugenotten zugeeignet. Zu einer entsprechenden Kolonisation kam es jedoch nicht.

Zu Zeiten, als die **Seeräuberei** auf den Bahamas ein lukrativer Job war, haben sicher aufgrund der günstigen geografischen Lage viele Piraten in den Gewässern der Abacos ihr Unwesen getrieben. **Charles Vanes** Flucht 1718 vor den englischen Behörden nach Green Turtle Cay ist sogar belegt, und der berüchtigte **Blackbeard** soll sich lange Zeit auf Walker's Cay aufgehalten haben.

Wiederbesiedlung durch Loyalisten

Die eigentliche Wiederbesiedlung der Abacos erfolgte erst 1783, als die englandtreuen **Loyalisten** die unabhängig gewordenen Vereinigten Staaten verließen, weil sie britische Untertanen bleiben wollten. Auf den Bahamas wollten sie ihren eigenen Stützpunkt für den Handel mit der „Alten Welt“ gründen und damit in Konkurrenz zu New York treten. Etwa tausend Flüchtlinge ließen sich damals auf den Abacos nieder. An Land gingen sie im September 1783 am **Carleton Point**, unweit des touristischen Zentrums Treasure Cay. Hier hofften sie auf fruchtbaren Boden zu treffen und durch die Landwirtschaft eine eigene Existenz aufbauen zu können. Der Plan ging schief: Wegen Streitereien unter den Siedlern wurde Carleton Point aufgegeben. Ein Teil der Siedler zog weiter gen Süden und gründete Marsh Harbour, und der andere Teil versuchte sein Glück weiter westlich auf den Cays.

Carleton Point wurde erst 1979 wiederentdeckt, und am 30. September 1983 mit einer Plakette feierlich als Gedenkstätte eingeweiht – zugegen waren Vertreter aus Großbritannien, den USA und von den Bahamas. Der Bahamas National Trust konnte sich gut mit der Idee anfreunden, aus der gesamten Bucht einen Nationalpark zu machen. Treasure Cay aber ist Investment-Land, also Bauland. Und der Treasure Sands Club gilt mit seinem Restaurant als feine Adresse auf der Insel. Als die Inhaber erweitern wollen, sicherten sie sich ein Stück Land an der Bucht und fingen – ohne behördliche Erlaubnis – mit dem Ausbaggern und der Neugestaltung der Landschaft an. Doch sie hatten nicht bedacht, dass sie mit dem Ausbaggern die historische Gedenkstätte in ihrer Existenz gefährden und die gesamte Bucht gewaltig verändern. Die „alten" Anwohner allerdings gründeten flugs eine Aktionsgemeinschaft „Save the Bay" und gingen auf die Barrikaden, organisierten Widerstand und boykottierten den Sands Club. Doch nach Expertenmeinung sind die Umweltzerstörungen – vor allem in den Mangroven – bereits unumkehrbar.

Protest „Save the Bay"

Redaktionstipps

➤ Ausflüge in die Geschichte: Besuch der vorgelagerten Cays (S. 198).

➤ Besichtigung des Schiffbaus auf **Man-O-War Cay** (S. 199).

➤ New Plymouth auf **Green Turtle Cay** besuchen (S. 200).

➤ In **Cherokee Sound** ein Picknick machen (S. 192).

➤ **Treasure Cay**: Strandlaufen an einem der Top-Ten-Beaches der Welt (S. 188).

Gegen Ende des 18. Jh. wanderten viele Siedler wegen der schlechten Bedingungen für die Landwirtschaft (wie z. B. zu dünne Humusschicht) nach Nassau ab. Sie wurden durch **Zuwanderer** von **Eleuthera** ersetzt, die **Schiffbau, Fischerei** und „**Wrecking**" zum wichtigsten Wirtschaftszweig machten. In dieser Zeit prosperierten die Städte **Hope Town** und **New Plymouth** auf den Cays. Die Landwirtschaft verlor nach der Abschaffung der Sklaverei 1838 völlig an Bedeutung. Die von

Regelmäßig unter den Top-Ten-Beaches der Welt: Coco Beach auf Treasure Cay

da an freie schwarze Bevölkerung gründete eigene Siedlungen und lebte von den für den Eigenbedarf angebauten Produkten und Fischerei.

Sisal- und Ananasanbau

Im 19. Jh. und bis ins 20. Jh. hinein erlebten die Abacos mit dem Anbau von **Sisal** und **Ananas** sowie der Schwammfischerei phasenweise einen wirtschaftlichen Aufschwung. Das „Wrecking" verlor mit dem Bau von Leuchttürmen, gegen den es seitens der Bevölkerung erbitterten Widerstand gab, und der Verbesserung der Seekarten, seine Bedeutung.

Der Bau einer großen **Sägemühle** und die Abholzung der Baumbestände im großen Stil brachten ab 1908 für eine kurze Periode das industrielle Zeitalter auf die Abacos. In den 1920er-Jahren kamen die ersten Touristen. Bevor dieser Wirtschaftszweig jedoch in den 1960er-Jahren an die erste Stelle rückte, lebten – besonders nach dem mysteriösen Schwammsterben 1938 und 1939 – zunehmend mehr Bewohner der Abacos vom **Hummerfang**. In den 1980er-Jahren folgte eine kurze Phase großen Wohlstands dank des **Drogenschmuggels** aus Kolumbien in die USA. Es heißt, dass die Beteiligten die Menge an US-Dollarnoten gar nicht mehr in ihren geheimen Verstecken unterbringen konnten, so wurden sie überschwemmt. Die Schmuggelmethode war ganz einfach: Flugzeuge warfen das Kokain und Marihuana in Bündel gepresst und eingewickelt in Plastikfolie über der Küste Abacos und der vorgelagerten Cays ab. Die Bewohner sammelten diese Pakete ein und versteckten sie. Irgendwann später kam von Florida ein Schnellboot herüber mit dem örtlichen Vertreter der dortigen Drogenmafia. Der sammelte die Pakete ein, zahlte die ehrlichen Finder aus und zurück ging es in die USA. Doch nach einigen Jahren des Wohlstands veränderten sich die Drogen und damit mancher Vertriebsweg. Heute, so heißt es, wird noch einiges an heißer Ware über die beinahe unzähligen Cays rund um Andros verschifft.

Farbenfrohe Kunst von den Abacos

Die Abacos heute

Der **Tourismus** ist heute der Wirtschaftsfaktor Nummer eins, und das sicher auch dank der verbesserten Verkehrsanbindung und Infrastruktur auf der Inselgruppe. Die 1995 fertiggestellte Teerstraße von Sandy Point im Süden bis Crown Haven im Norden ließ alle Erzählungen über beschwerliche Tagesreisen auf Schlaglochpisten zur Legende werden. Es gibt auf den Abacos in **Marsh Harbour** genau eine Verkehrsampel, aber mittlerweile rund um den schicken, neu aufgebauten und jetzt gut funktionierenden internationalen Flughafen etliche neue Straßen und Verkehrskreisel. Mehrere

Flughäfen – teils mit Direktflügen nach Florida – und eine gute Fährverbindung nach Nassau haben die Isolation der Inselgruppe längst beendet. Trotzdem sind die Abacos eine **Inselgruppe der Gegensätze** geblieben. Die z. T. hochmodernen Resorts in Marsh Harbour und Treasure Cay haben mit den kleinen Anglerhotels in Sandy Point ebenso wenig zu tun wie die bunten Holzhütten auf Little Abaco, in denen man zu günstigen Preisen Hummer satt bekommt, mit den Nobelrestaurants, wo kultivierter Umgang mit dem entsprechenden Besteck für diese Delikatesse vorausgesetzt wird. Luxusunterkünfte, in denen man sich so richtig verwöhnen lassen kann, überwiegen jedoch.

Bis heute im Einsatz: das Abaco Dinghy

info

Die Loyalisten, die sich auf den Cays niederließen, waren von Schiffen abhängig. Auch und vor allem mit dem Gedanken, Wirtschaftsbeziehungen mit den USA aufzubauen, musste der Transport von Waren über das Meer zuverlässig und sicher funktionieren. Also standen Schiffszimmerer hoch im Kurs. Sie begründeten auf Abaco eine eigene Schiffbautradition, die die Hölzer der Insel verwendete und gleich verschiedene Schiffstypen für verschiedene Einsatzzwecke hervorbrachte. So machte 1785 die „Huaibras" Furore, eine 21 t schwere Schaluppe. Schon ein Jahr später nahm die Tonnage zu: die „Fair Abaconian" kam mit 75 t Gewicht und die „Recovery", ein Zweimaster, brachte 155 t auf die Waage. 1787 wagten sich die Schiffbauer noch weiter und brachten die „Ulysses" zu Wasser, 190 t schwer.

Allerdings konnten die Loyalisten ihre Schiffe kaum selbst nutzen, da die Erträge auf ihren Äckern für den geplanten Export einfach viel zu klein waren. Also verkauften sie die Lastschiffe kurzerhand, mehrten dadurch ihren Ruhm als grandiose Schiffbauer und suchten sich kleinere Projekte, also leichtere und wendigere Boote. Diese waren den Lebensumständen auf den Bahamas besser angepasst als die mächtigen Lastschiffe. Ein Einsatzbereich der kleineren Boote sollte die Fischerei werden. Hier mussten ein oder zwei Mann im Stande sein, das Boot schnell zu bedienen. Aber auch diese Herausforderungen meisterten die Schiffbauer auf Abaco und schufen z. B. einen Klassiker, der bis heute auf den Bahamas zu finden ist: das Abaco Dinghy. 10–14 Fuß ist das Dinghy lang, zusammengesetzt aus vorgesägten, hölzernen Rahmenteilen und per Augenmaß zusammengebaut. Das Ganze basiert auf einer gänzlich einfachen Formel: Der Deckbalken ist genau eine halbe Kiellänge lang, der Heckbalken genau drei Viertel der Deckbalkenlänge, der Mast die doppelte Kiellänge.

Auch wenn es heute ein wenig ruhiger geworden ist um den Schiffbau auf den Bahamas, werden z. B. auf Man-O-War Cay bis heute Dinghys produziert. Wer eine ganze Parade historischer Schiffe von den Bahamas erleben möchte, sollte im April nach Exuma pilgern: Bei der Family Island Regatta *(www.nationalfamilyislandregatta.com)* werden sie stolz zur Schau gestellt.

Bootsbau

Viele Inselbewohner gehen noch traditionellen Tätigkeiten wie **Bootsbau** und **Hummerfang** – dem zweitwichtigsten Wirtschaftsfaktor – nach. Auch wenn inzwischen Fiberglas als Material Einzug gefunden hat, werden vornehmlich auf **Man-O-War Cay** ebenso noch Boote wie vor hundert Jahren gebaut (s. S. 187).

Die **Landwirtschaft** ist wieder im Aufwind. Zitrusfrüchte, Tomaten, Gurken und Auberginen werden für Eigenbedarf und Export angebaut.

Flughafenausbau

Der 1992 erstmalig zum Premierminister (1992–2002 und 2007–2012) gewählte **Hubert Ingraham** kommt übrigens aus **Cooper's Town** aus dem nördlichen Teil von Great Abaco. Sein Engagement für seine Heimat bewegt bis heute auf den Abacos einiges: neue Straßen, ein neues Regierungsgebäude in Marsh Harbour, eine neue Klinik und ehrgeizige Pläne für die Neukonzeption des 2014 eröffneten internationalen Flughafens als **Leonard M. Thompson International Airport**.

Politisch gesehen hat sich auf den Inseln ohnehin einiges verändert. 1972 scheiterte eine Eingabe, die die Zugehörigkeit der Abacos zum englischen Mutterland nach der Unabhängigkeit der Bahamas 1973 sichern sollte. Heute kann man die Abacos sicher als eine der selbstbewusst aufstrebenden Family Islands bezeichnen.

Die Abacos gelten als Eldorado für Wassersportler und Angler, aber auch „Strandnixen" können hier auf ihre Kosten kommen. Auf der **Partyinsel Guana Cay** und auf **Treasure Cay** befinden sich mit die schönsten Strände der Bahamas. Der 5 km lange Strand rund um Treasure Cay ist von der Zeitschrift „National Geographic" zu einem der zehn schönsten Strände der Welt gekürt worden, das Magazin „Caribbean Travel and Life" bezeichnet ihn als den schönsten der Bahamas. Da lässt sich gut Zeit verbringen.

Für die stillen Genießer finden sich etliche Leckerbissen, denn auf den Abacos kann man in abgeschieden gelegenen Resortanlagen unter karibischer Sonne und mit allen Annehmlichkeiten den Alltagsstress hinter sich lassen. Wer nach ein paar Tagen Abwechslung braucht, nimmt eine Fähre und schaut sich Hope Town oder New Plymouth an und lässt sich vom Charme alter Royalisten-Städtchen bezaubern. Die Schönheit der maritimen Natur lässt sich im Kanu im Pelican Cays Land & Sea Park erkunden, und etwas weiter nördlich in der Sea of Abaco gibt es sogar Delfine. Die Touren durch das Mangrovengebiet The Marls an der Westküste sind allerdings nicht weniger interessant.

Frisch zubereitete Snacks am Strand

Wer lieber einen Tag an Land bleibt, kann im Abaco National Park einige der über tausend Papageien (Bahama Parrot) bestaunen. Abenteurer wagen vielleicht sogar allradangetrieben den beschwerlichen Weg zum Hole-in-the-Wall an der Südspitze der Abacos.

Bahama Parrot

Rundtour in Marsh Harbour

Marsh Harbour liegt ziemlich in der Mitte von Great Abaco und bietet sich daher als Ausgangspunkt für eine Rundtour auf der Hauptinsel an. Wer in Treasure Cay untergebracht ist, kann natürlich auch gleich von dort aus gen Norden fahren und Marsh Harbour auf dem Weg nach Süden „mitnehmen".

Drittgrößte Stadt der Bahamas

Mit seinen rund 5.700 Einwohnern ist Marsh Harbour zwar die drittgrößte Stadt der Bahamas, sie lässt sich aber ohne Weiteres zu Fuß erkunden. Wer einmal die **Bay Street** entlanggeschlendert ist, hat schon den größten Teil der Restaurants und Geschäfte gesehen und die für Marsh Harbour typische Jachthafenatmosphäre geschnuppert.

Wer Infomaterial braucht, biegt auf den **Queen Elizabeth Drive** ein und kann sich bei der Touristeninformation (auf der linken Seite) damit eindecken. Vor allem das drei Mal jährlich erscheinende Magazin „Abaco Life" *(2 $, www.abacolife.com)* erzählt bunte Geschichten aus dem Leben der Abacos.

Wer vom Stadtzentrum über die Front Street in östliche Richtung geht, kommt bald zu **Albury's Ferry Dock** mit den Fähren nach Elbow Cay, Man-O-War Cay und Guana Cay. Auf dem Weg dorthin sieht man auf der linken Seite auf einer Anhöhe die Zinnen von **The Castle**. Das burgähnliche Wohnhaus wurde vom amerikanischen Biochemiker **Evans W. Cottman** gebaut, der auf den Family Islands seit den 1940er-Jahrenn auch als Mediziner praktizierte. Wer an etwas Hintergrundinformation über das Leben auf den Family Islands interessiert ist, sollte sich sein Buch **„Der Insel-Doktor"** nicht entgehen lassen (s. S. 279).

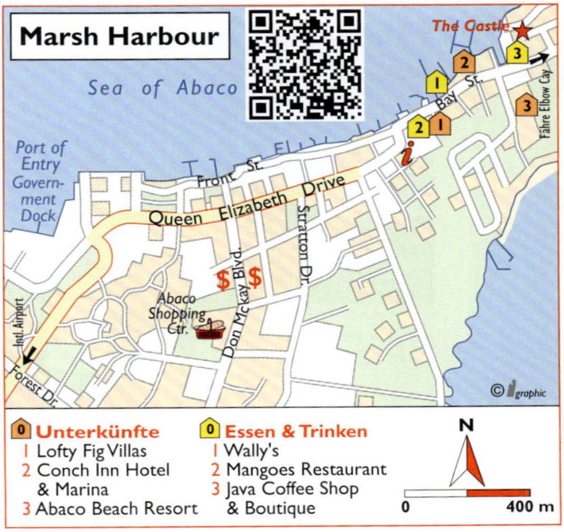

In westlicher Richtung folgt bald der wenig ansehnliche **internationale Hafen** von Marsh Harbour. Die schlaglochreiche Hauptstraße Marsh Harbours, der Don Mackay Boulevard, kreuzt vorher die Bay Street. Wer ihm folgt, erlebt gleich im Anschluss die einzige Ampel von

Abacos. Danach folgen Shops, Restaurants, Banken und Tankstellen – der Boulevard führt schließlich zum Flughafen.

Little Abaco und der Norden

Highlight auf den Hauptinseln der Abacos nördlich von Marsh Harbour ist der traumhaft schöne Strand von **Treasure Cay**. Der Streifen weißer Sand erstreckt sich vom Ort Treasure Cay bis zu dem Punkt, an dem Loyalisten **Carleton** gründeten. Unter Kokospalmen kann man hier am öffentlichen Strand ungestört auf das türkisblaue Meer schauen und sich dem Badevergnügen hingeben.

Traumstrand

Seit 1783 blickt Treasure Cay auf eine bewegte und für die Bahamas durchaus typische „Entwicklungs"-Geschichte zurück: Nachdem die Loyalisten die Insel – die eigentlich nur eine Halbinsel ist – verlassen hatten, passierte bis 1957 auf „Sand Banks", so der frühere Name, nicht viel. Ab 1957 wurden die ersten Straßen gebaut, die erste Flughafenlandebahn in der Nähe, und die ersten US-amerikanischen Touristen trafen in Nord-Abaco ein. 1961 wurde die Straße zwischen Nord Abaco und Marsh Harbour fertiggestellt, auf Sands Bank die erste Kneipe errichtet, das „Treasure Cay Inn". Damit war der Name amtlich geworden. Über die Jahre folgte ein Masterplan für das gesamte Gelände, Strom- und Telefonanschluss, der Golfplatz, die Marina, das Resort, die Restaurants, das Postbüro. 1973 bauten die Investoren die katholische Kirche von Treasure Cay, 1978 die Grundschule, und im März 1980 lebten 700 „Residents" auf Treasure Cay. In der Folgezeit wechselten die Investoren. Heute ist Treasure Cay in den Händen einer deutschen Familie, am Konzept aber änderte sich groß nichts: eine kleine, überlebensfähige, unabhängige Stadt mit allen Notwendigkeiten und Annehmlichkeiten des modernen Lebens zu

Beliebter Treff: Coco Beach Bar am schönen Strand von Treasure Cay

schaffen und zu unterhalten, die von Touristen besucht und von Pensionären für den Ruhestand gewählt wird. Das Resort sorgt mit seinen Restaurants, dem Unterhaltungsprogramm und den Urlaubern für den nötigen Schwung in der Saison, die verkauften Grundstücke für das nötige Kleingeld. Heute gibt es hier einen „Farmer's Market", ein umfangreiches Sportprogramm, ein eigenes Reisebüro, eine Snackbar und und und. Wer nicht will, muss Treasure Cay nicht verlassen …

Resort sorgt für Schwung

Für diejenigen, die sich gerne einmal ansehen möchten, wie Bahamaer abseits der für den Tourismus erschlossenen Gebiete leben, lohnt es sich, den Bootle Highway weiter bis nach Crown Haven am nordwestlichen Ende der Abacos zu fahren. Auf dem Weg nach **Cooper's Town**, das mit seinen fast 1.000 Einwohnern der größte Ort auf diesem Teil der Insel ist, zweigt etwa auf halber Strecke von Treasure Cay aus ein Weg zum Dock der Fähre nach **Green Turtle Cay** rechts ab. Ein paar Kilometer weiter folgt der Flughafen von Treasure Cay. Etwa 10 km hinter Cooper's Town, das sich mit Unterstützung des ehemaligen Ministerpräsidenten Hubert Ingraham ein wenig herausgeputzt hat, folgt der Damm nach Little Abaco Island. Hier scheint die Zeit wirklich stehen geblieben zu sein. Die Investitionen der Regierung endeten und enden hier weitestgehend, die Straße wird schmaler und auf den Folgekilometern nicht mehr breiter.

Zwergschulen

In den kleinen Ortschaften mit teils recht bunten Häusern gibt es noch Zwergschulen. Der „Supermarkt" in **Crown Haven** (von Cooper's Town ca. 40 km) am Ende der Straße vermittelt eher Garagenatmosphäre als Kaufmannsladenidylle. Die Leute hier sind sehr freundlich und nehmen sich gerne Zeit für ein kleines Schwätzchen. Zeit haben sie meist. Abseits der touristischen Orte ist die Arbeitslosenquote sehr hoch, viele Bahamaer verbringen den Tag an schattigen Orten. **Fox Town** ist mit seinen 500 Einwohnern der größte Ort von Little Abaco.

Von der Landschaft her ist dieser Ausflug ebenso wie die im Folgenden beschriebene Strecke von Marsh Harbour nach Sandy Point im Süden der Insel eher langweilig. Außer abgeholzten und wieder aufgeforsteten Kiefernwäldern und Buschwerk gibt es entlang des Highways nicht viel zu sehen.

„Down South"

Wenn man von Marsh Harbour den Highway in südliche Richtung fährt, kommt man, nachdem man den Kreisverkehr zum Flughafen passiert hat, nach etwas mehr als 20 km an eine Linksabzweigung, die nach **Cherokee** und **Little Harbour** führt. Der Abstecher lohnt sich unbedingt: Little Harbour – die letzten Kilometer müssen auf einer Schotterpiste zurückgelegt werden – ist ein kleines Dorf, das quasi auf den Strand gebaut wurde. Hier sind die Häuschen bunt, man kann den Strand auf- und ablaufen oder bei **Pete Johnston's Foundry** vorbeischauen. Hier wird seit 1951 Bronzekunst hergestellt mit „Verlorenem Wachs" – einem historischen Wachausschmelzverfahren. Die Johnston-Familie war hierher gekommen, um zunächst in einer Höhle zu leben und sich dann in einem einfachen Studio ganz der Kunst zu widmen. Pete Johnston's Foundry ist die einzige Bronzegießerei auf den Bahamas und in der internationalen Kunstszene hoch angesehen. Wer keine

Bronzegießerei

Lust auf Kunst hat, sollte zumindest in **Pete's Pub** vorbeischauen. Mit Ausblick auf die idyllische Bucht ist hier ein kaltes Kalik sicher nicht die schlechteste Idee, um den Straßenstaub herunterzuspülen. Wer Lust hat zu bleiben, kann bei Pete auch gleich ein Cottage mieten.
Pete's Pub and Gallery, *Little Harbour, ☎ 577-5487, www.petespubandgallery.com. Führungen auf Anfrage, Kosten: 50 $ für max. 15 Pers.*

Bei einem viertelstündigen Spaziergang kann man zum alten **Leuchtturm** hinaufsteigen. Von dort aus hat man eine herrliche Aussicht über den Atlantik.

Zurück auf der geteerten Straße geht es durch die Mangroven weiter nach **Cherokee Sound**. **Cherokee** ist ein verschlafenes Fischerdorf an dem wie aus einem Bilderbuch ausgeschnittenen Cherokee Sound. Das Dorf war der letztmögliche Rückzugsort quer durch die Mangroven für Loyalisten, die wie viele andere 1783 aus New York geflohen waren. Hier konnten sie wieder unter der britischen Krone leben. Und das Leben war hart und einfach. Dafür ist das Örtchen heute umso pittoresker: Die Holzhäuschen der etwa 150 Einwohner sind nett herausgeputzt und mit kleinen Wegen verbunden – die rund um die Post zur Fußgängerzone erklärt worden sind. Sollte man sich nach einem kleinen Spaziergang entscheiden, hier etwas länger zu bleiben, kann man beim Kaufmann nach einem Zimmer fragen. Nicht zu vergessen der schöne Strand mit dem endlos langen Landungssteg.

Hübsches Dorf

Tipp

Auf dem Landungssteg bis zum Ende laufen und sich erst dann wieder umdrehen, um zurück Richtung Küste zu schauen. Der Ausblick ist Karibik pur.

Zurück auf dem Highway sind die weiteren 50 km eher langweilig, und der Ort Crossing Rock hat nichts zu bieten. Aber dann kann man sich entscheiden, ob man, dem Highway weiter folgend, nach Sandy Point oder auf einer Piste, allradunterstützt, zum Hole-in-the-Wall fährt.

Sandy Point ist ein netter Fischerort mit einer pittoresken Strandbar und einem kleinen Dock für Fischerboote. Hier bieten sich gute Gelegenheiten zum Bonefishing. Für Nichtangler bieten der Strand und die nette Atmosphäre des Fischerorts auch eine gute Möglichkeit zum Träumen und Erholen.

Disney-Insel

Wer vom Hafen aus über das Meer blickt, sieht meist in der Ferne ein riesiges Kreuzfahrtschiff, das an eine kleine Insel angedockt hat. Die 4 km² große Insel heißt **Castaway Cay** *(http://disneycruise.disney.go.com/cruises-destinations/bahamas/ports/castaway-cay/)* und gehört dem Disney-Konzern. 500.000 Besucher jährlich schleust Disney über die in einen Freizeit- und Unterhaltungspark umgewandelte Insel.

Wählt man an der oben erwähnten Abzweigung den Weg nach links zum **Hole-in-the-Wall**, so sollte man ein guter Fahrer sein und über ein geländegängiges Fahrzeug verfügen. Für „normale" Mietwagen ist die Nutzung des Weges untersagt. Der Weg, der anfangs noch Spuren von Asphalt unter dem Pflanzenbewuchs erkennen lässt, wird später zu einer ausgefahrenen, engen Spur, auf der man nicht mehr wenden kann und die nur schlecht zu befahren ist. Wer den Aufwand nicht

Landungssteg am Cherokee Sound

scheut, wird nach etwa einer Stunde mit einem der schönsten Ausblicke belohnt, den die Insel zu bieten hat. Vom alten **Leuchtturm** aus – übrigens wurde an dieser Stelle 1836 der erste Leuchtturm dieser Insel gebaut – kann man über den langen ins Meer ragenden Felsen zum Hole-in-the-Wall (Loch in der Wand) gelangen, das das Meer ausgespült hat. Für diese Klettertour benötigt man gutes Schuhwerk mit festen Sohlen.

Endemische Papageien

Den **Abaco National Park**, der sich am Weg zum Leuchtturm entlangzieht, sollte man nur mit Führung erforschen, um Exemplare der über 1.000 Papageien (Bahama Parrot) sehen zu können, die hier beheimatet sind. Im National Park gibt es auch ein „Blue Hole", also ein weit in die Tiefe reichendes Wasserloch, ähnlich „Dean's Blue Hole" auf Long Island (s. S. 254). Mit Führung lohnen sich auch Bootstouren im **Pelican Cays Land & Sea Park** und in der Lagune **Sea of Abaco** mit ihren Delfinen und Wasserschildkröten, ebenso wie für das Mangrovengebiet **The Marls**. Infos, Karten und Touren hält der Bahamas National Trust bereit.
Bahamas National Trust, *P.O. Box AB-20953, Marsh Harbour, ☎ 367-6310, www.bnt.bs.*

Reisepraktische Informationen The Abacos

Information
Abaco Tourist Office, *Queen Elizabeth Dr., Marsh Harbour, ☎ 367-3067, www.abaco.bahamas.com, Mo–Fr 9–17 Uhr.*

Wichtige Telefonnummern
Notfall/Polizei, *☎ 911.*
Polizei, *☎ 367-2560.*

Feuerwehr, ☎ *367-2000.*
Bahamas Air Sea Rescue (BASRA), ☎ *366-0549.*

Im Krankheitsfall

Marsh Harbour Clinic, ☎ *367-2510.*
Cooper's Town Clinic, ☎ *365-0300.*
Sandy Point Clinic, ☎ *366-4010.*

Banken

First Caribbean International Bank, *Don MacKay Blvd., Marsh Harbour,* ☎ *367-2152, mit Geldautomat.*
Royal Bank of Canada, *Don MacKay Blvd., Marsh Harbour,* ☎ *367-2420, und Treasure Cay,* ☎ *365-8119, beide mit Geldautomat.*

Post

Don MacKay Blvd., Marsh Harbour, ☎ *367-2571.*

Unterkunft

Auf dem „Festland" der Abacos bündelt sich die touristische Infrastruktur in und rund um die Hauptstadt Marsh Harbour und auf Treasure Cay.

Marsh Harbour

Lofty Fig Villas (1) $$, *Bay St., Marsh Harbour,* ☎ *367-2681, www.loftyfig.com. Drei Villen mit sechs Wohneinheiten in einem kleinen Park mit zentralem Swimmingpool und Grillmöglichkeiten. Ein paar Gehminuten zum nächsten Supermarkt und anderen Geschäften, Restaurants und Bars gleich auf der anderen Straßenseite. Marinas, Tauchshops und Bootsvermietungen liegen in unmittelbarer Nähe.*

Die Häuser des Treasure Cay Resorts sind im karibischen Stil gehalten

Conch Inn Hotel & Marina (2) $$, *East Bay St., ☏ 367-4000, www.conchinn.com. Mittelklassehotel mit einem der besten Jachthäfen, großer Swimmingpool und kleine Strände in der Nähe. Alle Zimmer haben Blick auf die kleine Marina.*
Abaco Beach Resort (3) $$–$$$$, *Bay St., ☏ 367-2158, www.abacobeachresort.com. Das erste Haus am Platze mit eigenem Strand, einer Marina, einem Tauchshop, einer Bar und dem beliebten* **Angler's Restaurant** *auf dem Gelände. Hier ist vom Zimmer bis zum Cottage alles zu haben, es lässt sich gut aushalten, die Atmosphäre ist gut – wer nicht will, muss das Resort gar nicht verlassen …*

Tipp Unterkunft: Treasure Cay

Treasure Cay Beach, Marina & Golf Resort $$–$$$$, *Treasure Cay, ☏ 365-8801, www.treasurecay.com. Die Marina ist mit 150 Liegeplätzen eine der größten der Bahamas, es gibt eine eigene Bank, eine Feuerwehr, eine Klinik, eine Tankstelle, eine Snackbar an der Marina und nicht zu vergessen einen ausladenden Supermarkt. Die Zimmer, untergebracht in zweigeschossigen Gebäuden im karibischen Stil, haben Balkons und Terrassen Richtung Sonnenaufgang und Marina, jedes Apartment hat eine Küchenzeile. Ein paar Gehminuten quer über die Insel liegt der Top-Ten-Strand und die beliebte* **Coco Beach Bar**, *ein paar Schritte Richtung Marina die* **Tipsy Seagull Bar** *und gleich daneben das schickere Restaurant* **Spinnaker**. *Hier wird auf Vollversorgung gesetzt. Wer sich den Strand genau anschaut, vielleicht eine Runde baden geht oder paddeln, der wird auch kaum wegwollen.*

Restaurants/Café
Marsh Harbour

Die **Bay Street** *mit ihren Restaurants und Bars, die alle einen Ausblick über den Hafen bieten, ist ein guter Ort für einen Spaziergang von Happy Hour zu Happy Hour.*
Mangoes Restaurant (2), *Bay St., ☏ 367-2366. Bahamaische und internationale Küche. Gutes Fischrestaurant mit schönem Ausblick auf den Hafen. Besser reservieren.*
Wally's (1), *Bay St., ☏ 367-2074. Das Wally's, untergebracht in einer Kolonialvilla, liegt schräg gegenüber vom Mangoes und ist deutlich schicker. Bei bahamaischer und internationaler Küche wird Wert auf den „Boutique"-Gedanken gelegt. Das Haus gönnt sich einen eigenen Drink, den „Wally's Special" mit Fruchtsaft und gleich mehreren Rumsorten. Mi und So Livemusik. Fürs Dinner reservieren.*
Mother Merle's Fishnet, *Dundas Town, ☏ 367-2770. Etwa 3 km vom Zentrum Marsh Harbours entfernt. Ausgezeichneter Fisch zu günstigen Preisen. Telefonisch nach den Ruhetagen erkundigen, geöffnet normalerweise Di–Sa 18.30–23 Uhr. Fr abends treten lokale Bands live auf.*
Java Coffee Shop & Boutique (3), *East Bay St., ☏ 367-5523. Nach eigener Aussage „Kind of like Starbuck's with an Abaconian flair" – hier treffen sich auch die Einheimischen auf einen Kaffee oder zwei.*

Golf

The Abaco Club on Winding Bay, *Winding Bay, Cherokee Sound, ☏ 367-0077, www.myabacoclub.com. Ein „Links Course", also am Strand entlang, traditionell spielt der vorherrschende Wind eine große Rolle. Der 18-Loch-Platz gehört zum Abaco Club, einer Wohnanlage mit Cottages in der Preisklasse von 875.000 bis 4 Mio. Dollar.*
Baker's Bay Gold & Ocean Club, *Baker's Bay, ☏ 577-0635, www.bakersbayclub.com. 18-Loch-Platz am Meer. Ähnliche Preisklasse wie der Platz im Abaco Club.*

Treasure Cay Golf Club, *Treasure Cay, ☎ 365-8801, www.treasurecay.com. 18-Loch-Golf-Course etwa einen knappen Kilometer vor dem Treasure Cay Resort auf der rechten Seite. Der Platz gilt als der einzige öffentliche Goldplatz auf den Bahamas: keine Reservierung, keine T-Zeiten.*

Golf Carts

Cash's Cart Rentals, *Treasure Cay, ☎ 365-8771.*

Reiten

Ausritte über Great Abaco organisiert **Abaco Wild Horses**, *☎ 367-2963. Tatsächlich lebte auf Abaco über Jahrhunderte eine Herde von Wildpferden, reinrassige Nachkommen spanischer Pferde, die mit den Spaniern im 15. Jh. auf die Insel kamen. Darüber kann man Interessantes erfahren.*

Tauchen/Schnorcheln

Taucher können bei Man-O-War Cay direkt zum **Abacos Train Wreck** *in 4,5–6 m Tiefe tauchen. Das Wrack besteht aus zwei vollständigen Lokomotiven, die auf der Seite liegen. In der Nähe liegt ein weiteres Wrack, das der* **USS Adirondack**, *das in 3–7,5 m Tiefe liegt. Das staatlich geschützte* **Fowl Cay Reef** *punktet mit farbenfroher Unterwasserwelt in seichtem Gewässer. Einer der besten Plätze fürs Schnorcheln ist* **Mermaid Reef & Beach** *bei Marsh Harbour. Das Riff und der schöne Strand liegen an den* **Pelican Cays**, *am nördlichsten Winkel der Waterfront von Marsh Harbour, westlich der Marina.*

Dive Abaco, *Marsh Harbour, ☎ 367-2787, www.diveabaco.com. Beim Conn Inn Hotel & Marina. Verleih von Schnorchelausrüstungen und Tauchequipment.*

Strände

Zu den schönsten Stränden der Bahamas zählt jener auf **Guana Cay**. *Sand, Sonne und relative Einsamkeit kann man aber auch an dem wunderschönen, langen Strand von* **Treasure Cay** *haben. Diese beiden Strände sind sicher die Highlights von Abaco. Darüber hinaus gibt es auch an anderen Orten nette, kleinere Strände, wie z. B. auf Green Turtle Cay.*

Veranstaltungen

Bahamas Billfish Championship *(www.bahamasbillfish.com), im Mai, einer der beliebtesten Anglerwettbewerbe auf den Bahamas.*

Regatta Time in Abaco *(www.regattatimeinabaco.com), im Juli, berühmte Regatta mit großzügigem Partyangebot.*

Flüge

Auf den Abacos gibt es drei Flughäfen: Hoch im Norden auf **Walker's Cay** *den gleichnamigen Flughafen, auf Great Abaco den* **Treasure Cay Airport**, *in Marsh Harbour den* **Marsh Harbour Airport**. *Der größte Flughafen ist Marsh Harbour, der zum* **Leonard M. Thompson International Airport** *ausgebaut wurde.*

Wer allerdings auf **Treasure Cay** *oder auf* **Green Turtle Cay** *absteigen will, der sollte sich schlau machen, ob es einen Flieger dorthin gibt. So spart man sich allein rund 50 $ an Taxikosten und 20 Min. Fahrzeit.*

Nach Treasure Cay fliegt bisher nur **Silver Airways**, *☎ 800-881-4999, www.silverair*

ways.com, ab einigen Flughäfen in Florida, es gibt keine Verbindungen innerhalb der Bahamas.

Einige wichtige Fluggesellschaften, die Marsh Harbour anfliegen:
American Airlines/American Eagle, ☎ *367-2231, www.aa.com. Fliegt in der Regel von Miami zu den Abacos.*
Bahamasair, ☎ *367-2095, www.bahamasair.com.*
Flamingo Air, ☎ *367-0313, www.flamingoairbah.com.*
Sky Bahamas, ☎ *367-0996, www.skybahamas.net.*
Western Air, ☎ *367-3722, www.westernairbahamas.com.*

Transfer vom Flughafen
Taxis stehen bei jeder Flugankunft reichlich bereit. Der Preis für die Fahrt nach Marsh Harbour liegt bei 20 $. Nach Treasure Cay kostet der Trip rund 85 $.

Mietwagen/Motorroller
Cornish Car Rentals, *Treasure Cay,* ☎ *365-8623.*
A&P Rentals, *Don Mackey Blvd., Marsh Harbour,* ☎ *367-2655.*
Rental Wheels, *Bay St., Marsh Harbour,* ☎ *367-4643, www.rentalwheels.com, auch* **Motorroller** *und* **Fahrräder**.

Fähre
Mail Boat MV Legacy, *Di von Nassau nach Hope Town, Marsh Harbour, Turtle Cay, Green Turtle Cay, zurück Do,* ☎ *367-2653, www.deanshipping.com.*
Bahamas Ferries, ☎ *323-2166, www.bahamasferries.com, fährt mit der „Sea Wind" Fr und So von Nassau bis zum Fährterminal in Süd-Abaco. Fahrzeit: 3,45 Std.*
Achtung: *Der Fährterminal ist sehr weit weg von allem auf Great Abaco. Wer hier unvorbereitet ankommt, muss sich eine private Mitfahrgelegenheit suchen oder ein Taxi nehmen. Der Spaß kann nach Marsh Harbour gut 150 $ kosten. Die Einheimischen nutzen die Fähre, um schnell nach Nassau zu gelangen. Sie lassen ihr Auto dann für den Aufenthalt in Nassau am Fährterminal stehen.*

South Abaco: Wegweiser zum Fährhafen in der Mitte von Nirgendwo

Taxis
Wer vom Hotel aus ein Taxi benötigt, lässt sich am besten an der Rezeption eines bestellen. Die Leute dort wissen, mit wem man am besten fährt. Da es etliche „Privattaxis" ohne Taxameter gibt, ist der Preis sonst oft auf Verhandlungsbasis.

Paradies für Strandläufer: Coco Bay auf Green Turtle Cay

Die Cays von Abacos

Touren zu den Cays

Von **Albury's Ferry Dock** östlich des Zentrums von Marsh Harbour aus kommt man zu den beliebtesten touristischen Zielen der Abacos: **Elbow Cay, Man-O-War Cay** und **Guana Cay.** Albury's Ferry Service fährt zu den Cays mehrmals täglich zu festen Zeiten. Es ist also problemlos möglich, einen Tagesausflug hierhin zu unternehmen. **Green Turtle Cay** erreicht man über das entsprechende Dock in der Nähe des Flughafens von Treasure Cay. Hier wird der Fährservice von der Green Turtle Ferry übernommen.

Elbow Cay

Erkundung von Hope Town

Wer sich an der Idylle eines kleinen historischen Städtchens erfreuen kann, sollte seinen Urlaub in **Hope Town** auf Elbow Cay verbringen. Trotz vieler Tagestouristen aus Marsh Harbour kann man hier noch eine Vorstellung davon bekommen, wie die Nachkommen der Loyalisten und der Siedler aus North Eleuthera gelebt haben mussten, die sich hier Ende des 18. Jh. als Fischer und Bootsbauer niederließen. Hope Town ist auto- und stressfrei. Gute Voraussetzungen also für einen kleinen Spaziergang durch den Ort. Nicht nur die bunten Häuschen in leuchtenden Farben, sondern auch das kleine **Wyannie Malone Historical Museum** lassen die Atmosphäre vergangener Tage wieder aufleben. Das 1999 bei einem Hurrikan schwer beschädigte Museum wurde in der Gillam Street nach dem Vorbild des Balcony House in Nassau neu aufgebaut. Da geht es nicht nur um Schwamm- und Hummerfischerei, sondern auch um alte Seeräubergeschichten und den bis zur Wende ins 20. Jh. so lukrativen Einkommenszweig des Wrecking. Anlässlich des

Heritage Day im März stehen besondere Aktionen in historischen Kostümen auf dem Programm.
Wyannie Malone Historical Museum, ☎ *366-0293, www.hopetownmuseum.com, Nov.–Aug. Mo–Sa 10–16 Uhr, Erw. 5 $, bis 14 Jahre 2 $.*

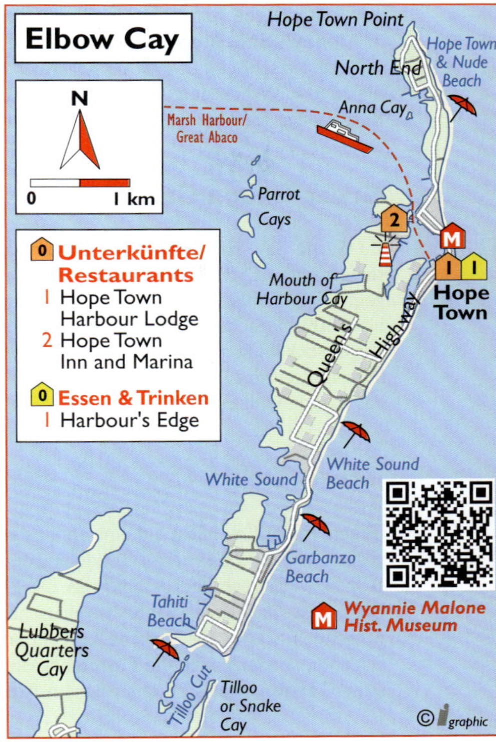

Nach dem Museumsbesuch wundert man sich jedenfalls nicht mehr, dass der Bau des Leuchtturms, inzwischen Wahrzeichen von Hope Town und Elbow Cay, von den Inselbewohnern über 20 Jahre lang boykottiert wurde. Der 1863 endgültig in Betrieb genommene Leuchtturm prunkt heute in seinem rot-weißen Anstrich an der Hafeneinfahrt von Hope Town und ist einer der letzten mit Kerosin befeuerten Türme überhaupt. An Wochentagen kann man auf die Plattform hinaufsteigen und den einmaligen Ausblick genießen *(10–16 Uhr)*.

Im Ortsbereich von Hope Town gibt es auf der Atlantikseite zwei nette kleine Strände. Die Harbour's Edge an der Hafenseite lädt zu einem romantischen Abend bei Rum Punch und einem guten Fischgericht ein. Den Nachmittag kann man hier auch gut mal mit einem Spaziergang zur Erkundung der kleinen Geschäfte, Bootswerften und Anleger verbringen.

Man-O-War-Cay

Man-O-War-Cay ist auf eine ganz spezielle Weise interessant. Diese Insel ist für den Bau der besten Boote auf den Bahamas bekannt geworden. Auch wenn hier das Fiberglas schon Einzug gehalten hat, kann man sich heute noch auf einer kleinen **Werft** an der Hafenseite ansehen, wie Boote vor hundert Jahren gebaut wurden. Für einen Tagestrip ist dieser Cay sicher geeignet, aber für einen längeren Urlaub nicht zu empfehlen. Der Strand der Atlantikküste ist eher mittelmäßig und die Architektur der Häuschen nicht besonders interessant.

Bootswerft

Da kann es einem bei einer Gemeinde von 300 Seelen, drei Kirchen, zwei Banken und keiner einzigen Kneipe (die Insel ist aufgrund der strengen religiösen Einstellung der Bewohner alkoholfrei) schon schnell langweilig werden. Die Leckereien von **Ena's Place** sollte man sich zum Lunch nicht entgehen lassen, und ein Einkauf in **Albury's Sail Shop** ist sicher eine gute Investition, da man hier alles bekommt, was man an schönen Dingen aus Segeltuch herstellen kann. Für Taucher ist darüber hinaus das Wrack der „**USS Adirondack**" interessant, die im amerikanischen Bürgerkrieg 1862 bei der Verfolgung eines Blockadebrechers auf ein Riff auflief.

Wracktauchen

Great Guana Cay

Zu Guana Cay lässt sich nicht viel mehr schreiben, als dass dort einer der schönsten Strände der Bahamas zu finden ist. Aber der ist immerhin 11 km lang und regelmäßiger Treffpunkt von Partypeople von den ganzen Bahamas. Wenn hier 5.000 bis 6.000 Menschen tanzenderweise den Strandsand aufwirbeln, dann bleibt kein Auge trocken. Für Sonnenanbeter, die ihrem „Laster" tagsüber und ungestört und in einem geradezu märchenhaften Rahmen frönen wollen, ist der Strand allerdings das Paradies auf Erden.

Partystrand

Green Turtle Cay

Green Turtle Cay blickt auf eine ähnlich wechselhafte Geschichte wie Elbow Cay zurück. Um die Zeit vor der Besiedlung durch Loyalisten 1783 ranken auch um diese Insel wilde Seeräubergeschichten. Die Siedlung **New Plymouth** mit den niedlichen, pastellfarbenen Clapboard-Häuschen lädt zum Spaziergang durch die Vergangenheit ein. An der Parliament Street erinnern nicht nur die Grabsteine auf dem Friedhof, sondern auch die Büsten angesehener Bahamaer im **Memorial Sculpture Garden** an alte Zeiten. Auch im **Albert Lowe Museum**, in dem außer Ar-

Hier wird Geschichte lebendig: Albert Lowe Museum in New Plymouth

beiten dieses Künstler Schiffsmodelle, Fotografien und andere historische Ausstellungsstücke zu bewundern sind, kann man einen Eindruck von der Geschichtsträchtigkeit des Ortes erahnen.

Albert Lowe Museum, *Parliament St., ☎ 365-4094, Mo–Sa 9–11.45, 13–16 Uhr, Erw. 5 $, bis 5 Jahre frei.*

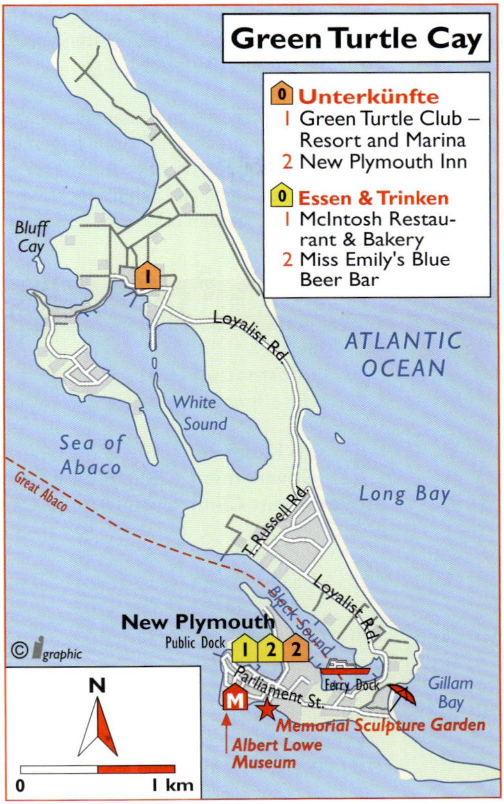

Während des Amerikanischen Bürgerkriegs haben die Insulaner hier gut an den Blockadebrechern verdient, die die Konföderierten Staaten mit Nachschub versorgten. Das 19. Jh. war mit Hummer- und Schwammfischerei sowie dem einträglichen Ananasanbau die Blütezeit von Green Turtle Cay. Heute steht der Tourismus an erster Stelle, und der Green Turtle Club etwas außerhalb von New Plymouth zählt zu den Juwelen unter den Hotelanlagen der Bahamas. Wer die Insel ein wenig besser kennenlernen will, lässt sich von der Fähre am Green Turtle Club absetzen, wirft einen Blick auf die nahen, malerischen und menschenleeren Strände wie Coco Beach und spaziert dann langsam Richtung New Plymouth. Links tost der Atlantik, rechts schlummert die Karibik.

Wer einen schönen einsamen Strand sucht, wird auf Green Turtle Cay nicht enttäuscht werden. Die Atlantikküste der Insel ist traumhaft. Man kann sich aber auch ein Boot mieten und zu einem der nahegelegenen unbewohnten Cays fahren oder einen Tauchausflug zu einem Riff unternehmen.

Walker's Cay

Seinen Namen erhielt der nördlichste der Abaco Cays wohl von dem Piraten Walker, der bei einem Streit mit seinem „Kollegen“ Blackbeard um das Schiff „Don Jose Evangalista“ Mitte des 18. Jh. umgebracht wurde. Eine Kanone des Schiffs befindet sich auf der Insel. Welche der vielen Seeräubergeschichten, die im Zusammenhang mit der kleinen Insel erzählt werden, reines Seemannsgarn sind, ist schwer zu entscheiden. Spannend sind sie jedenfalls alle und darüber hinaus eine willkommene Abwechslung zu den Taucher- und Anglergeschichten, die sich nach

Seeräubergeschichten

einigen langen Abenden verdächtig gleichen. Wenn ein Hochseeangler allerdings erzählen sollte, dass er beim ersten Versuch gleich einen Blue Marlin an der Angel hatte, ist das eine faustdicke Lüge.

Haifütterung

Auf Walker's Cay, das mit einem Flugzeug von Fort Lauderdale/Florida aus erreichbar ist, kann man sich nicht nur in gemütlicher Runde beim Rum Punch herrlich entspannen, sondern richtige Abenteuer erleben. So kann man zu einer **Haifütterung** hinabtauchen, alte Schiffwracks, von denen es um Walker's Cay herum eine Menge gibt, erkunden oder zum Bonefishing in die seichten Gewässer fahren.

Reisepraktische Informationen Cays von Abacos

Information
Hope Town im Internet: www.ilovehopetown.com.

Im Krankheitsfall
Government Clinic Elbow Cay, *Hope Town, ☎ 366-0108.*
Government Clinic Green Turtle Cay, *New Plymouth, ☎ 365-4028.*

Banken
Eine Bank mit Geldautomat gibt es nur in New Plymouth, Green Turtle Cay.

Elbow Cay

Unterkunft
Hope Town Harbour Lodge (1) $$–$$$$, *Hope Town, ☎ 366-0095, www.hopetownlodge.com. Bei diesem Hotel, das auf einer kleinen Anhöhe in Hope Town liegt, kann man sich zwischen Hafen- und Atlantikblick entscheiden. Gemütliche Zimmer und Cottages, Swimmingpool, Strand und nette Außenbar. Auch das* **Restaurant** *kann sich zu Lunch und Dinner aus bahamaischer Küche – vielleicht im Kerzenschein – durchaus sehen lassen.*
Hope Town Inn and Marina (2) $$$–$$$$, *Western Harbourfront, Hope Town, ☎ 366-0003, www.hopetownmarina.com. Schick und stylish, vor Kurzem erst wieder in Schuss gebracht, ist diese Anlage allein schon deswegen etwas Besonderes, weil sie nur mit dem Boot erreichbar ist. Geboten werden zwei Pools, ein gutes* **Restaurant** *und von den Zimmern im zweistöckigen Hauptgebäude aus einen Blick über die hauseigene Marina.*

Restaurants
Harbour's Edge (1), *Queen's Hwy., Hope Town, ☎ 366-0087. Direkt am Hafen gelegenes Restaurant mit einem tollen Ausblick auf die passierenden Boote. Moderate Preise, bahamaische und amerikanische Küche. Reservierung empfohlen.*

Great Guana Cay

Unterkunft
Dolphin Beach Resort $$$–$$$$, *☎ 365-5137, www.dolphinbeachresort.com. Gemeinsam mit dem Schwester-Resort* **Flip Flops on the Beach $$$–$$$$**,

www.flipflopsonthebeach.com, die inselbeherrschende Hotelanlage. In beiden geht es ruhig und locker zu, die Cottages sind luftig und sonnig, das Dolphin Resort hat das Restaurant und den Pool, in dem sich auch die Bewohner aus dem Flip Flop abkühlen dürfen.

Bar

Nipper's Beach Bar & Grill, ☎ *365-5111, www.nippersbar.com, ist nur ein paar Gehminuten vom Dolphin Beach Resort entfernt und gilt für einige Profis als eine der besten Strandbars der Bahamas. Die Atmosphäre ist extrem „laid-back", so ist es auch gewollt. Wobei es zu Partyzeiten dann schon mal richtig voll werden kann. Es gibt das übliche Bar Food rund um Burger, French Fries und Conch, aber Highlight ist die Location – direkt am Strand.*

Green Turtle Cay

Unterkunft

New Plymouth Inn (2) $–$$, *Parliament St., New Plymouth,* ☎ *365-4161, www.newplymouthinn.com. Traditionsreiches Haus in Kolonialstil mit tropischem Garten und Pool. Ein architektonisches Schmuckstück in New Plymouth. Im* **Restaurant** *des Hauses gibt es sehr gute bahamaische Küche.*

Residence beim Green Turtle Club Resort

Green Turtle Club – Resort and Marina (1) $$$–$$$$$, ☎ *365-4271, www.greenturtleclub.com. Der Green Turtle Club ist etwas für stille Genießer. Auch wenn man nicht zu den Hochseeanglern zählt, die hier gerne anlegen, wird man an diesem abgeschiedenen Ort auf seine Kosten kommen. Das Essen ist ausgezeichnet, die Zimmer und Apartments sind geschmackvoll eingerichtet (z.T. im Queen Anne Style), und der traumhafte Strand ist auch nicht weit. Wem es doch einmal zu langweilig wird, für den organisiert das Hotel jede Art von Wassersport.*

Restaurants/Bars

Green Turtle Club, ☎ *365-4271 (s.o.). Hier kann man das in Reinkultur erleben, was man unter „fine dining" versteht. Abendgarderobe angemessen, Reservierung angesagt.*

McIntosh Restaurant & Bakery (1), *Parliament St., New Plymouth,* ☎ *365-4625. Einfaches Restaurant und Café mit britischem Touch und interessanter Auswahl an selbst gebackenem Kuchen. Den „Lime Pie" sollte man sich nicht entgehen lassen.*

Miss Emily's Blue Beer Bar (2), *Victoria St., New Plymouth,* ☎ *365-4181. Hier gibt es zwar keine Mahlzeiten, aber hier wurde der Cocktail „Goombay Smash" erfunden. Wer andere Getränke bevorzugt, kommt natürlich auch auf seine Kosten und erfährt ganz nebenbei die unglaublichsten Geschichten. Die aber werden natürlich nicht gleich beim ersten Glas erzählt.*

Bootsverleih

Sea Horse Boat Rentals, *Hope Town, ☏ 366-0023, www.seahorseboatrentals.com.*

Tauchen

Brendal's Dive Center, *Green Turtle Cay, ☏ 365-4411, www.brendal.com. Genießt einen hervorragenden Ruf auf Green Turtle Cay, nahe dem Green Turtle Club. Seit 1985 gehören Brendal und sein Team zur Tauchelite der Bahamas. Der Fernsehsender „Discovery Chanel", CNN und das „Outdoor Journal" gingen mit Brendal auf Tour. Geboten wird das komplette Programm: vom PADI Open Water Diver Course bis zur Begegnung mit Haien oder wilden Schildkröten. Es gibt auch ein- oder mehrtägige Ausfahrten.*

Veranstaltungen

Green Turtle Club Fishing Tournament, *Anglerwettbewerb im Mai. Informationen beim Green Turtle Club, ☏ 365-4271, www.greenturtleclub.com, der mehr oder weniger das offizielle Hauptquartier der Anglerwettbewerbe ist.*
Island Roots Heritage Festival, *am 1. Mai-Wochenende. Hier wird farbenprächtig bahamaische Geschichte und Kultur gefeiert. Infos: www.islandrootsheritagefestival.com*

Fähre

Albury's Ferry Service, *☏ 367-0290, www.alburysferry.com, verbindet Marsh Harbour mit Elbow Cay, Man-O-War Cay und Guana Cay. Alle Verbindungen werden Nov.–Juli mehrmals tgl. bedient, in der Regel 7–18 Uhr (u. a. wird in der Nebensaison Man-O-War Cay sonntags und feiertags nicht angefahren). Es ist also problemlos möglich, ein Cay bei einer Tagestour kennenzulernen. Tickets beim Kapitän: einfache Fahrt 17 $, 6–11 Jahre 9 $, hin und zurück 27 bzw. 14 $.*
Green Turtle Ferry Service, *☏ 365-4166, www.greenturtlecayferry.com, verbindet die Landestelle am Treasure Cay Airport mit Green Turtle Cay. Die erste Fähre verlässt New Plymouth auf Green Turtle Cay um 8 Uhr morgens, die letzte um 17 Uhr. Tickets beim Kapitän: einfache Fahrt 17 $, hin und zurück 27 $, 6–11 Jahr halber Preis.*

New Plymouth Beach

Eleuthera

Telegramm Eleuthera

Name	Eleuthera
Länge	180 km
Fläche	518 km²
Einwohnerzahl	11.000 (einschl. Spanish Wells und Harbour Island)
Einwohnerzahl pro km²	21,2
Größter Ort	Governor's Harbour
Weitere Orte	Rock Sound, Gregory Town, Dunmore Town
Wichtigste Wirtschaftszweige	Tourismus, Fischerei (Hummerfang), Anbau von Gemüse und Zitrusfrüchten sowie Ananas
Touristisches Potenzial	einsame Strände, schöne Landschaft, gute Tauchmöglichkeiten

„My life is perfect,
because I accept it as it is
The sunshine is a-shining,
because it is what it is
What a beautiful feeling it's bringing in
All the birds in the sky are singing
Eleutheria – The fire is burning
Eleutheria – The tables are turning (...)"

Entfernungen

Governor's Harbour – Gregory Town 45 km
Governor's Harbour – Rock Sound 47 km
Governor's Harbour – Lower Bogue 65 km
Governor's Harbour – Tarpum Bay 32 km
Governor's Harbour – Green Castle 69 km

Song von Lenny Kravitz

Der Song „Eleutheria" von 1993 ist eine wunderbare Einstimmung auf die Insel Eleuthera und stammt aus der Feder des US-amerikanischen Rockstars Lenny Kravitz. Kravitz kennt sich aus: Seine Mutter stammt von hier, er selbst hat sich auf der Insel eine lange Auszeit gegönnt und sich dann ein Tonstudio in der Nähe von Gregory Town gebaut. Es muss also etwas dran sein ...

Südöstlich der Abacos säumt die Insel Eleuthera über ca. 180 km in einem Bogen den Atlantischen Ozean. An vielen Stellen ist sie so schmal, dass man gleichzeitig das tiefe Blau des wogenden Ozeans und das türkisfarbene seichte Wasser der karibischen See sehen kann. Die hügelige Landschaft und der Artenreichtum an Pflanzen machen Eleuthera zu einer Perle, die entdeckt werden will. Ananas- und Gemüseanbau sowie Überreste alter Plantagen und Salzgewinnungsseen sorgen für Abwechslung auf dem Weg. Die schroffe, vom Atlantik gezeichnete Ostküste ist häufig nur 2 km von den einsamen und ruhigen Sandstränden der Westküste entfernt. Die kleinen, versteckten Strände an der Ostküste sind oft nur bei Ebbe zugänglich, aber sehr romantisch.

Gregory Town, **Governor's Harbour** und **Rock Sound** sind an schönen Buchten gelegene Städtchen.

Auf den beiden bewohnten Cays im nördlichen Bereich der Insel, **Spanish Wells** und **Harbour Island**, spürt man das Flair alter englischer Kolonisation allerdings noch am meisten. Harbour Island ist darüber hinaus für seinen langen rosafarbenen Sandstrand, Pink Sands Beach, berühmt.

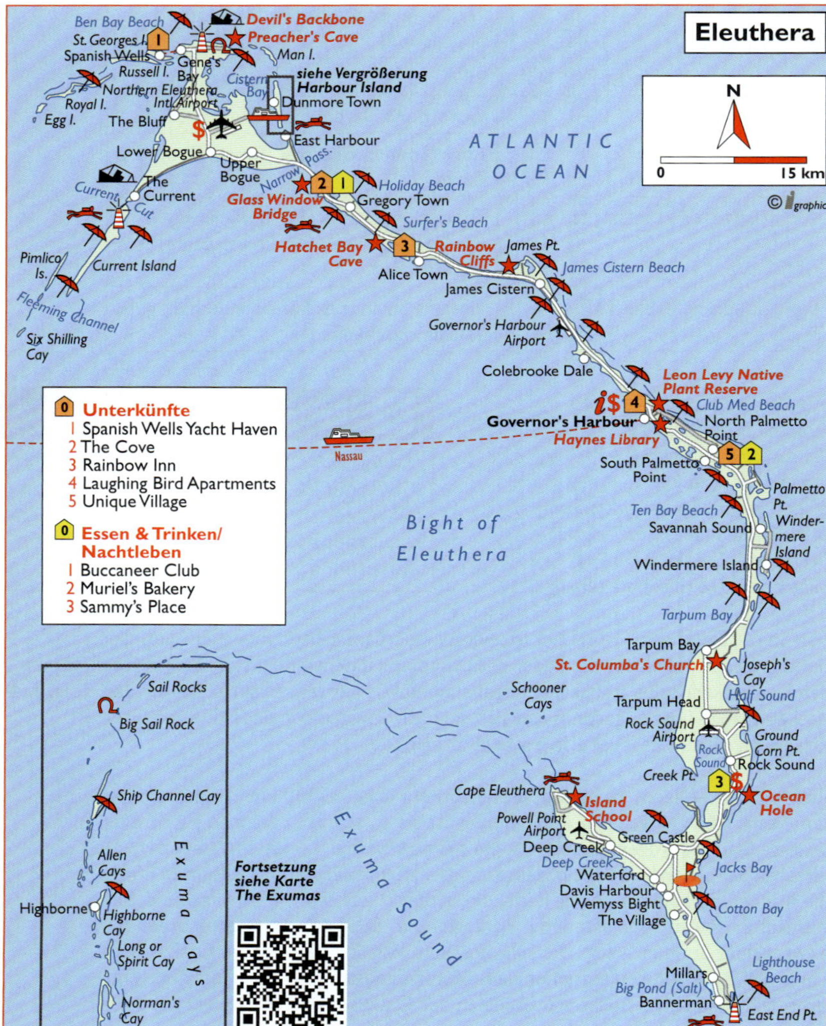

Geschichte

Über das Leben der Lucaya-Indianer auf Eleuthera ist bis heute recht wenig bekannt. Auf den ersten, von Europäern gezeichneten Karten trug die Insel den Namen **Cignateo** (oder: Cigatoo), den die Indianer ihr gegeben hatten. Zu jener Zeit wurde ihr allerdings keine Bedeutung beigemessen. Den heutigen Namen bekam die Insel erst Mitte des 17. Jh. durch die ersten englischen Siedler, die von den Bermudas kamen und sie in Anlehnung an das griechische Wort für „Freiheit" **Eleutheria** (heute Eleuthera) nannten.

Diese Namensgebung ist im Zusammenhang mit den Gründen für die Kolonisation zu sehen, da die Siedler hier ihre Glaubensfreiheit zu verwirklichen suchten. Entsprechend der religiös bedingten Unruhen im Mutterland England Mitte des 17. Jh. kam es auf den Bermudas, die seit 1612 englische Kolonie waren, zu Auseinandersetzungen zwischen Anglikanern und Puritanern. Letztere traten für eine Religionsausübung ein, die sich genau an den Text der Bibel hielt und ein enthaltsames Leben forderte. Da sich diese Richtung auf den Bermudas nicht gegen die anglikanischen Dogmen durchsetzen konnte, gründete der ehemalige Gouverneur der Bermudas, William Sayle, 1647 einen Verein zur Förderung der Auswanderung nach Eleuthera.

Ob die fast hundert Leute, die ihm folgten, 1648 oder 1649 in See stachen, darüber streitet man sich in den Quellen. Einig ist man sich darüber, dass das Unternehmen zunächst schiefging. Das Schiff mit den Siedlern kam vom Kurs ab und strandete auf einem Riff an der Nordspitze von Nord-Eleuthera. Dort fand zwar die gesamte Besatzung samt der Passagiere erst einmal in einer Höhle, die **Preacher's Cave** (Höhle des Priesters) genannt wurde, Unterschlupf, aber Werkzeug und Saatgut waren natürlich im Meer verschwunden. Obwohl von Glaubensbrüdern und -schwestern aus **Jamestown** (Virginia) Hilfe gesandt wurde, hatten viele der Siedler 1750 die Insel aufgrund der harten Lebensbedingungen

Redaktionstipps

➤ **Preacher's Cave**: Hier begann die neuzeitliche Geschichte der Bahamas (S. 207).

➤ Einen ganz besonderen Durchblick bietet die **Glass Window Bridge** (S. 211).

➤ Vorwärts in die Vergangenheit: Bootsausflüge nach **Harbour Island** und **Spanish Wells** (S. 215, 213).

➤ Einer der spannendsten Tauchgänge der Welt: **Strömungstauchen am Current Cut** (S. 222).

➤ Hier warten freundliche Fische auf die Fütterung: das **Ocean Hole** in Rock Sound (S. 217)

Strandvergnügen auf Harbour Island

schon wieder verlassen. Einige blieben dennoch und versuchten, ihren Lebensgrundsätzen treu zu bleiben. Sie lebten vom Salz- und Holzhandel. Die Puritaner brachten übrigens die erste schriftlich niedergelegte Verfassung mit auf die Bahamas. In ihr wurden gleiches Recht für alle Bürger und die Errichtung eines Parlaments festgelegt.

1783 kam mit den **königstreuen Loyalisten**, die die Vereinigten Staaten nach dem Sieg der für die Unabhängigkeit vom Mutterland kämpfenden Truppen der Amerikaner verlassen mussten, die zweite Besiedlungswelle. Die Loyalisten etablierten Bootsbau und Fischerei auf Eleuthera. Es wurden auch Baumwolle und Tabak angebaut, aber aufgrund der Bodenverhältnisse und der isolierten Lage der Insel entwickelte sich keines dieser Produkte zu einem wichtigen Wirtschaftsfaktor. Ein Aufschwung kam gegen Mitte des 19. Jh., als Ananas und Zitrusfrüchte in größerem Stil für die Ostküste der USA produziert wurden.

Frühere Milchproduktion

Mitte der 1930er-Jahre gelang der Aufbau einer **Milchfarm**, die einige Jahrzehnte hindurch erfolgreich geführt wurde. Nach dem Zweiten Weltkrieg wurden ihre Produkte sogar mit einem Kühlschiff nach Nassau verfrachtet. Heute kann man noch die verfallenen Silos dieser Farm sehen, wenn man in der Nähe von Hatchet Bay den Queen's Highway entlangfährt. Auch ein paar Kühe sind noch auf der Insel unterwegs.

Eleuthera heute

Die drei Hauptwirtschaftszweige Tourismus, Fischerei und Gemüse- sowie Zitrusfruchtanbau bestimmen heute das Leben auf Eleuthera. Die **Ananas**, die im Nor-

Einsame Strände locken auf Eleuthera

den der Insel angebaut wird, ist ein Markenzeichen der Insel. Der daraus hergestellte Schnaps wird zwar nur in kleinen Mengen produziert, ist deswegen aber nicht weniger bekannt – und berüchtigt. Als größtes Ereignis gilt entsprechend das **Ananas-Festival**, das jedes Jahr im Juni viele Menschen auf die Insel und nach Gregory Town lockt. Auf Eleuthera und Harbour Island gibt es dementsprechend auch den besten Ananaskuchen der Welt – sagen die Einheimischen. Die Zeiten der Plantagen sind zwar längst vorbei, und am Wegesrand sind heute nur noch die Überreste der alten Anbaugebiete zu erahnen, aber die Landwirtschaft ist aus dem Leben Eleutheras nicht wegzudenken.

Alljährliches Ananas-Festival

Der Queen's Highway, die Nord-Süd-Verbindung der Insel, ist zwar inzwischen gut asphaltiert und jeder Ort mit dem Auto bequem zu erreichen, aber öffentliche Verkehrsmittel gibt es nicht. Auf Eleuthera trampt man immer noch, wenn man keinen eigenen fahrbaren Untersatz hat. Der mit Hummerfang verdiente Reichtum von **Spanish Wells** hat kaum auf den Rest der Insel abgefärbt. Gerade deshalb lohnt es sich, den Strand des Luxushotels zu verlassen und Eleuthera auf eigene Faust zu erkunden und vielleicht ein wenig davon zu sehen, wie die Bahamas früher einmal waren. Wer auf dem mit guter touristischer Infrastruktur versehenen **Harbour Island** seinen Urlaub verbringt, sollte daher auch einmal auf die Hauptinsel fahren.

Geschichte der schwarzen Bevölkerung

info

Die Vorfahren der schwarzen Bevölkerung der Bahamas kamen nicht freiwillig in die Karibik, sondern wurden als Sklaven von Plantagenbesitzern auf die Inselgruppe gebracht oder direkt von der westafrikanischen Küste verschleppt und auf dem Sklavenmarkt verkauft. In den Jahren 1783 und 1784 wuchs die Bevölkerungszahl der Bahamas sprunghaft von ca. 4.000 auf etwa 10.000 Einwohner an, da nach dem Sieg der amerikanischen Revolutionstruppen eine große Anzahl englandtreuer Loyalisten aus Nordamerika nach England und in die Karibik auswanderte.

Mit den Loyalisten kamen die Plantagenwirtschaft im größeren Stil und entsprechend die Sklaven als Arbeitskräfte mit auf die Inseln. Der Anteil der schwarzen Bevölkerung wuchs damals auf 75 %. Diese Sklaven oder ihre Vorfahren stammten ursprünglich von der Westküste Afrikas. Dort hatten Mitte des 15. Jh. die Portugiesen mit dem Menschenhandel begonnen. Anfangs im kleinen Rahmen für den europäischen „Bedarf" und später, nach der Entdeckung Amerikas, in immer größer werdendem Umfang für Übersee. Da sich die indianischen Sklaven nicht für die harte Arbeit in den Bergwerken und auf den Zuckerrohrplantagen eigneten, entwickelte sich im 16. Jh. ein schwunghafter Menschenhandel mit afrikanischen Sklaven.

England war nach Spanien Mitte des 16. Jh. im großen Stil in dieses „Geschäft" eingestiegen, an dem sich selbst so relativ unbedeutende europäi-

info

sche Länder wie Dänemark eine goldene Nase verdienten. Die Sklaven wurden in küstennahen Gebieten Westafrikas gefangen, wie Frachtgut unter Deck geladen und unter den unmenschlichsten Bedingungen westwärts verschifft. Wenn ungünstige Windverhältnisse die Überfahrt zum amerikanischen Kontinent verzögerten, überlebte nur ein Drittel die Überfahrt. In der Karibik und auf dem amerikanischen Kontinent wurden die Überlebenden dann wie Vieh auf den Sklavenmärkten verkauft.

Wegen der katastrophal schlechten Arbeitsbedingungen überlebten viele Sklaven nur wenige Jahre ihrer Gefangenschaft, sodass weiterer „Nachschub“ erforderlich wurde. Vorsichtige Schätzungen gehen davon aus, dass insgesamt 30–40 Mio. Menschen von Afrika in die „Neue Welt“ verschleppt wurden. Die Sklaven, die mit den Loyalisten auf die Bahamas kamen, wurden dort anfangs überwiegend auf Baumwollplantagen als Arbeitskräfte eingesetzt.

Nach der offiziellen Abschaffung des Sklavenhandels in England im Jahr 1807 wurden auf den Bahamas auch freie Schwarze angesiedelt, die von den Sklavenschiffen stammten, die die englische Marine vor der Küste Amerikas aufgebracht hatte. Aus dieser Zeit stammen Siedlungen wie Adelaide Village oder später Grant's Town („Over-the-Hill“) auf New Providence. Bis die gesamte schwarze Bevölkerungsmehrheit ihre Freiheit erlangte, sollten aber noch Jahre vergehen. Nach der Abschaffung der Sklaverei durch den *United Kingdom Emancipation Act* 1934 vergingen noch vier Jahre, bis auch die Sklaven auf den Bahamas schließlich für frei erklärt wurden.

Zwischen 1829 und 1833 war es besonders auf den großen Plantagen auf den Exumas zu schweren Sklavenunruhen gekommen. Das Pompey Museum in Nassau ist nach einem der Anführer der schwarzen Freiheitsbewegung aus jenen Tagen benannt. Nach der Befreiung siedelte sich die schwarze Bevölkerung meist in kleinen Dörfern an, wie Freetown auf Grand Bahama Island. Als Lebensunterhalt dienten Landwirtschaft und Fischerei für den Eigenbedarf. Die großen Plantagen mussten wegen Unrentabilität in der Regel ohnehin aufgegeben werden, und viele weiße Siedler verließen zu jenem Zeitpunkt die Family Islands.

Die politische Macht erlangte die schwarze Bevölkerungsmehrheit allerdings erst schrittweise mit der Wahl Lynden Pindlings zum Ministerpräsidenten 1967 und der Unabhängigkeit 1973. Trotz Jahrhunderte währender Unterdrückung sind auch heute noch einige Dinge der alten westafrikanischen Kultur bewahrt oder in das moderne Leben der Bahamaer eingeflossen. Die Rhythmen des Goombay zum Junkanoo können ebenso wenig wie die Okraschote im Kochtopf der bahamaischen Küche ihren afrikanischen Ursprung verleugnen. Und auch heute noch spielen Bush Medicine und Obeah-Zauber, eine Variante des Voodoo, eine Rolle im Leben vieler Bahamaer.

Bis auf das touristisch gut erschlossene Harbour Island ist Eleuthera eher etwas verschlafen, aber darin liegt auch der besondere Reiz. Harbour Island mit seinem breiten, rosafarbenen Strand bietet ein exquisites Badevergnügen, aber die vielen kleinen, versteckten Strände der Hauptinsel lassen den Entdeckergeist erwachen. Hier findet man noch romantische Plätzchen am Meer, an denen man ganz ungestört ist. Es lohnt sich immer, nach den im Folgenden beschriebenen Orten selbst auf die Suche zu gehen und den Empfehlungen der Einheimischen zu folgen. Auch die touristischen Attraktionen, wie The Preacher's Cave, The Ocean Hole, die Glass Window Bridge und The Cave (bei Hatchet Bay), sind nicht überlaufen. Selbst die Städtchen Spanish Wells und Dunmore Town kann man in aller Gemütlichkeit zu Fuß erkunden. Für Taucher gibt es natürlich auch einige Leckerbissen, wie den Current Cut und das Train Wreck.

Romantische Plätzchen

Nord-Eleuthera

Der Norden von Eleuthera lässt sich gut von **Gregory Town** aus erkunden, da man sich für die Fahrt zum Preacher's Cave etwas Zeit nehmen sollte und Harbour Island sowie Spanish Wells noch in vertretbarer Reichweite liegen. Wer in Harbour Island abgestiegen ist, kommt mit der Fähre aufs Festland und übernimmt dort am Hafen den Mietwagen.

Bevor man sich jedoch mit dem Auto auf den Weg macht, sollte man es auf keinen Fall versäumen, auf die Anhöhe zu steigen und den herrlichen Ausblick über Gregory Town zu genießen. Der Hafen, der in einer idyllischen kleinen Bucht liegt, ist auf jeden Fall ein Foto wert. Auf dem Queen's Highway, der gut asphaltierten Nord-Süd-Hauptstraße der Insel, geht es dann an kleinen Ananasfeldern vorbei gen Norden.

Ananasfelder

Die Seen auf der rechten Seite des Highways, dienten früher der **Salzgewinnung**. Heute wird das Salz noch verwendet, um Fleischstücke zu pökeln – weniger als Gewürz. Bis zur Glass Window Bridge, einer der Hauptattraktionen Eleutheras, sind es von Gregory Town etwas mehr als 10 km. Unterwegs passiert man, ohne es zu bemerken, ein unscheinbares, graues, massives Tor auf der linken Straßenseite. Dahinter befindet sich das Tonstudio des US-amerikanischen Rockstars Lenny Kravitz, dessen Mutter von Eleuthera stammte.

Die **Glass Window Bridge**, eine ehemals natürliche Brücke über die engste Stelle der Insel, die bei einem Hurrikan brach und

Die Glass Window Bridge trennt den Atlantik von der karibischen Seite

ins Meer stürzte, besteht heute aus Beton. Für die Bahamaer ist die Brücke nicht weniger als eines der sieben Weltwunder. Die Brücke selbst gibt optisch nicht viel her und wird alle paar Jahre mit neuen mächtigen Betonblöcken befestigt. Daher kann man die Brücke nur auf einer Fahrspur queren. Denn hier treffen die Gewalten des Atlantiks nahezu ungebremst auf diese schmale Bresche, die Nord-Eleuthera vom Rest der Insel trennt. Ist der Sturm zu mächtig und die Wellen zu hoch, wird die Brücke offiziell geschlossen. Was den Atlantik aber nicht daran hindert, hin und wieder Menschen von der Brücke und den nahen Felsen zu wischen. Insulaner bezeichnen ein entsprechendes Wetter mit aufgewühltem Meer nicht umsonst als „**The Rage**" (die Wut). Der Name der Brücke erschließt sich, wenn man von der Ozeanseite unter der Brücke hindurchblickt. Denn auf der anderen, der karibischen Seite, sieht das Meer mit seinem ruhigen, türkisblauen Wasser ganz anders aus, eben wie durch eine Fensterscheibe.

Ungebremste Gewalten

Die zwei großen Felsbrocken, die vor der Brücke auf der rechten Seite liegen, sollen der Sage nach durch die „Wut" des Meeres auf das Land geschleudert worden sein. Sie werden „The Bull" (der Bulle) und „The Cow" (die Kuh) genannt.

Die Abzweigung nach **Whale Point** ist mit dem Auto nicht immer passierbar. Da es ohnehin eher ein unglaublicher Zufall wäre, wenn man von dort aus einen Wal nach Süden ziehen sehen würde, sollte man lieber auf dem Highway bleiben. Nach **Upper** und **Lower Bogue**, die in einer Senke liegen und regelmäßig überschwemmt werden, kommt man an der Straße zum Flughafen und nach Harbour Island vorbei. Hier links halten. Wenn man an der Abfahrt nach **The Bluff** auf der linken Seite vorbeikommt, sind es noch ca. 8 km, bis das nördliche Ende des Highways erreicht ist. In Bluff befindet sich übrigens das „North Eleuthera Shopping Center". Den größten Supermarkt des Nordens sollte man sich nicht entgehen las-

Am Pink Sands Beach auf Harbour Island

sen – auch wenn nachher nur eine Flasche Wasser und ein Schokoriegel im Einkaufswagen liegen.

Erste Siedlerbehausung

Am Ende des Highways geht es rechts zum **Preacher's Cave**. Man folgt der Beschilderung bis zu einem Wendeplatz. Hier parken und dem ausgetretenen Pfad landeinwärts folgen. Bald kommt die Höhle, deren Decke z. T. eingestürzt ist. Das ist der Ort, an dem die ersten europäischen Siedler, Seeräuber nicht mitgerechnet, auf den Bahamas ihre ersten Tage zubrachten – hier nahmen die heutigen Bahamas ihren Anfang und entstand die erste bahamaische Verfassung. Übriggeblieben sind etliche Nischen in der Wand und die sakrale Atmosphäre, die durch ein Loch in der Decke gestärkt wird, durch das Sonnenstrahlen hereinscheinen.

Der wunderschöne Strand auf der anderen Seite des Wendeplatzes eignet sich vorzüglich für ein Picknick oder eine Badepause. Wieder am Highway angelangt, geht es geradeaus nach **Gene's Bay** (ausgeschildert), von wo aus man mit einer kleinen Personenfähre nach Spanish Wells übersetzen kann.

Harbour Island

Vom Dock im Norden Eleutheras benötigt man mit dem Wassertaxi 10–15 Min. nach **Dunmore Town** auf Harbour Island. Der Ort war einst die Hauptstadt der Bahamas und um 1900 herum nach Nassau die zweitgrößte Stadt. Harbour Island ist heute ein Erlebnis für Wassersportler, Angler, Taucher und Sonnenanbeter.

An dem fast 5 km langen, fein rosafarbenen Atlantikstrand, dem **Pink Sands Beach**, wird vom Surfen bis zum Hochseeangeln fast jede Form des Wassersports angeboten und man kann interessante Tauchausflüge unternehmen. Die besondere Farbe des Strands entsteht übrigens durch Einzeller namens Foraminifera, deren Form mit einer winzigen Erdbeere vergleichbar ist.

Interessiert man sich für solche Dinge nicht, so sollte man lediglich einen Tagesausflug auf diese Insel einplanen und sich zu Fuß oder mit dem Golf Cart Dunmore Town ansehen, das nach dem 4. Earl of Dunmore und ehemaligen Gouverneur der Bahamas Ende des 18. Jh. benannt wurde. Diese Siedlung zählt zu den ältesten auf den Bahamas und beherbergt die älteste anglikanische Kirche auf dieser Insel-

Einladend: das Cocoa Coffee House in Dunmore Town

gruppe: **St. John's**, im Jahr 1768 erbaut. Die Kirche an der Dunemore Street ist sehr einfach ausgestattet und fast genau so leicht zu übersehen wie die **Loyalist Cottage** in der Bay Street links vom Anleger (wenn man die Insel betritt).

Direkt gegenüber dem Anleger, ebenfalls auf der linken Seite, ist das **Touristenbüro**, wo man sich einen kleinen Stadtplan besorgen kann. Am besten beginnt ein Rundgang am kleinen **Straw Market**, der nur aus wenigen Ständen am Hafen besteht. Die King Street hinauf, kommt man direkt zur **Wesley Church**, eine versammlungshausartige Methodistenkirche von 1843. St. John's ist ein Stück weiter in südlicher Richtung.

Clapboard-Häuschen

Um die Atmosphäre von Dunmore Town richtig genießen zu können, sollte man sich ein wenig Zeit nehmen und gemütlich durch die Gässchen schlendern, die hübschen, bunten Clapboard-Häuschen im „New England Style" ansehen, vielleicht bei „Dilly Dally" nach ein paar Souvenirs oder Büchern über Harbour Island stöbern, oder im „Tip Top Hardware Store" ein paar Schritte weiter den Buchvorrat mit ein paar gebrauchten Krimis aufstocken.

Dunmore Town ist ein Gesamtkunstwerk, das man auf sich wirken lassen muss. Hier wohnen viele reiche, hellhäutige Menschen, die meisten sind Nachkommen der Loyalisten. Die Arbeit wird von schwarzen Bahamaern gemacht, die morgens ab 7.30 Uhr mit dem Fährboot vom Festland kommen, sich am Imbissstand „The Shack" am Hafen ein kleines Frühstück oder einen Fischburger gönnen, um anschließend auf die jeweilige Baustelle zu gehen. Arbeiter von weiter entfernten Baustellen werde mit Pick-ups aufgesammelt und pünktlich vor Sonnenuntergang wieder am Hafen abgeliefert.

Etliche Läden öffnen erst um 11 Uhr, denn um diese Zeit kommt die Fähre aus Nassau an und die Tagestouristen treffen ein. Diese verlaufen sich schnell, verschwinden in den schicken Läden, Galerien, Cafés oder gleich am Pink Sands Beach, um dann um 15.40 Uhr wieder die Heimreise nach Nassau anzutreten. Sobald es dunkel wird, werden auf Harbour Island die „Bürgersteige hochgeklappt". Wer hier übernachtet, trifft sich im Restaurant, speist zu Hause oder macht in der Bar „Gusty's" die Nacht zum Tage. Stylishe, junge Menschen mit hüftigen Jeans und großen Brillen entstammen häufig der kreativen Szene aus New York, auch die eine oder andere Berühmtheit aus Film und Fernsehen schaut gelegentlich vorbei.

Spanish Wells

Von **Gene's Bay** aus erreicht man mit einem kleinen Boot in ca. 5 Min. den Ort **Spanish Wells** auf **St. George's Cay**. Spanish Wells gilt als der Ort mit dem höchsten Pro-Kopf-Einkommen auf den Bahamas. Diesen Wohlstand, der auch deutlich an den neugebauten Häusern zu sehen ist, erwirtschaften die Fischer des Ortes mit **Hummerfang**. Sehenswert hingegen ist der alte Ortsteil mit seinen hübschen Holzhäuschen und kleinen Wegen.

Wohlstand durch Hummerfang

Wer sich für die Geschichte der Insel und ihrer Bewohner interessiert, kann bei einem kleinen Spaziergang noch in das **Spanish Wells Museum** (So geschl.) hineinschauen. Von der Zeit der Lucaya-Indianer bis ins 20. Jh. kann man sich hier ein Bild vom vergangenen Leben auf St. George's Cay machen. Es wird vermutet, dass der Name Spanish Wells für die Ortschaft gewählt wurde, weil die spanischen Schiffe aus den Kolonien auf dieser Insel ihre Wasservorräte für die Rückkehr zum Mutterland aufgefrischt haben sollen (*spanish wells* = spanische Brunnen).

Süd-Eleuthera

Eine Exkursion in südliche Richtung führt von **Gregory Town** aus nach **Hatchet Bay**. Als Erstes passiert man Surfer's Beach. Hier gibt es große Wellen und man kann für 30 $ Surfbretter in Rebecca's Beach Shop ausleihen. „Surfer Pete", Rebeccas Ehemann, ist eine wahre Insellegende. Er kennt die Bucht in- und auswendig und ist der beste Surfguide weit und breit.

„Surfer Pete"

Vorbei geht es an den verfallenen Silos einer alten Milchviehfarm, die nach dem Zweiten Weltkrieg Nassau mit Milchprodukten versorgt hatte. Weiter südlich liegt die **Höhle von Hatchet Bay**. Im Schein der Taschenlampen ähnelt sie einer Kathedrale unter der Erde *(geführte Touren bietet Philip Thompson, ☎ 335-5243)*.

Nachdem man in **Alice Town** an einer Bucht entlanggefahren ist, kommt man zum Rainbow Inn Restaurant. Auf gleicher Höhe kann man links abbiegen, um zu einem der „versteckten" Strände zu gelangen, die nur bei Ebbe zugänglich sind. Nicht ohne Grund heißt der Strand „Hidden Beach".

Auf dem Weg nach **James Cistern** eröffnet sich ein wunderschöner Blick über die Klippen der Atlantikküste. Die erste geteerte Straße (rechts ab) hinter Governor's Harbour Airport führt zum **Browney Beach**, der nach der Auflösung des amerikanischen Militärstützpunkts ein idyllischer und recht einsamer Strand ist.

Bald ist **Governor's Harbour** erreicht, die Hauptstadt von Eleuthera. Hier legt die Fähre aus Nassau an, hier ist die Touristeninformation, und auch die **Haynes Library** in der Ortsmitte lohnt einen Besuch. Sie ist die älteste Bücherei der Insel und wurde bereits 1897 gegründet.

Hauptstadt von Eleuthera

Ein Abstecher auf den **Cupids Cay** über die Straße am Hafen entlang lohnt sich nur wegen der Aussicht von dort. Auf dem Weg dorthin sieht man auf der linken

Wasserlandschaft im Leon Levy Native Plant Reserve

Seite vor dem großen Verwaltungsgebäude mit der Post die **St. Patrick's-Kirche** aus dem 19. Jh., die zu den ältesten Gebäuden im Ort zählt.

Bewahrung der Flora und Fauna

Governor's Harbour verlässt man am besten auf der Heynes Avenue Richtung Osten, die bald zur Banks Road wird. Denn hier folgt nach wenigen Kilometern eine der größten Attraktionen von Eleuthera, das **Leon Levy Native Plant Preserve**. Es wurde am 24. März 2011 eröffnet und konnte bereits zwei Jahre später mehr als 10.000 Besucher aus aller Welt verbuchen. Rund 10 ha bieten Lebensraum für über 34 Vogel- und 35 Schmetterlingsarten sowie für 171 einheimische und über 100 verschiedene Arten von Heilpflanzen. Das Konzept ist durchaus ambitioniert: Ziel ist es, die Pflanzen- und Tierwelt der Bahamas zu bewahren, die medizinischen Einsatzbereiche der Flora zu erforschen und das Ganze für die Öffentlichkeit im wahrsten Sinne des Wortes erfahr- und vor allem begehbar zu machen. Die Idee zu diesem Naturpark hatten die US-Amerikaner Leon Levy und seine Frau Shelby White. Er, seines Zeichens Wallstreet-Financier, verstarb 2003, Shelby White aber ließ nicht ab von der Idee und erweckte sie zum Leben – in Zusammenarbeit mit dem Bahamas National Trust. Heute können Besucher über einen Bohlenweg durch die Mangrovenwelt der Bahamas, einen Pfad durch den Heilpflanzengarten und durch den einheimischen Busch wandeln sowie einen Wasserfallgarten erleben. Neben einem Pavillon für Schulungen gibt es einen Shop und einen Garten, in dem die Geschichte der essbaren Früchte der Bahamas erzählt wird – 500 Jahre Geschichte rund um Mango, Banane, Limone und vieles mehr.
Leon Levy Native Plant Reserve, *Banks Rd., ☎ 332-3831, www.levypreserve.org, tgl. 9–17 Uhr, Erw. 5 $, bis 12 Jahre 3 $.*

Ausritte

Weiter auf der Banks Road folgt die **Oceanview Farm**. Hier kann man die Landschaft Eleutheras auf dem Pferderücken entdecken. Geritten wird auf Pferden aus Florida, die meist schon ihre aktive Karriere hinter sich haben, das heiße Klima gewöhnt sind und hier zur Ruhe kommen sollen.

Oceanview Farm, *Banks Rd., ☎ 357-4258, www.oceanview242.com, Mo–Sa 9–16 Uhr, einstündige Ausritte jeweils um 9.30 und 11 Uhr.*

Fische füttern am Rock Sound Ocean Hole

Die Banks Road folgt der Küstenlinie. Hier haben sich etliche wohlhabende US-Amerikaner für ihren Ruhestand niedergelassen. An der folgenden Kreuzung Church Street in North Palmetto Point, geht es rechts ab, und bald ist der Queen's Highway wieder erreicht. Der nächste Ort, **Savannah Sound**, ist stolz auf einen berühmten Sohn: Timothy Gibson (1903–1979) war Lehrer, Dichter und Komponist. Seinen größten Erfolg feierte er am 10. Juli 1973, als zur Unabhängigkeit der Bahamas „March on, Bahamaland" gespielt wurde. Gibson hatte das Lied geschrieben, das zur Nationalhymne werden sollte.

In **Tarpum Bay**, dem nächsten Ort hinter Savannah Sound, ist ein burgähnliches Gebäude kaum zu übersehen. Dieses exzentrische Bauwerk war das Domizil des verstorbenen englischen Künstlers Lord McMillen-Hughes und ist bis heute einen Fotostopp wert. Das Anwesen kann als luxuriöses Feriendomizil gemietet werden.

In **Rock Sound**, ca. 15 km weiter, wartet eine bahamaische Spezialität auf Fischfütterer, Picknicker und Badefreudige: das **Ocean Hole**. Dieser fast kreisrunde „See" hat einen Durchmesser von rund 100 m. Es handelt sich um eine Röhre im Kalkgestein, die auf mindestens 200 m Tiefe geschätzt wird. Da der See Salzwasser enthält, ist entsprechend eine Verbindung zum Meer gegeben. Angeln ist verboten, Fische füttern erlaubt. Zum Ocean Hole kommt man, wenn man in Rock Sound beim entsprechenden Schild links abbiegt und dann in die Straße zwischen Schule und Friedhof rechts abbiegt.

Fische füttern

Wenige hundert Meter weiter hinter der Stadtgrenze von Rock Sound liegt gegenüber einer prächtigen weißen Kirche das örtliche **Boiling Hole**, umgeben von Fels und Gestrüpp. Ebenso ein netter, romantischer Platz für ein Picknick – falls beim Ocean Hole zu viel los ist.

An einen Scheideweg kommt man in **Green Castle**, ca. 15 km südlich von Rock Sound. Wer sich rechts hält, gelangt zum Cape Eleuthera. Dieser Weg lohnt sich eigentlich nicht. Links herunter wartet dafür **Lighthouse Point** bzw. East End Point mit einem wunderbaren Strand und herrlicher Aussicht auf.

Leuchtturm mit Strand

Reisepraktische Informationen Eleuthera

Information

The Bahamas Ministery of Tourism – Eleuthera, *Queen's Hwy., Governor's Harbour, ☏ 332-2142, www.bahamas.com/islands/eleuthera.*
Eleuthera Office – Harbour Island, *Dunmore Street, Harbour Island, ☏ 333-2621, www.eleuthera.com.*

Wichtige Telefonnummern

Notfall/Polizei, *☏ 919.*
Governor's Harbour, *☏ 332-2117.*
Harbour Island *☏ 333-2111.*
Rock Sound Airport, *☏ 334-2052.*
Spanish Wells, *☏ 333-4030.*

Im Krankheitsfall

Governor's Harbour, *The Levy Medical & Health Center, ☏ 332-2774.*
Harbour Island Clinic, *☏ 333-2227 hier gibt es einen Arzt im 24-Stunden-Bereitschaftsdienst und drei Krankenschwestern.*
Spanish Wells Clinic, *☏ 333-4064.*

Banken

First Caribbean International Bank, *Governor's Harbour, ☏ 332-2300, mit Geldautomat.*
Royal Bank of Canada, *Governor's Harbour, ☏ 332-2856; Harbour Island, ☏ 333-2250; Spanish Wells, ☏ 333-4131, mit Geldautomat.*
Scotiabank, *Lower Bogue, ☏ 335-1400; Rock Sound, ☏ 334-2620, mit Geldautomat.*

Unterkunft

Eleuthera

Laughing Bird Apartments (4) $$, *Governor's Harbour, ☏ 332-2012. Nette kleine Anlage direkt in Governor's Harbour an der „Strandpromenade" gelegen. Von den Hängematten in dem wunderschönen Garten aus hat man einen traumhaften Blick aufs Wasser und den Laughing Bird Cay. In einer kleinen Küche kann man sich hier zur Abwechslung auch mal selbst etwas brutzeln.*
Unique Village (5) $$–$$$, *Governor's Harbour, ☏ 332-1830, www.uniquevillage.com. 1992 gebaute Anlage bei North Palmetto Point mit Einzel- und Doppelzimmern sowie Apartments mit kleiner Küche. Der Blick vom Balkon geht immer auf den prächtigen Strand.*
Rainbow Inn (3) $$–$$$, *Hatchet Bay, ☏ 335-0294, www.rainbowinn.com. Etwas außerhalb von Alice Town an der Rainbow Bay gelegene Anlage mit netten Häuschen. Hier kann man in Ruhe den Urlaub genießen. Je nach Lust und Laune wechselt man zwischen Atlantik- und Karibikstrand, die beide nicht weit entfernt sind. Für die Erkundung der Gegend gibt es Fahrräder. Tauchprogramme werden vom Hotel organisiert. Das Restaurant ist sehr gut und die Bar gemütlich.*
Spanish Wells Yacht Haven (1) $$–$$$, *Harbourfront, Spanish Wells, ☏ 333-4255. Da es hier nur drei Zimmer und zwei Apartments mit kleiner Küche gibt, sollte man*

früh genug buchen. Da die Anlage in den modernen Jachthafen integriert ist, kann man alle Annehmlichkeiten einer solchen Einrichtung genießen.

The Cove (2) $$$$–$$$$$, *Gregory Town, ☏ (888) 776-3901, www.thecoveeleuthera.com. Vor einiger Zeit prächtig renoviert und seitdem eines der luxuriösesten Resorts Eleutheras. Nördlich von Gregory Town an einer idyllischen Bucht gebaute Anlage mit schicken Bungalows. Die Betreuung ist hier sehr persönlich. Fahrräder und Kajaks ohne Aufpreis. Tauchprogramm und andere Aktivitäten werden organisiert. Das ausgezeichnete Restaurant ist auf der ganzen Insel bekannt (s. u.).*

Harbour Island

Coral Sands Beach Resort (2) $$$–$$$$, *Chapel St., ☏ 333-2350, www.coralsands.com. Ein eher traditionelles Hotel – gebaut in den 1970er-Jahren – mit karibischem Touch. Das Coral Sands Hotel liegt direkt am Atlantikstrand und bietet ein ausgedehntes Wassersportprogramm. Gut für Familien mit Kindern geeignet.*

The Landing (3) $$$–$$$$, *Bay St., ☏ 333-2707, www.harbourislandlanding.com. Kleines Hotel direkt am Dock von Dunmore Town. Einige Zimmer haben einen schönen Ausblick auf den Hafen und das bunte Treiben auf der Bay Street. Bekannt ist das Restaurant, das zu den besten auf Harbour Island gehört.*

Romora Bay Club & Resort (5) $$$–$$$$, *Colebrook St., ☏ 333-2325, www.romorabay.com. 2011 um eine eigene Marina erweitert und renoviert, bietet das zwischen Strand und Hafen in einem schönen Garten mit Kokospalmen gelegene Resort heute jeden Luxus – bis zur iPod-Dockingstation im Zimmer. Jedes Zimmer hat einen eigenen Balkon oder eigene Terrasse. Die Zimmer sind nett möbliert. Großes Angebot an Wassersportmöglichkeiten.*

Pink Sands Resort (1) $$$$$, *Chapel St., ☏ 333-2030, www.pinksandsresort.com. Direkt am Strand gelegene Luxusanlage, die aus vielen kleinen, in einen Garten eingebetteten Häuschen besteht. Die Inneneinrichtung ist sehr stilvoll, und selbst das Badezimmer ist ein Erlebnis. Wassersportaktivitäten aller Art werden vom Hotel ebenso arrangiert wie Fahrrad- oder Golf-Cart-Verleih. Darüber hinaus verfügt die Anlage über drei Tennisplätze.*

Romora Bay Club & Resort auf Harbour Island

Tipp Unterkunft

Valentines Resort & Marina (4) $$$$–$$$$$, *Bay St., ☎ 333-2142, www.valentinesresort.com. Liegt mitten in Dunmore Town an der Hafenseite, wird auch auf Wunsch vom Fährboot angefahren. Rustikal, aber komfortabel eingerichtet, witzige Club-Atmosphäre mit Bar über dem Wasser. Die Zimmer sind großzügig in einer Art kolonialem Stil eingerichtet und haben eine Küche. Genau das Richtige für Taucher, Angler und Freizeitkapitäne, da das Hotel über ein entsprechend breites Wassersportangebot, ein Tauchcenter und einen eigenen Jachthafen verfügt.*

Restaurants/Nachtleben Eleuthera

The Cove, *nördlich von Gregory Town, ☎ 335-5142, www.thecoveeleuthera.com. Ausgezeichnetes Restaurant des Anlage The Cove (s. Unterkunft) mit bahamaischer und internationaler Küche. Man sollte das für Nord-Eleuthera typische Ananasdessert nicht versäumen.*

Rainbow Inn, *Hatchet Bay, ☎ 335-0294. Beliebtes Restaurant, das zur gleichnamigen Anlage (s. Unterkunft) gehört. Mit Meerblick und netter Bar für „danach“. Reichhaltige Speisekarte.*

Buccaneer Club (1), *Haynes Ave., Governor's Harbour, ☎ 332-2000. Gutes bahamaisches Essen und Fischspezialitäten, auch ein Ausflug in die chinesische Küche ist möglich.*

Basketballspiel in Dunmore Town auf Harbour Island

Muriel's Bakery (2), *Restaurant & Grocery, North Palmetto Point,* ☎ *332-1583. Gut für Gebackenes zum Mitnehmen.*
Sammy's Place (3), *Albury's Lane, Rock Sound,* ☎ *334-2121. Einfaches Restaurant. Hier gibt es bahamaisches Essen im Original und die dazugehörigen einheimischen Originale als Zugabe. Die Conchfritters sind sehr zu empfehlen.*

Harbour Island

Angela's Starfish Restaurant (2), *Dunmore & Grant St.,* ☎ *333-2253. Einfaches, aber gutes Restaurant für Liebhaber von Fisch und Meeresfrüchten.*
Gusty's (1), *Coconut Grove Ave.,* ☎ *333-2165. Der ideale Platz zum abendlichen Abhängen mit Bier und guten Gesprächen – bis in den Morgen. Meist gibt's noch ein wenig Livemusik dazu.*
Romora Bay Club, *Colebrook St.,* ☎ *333-2325, www.romorabay.com (s. Unterkunft). Die Küche bietet von allem etwas. Sonntagnacht-Buffet mit karibischer Musik.*
Seagrapes Nightbar (5), *Colebrook St.,* ☎ *333-2439. Witzige Bar, in der häufig auch Livemusik gespielt wird.*
The Shack (4), *direkt am Hafen. Gut frequentierte Mutter aller bahamaischen Imbissbuden mit einem hervorragenden Durchsatz. Hier decken sich die Arbeiter morgens ein, bevor sie auf die Baustelle gehen. Hier gibt's Fischburger mit Pommes für 9 $, eine kleine Flasche Wasser geht für 1 $ über die Theke, ein Kaffee für 1,50 $.*
Sip Sip Restaurant (3), *Court St.,* ☎ *333-3316. Bahamaische Klassiker wie Conch Chili kann man genauso bestellen wie Hummer-Quesadillas, allerdings nur zum Lunch, abends ist geschlossen. „Sip Sip" heißt übrigens Klatsch und Tratsch im Bahamian Slang.*
Cocoa Coffee House, *Bay St., Dunmore Town,* ☎ *333-1323. Leckere Tee- und Kaffeespezialitäten sowie kalte Erfrischungen. Mo–Sa 7–16, So 7–12 Uhr.*

Einkaufen

Island Made Giftshop, *Queen's Hwy., Gregory Town,* ☎ *335-5369. Hier gibt es eine große Auswahl an selbst gemachten Souvenirs, die manche Erwartung an üblichen Mitbringseln mehr als erfüllen werden.*
Gregory Town Plantation & Distillery, *Queen's Hwy., Gregory Town, Ananasschnaps aus Nord-Eleuthera.*
Dilly Dally, *King & Dunmore St., Harbour Island,* ☎ *333-3109. Kleidung, Souvenirs und eine hervorragende Sammlung an Literatur über Eleuthera und Harbour Island.*
Tip Top Hardware Store, *Dunmore St., Harbour Island,* ☎ *333-2251. Nicht nur ein aus der Zeit gefallener „Kolonialwarenladen", in dem es fast alles gibt, hier steht auch das einzige Regal weit und breit, in dem gebrauchte Bücher zum Kauf angeboten werden.*
Princess Street Gallery, *Princess St., Harbour Island,* ☎ *333-2788, www.harbourislandgallery.com. Zeitgenössische bahamaische Kunst – vom Aquarell bis zur Wanduhr.*

Sportangeln

Coral Sands Beach Resort, *Chapel St., Harbour Island,* ☎ *333-2350, www.coralsands.com (s. Unterkunft).*
Valentines Resort & Marina, *Bay St., Harbour Island,* ☎ *333-2142, www.valentinesresort.com (s. Unterkunft).*
Romora Bay Club & Resort, *Colebrook St., Harbour Island,* ☎ *333-2325, www.romorabay.com (s. Unterkunft).*

Bootsverleih

Romora Bay Club *und* **Valentines** *(s. o.). Am Hafen von Current kann man auch Boote leihen, man muss sich aber durchfragen, wo gerade eins frei ist.* **The Cove** *(s. Unterkunft) stellt seinen Gästen* Kajaks *für Tagesausflüge zur Verfügung.*

Wassersport

Surfmöglichkeiten bieten **Romora Bay Club** *und* **Valentines** *(s. o.), das Valentines auch Wasserski.*

Tauchen/Schnorcheln

Clearwater Dive Shop, *Queen's Hwy. (im Gebäude des Liquor Store), Governor's Harbour, ☎ 332-2146.*

Valentines Dive Center, *Bay St., Harbour Island, ☎ 333-2080, www.valentinesdive.com. Bietet das komplette Spektrum für Taucher – Anfänger wie Profis. Ein besonderes Schmankerl ist ein Bootsausflug zum* **Current Cut High Speed Drift Dive**, *der wegen seiner besonders starken Strömung bei vielen als einer der besten Tauchgänge der Welt gilt. Bootsmiete inkl. drei Tauchgänge: 1.120 $. Bei 6 Pers. oder mehr kostet der Spaß dann 180 $ pro Taucher.*

Tennis

Auf Harbour Island gibt es eine gute Auswahl an Plätzen. Hier verfügen die Hotelanlagen (s. Unterkunft) **Pink Sands Resort**, **Coral Sands Beach Resort**, **Romora Bay Club**, **Valentines** *und* **The Dunmore** *(☎ 333-2200, www.dunmorebeach.com) über Tennisplätze, auf denen nicht nur Gäste spielen dürfen.*

Strände

Der breite und fast 5 km lange Strand an der Atlantikküste von Harbour Island gilt als einer der besten der Bahamas. Der Sand hier ist besonders fein und rosafarben. Da Harbour Island jedoch touristisch gut erschlossen ist, ist man hier selten allein. Für Individualisten sind eher die kleinen versteckten Strände der Hauptinsel zu empfehlen. Auf Eleuthera kann man wirklich noch den ganz „privaten" Strand entdecken. Ein Surferparadies ist der Atlantikküstenabschnitt „Surfer's Beach" auf der Höhe von Gregory Town.

Veranstaltungen

Pineapple Festival *in Gregory Town (erste Juniwoche), Volksfest mit Ananascocktail-Wetttrinken.*

Flüge

Auf Eleuthera gibt es drei Flughäfen: **North Eleuthera Airport** *in Lower Bogue,* **Governor's Harbour Airport** *und* **Rock Sound Airport**. *Wer Harbour Island als Urlaubsziel anpeilt, sollte sich für den North Eleuthera Airport entscheiden.*

Einige wichtige nationale Fluglinien, die Eleuthera anfliegen:
Bahamasair, *Lower Bogue, ☎ 335-1152, www.bahamasair.com.*
Pineapple Air, *Rock Sound, ☎ 332-3811, www.pineappleair.com.*
Southern Air, *Governor's Harbour, ☎ 332-3270, www.southernaircharter.com.*

Transfer vom Flughafen

Bei Ankunft der Flüge stehen immer Taxis bereit. Die Kosten für die Fahrt richten sich *nach der Entfernung zum gewünschten Hotel/Resort. Wer auf dem falschen Flughafen landet und z. B. von North Eleuthera nach Rock Sound möchte, der muss mit rund 200 $ für das Taxi rechnen. Vom Flughafen North Eleuthera nach* **Harbour Island** *kostet der Transport 15 $, 10 $ für das Taxi, 5 $ für das Fährboot.*

Fähre/Postschiff

Fähren von Nassau nach Eleuthera

Bahamas Ferries, *Nassau, ☎ 323-2166, www.bahamasferries.com.*
Die Schnellfähre **MV Bo Hengy** *fährt tgl. von Nassau nach Harbour Island und North Eleuthera und zweimal wöchentlich von Nassau nach Governor's Harbour.*

Mit dem Postschiff

Mehrere Postschiffe (Mail Boat) laufen Eleuthera vom Potter's Cay in Nassau aus an.
Die **MV Current Pride** *fährt einmal die Woche von Nassau nach Current Island.*
Die **Bahamas DayBreak III** *verlässt Mo den Hafen Richtung South Eleuthera und Rock Sound und kehrt Di nach Nassau zurück. Do führt die Tour dann nach Harbour Island und The Bluff, Rückkehr Sa.*
MV Eleuthera Express *fährt von Nassau nach Spanish Wells und Governor's Harbour (Mo und Do) und zurück (Sa und So) nach Nassau.*
Allerdings richten sich die Fahrpläne sehr oft nach den Wetterbedingungen. Am besten den Hafenmeister in Potter's Cay Dock in Nassau, ☎ 393-1064, nach den aktuellen Abfahrtszeiten der Schiffe fragen.

Fähren nach Harbour Island und Spanish Wells

Die örtlichen Fähren unterhalten einen **Shuttle Service** *zwischen der Hauptinsel und Harbour Island, Gene's Bay und Spanish Wells. Normalerweise verkehren die Fähren zwischen 6 Uhr morgens und 19 Uhr abends. Abgelegt wird je nach Bedarf.*
Nach **Harbour Island** *kostet das Fährboot 5 $ ein Weg, Fahrzeit ca. 15 Min.*

Nach Spanish Wells

Abfahrt Dock in Gene's Bay. Die Überfahrt kostet ca. 10 $ hin und zurück (5 Min.).

Mietwagen

Hilton Johnson, *Governor's Harbour, ☎ 335-6241.*
Sunshine Rentals, *James Cistern, ☎ 359-7840.*
Winsett „Big Daddy“ Cooper Rental Cars, *Palmetto Point, ☎ 225-2914, www.wcbigdaddyrentalcars.com.*

Fahrradverleih

Die meisten Resorts vermieten Fahrräder an ihre Gäste.

Taxis

Es empfiehlt sich, Taxis nur für den Transport vom und zum Flughafen zu nehmen. An den Flughäfen und Fähranlegern warten immer genügend Taxis. Es gibt etliche Taxiunternehmen, im Folgenden einige Adressen aus verschiedenen Teilen Eleutheras:
Arthur Nixon, *Governor's Harbour, ☎ 332-1006.*
Lymon Neely, *Lower Bogue, ☎ 422-9629.*
Reggie Major, *Dunmore Town, ☎ 333-3030.*

Cat Island
N
0
10 km
© graphic
Grape Point
Man O' War Pt.
Flamingo Point
Bat Hole
Blue Hole
Camperdown Beach
Bain Town
Arthur's Town Airport
North East Point
Port Royal Beach
Orange Creek
Arthur's Town
Gaitor's Hole
Zion Hill
Dumfries
Bird Point
Wilson Bay
Bennett's Harbour
ATLANTIC OCEAN
Anschluss ca. 15 km
Alligator Point
Pigeon Cay Beach
The Bluff
Little San Salvador
Gaitor's
Industrious Hill
Bat Caves
Stephenson
The Cove
Alligator Bay Beach
Hart's Bay Hill
Knowles
Fine Bay
Exuma Sound
Turtle Cove
Smith's Bay
New Bight Airport
Big Turtle Cove
Fernandez Bay
Freetown
The Hermitage
Mt. Alvernia (Como Hill)
New Bight
63 m (206 ft)
Pigeon Bay
Moss Town
Old Bight
Joe Sound Creek
Armbrister Creek
Boiling Hole
Healing Hole
Winding Bay
Great Lake
Greenwood Beach
McQueen's
Red Pond
Hawk's Nest Point
St. John the Baptist Cath. Church
Port Howe
Hawk's Nest Creek
Morgans Bay
Bain Town
Cutlass Bay
Columbus Point
French Bay
Devil's Point
Devil's Point
Unterkünfte
1 Shannas Cove
2 Pigeon Cay Beach Club
3 Fernandez Bay Village
4 Bridge Inn
5 Greenwood Beach Resort
Essen & Trinken
1 Yardies Restaurant & Bar
2 Dis We Place

Cat Island

Telegramm Cat Island

Name	Cat Island
Fläche	390 km²
Länge	77 km
Einwohnerzahl	1.500 (2010)
Einwohnerzahl pro km²	3,9
Größter Ort	New Bight
Weitere Orte	Arthur's Town, Port Howe, Moss Town, Freetown
Wichtigste Wirtschaftszweige	Landwirtschaft, Fischerei, Tourismus
Touristisches Potenzial	schöne Strände, The Hermitage, Tauchen

Cat Island erstreckt sich südöstlich von Eleuthera über ca. 77 km zwischen Atlantik und dem Exuma Sound. Wie Eleuthera ist die Insel sehr schmal und an manchen Stellen nur etwas über einen Kilometer breit. Sie ist ein Paradies für Liebhaber einsamer Strände und beschauliche Abendstunden in der Hängematte.

Naturbelassene Strände

Cat Island hat mit die schönsten Strände der Bahamas, wenn man sie naturbelassen und einsam liebt. Da diese Insel aber immer noch so etwas wie ein Geheimtipp für Individualisten ist, taucht sie bisher in keiner Rangliste auf.

Strandrestaurant bei New Bight auf Cat Island

Entfernungen

New Bight – Bennett's Harbour 41 km
New Bight – Arthur's Harbour 53 km
New Bight – Old Bight 12 km
New Bight – Devil's Point 27 km

In einem Punkt ist Cat Island jedoch unbestritten spitze: Der **Mount Alvernia** ist mit seinen fast 63 m über dem Meeresspiegel die höchste Erhebung der Bahamas. Von diesem „Berg" aus hat man einen 360-Grad-Panoramablick über die Insel. Die mittelalterliche Einsiedelei auf dem Gipfel, die unbedingt sehenswerte „**The Hermitage**", wurde ab 1939 von Father Jerome errichtet, der sein Leben der Verbreitung der kirchlichen Botschaft widmete. Jerome war von Haus aus Architekt und schlug aus solidem Felsen per Hand die Stufen aus, die bis heute einen Kreuzweg hoch zur Einsiedelei symbolisieren. Viele andere eindrucksvolle Bauwerke auf Cat und Long Island stammen aus seiner Hand. Father Jerome wurde von den Einwohnern als ein Heiliger betrachtet.

Schöne Westküste

Die meist schwer zugängliche Atlantikküste kann jedoch mit der wunderschönen Westküste zum Exuma Sound hin keine Konkurrenz aufnehmen. 2011 wurde Cat Island vom Hurrikane „Irene" schwer in Mitleidenschaft gezogen, ein paar Spuren davon sind bis heute erkennbar.

Geschichte

Bei den Lucaya-Indianern hieß Cat Island **Guanima** und war zu dem Zeitpunkt, als Kolumbus diese Insel entdeckte, relativ gut besiedelt. Da man lange glaubte, dass Cat Island diejenige Insel der Bahamas sei, auf der Kolumbus zuerst an Land ging, hieß sie bis 1926 **San Salvador**. Ihren heutigen Namen verdankt **Cat Island** allerdings einem Piraten namens Arthur Catt, der Anfang des 18. Jh. in den Gewässern

Fernandez Bay Beach auf Cat Island

der Karibik sein Unwesen trieb. Auch Arthur's Town im Norden der Insel wurde nach diesem Piraten benannt.

Redaktionstipps

➤ Unbedingt anschauen: **The Hermitage** (S. 229).
➤ Hingehen und Hinhören: **Rake 'n' Scrape-Musik** in einigen Bars (S. 228).
➤ Cat Island gilt nicht nur für Eingeweihte als **einer der besten Tauchspots der Bahamas** (S. 233).

Nachdem die Spanier die Indianer zur Zwangsarbeit auf Hispaniola verschleppt hatten, war die Insel lange unbewohnt. Erst mit den Loyalisten kamen gegen Ende des 18. Jh. wieder Siedler nach Cat Island. Sie stammten aus Virginia und Carolina und brachten den Baumwollanbau mit. Nach 20 Jahren recht erfolgreichen Anbaus zerstörte die Braunfäule den Großteil der Ernte und brachte ernsthafte wirtschaftliche Probleme mit sich. Nach der 1834 in England proklamierten und 1838 durchgesetzten Abschaffung der Sklaverei wurde die Baumwollproduktion dann endgültig unwirtschaftlich. Wer zu dem Zeitpunkt Cat Island nicht verlassen hatte, versuchte, sich in Subsistenzwirtschaft mit Ackerbau und Fischerei über Wasser zu halten.

Cat Island heute

Weder an der Abgeschiedenheit noch an der wirtschaftlichen Lage von Cat Island scheint sich bis heute viel geändert zu haben. Zwar wird ein kleiner Anteil an der Gemüse- und Obstproduktion der Insel nach Nassau verschifft, aber viel Geld kommt damit nicht nach Cat Island. Für den eigenen Bedarf wird eine Vielfalt an Gemüse- und Obstsorten angebaut. So sieht man häufig Tomaten, Kartoffeln, Melonen, Ananas und vieles mehr auf kleinen Feldern am Wegesrand wachsen.

Obst, Gemüse und Fisch für den Eigenbedarf

Die Fischerei ist auch nicht von nennenswerter Bedeutung. Es wird gefangen, was auf der Insel benötigt wird. Selbst der für einige andere Bahamainseln so wichtige Wirtschaftszweig des Tourismus ist auf Cat Island gerade erst den Kinderschuhen entwachsen. Es gibt nur vereinzelt Hotels, und bis auf The Hermitage, eine Höhle und ein paar verfallene Anwesen lange verlassener Plantagen gibt es nicht viel zu sehen. Aber gerade das macht den Reiz der Insel aus. Hier kann man sich an einsamen Stränden erholen, ohne vom Touristentrubel gestört zu werden.

Späte Elektrifizierung

Anfang der 1990er-Jahre wurde erst mit der **Elektrifizierung** der Insel begonnen. Ohne Generator war man bis dahin also auch ohne Strom, und die Straßenverhältnisse müssen bis Mitte der 1990er-Jahre auch ziemlich verheerend gewesen sein. Heute ist es allerdings kein Problem mehr, auf der inzwischen gut geteerten Hauptstraße von Norden nach Süden zu kommen. Trotz dieser Errungenschaften hat man das Gefühl, dass die Zeit auf dieser Insel stehengeblieben ist und das 21. Jh. noch nicht eingeläutet wurde. Auch die Bahamaer selbst sind der Meinung, dass auf Cat Island noch alles recht ursprünglich ist und die Menschen noch nicht vom Tourismus beeinflusst sind wie auf anderen Inseln.

Es gibt wenige Autos auf der Insel, in einigen Ortschaften kann man zusehen, wie nach altem Brauch Basttaschen und -hüte gefertigt werden. Gelegentlich sieht man auch noch Flaschen an den Bäumen hängen, die böse Geister vertreiben sollen.

Dieser **Obeah-Zauber**, der aus Voodoo-Bräuchen entsprang, spielt auf Cat Island auch heute noch eine Rolle. Einen sehr berühmten „Sohn" hat die Insel jedoch hervorgebracht. In Arthur's Town verbrachte der oscarprämierte Schauspieler Sidney Poitier seine Jugendjahre.

Rake 'n' Scrape Festival

Ein bisschen mehr los ist auf Cat Island zum **Rake 'n' Scrape Festival**, das jedes Jahr im Juni stattfindet. Viele bekannte Bands von den Bahamas und der Karibik treten in Arthur's Town beim Flughafen auf, z. B. die „Lassido Boys",„Ancient Man" oder „Veronica Bishop". Wie auf einem Rummelplatz werden Stände aufgestellt, die für das leibliche Wohl sorgen.

info

Rake 'n' Scrape Musik

Sinngemäß „Harken und Kratzen" heißt der Musikstil, der an einigen Ecken der Bahamas angetroffen werden kann. Cat Island gilt als die Hochburg, aber auch in Long Island und anderen Inseln kann man Rake 'n' Scrape begegnen. Natürlich gibt es Calypso, Soca und Reggae, Pop nicht zu vergessen. Die ärmere Bevölkerung aber hält an Rake 'n' Scrape fest, denn die Auswahl der Musikinstrumente ist recht einfach: vielleicht eine Säge, ein Waschbrett, eine Blechtonne, dazu vielleicht eine Gitarre, ein wenig Gesang, und fertig ist die Show. Die früheren Sklaven hatten den Sound aus der afrikanischen Heimat mitgebracht. Denn sie überzogen Schweinetröge mit Ziegenleder, fertig war die Trommel, entlockten einer Säge Töne, indem sie mit einer Feile darüber kratzten und bastelten eine Bassvioline aus einem Waschzuber mit Schnüren. Heute verstärken Saxophone und elektrische Gitarren die Sägen und Trommeln der Rake 'n' Scrape Bands – der Sound auf jeden Fall ist mitreißend bahamaisch.

Für Cat Island sollte man sich entscheiden, wenn man einen ruhigen Strandurlaub plant. Man sollte sich für die Abende etwas zu lesen mitbringen und sich ganz der Entspannung hingeben – oder tauchen gehen. Fernandez Bay Village, das Greenwood Beach Resort und Shannas Cove verfügen über sehr gute Tauchmöglichkeiten. Eine Inselrundfahrt im gemieteten Auto ist darüber hinaus zu empfehlen. Man kann sich dann The Hermitage ansehen, zu entlegenen Stränden fahren und die ruhige Atmosphäre der Insel genießen.

Der Süden

Von **Fernandez Bay Village** aus, das in der Nähe des Flugplatzes von New Bight liegt, empfiehlt es sich, für den Süden und den Norden mindestens einen Tag für eine Tour einzuplanen. Auf der Südroute kommt man am Flughafen vorbei, bevor **Freetown Settlement** und **The Bight Settlement** erreicht werden. Hier lohnt es sich, an der Kirche **Holy Redeemer Catholic Church** auf der linken Seite Halt zu machen und sich die Malereien am Eingang anzusehen. Außer einem netten Strand, der über die Straße gegenüber der Kirche erreicht werden kann, gibt es hier nicht viel anzuschauen. Im **Bridge Inn**, das von der Hauptstraße aus zu sehen ist, kann man sich schon einmal mit einer Kleinigkeit für den Aufstieg zu **The Hermitage** stärken.

Schreibpult von Father Jerome in der Hermitage

Zu dieser Einsiedelei, die **Father Jerome** auf dem höchsten Punkt der Bahamas nach seinem Rückzug vom aktiven Gemeindeleben 1939 mit eigenen Händen errichtete, gelangt man auf einer Straße, die kurz vor dem **Bluebird** (kleine Restaurantkneipe auf der rechten Seite) nach links abzweigt. Der Aufstieg entlang des Kreuzwegs erfolgt zu Fuß. Hier bekommt man gleich einen Eindruck von den Mühen, die Father Jerome auf sich genommen hat, um das Material für seinen „Altersruhesitz" den teils recht steilen Weg hinaufzutragen. Auf dem letzten Stück ist auf Felsbrocken der **Passionsweg** von Jesus Christus dargestellt. Oben angelangt, sollte man zunächst die wunderschöne Aussicht genießen. Aber auch die Besichtigung der kleinen Klause, in der der Pater bis zu seinem Tod 1956 lebte, und des Glockenturms sind sehr interessant, die Atmosphäre ist andächtig. Wer dem Weg an der Einsiedelei vorbei folgt, kommt schnell an einen kleinen Pfad, der nach rechts abzweigt. Hier geht es noch rund 5 Minuten durch das Gestrüpp, dann erreicht man den Eingang einer kleinen Höhle. Hier lebte Father Jerome, als er die Hermitage baute.

Father Jerome: Kirchenbauer, Priester, Einsiedler

info

Allein auf Cat Island hinterließ er vier Kirchen, auf dem benachbarten Long Island baute er zwei Kirchen in Clarence Town: St. Paul's Anglican Church und St. Peter and Paul Roman Catholic Church. Bis heute sind die Kirchen berühmte, gut besuchte Bauwerke und architektonische Schmuckstücke. Eigentlich aber war Father Jeromes Vorbild der heilige Franz von Assisi – er wollte nur in Einsamkeit und als Armer unter den Armen leben. Daher kam er 1939 nach Cat Island. Vorher aber hatte Father Jerome ein durchaus bewegtes Leben, das ihn durch die ganze Welt geführt hatte.

Geboren wurde Father Jerome 1876 in Richmond, England, als John C. Hawes, Sohn eines wohlhabenden Rechtsanwalts. Sein Vater fragte ihn im zarten Alter von 16 Jahren, was er denn mal werden wollte. John wusste keine Antwort. Der Vater beschloss, aus ihm einen Architekten zu machen. Doch John hatte früh einen christlichen Winkel in seiner Seele entdeckt und wurde Kirchenarchitekt. Mit gerade einmal 22 Jahren konnte er einen seiner Pläne für ein Kirchengebäude in der Royal Academy in London prä-

info

sentieren. Ab da war er ein gefragter Kirchenbaumeister, in der ganzen Welt und auf unzähligen Baustellen unterwegs. Was aber die Ruhelosigkeit des John C. Hawes nicht befriedigen konnte. Er absolvierte ein Theologiestudium und wurde 1903 als Monsignor John C. Hawes Priester der Church of England, 1911 konvertierte er zum Katholizismus. Er versuchte sich als Philosoph, als Dichter, als Schriftsteller, er züchtete Foxterrier, erprobte sich als Bildhauer und wurde ein berühmter Sammler. Ganz nebenbei wurde er beim Goldrausch in Australien reich.

Doch das war es alles nicht, Hawes fand nicht die richtigen Antworten. Also zurück auf null, Franz von Assisi sollte den Weg vorgeben, Hawes kam 1939 nach Cat Island, um hier arm zu leben und nannte sich nun Father Jerome. Kaum hatte er die Insel betreten, hatte er den Drang, auf dem höchsten Punkt eine Einsiedelei zu bauen. Er kaufte den Berggipfel, nebenbei der höchste Gipfel der Bahamas, nannte ihn Mount Alvernia nach dem Hügel in der Toskana, wo Franz von Assisi durch das Kreuz seine Wunden empfing, und begann, mit den eigenen Händen die eigene Einsiedelei zu bauen. Während der Bauzeit lebte er in einer winzigen Höhle auf der Rückseite des Hügels und beschränkte seine Kreativität nicht nur auf seine Einsiedelei. Vielmehr entstanden in den Folgejahren gleich vier Kirchen auf Cat Island – denn in Einsamkeit leben konnte er auf seinem Hügel. Seine kreative Kraft aber wurde in der Welt gebraucht. Unterwegs war der leidenschaftliche Segler stets mit dem eigenen Boot und einer eigenen Mannschaft. Daher schaute er auch mal auf der Nachbarinsel Long Island vorbei und baute dort zwei weitere Kirchen. „Griechisch-keltisch mit arabischem Einschlag, mediterran" wird sein Stil heute von Spezialisten umschrieben – einzigartig ist er auf jeden Fall. 1956 starb Father Jerome und wird bis heute auf den Bahamas als ganz besonderer Mensch und Persönlichkeit verehrt, auf Cat Island wurde er in seiner Höhle hinter seiner Einsiedelei beigesetzt.

Der Magie dieses Ortes kann sich kaum jemand entziehen: die Einsiedelei von Father Jerome

In der Ortschaft **Old Bight** findet man dann wieder einen dieser wunderschönen, lang gestreckten Strände, einfach in die Straße gegenüber der Schule rechts abbiegen. Einen der schönsten Strände auf Cat Island überhaupt gibt es in **Devil's Point**. Beim Kreisverkehr folgt man einfach der entsprechenden Ausschilderung in Richtung Westen. An dem kilometerlangen Sandstrand begegnet man höchstens ein paar Fischern. Ein Abstecher nach **Hawk's Nest** auf dem Rückweg (erste geteerte Straße nach links) lohnt sich nur für Liebhaber kleiner Marinas. Auf halber Strecke aber sollte man im Örtchen **McQueen's** haltmachen. Hier, am westlichsten Ende der Insel, endet die geteerte Straße direkt am menschenleeren Strand – ein Gefühl wie am Ende der Welt.

Einsamer Strand

Zurück am großen Kreisverkehr angelangt, kann man dann noch nach **Port Howe** fahren und dort die Ruine einer alten Plantage ansehen. Die Überreste des Gebäudes sind nicht besonders eindrucksvoll – umgeben sind die Steine von einem ärmlichen Dorf. Die geteerte Straße führt weiter bis zum Abzweig zum **Greenwood Beach Resort**. Hier kann man den schönen Blick über den Atlantikstrand genießen – oder einen Happen essen, auf gut deutsch. Das Greenwood Beach Resort gehört nämlich einer Familie aus Düsseldorf und ist der Resort-Pionier auf Cat Island. Wer geradeaus weiterfährt, verlässt die geteerte Straße und muss sich die nächsten 30 Minuten durchschütteln lassen – um dann wieder in Old Bight anzukommen.

Resort-Pionier auf Cat Island

Der Norden

Einen schönen Atlantikstrand gibt es auch von Fernandez Bay aus in Richtung Norden. Die erste Möglichkeit, rechts abzubiegen (etwa in Höhe von Smith's Bay), führt nach **Fine Bay**. Die Stichstraße ist nicht besonders gut, aber der Weg lohnt sich.

Wieder auf der Hauptstraße angekommen, folgt der Ort **Knowles**, mit dem einzigen Geldautomaten der Insel. Bald folgen, auf der rechten Seite der Straße, die „Bat Caves". Sie sind ordentlich ausgeschildert, denn sie sind nicht nur nett anzuschauen, sondern haben auch einen recht konkreten Verwendungszweck: als Unterstand und Schutz vor Hurrikans. Bis **The Bluff** gibt es außer kleinen Siedlungen und Farmen nicht viel zu sehen. The Bluff ist eine recht alte Siedlung, die während der Baumwollzeit gegründet wurde.

Bevor man **Arthur's Town** im Norden der Insel erreicht, fährt man noch durch **Bennett's Harbour**, das in den 1830er-Jahren von befreiten Sklaven gegründet wurde. Nördlich von Arthur's Town, hinter dem Flugplatz, liegt ein traumhafter Strand links von der Straße.

Orange Creek, wo man sich dann befindet, ist auch für Bonefishing sehr gut geeignet. Es hält noch eine kleine Attraktion bereit: Am mächtigen Propangas-Tank, der an der Hauptstraße steht, rechts abbiegen in die Dickie Road, dann ein kleines Stückchen geradeaus. Auf der linken Straßenseite befindet sich ein vom Gebüsch umgebenes, „kuscheliges" **Blue Hole**, das in früheren Zeiten als dörflicher Wasch-

Blue Hole

platz genutzt wurde. Wer nicht baden will, kann immerhin die besondere Atmosphäre genießen.

Wanderung

Die ungeteerte Straße führt weiter bis zum Resort **Shannas Cove**. Wer die Wanderschuhe dabei hat und das nördliche Ende der Insel, den Man of War Point erwandern will, kann das von hier aus in einem 45-minütigen Spaziergang tun. Der Weg wurde angelegt und wird gepflegt vom Team des Shannas Cove.

Reisepraktische Informationen Cat Island

Information

The Bahamas Ministry of Tourism – Cat Island, *Arthur's Town, ☎ 354-2043, www.bahamas.com/islands/cat.*

Wichtige Telefonnummern

Notfall/Polizei, *☎ 919.*
New Bight, *☎ 342-3039.*
Arthur's Town, *☎ 354-2046.*

Im Krankheitsfall

Bain Town Clinic, *☎ 342-5057.*
The Bight Clinic, *☎ 342-4049.*
Orange Creek Clinic, *☎ 354-4050.*
Smith's Bay Clinic, *☎ 342-2160.*

Bank

Bank of the Bahamas, *Knowles, ☎ 342-2230, mit Geldautomat.*

Unterkunft

Bridge Inn (4) $$, *New Bight, ☎ 354-3013. Einfaches Hotel für den kleinen Geldbeutel. Die Atmosphäre hier ist recht „rustikal", aber man hat im Gegensatz zu den anderen Hotels die Chance, viele Einheimische zu treffen und die Out Islands der Bahamas im Original kennenzulernen.*

Greenwood Beach Resort & Dive Center (5) $$, *Port Howe, ☎ 342-3053, www.greenwoodbeachresort.com. Für Taucher ist diese Hotelanlage geradezu ein Paradies. Die Zimmer sind einfach, aber nett eingerichtet, und man kommt hier auch ohne profunde Englischkenntnisse zurecht, da ein deutscher Besitzer die Anlage leitet. Abends kann man dann zur Brandung des Atlantikstrands einen der vielen guten Cocktails der Bar genießen.*

Pigeon Cay Beach Club (2) $$–$$$$, *North End, ☎ 354-5084, www.pigeoncaybahamas.com. Ganz im Norden der Insel direkt am Strand liegt dieses Bed & Breakfast. Jede Unterkunft hat eine voll ausgestattete Küche und ein bis drei Schlafzimmer, die schön hell und luftig sind.*

Shannas Cove (1) $$$, *North End, ☎ 354-4249, www.shannas-cove.com. Ganz im Norden der Insel gelegenes, kleines und sehr familiäres Tauchresort mit sechs Cottages – unter deutscher Leitung von Gabi und Frank Wolff. Sehr abgelegen, aber wunderschön.*

Schon allein der Strand ist einen Besuch wert. Das hauseigene Restaurant ist ausgezeichnet und die Pizzas so berühmt, dass schon Hubschrauber aus Nassau gesehen wurden, die hier landeten, um Pizza in die Hauptstadt mitzunehmen.

Fernandez Bay Village (3) $$$–$$$$, *Fernandez Bay, ☎ 342-3043, www.fernandezbayvillage.com. Familiär geführtes Hotel in amerikanischer Hand mit wunderschönen karibischen Cottages und Villen, die z. T. direkt am privaten Strand liegen – 30 Sekunden vom Bett ins karibische Meer. Die Cottages haben Outdoor-Badezimmer, was vielleicht ein wenig ungewohnt ist. Fernandez Bay verleiht Kajaks und Paddelboote, mit denen man eine Tour zum „Boiling Hole" starten kann. „Boiling Hole" ist ein kristallklarer See unweit von Fernandez Bay, der bei bestimmten Flut- und Ebbezeiten blubbert und aufgewühlt wird und diesem Umstand seinen Namen verdankt.*

Restaurants/Bars

Die **Resorts** *verfügen über eigene Bars und Restaurants.*

Dis We Place (2), *Thurston Hill, ☎ 354-1133, Heimat der lokalen Rake 'n' Scrape-Band „Lasey Do Boys". Es gibt einen Billardtisch, eine Bar und eine Tanzfläche. Mehr braucht es nicht für einen gelungenen Abend.*

Yardies Restaurant & Bar (1), *Bennett's Harbour, ☎ 354-6076. Die hauseigene Eiscreme ist berühmt, das jamaikanische Hühnchen berüchtigt, nebenbei gibt's eine Tankstelle. Der Weg lohnt sich also auf jeden Fall.*

Einkaufen

Es lohnt sich, nach kleinen „Läden" Ausschau zu halten, in denen man Strohhüte, -taschen und andere geflochtene Produkte kaufen kann.

Wassersport/Aktivitäten

Fernandez Bay Village, **Greenwood Beach Resort** *und* **Shannas Cove** *(s. Unterkunft) verfügen über ein gutes Wassersportangebot. Hier kann man sportangeln, ein Boot mieten, tauchen und schnorcheln. Fernandez Bay Village bietet auch Wasserski an. Für Taucher ist Shannas Cove zu empfehlen.*

Strände

Greenwood Beach *gilt als einer der schönsten der Bahamas (20 km lang). Von den Atlantikstränden sind der von Fine Bay und der am Greenwood Beach Resort am besten zugänglich. Die wahren Schönheiten sind jedoch die zur* **Karibikseite** *gelegenen Strände von Orange Creek, Fernandez Bay und am Devil's Point.*

Veranstaltungen

Cat Island Regatta,

Tauchen vor Cat Island: Hirnkorallen

Shopping auf Cat Island

Die Segelregatta findet 3 Tage im Sommer statt, gewöhnlich Ende Juli.
Rake 'n' Scrape-Festival, *am ersten Wochenende im Juni,* *s. S. 228.*

Flüge

Cat Island hat zwei Flughäfen: **Arthur's Town** *und* **New Bight**. *Auch hier lohnt es sich, zu schauen, in welcher Ecke der Insel die Unterkunft liegt und dann den Flughafen zu wählen.*
Sky Bahamas, *☎ 354-2236 (Arthur's Town), www.skybahamas.net, fliegt beide Flughäfen ab Nassau an – erst Arthur's Town, anschließend New Bight.*

Transfer vom Flughafen

Der Transfer vom und zum Flughafen wird nach Absprache vom Hotel organisiert.

Mietwagen

Das jeweilige Resort hilft bei der Vermittlung eines Mietwagens.
Gilbert's Car Rental, *New Bight, ☎ 342-3011.*
New Bight Car Rental, *New Bight, ☎ 342-3014.*

Fahrradverleih

Fernandez Bay Village *und* **Greenwood Beach Resort** *haben Fahrräder für die Gäste.*

Taxis

Taxis stehen normalerweise bei Ankunft der Flugzeuge bereit.
Cyril Ingraham, *New Bight, ☎ 342-3115.*
D & L Taxi, *Wilson Bay, ☎ 354-5088.*
Julia Isaacs Pierre, *Arthur's Town, ☎ 354-2066.*

The Exumas

Telegramm The Exumas

Name	The Exumas
Fläche	290 km²
Einwohnerzahl	6.900 (2010)
Einwohner pro km²	23,8
Größter Ort	George Town
Weitere Orte	Forbes Hill, Moss Town, Ramsey, Rolle Town, Rolleville, Williams Town
Wichtigste Wirtschaftszweige	Tourismus, Fischerei
Touristisches Potenzial	Exuma Cays Land & Sea Park, Stocking Island, abgelegene Strände, gute Fischgründe, Taucherparadies

Wie auf eine Kette aufgefädelte Perlen liegen die **Exuma Cays** westlich des Exuma Sound fast 170 km von Nordwesten nach Südosten aufgereiht. 365 Cays seien es, sagt man. Daher auch das Versprechen der Exumas: „Eine Insel für jeden Tag des Jahres". Ganz im Süden liegen die größten Inseln **Great Exuma** und **Little Exuma**, die mit einer Brücke verbunden sind. Hier lebt auch der größte Anteil der Bevölkerung. Die meisten Cays sind unbewohnt und locken mit ihren wunderschönen Stränden zu einem Robinson-Crusoe-Dasein. Zwar gibt es auf einigen Cays eine Landebahn, aber die meisten Inselchen sind nur mit dem Boot zu erreichen. Die Exumas liegen zwar nicht direkt am Atlantik, aber an ihrer Ostküste wird der **Exuma Sound** bis zu 1.800 m tief. An der Westküste sind die Gewässer der **Great Bahama Bank**, die recht flach sind und sich für Bonefishing eignen. Die Nordostküste von Great Exuma ist für ihre wunderschönen Sandstrände ebenso bekannt wie die Südwestküste für ihre teils von Mangroven bewachsenen Bonefishinggründe.

Robinson-Crusoe-Feeling

Geschichte

Der Name Exuma ist wahrscheinlich indianischen Ursprungs, aber sein Ursprung liegt ebenso im Verborgenen der vorkolumbianischen Zeit wie das Leben der Lucaya-Indianer, die sehr wahrscheinlich auch diese Inselgruppe bevölkert haben. Sie sind wohl ebenso wie ihre Leidensgenossen auf den anderen Inseln von den Spaniern als Sklaven zur Zwangsarbeit auf Hispaniola verschleppt worden.

Entfernungen

George Town – Rolleville 35 km
George Town – Rolle Town 10 km
George Town – Williams Town 25 km

Abgesehen von einigen Seeräubern, die sich auf den Exumas gut verstecken konnten, fand bis

Great Exuma und Little Exuma
N
0
10 km
© graphic
Rat Cay
Pudding Point
Barraterre
Rolleville
Cocoplum
Steventon
Great Exuma
Stuart Manor
Alexander
Rokers Point
Ocean Bight
Griffins Cay
Calvin Hill
Farmers Hill
Mt. Thompson
Three Sisters Rock
Exuma Sound
Forest
Exuma International Airport
Ramsey
Moss Town
Hoopers Bay
Powder Beach
Stocking Island
Hermitage
Moss Town Harbour
George Town
Elizabeth Cay
Crab Cay
Blue Hole
Pretty Molly
Culmers Cay
Hog Cay
Perpalls Cay
Michelson
Man O War Cay
Green Turtle Cay
Rolle Town
Forbes Hill
Bonefish Cay
Hermitage Tomb
Hartswell
Channel Cays
Moore Hill
Northwest Providence Channel
Little Exuma
Sail Rocks
Ship Channel Cay
Highborne or Highburn Cay
Normans Cay
Wax Cay
Stroud Cay
Hawksbill Cay
Cistern Cay
Exuma Land & Sea Park (N. P.)
Waderick Wells Cay
Halls Pond Cay
Little Bells Cay
Bells Cay
Compass Cay
Pipe Cay
Sampson Cay
Majors Spot
Staniel Cay
Harveys Cays
Bitter Guana Cay
Black Point
Harbour Rocks
Great Guana Cay
Isaac Bay
Isaac
Great Bahama Bank
Exuma Cays
Big Farmers Cay
Cave Cay
Rudder Cut Cay
Lingnumvitae Cay
Darby Island
Young Island
Bock Cay
Normas Pond Cay
Lee Stocking Island
Exuma
Rat Cay
Pudding Point
Brigantine Cays
Barraterre
Rolleville
Great Exuma
Stuart Manor
Steventon
Rokers Point
Mt. Thompson
Ramsey
Moss Town
Hermitage
George Town
Bowe Cay
Coakley Cay
Channel Cays
© graphic
N
0
20 km
The Exumas Übersicht

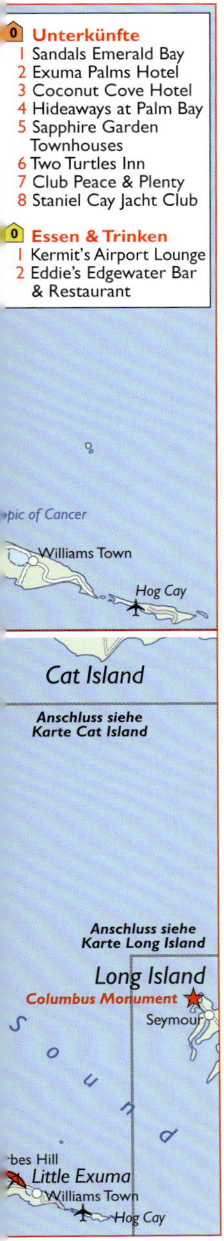

Redaktionstipps

- ➤ Sich die Füße von Stingrays im flachen Strandgewässer von **Stocking Island** anknabbern lassen (S. 240).
- ➤ Die **schwimmenden Schweine** von Big Major Cay erleben (S. 242).
- ➤ Einen Bootsausflug zum Nationalpark **Exuma Land & Sea Park** unternehmen (S. 238).
- ➤ Ein Spaziergang durch das historische **Rolle Town** machen (S. 241).

zum Jahr 1783 durch die Loyalisten aus Carolina, Georgia und Florida keine nennenswerte Besiedlung der Inselgruppe mehr statt. William Walker errichtete damals eine der größten Plantagen auf Crab Cay. Die Exumas erlebten Ende des 18. Jh. durch diese königstreuen Amerikaner eine kurze wirtschaftliche Blütezeit. Gleich auf mehreren **Baumwollplantagen** wurde z. T. direkt für die Fabriken in Manchester produziert. Zu dieser Zeit wurden zusätzlich zu den Sklaven, die die Siedler vom nordamerikanischen Kontinent mitgebracht hatten, noch Sklaven von der Westküste Afrikas hergebracht.

Sklavenaufstand

Nach einer Krise durch Schädlinge in den Feldern 1802 kam es zur ersten Abwanderung von vielen Plantagenbesitzern. 1829 und 1833 sorgten **Sklavenunruhen** für Probleme. Nach der offiziellen Befreiung der Sklaven 1838 verließen fast alle Pflanzer die Insel in Richtung Nassau oder England. Die Unruhen auf der größten Rolle-Plantage (heute Rolleville) Anfang der 1830er-Jahre gingen mit dem Namen ihres Anführers Pompey in die Geschichte ein (s. S. 209). Über 50 Sklaven kämpften schon vor ihrer offiziellen Befreiung für ein Recht auf ein selbstbestimmtes Leben und ein Stück Land für den eigenen Anbau.

Es waren aber nicht nur die Schädlinge und der Verlust der billigen Arbeitskraft, die den Baumwollanbau nicht mehr lukrativ machten, sondern es führte auch die intensive Ausbeutung der sehr dünnen Humusschicht auf den Inseln zur Unrentabilität des Anbaus. Notgedrungen ging man auf der Insel zur Subsistenzwirtschaft über. Viele freigelassene Sklaven übernahmen den Namen des größten Plantagenbesitzers Lord John Rolle, der zwar die größten Besitzungen auf den Inseln hatte, aber nie auf den Bahamas war.

Rolle – häufiger Name

Auch heute noch ist Rolle der häufigste Name auf den Exumas und taucht auch in Ortsbezeichnungen, wie Rolle Town oder Rolleville, auf. Obwohl die Legende, dass Lord Rolle vor Verlassen der Insel all sein Land seinen ehemaligen Sklaven vermachte, inzwischen widerlegt ist, war zur Zeit der Sklavenbefreiung die Übernahme des Namens des ehemaligen Herrn durch seine Sklaven auf den Bahamas eine nicht unübliche Verfahrensweise. Außer den Entwicklungen im touristischen Bereich hat sich auf den Exumas im 20. Jh. nicht viel getan.

Die Exumas heute

Auch heute noch leben viele Bewohner der Exumas ausschließlich von dem, was im eigenen Garten wächst oder was sie an Fischen gefangen haben. Es gibt zwar auf der Insel ein reichhaltiges Angebot an unterschiedlichen tropischen Früchten, wie Guaven, Mango und Ananas, aber für den Export reicht es in der Regel nicht. Bekannt sind die Exumas als Anbauort für Zwiebeln, die neben Kohl, Tomaten, Mais und anderen Gemüsesorten hier gezogen werden.

Bedeutender Segelwettbewerb

Die Fischerei hat eine etwas größere Bedeutung als der Anbau von Gemüse und Obst, aber das meiste Geld bringt immer noch der Tourismus auf die Inseln. Es ist jedoch bis auf ein paar Tage im April, wenn die National Family Island Regatta ausgetragen wird – mit 600 bis 700 Jachten im Hafen –, nicht „voll" auf den Exumas. Außerhalb von George Town kann jeder sein ganz privates Plätzchen finden. Das wussten auch die Drogendealer, die die Abgeschiedenheit der vielen Cays und die Unübersichtlichkeit der Gewässer um die Exumas Ende der 1970er- und Anfang der 1980er-Jahre für ihre Zwecke missbrauchten. Damals wurde im großen Stil Rauschgift aus Südamerika über die Bahamas in die USA verschoben, bis durch Absprachen der beiden Regierungen und die Installation eines Frühwarnsystems die Drogentransporte ausgetrocknet wurden.

Zur Regattazeit geht es allerdings auch in heutigen Tagen noch recht turbulent zu. Seit 1954 wird dieser Segelwettbewerb, der sich inzwischen zum bedeutendsten dieser Art auf den Bahamas gemausert hat, in Elizabeth Harbour zwischen George Town und Stocking Island veranstaltet. Bei der Regatta segelten auch schon so illustre Leute wie Prince Philip, Duke of Edinburgh, und der ehemalige griechische König Konstantin mit.

Weniger überlaufen, aber dennoch die größte Attraktion im Bereich der Exumas Cays ist der 1959 gegründete **Exuma Cays Land & Sea Park**. Dieser 400 km^2 große Nationalpark ist Lebensraum für die inzwischen sehr seltenen Felsenleguane, die, seitdem sie unter Naturschutz stehen, nicht mehr im Kochtopf der Bahamaer landen, sondern nun auf die Fütterung durch Touristen warten – was allerdings zu gesundheitlichen Schäden wie Darmproblemen und Parasitenbefall bei den Echsen führt.

Paradiesische Cays

Da die Exumas Ende des 18. Jh. die Baumwollhochburg der Bahamas waren, kann man hier einige, z. T. noch recht gut erhaltene **Ruinen der Plantagen** besichtigen. Aber berühmt sind die Exumas für Strandliebhaber. Nicht ohne Grund wurde in der Gegend „Fluch der Karibik" gedreht und Captain Jack Sparrow, also Schauspieler Johnny Depp, gefiel es hier so gut, dass er sich 2004 für 3,6 Mio. Dollar gleich eine eigene Insel zugelegt hat. „Little Hall's Pond Cay" heißt das kleine Stückchen Land in den Exuma Cays und ist für die Öffentlichkeit nicht zugänglich. Das Schicksal teilt Little Hall's Pond Cay mit anderen Cays der Exumas wie Cistern Cay, Soldier Cay oder Little Bell Island. Was die Zahl der 365 für jeden Tag des Jahres ein wenig verringert. Trotzdem: Ob man nun ein Boot mietet und eine einsame Insel nur für sich sucht oder die wunderbaren Strände von Stocking Island direkt vor der Haustür von George Town bevorzugt, für jeden ist etwas dabei.

Anflug über die Exuma Cays

Stachelrochen auf Tuchfühlung

Ein Leckerbissen für Taucher sind die **Mystery Caves** von Stocking Island und etwas ganz spezielles die Stingrays (Stachelrochen), die neugierig durch das flache Wasser am Strand kreuzen und durchaus mal Touristenfüße „beschnüffeln". Auf keinen Fall auslassen sollte man einen Bootsausflug zum Exuma Cays Land & Sea Park (auch von Nassau aus angeboten). Dort locken herrliche Korallenriffe zum Tauchen und die „Drachenfütterung" auf **Allan's Cay**. Für Segler, die einsame Buchten und kleine Inseln lieben, sind die Exumas natürlich auch ein ideales Revier. Bei den (Freizeit-)Kapitänen hat sich Staniel Cay und der dortige Jachtclub weltweit einen Namen gemacht.

Südlich von George Town

Um die Atmosphäre der Insel aufzunehmen, sollte man erst einmal mit einem Spaziergang um den Lake Victoria in **George Town** beginnen, das 1793 gegründet und nach König George III. von England benannt wurde. Wer ein Fahrrad oder Auto für den Weg wählt, sollte beachten, dass die Straße um den See eine Einbahnstraße ist. Mit ein bisschen Glück sieht man auf dem See eines der schönen hölzernen Ruderboote schippern, die hier bis heute von Hand gebaut werden. 80.000 US-$ kann so ein Sammlerstück kosten. Dem Touristenamt gegenüber liegt die um 1800 erbaute **St. Andrew's Anglican Church**.

Frühere Sklavenküche

Weiter in Richtung Government Dock folgt auf der rechten Straßenseite das älteste Hotel der Insel, **Club Peace & Plenty**, dessen gemütliche Bar früher die Küche der Sklaven war. Den Namen hat der Club auch von einem alten Sklavenhalterschiff aus dem 18. Jh., auf der „Peace & Plenty" kam Lord Denys Rolle, der Vater von John Rolle, 1783 nach Exuma. Das große, rosafarbene Gebäude im Kolonialstil auf der gleichen Straßenseite ist das **Government Administration Building**, in dem sich heute Polizei, Justiz, Strafvollzug und Politik das Dach über dem Kopf teilen. Links geht es dann zum Government Dock, wo die Post- und Fährschiffe anlegen. *Ausgebaute Dockanlage* Die Dockanlage wurde 2013 aufwendig erneuert, man erwartet für die Zukunft wohl Großes. Man kann die Tour um den See fortsetzen und kommt an einigen malerischen Ständen mit Strohwaren, am Supermarkt und vielen kleinen Geschäften vorbei. Zwischen den kleinen Häusern erhascht man immer wieder einen schönen Blick auf den See. Für einen Snack zwischendurch empfiehlt es sich, in eines der einfachen Restaurants zu gehen, die original bahamaische Küche und auf jeden Fall guten Fisch servieren.

Von George Town aus bietet sich ein Tagesausflug nach **Stocking Island** an. Dort gibt es traumhafte Badestrände, man kann sehr gut schnorcheln und in den **Mystery Caves** tauchen. Man kann am Strand im seichten Wasser waten, nach Muscheln schauen und sich dabei über die Stachelrochen wundern, die hier ihre Bahnen ziehen und anscheinend keine Angst vor den Urlaubern haben.

Fähre

Die Fähre des **Elvis Ferguson Water Taxi Service**, *☎ 464-1558, www.elviswatertaxi.com, verlässt George Town am Anleger der Government Dockanlage stündlich, Hin- und Rückfahrt 12 $.*

Ein weiterer lohnender Ausflug führt zum **Crab Cay** südlich von George Town. *Ruinen einer Baumwollplantage* Dort kann man die Ruinen der Baumwollplantage besichtigen, die William Walker dort zwischen 1784 und 1788 errichtet hat. Südwestlich des Haupthauses befinden sich die Überreste eines botanischen Gartens. Walker hatte dort viele Pflanzen, die er von anderen Karibikinseln mitgebracht hatte, angepflanzt. Crab Cay ist seit 2009 durch eine Brücke mit der Hauptinsel verbunden. Die Pläne für eine Resortanlage mit Marina, einem „italienischen Dorf" und Luxuswohnungen sind in der Entstehungsphase stecken geblieben.

Am Strand des Sandals Resorts auf Great Exuma

Wer mit dem eigenen Fahrzeug unterwegs ist, kommt ca. 1 km südlich von George Town an der Flamingo Bay-Anlage mit einem guten Strand zum Schwimmen vorbei. Eine weitere alte Plantage gibt es in **Rolle Town**. Sie gehörte zu den fünf Plantagen der Rolle-Familie auf den Exumas. Rolle Town ist eine alte Siedlung, in der auch heute noch die Zeit stehen geblieben zu sein scheint. Außer den Ruinen kann man sich hier auch Gräber aus dem 18. Jh. von Captain Alexander McKay und seiner Familie ansehen.

Plantagen der Rolle-Familie

Little Exuma ist über eine Brücke zu erreichen. Nachdem man Forbes Hill passiert hat, geht es nach **Williams Town**, das wegen der **Salzseen** interessant ist. Etwa 2 km weiter südlich kann man sich dann noch die mehr als 200 Jahre alte und recht gut erhaltene Plantage der Familie Ferguson ansehen: **The Hermitage**, mit Haupthaus, Sklavenunterkünften und Grabstätten.

Nördlich von George Town

Wer von George Town aus in nördliche Richtung dem Queen's Highway folgt, hat bis zur Spitze der Insel Great Exuma noch ca. 40 km vor sich. Auf dem Weg passiert man mehrere Ruinen von Plantagen, die von der kurzen Blütezeit der Inseln zeugen. Während es bis hinter der Linksabzweigung nach **Moss Town** nicht viel zu sehen gibt, sollte man sich die Zeit nehmen, die vielen schönen Strände anzuschauen, die sich von dort an der Ostküste entlangziehen. In Moss Town selbst gibt es eine kleine, unauffällige historische Stätte: gemauerte Brunnen, aus denen schon die Sklaven ihr Wasser holten – und die bis heute verwendet werden.

Historische Brunnen

Eine besondere Attraktion einige Kilometer weiter ist der Ausblick vom Hügel in **Mt. Thompson** auf die **Three Sisters Rock** („Dreischwesternsteine"), die sich nahe der Küste bis zu 30 m aus dem Wasser erheben. Der **Ocean Bight Beach** ist an einer malerischen Bucht gelegen und ebenso wie der **Coco Plum Beach** an der Ostküste zwischen **Steventon** und Rolleville wunderbar für eine Pause geeignet.

Bis nach **Rolleville**, wo einst die größte Plantage von Lord John Rolle lag, ist es dann auch nicht mehr weit. Der Weg nach **Barraterre** an der äußersten Nordspitze von Great Exuma lohnt sich nur für Leute, die eine Bootstour auf die Cays machen wollen. Barraterre ist auch das „Zentrum" für den traditionellen Bootsbau. Für Segelbootfreaks gibt es also dort auch etwas zu gucken. Nach Barraterre gelangt man, wenn man einige Meilen südlich von Rolle Town rechts abbiegt und dann über kleine Brücken bis fast ans „Ende" der Exumas fährt.

Die Exuma Cays

Für Taucher, Angler und Segler sind die Exuma Cays das Paradies schlechthin. Zwischen Hunderten von Inseln und Inselchen kann jeder sein Paradies finden. Touristisch erschlossen im eigentlichen Sinne ist nur **Staniel Cay**, das auch von Fort Lauderdale und Nassau mit dem Flugzeug zu erreichen ist. Auf der Insel wohnen zwar

Die schwimmenden Schweine von Big Major Cay lassen sich gerne streicheln und füttern

nur knapp 100 Leute, aber man trifft dort viele Freizeitkapitäne, und die Hotelanlage entspricht durchaus internationalen Ansprüchen. Natürlich darf der Hinweis für James-Bond-Fans nicht fehlen, dass gleich vor der Küste von Staniel Cay Aufnahmen für den Film „Thunderball" in einer Grotte gemacht wurden, die man heute ertauchen kann. James Bond gefiel es hier so gut, dass er ein paar Jahre später wiederkam und Szenen aus „Never Say Never Again" drehte.

Von Staniel Cay ist es nicht weit zu einer Attraktion, die Besucher aus nah und fern anzieht: Die **schwimmenden Schweine von Big Major Cay** (auch Majors Spot) sind ein Phänomen. Bisher ist nicht wirklich geklärt, warum die rosa Rüsseltiere sich dort am Strand vergnügen. Allerdings gibt es drei Theorien, wie die Hausschweine auf das Inselchen kamen. Die erste besagt, dass einmal Menschen dort gelebt haben, die Schweine hielten. Irgendwann verließen die Bewohner die Insel, ließen aber mindestens ein Schweinepärchen zurück. Theorie zwei behauptet, dass die Schweine Schiffbrüchige sind, die bei einem Sturm vom Deck eines Frachters gespült wurden und sich nach Big Major Cay retten konnten. Nach der dritten Theorie gehören die Schweine den Bewohnern des benachbarten Staniel Cay, die den Strand von Big Major Cay als – zugegeben ungewöhnliche – Weide benutzen.

Schiffbrüchige Schweine?

Inzwischen sind die Schweine nicht mehr von Big Major Cay wegzudenken. Sie leben von den dort wachsenden Pflanzen und Gräsern sowie den essbaren Mitbringseln der Besucher. Brot und Gemüsereste sind bei den ungewöhnlichen Schwimmern besonders begehrte Leckereien. Die Begegnung mit den schwimmenden Schweinen ist inzwischen ein beliebter Ausflug für Bahamas-Urlauber. Denn richtig glauben kann man diese Geschichte erst, wenn man sie mit eigenen Augen gesehen hat.

Ein Besuch bei den schwimmenden Schweinen ist ein **Ganztagesausflug**: Von der Hauptinsel Great Exuma dauert die **Fahrt mit dem Boot** pro Weg ca. 3 Std. Es werden organisierte Gruppenausflüge angeboten (Kosten ab 175 $ bis ca. 380 $ pro Person), außerdem sind private Bootscharter möglich (Kosten ab ca. 1.700 $). Von Staniel Cay kann man in 15 Min. per Boot zu den schwimmenden Schweinen fahren *(Kosten für einen Bootscharter in Staniel Cay ab ca. 200 $ für einen halben Tag).*

Organisierte Ausflüge

Norman's Cay ist nicht unbedingt einen Besuch wert, muss aber hier erwähnt werden, da die Insel während der Zeit der großen Drogengeschäfte eine herausragende Rolle spielte. Über diese kleine Insel, die sich Ende der 1970er- und Anfang der 1980er-Jahre zum größten Teil im Privatbesitz des kolumbianischen Drogenbarons Carlos Enrique Lehder befand, wurde tonnenweise Kokain von Kolumbien in die USA geschmuggelt.

Die sicherlich wichtigste Attraktion der Exuma Cays ist der **Exuma Cays Land & Sea Park** zwischen Conch Cut und Wax Cay. Er ist nur mit dem Boot zu erreichen. Bei seiner Gründung im Jahr 1958 war er weltweit der erste Nationalpark seiner Art. Abgesehen von seltenen Landtieren, wie dem **Leguan** auf **Allan's Cay**, leben auf seinen Cays seltene Vogelarten. Man sollte sich nicht wundern, wenn über den **Bahamian Dragon** (Bahamaischer Drachen) gesprochen wird. Diese Fabeltiere gibt es natürlich nicht im Nationalpark, aber die Großechsen werden wegen ihres Aussehens so genannt. Aber es sind nicht nur die Inseln mit ihren „Bewohnern", die das Besondere des Parks ausmachen. Unter Wasser kann man noch wahre Abenteuer an den unberührten Korallenriffen und in der Vielfalt des Meereslebens erleben.

Leguan-Kolonie

Das Besucherzentrum befindet sich auf **Warderwick Wells Cay**. Hier sitzt die Parkverwaltung, die vom Bahamas National Trust *(www.bnt.bs)* gestellt wird. Hinter dem Visitor Center beginnt gleich ein Pfad, der mitten hinein in die „wilde" Natur führt. Bisher ist es dem Bahamas National Trust gelungen, Investoren jeglicher Art vom Nationalpark fernzuhalten. Denn hier soll die Natur in ihrem ursprünglichen Zustand bleiben, da ist kein Platz für Resorttourismus. Immerhin ist Camping erlaubt, allerdings nur nach strengsten Regeln. Beispielsweise darf kein Feuer gemacht oder Zelte am Strand aufgebaut werden. Auch gilt der Park als „No Take Zone", von hier darf nichts mitgenommen werden – außer Eindrücken natürlich.

Reisepraktische Informationen The Exumas

Information

The Bahamas Ministry of Tourism, *George Town, Turnquest Plaza, George Town, ☏ 336-2430, www.bahamas.com/islands/exumas, Mo–Fr 9–17 Uhr.*
Informative Portale zu den Exumas sind auch **www.exumaforyou.com** *und* **http://exumaonline.com**.

Wichtige Telefonnummern

Notfall/Polizei, ☏ *919;* **Polizei**, ☏ *336-2666.*

Im Krankheitsfall

George Town Clinic, ☎ *336-2088.*
MASA (Air Ambulance), ☎ *393-5048.*

Banken

Scotiabank, *Queen's Highway, George Town,* ☎ *336-2651, mit Geldautomat.*
Royal Bank of Canada, *Turnquest Plaza, George Town,* ☎ *336-3251, mit Geldautomat.*

Post

Government Building in George Town, Mo–Fr 9–16.30 Uhr.

Unterkunft

Great Exuma

Two Turtles Inn (5) $–$$, *Queen's Hwy., George Town,* ☎ *225-8322, www.twoturtlesinnbahamas.com. Günstiges Hotel im Zentrum von George Town, 2007 renoviert. Die Zimmer sind einfach eingerichtet, sollen aber im Laufe der Jahre zum Vier-Sterne-Standard angehoben werden. Für Reisende mit schmalerem Portemonnaie und Lust am Nachtleben ist das Two Turtles Inn jedoch genau die richtige Unterkunft. An der witzigen Bar kann man schnell Leute kennenlernen, und es wird sicher nicht bei einem „Bahama Mama" bleiben. Angeln und Tauchen können über die Rezeption organisiert werden.*
Exuma Palms Hotel (2) $$, *Three Sisters Beach,* ☎ *358-4040, www.exumapalms.com. Sieht aus wie ein klassischem US-Motel etwa in Florida. Wurde aber vor einiger Zeit renoviert und ist eine günstige Alternative zu den großen Resorts der Insel – der Strand liegt direkt vor der Tür, es gibt ein Restaurant und die Bar bietet eine Happy Hour.*
Sapphire Garden Townhouses (4) $$, *Queen's Hwy., George Town,* ☎ *336-2442, www.sapphiregardentownhouses.com. Weniger Hotel als vielmehr Gelände mit einzelnen Villen, die recht opulent ausfallen und eine vollständig ausgestatte Küche haben. 200 m Fußweg bis zum Strand, es gibt einen Shuttle Service nach George Town.*
Club Peace & Plenty (6) $$–$$$, *Queen's Hwy., George Town,* ☎ *800-525-2210, www.peaceandplenty.com. Der zentral in George Town gelegene Club ist das älteste Hotel auf den Exumas und blickt auf eine interessante Geschichte zurück. Die heutige Bar war früher die Sklavenküche des Anwesens. Außer als privates Wohnhaus wurde das alte Gebäude auch als Markt für Schwämme genutzt. Von den Zimmern, die in der Regel einen Balkon haben, hat man einen herrlichen Blick über Elizabeth Harbour nach Stocking Island, wo das Hotel einen Strandclub unterhält. Die Überfahrt nach Stocking Island ist mit dem clubeigenen Boot möglich, und das Hotel organisiert Tauch- und Angelausflüge sowie jede Art von Transportmittel.*
Hideaways at Palm Bay (3) $$$, *Queen's Hwy., George Town,* ☎ *336-2787, www.hideawayspalmbay.com. Große Anlage direkt am Strand, zwei Pools, Jacuzzi, Beach Bar und Shuttle Service nach George Town. Die rund 70 bunt bemalten, großzügigen Cottages schauen auf die Pools oder auf das Meer.*
Sandals Emerald Bay (1) $$$$–$$$$$, *Queen's Hwy.,* ☎ *336-6800, www.sandals.com. Eine All-inclusive-Klasse für sich, voller Superlativen: spektakulärer 18-Loch-Golfplatz, gestaltet von Golflegende Greg Norman, drei Pools, sieben Restaurants, sechs Bars, 5.000 m² Spa, sechs Tennisplätze und an einem der schönsten Strände Exumas gelegen. Was noch? Butlerservice, eigenes Tauchcenter und jeden Freitag „Junkanoo Beach Party" – oder lieber „Reggae Night" am Donnerstag?*

Butler unterwegs in der Anlage des Sandals Emerald Bay

Staniel Cay

Staniel Cay Jacht Club (7) $$$–$$$$, *Staniel Cay, ☎ 355-2024, www.stanielcay.com. Der Jachtclub ist weit über die Grenzen der Bahamas hinaus nicht nur für die lockere Atmosphäre bekannt. Auch die zwölf Holzhäuser, die auf Stelzen direkt ans Wasser gebaut wurden, sorgen für das ganz besondere Gefühl, direkt im Wasser zu stehen. Jede Holzhütte ist mit Klimaanlage, Bad, einem kleinen Kühlschrank und einer Kaffeemaschine ausgestattet. In der Marina ankern die Schiffe, die Kapitäne treffen sich an der Clubhouse Bar, um über den „Fang des Tages" zu plaudern. Das Freizeitangebot umfasst alle Möglichkeiten, sich zu Land und zu Wasser zu bewegen, auch Strandläufer finden hier die gewünschte Einsamkeit.*

Restaurants/Cafés

Club Peace & Plenty, *Queen's Hwy., George Town, ☎ 336-2551, www.peaceandplenty.com (s. Unterkunft). Ausgezeichnetes Restaurant, das neben gutem bahamaischem Essen in der verfeinerten Ausgabe auch schmackhafte internationale Küche serviert. Reservierung zu empfehlen.*

Two Turtles Inn, *Queen's Hwy., George Town, ☎ 225-8322, www.twoturtlesinnbahamas.com (s. Unterkunft). Unkompliziertes Restaurant, das für seine gegrillten Gerichte bekannt ist. Für einen Absacker braucht man auch nicht den Ort zu wechseln, da die Bar recht gut ist.*

Eddie's Edgewater Bar & Restaurant (2), *am südwestlichen Zipfel des Lake Victoria, George Town, ☎ 336-2050. Wer einmal ein richtig original bahamaisches Gericht mit „Peas 'n' Rice" probieren will, sollte zu Eddie's gehen. Hier trifft man auch sicher mehr Einheimische als Touristen. Das Essen ist bodenständig einfach und preisgünstig.*

Kermit's Airport Lounge (1), *Exuma International Airport, ☎ 345-0002. Sollte man nicht glauben, da die Lage gegenüber dem Flughafen normalerweise nichts Gutes erwarten lässt, aber bei Kermit lässt es sich gut aushalten. Das Bier ist kalt, die Speisekarte bahamaisch günstig und das Personal gut drauf. Der Name „Kermit" hat übrigens nichts* *mit der Muppet Show zu tun. Vielmehr hieß das 2011 verstorbene Insel-Original, seines Zeichens Geschichtenerzähler, Taxifahrer, Kneipier und Gründer der Lounge, Kermit Rolle.*

Nachtleben

Club Peace & Plenty, *George Town (s. Unterkunft).*
Eddie's Edgewater Club, *George Town (s. Restaurants).*

Bootsverleih/Sportangeln

Club Peace & Plenty, *George Town, ☎ 336-2551 (s. Unterkunft).*
Exuma Docking Service, *George Town, ☎ 336-2578.*
Happy People Marina, *Staniel Cay, ☎ 355-2008.*
Minns Water Sports, *George Town, ☎ 336-3483, www.mwsboats.com.*

Tauchen/Schnorcheln

Exuma Watersports, *Barraterre, ☎ 357-0770, www.exumawatersports.com. Der Platzhirsch unter den Touranbietern auf Exuma. Im Programm ist eine „Ocean Safari" mit Besuch bei den schwimmenden Schweinen.*
Robert's Island Adventures, *George Town ☎ 357-0224, www.robertsislandadventures.com. Die viel gelobte preisgünstige Alternative zu „Exuma Watersports".*
Club Peace & Plenty, *George Town, ☎ 336-2551 (s. Unterkunft).*
Dive Exuma, *George Town, ☎ 336-2893, www.dive-exuma.com.*

Tennis

Sandals Emerald Bay, *Queen's Hwy., ☎ 336-6800.*

Strände

Die schönsten, lang gestreckten Strände gibt es auf **Stocking Island** *und an der* **Nordostküste** *von* **Great Exuma**. *Mit einem Boot hat man natürlich die Chance, vor einem ganz einsamen Inselstrand auf den* **Cays** *vor Anker zu gehen.*

Veranstaltungen

Family Island Regatta, *☎ 336-2430, www.nationalfamilyislandregatta.com. Das Highlight des Jahres: Im April bevölkern eine Woche lang Segelfreunde aus der ganzen Welt Elizabeth Harbour, Hunderte von Jachten liegen dann in der Marina.*

Flüge

Der Hauptflughafen auf den Exumas, der **Exuma International Airport**, *ist 16 km von George Town entfernt.*

Tauchen in der Staniel Cay Grotte

Einige wichtige **Fluggesellschaften**, *die den Exuma International Airport anfliegen (Staniel Cay hat einen eigenen Flughafen, der auch von Florida aus direkt angeflogen wird):*
American Eagle, ☎ *345-0125, www.aa.com (ab Miami).*
Bahamasair, ☎ *345-0035, www.bahamasair.com.*
Silver Airways, ☎ *345-0125, www.silverairways.com (ab Fort Lauderdale/Florida).*
Sky Bahamas, ☎ *345-0172, www.skybahamas.net.*

Transfer vom Flughafen
Vor dem Flughafengebäude stehen immer Taxis bereit, die zum jeweiligen Hotel fahren, falls der Transport nicht schon organisiert ist. Vom Flughafen nach George Town bezahlt man 35 $. Man sollte sich bei den Mitreisenden erkundigen, wer ins gleiche Hotel fahren will, und dann am Flughafen ein Sammeltaxi organisieren.

Postschiff/Fähre

Von Potter's Cay Dock in Nassau starten mehrere **Postschiffe** *in Richtung Exumas und halten an verschiedenen Inseln. Da sich die Fahrpläne aufgrund der Wetterverhältnisse ändern können, lohnt es sich in jedem Fall, vor Reiseantritt den Hafenmeister in Potter's Cay Dock in Nassau zu kontaktieren:* ☎ *393-1064.*
Bahamas Ferries, ☎ *323-2166, www.bahamasferries.com, verkehrt montags und mittwochs ab Nassau nach George Town. Fahrzeit: ca. 13 Std.*

Mietwagen

Airport Car Rental, *Exuma International Airport, Moss Town,* ☎ *345-0090, www.exumacarrental.com.*
Don's Car Rental, *George Town,* ☎ *345-0112.*
Thompson's Car Rental, *George Town,* ☎ *336-2442.*

Motorroller

Balfour Brothers Scooter Rental, *George Town,* ☎ *524-0832.*

Taxis

Exuma Travel & Transportation Ltd., *Moss Town,* ☎ *345-0232.*
Leslie Dames Taxi Service, *George Town,* ☎ *357-0015.*
Luther Rolle Taxi Service, *George Town,* ☎ *345-5003.*

Ein guter Tipp ist auch, in **Kermit's Airport Lounge** *am Flughafen anzurufen. Dort wird man immer einen Wagen besorgen können,* ☎ *345-0002.*

Sightseeingtouren

Über den **Exuma Cays Land & Sea Park** *kann man unter* ☎ *225-6402, www.exumapark.org, Informationen einholen. Von Nassau aus werden Tagestouren angeboten. Wer den Park und die Cays richtig genießen will, sollte sich ein Boot mit ortskundigem Skipper mieten.*
Exuma Cays Adventures, ☎ *357-0390, www.exumacaysadventures.com. Der Veranstalter bietet von der Hafenrundfahrt in George Town über einen Trip auf die Exuma Cays bis zu Angelausflügen ein komplettes Programm an Ausflügen, größeren und kleineren Touren an.*

Die südöstlichen Family Islands

Die südöstlichen Family Islands erstrecken sich südlich des **Exuma Sounds** bis zur **Caicos Passage**. **Inagua** befindet sich sogar noch südlich davon, und vom Südwesten Inaguas kann man bei gutem Wetter am Horizont bereits **Kuba** erkennen. Das Klima auf diesen Inseln ist trockener als im Norden der Bahamas.

Entsprechend ist auch die Vegetation. Es gibt kaum größere Bäume, und die Inseln sind von Buschwerk überzogen. **San Salvador** hat ebenso wie **Great Inagua** einen großen Binnensee aufzuweisen, während **Long Island** und die **Acklins** und **Crooked Islands** relativ schmale Inseln sind. **Mayaguana** ist touristisch so gut wie nicht erschlossen.

Long Island

Telegramm Long Island

Name	Long Island
Fläche	448 km²
Einwohnerzahl	3.094 (2010)
Einwohner pro km²	6,9
Größter Ort	Deadman's Cay
Weitere Orte	Stella Maris, Clarence Town, Hard Bargain
Wichtigste Wirtschaftszweige	Tourismus, Gemüse- und Obstanbau, Schafzucht, Salzgewinnung
Touristisches Potenzial	Tauchen, Sportangeln, Kirchen

Redaktionstipps

- Wenigstens einmal hineinschauen: **Dean's Blue Hole**, 200 m tief (S. 254).
- Bedeutendste Sehenswürdigkeiten: die **Kirchen St. Paul's** und **St. Peter and Paul** in Clarence Town (S. 254).
- Auf Entdeckungstour gehen: zur **Adderley's Plantation** (S. 252) und zum **Morris's Tomb** (S. 253).
- **Tauchen mit Haien** im Stella Maris Resort (S. 256).

Die Insel Long Island erstreckt sich auf einem Ostausläufer der **Great Bahama Bank** über fast 120 km vom **Exuma Sound** bis zur **Crooked Island Passage** von Norden nach Süden. Die zur Atlantikseite gewandte Küste ist recht rau, und der Kalksandstein ist durch Wind und Wasser zerklüftet. Hier findet man gelegentlich eine kleine Bucht mit einsamem Strand. An der Westküste hingegen liegen lange Sandstrände mit flachem und türkisfarbenem Wasser. Dort muss man nicht lange suchen, um eine Bade- oder Schnorchelgelegenheit aufzuspüren. Außer zwei bemerkenswerten Kirchen im Süden der Insel gibt es „an

Blick auf das Columbus Monument auf Long Island

Land" nicht viel zu sehen, dafür kann man jedoch in der Umgebung von Long Island hervorragend tauchen.

Geschichte

Mit Kolumbus kam das Verderben

Bis 1492 lebte auf der Insel **Yuma**, wie Long Island von den Lucayas genannt wurde, die indianische Bevölkerung in Frieden miteinander. Im oben genannten Jahr kam mit Kolumbus dann das Verderben über die Ureinwohner der Insel. Sie führten die Spanier zu einer Frischwasserquelle, sodass diese ihre Vorräte auffüllen konnten. Damit entgingen sie aber nicht der Sklaverei und Zwangsarbeit auf Hispaniola. Kolumbus benannte die Insel „Fernandina" nach König Ferdinand II. von Aragonien (1479–1516).

Die nächste Besiedlung der Insel erfolgte mit Loyalisten aus Virginia und Carolina von der Ostküste des nordamerikanischen Kontinents. Diese bauten Baumwolle an und hatten damit kurzfristig Erfolg. Ebenso wie die Plantagen auf Cat Island konnten die Plantagen nach der Abschaffung der Sklaverei 1838 (bzw. 1834) nicht mehr rentabel genug arbeiten, um mit der Baumwolle aus den Südstaaten Amerikas konkurrieren zu können. Die meisten der weißen Siedler verließen daraufhin die Insel und ließen ihre ehemaligen Sklaven zurück.

Entfernungen

Stella Maris – Salt Pond 34 km
Stella Maris – Deadman's Cay 55 km
Deadman's Cay – Clarence Town 18 km
Deadman's Cay – Gordons 48 km

Zeitweise spielten die **Schafzucht** und die **Salzgewinnung** eine Rolle auf der Insel. Beide Produkte wurden im größeren Stil nach Nassau verschifft. Heute wird beides überwiegend nur

Long Island und Rum Cay

noch für den Bedarf der Insel produziert. Die **Schwammzucht** auf den Bahamas hatte ihre Blüte um 1920, und noch heute findet man an den Stränden Long Islands natürliche Schwämme. Ein herausragendes, „historisches" Event hat Long Island allerdings aufzuweisen: die **Long Island Regatta**. Als eine der wichtigsten Regatten auf den Bahamas kann sie auf eine lange Tradition zurückblicken. Zwar wird diese Regatta erst seit 1967 in dem Stil ausgesegelt, wie es heute mitzuerleben ist, aber bereits im Jahr 1899 startete man einen Vorläufer, die Regatta am Empire Day (24. Mai).

Wichtige Segelregatta

Long Island heute

Der Norden der Insel ist von der Infrastruktur her eher unterentwickelt, profitiert aber durch das Resort Stella Maris mehr vom Tourismus als der Süden der Insel, wo der Anbau von Zitrusfrüchten und Gemüse, wie Süßkartoffeln, Erbsen und Mais, eine landwirtschaftliche Struktur erhalten hat. Hier wachsen auch Bananen, Ananas und andere tropische Früchte. Aber ebenso wie die Schafzucht dienen sie eher der Eigenversorgung als dem Export nach Nassau. Die Zeit der landwirtschaftlichen Blüte ist lange vorbei, und es wird auch nur auf kleinen Feldern oder in sog. *Pot Holes* (auch *Quarry Pits* genannt) angebaut. Das sind Löcher im Kalkgestein, in denen sich Humus gesammelt hat. Auch die Salzgewinnung ist heute nicht mehr konkurrenzfähig und wird nur noch in Subsistenzwirtschaft betrieben. Man sieht heute von der Straße aus viele ungenutzte Salzseen.

Anbau in Pot Holes

Vom Stella Maris aus kann man Boots- und Tauchtouren unternehmen, genauso wie Hai- oder Wracktauchen. Die Insel hat darüber hinaus sehr schöne Strände und ist für Bonefishing gut geeignet. Interessanterweise kommen auch Liebhaber schöner Kirchen auf Long Island auf ihre Kosten, denn außer den beiden von Father Jerome erbauten Gotteshäusern gibt es noch eine Anzahl anderer sehenswerter Kirchen.

Rundtour auf Long Island

Da die besten Übernachtungsmöglichkeiten der Insel auf dem nördlichen Teil liegen, empfiehlt es sich, eine Erkundungstour mit einer Fahrt nach **Cape Santa Maria** zu beginnen. Die Nordspitze von Long Island wurde nach einem von Kolumbus' Schiffen benannt, mit denen er hier 1492 anlandete. Nördlich von Seymore's Village führt eine ungeteerte Straße (nur Allrad) zu **Columbus Landing**, wo seit Oktober 1989 ein **Monument** steht, das im Gedenken an die Urbevölkerung, die Lucaya-Indianer, und die Ankunft Kolumbus' errichtet wurde. Von dort aus eröffnet sich ein herrlicher Blick. Die Strände in der Nähe des Kaps zählen zu den schönsten der Insel.

Gedenken an die Urbevölkerung

Auf dem Weg zurück nach Süden sollte man in Richtung Cape Santa Maria Fishing Club – einfach der Beschilderung „Cape Santa Maria" nach rechts folgen. Beim Fishing Club geht es wieder rechts und nach einer kurzen Fahrstrecke zum **Stella Maris Beach Reserve**. Hier warten ein wunderschöner Strand und Picknickhütten – ideal für eine kleine Badepause.

Der Weg zu den Ruinen der Adderley's Plantation ist abenteuerlich, aber lohnend

Etwa 15 km südlich des Kaps liegt **Stella Maris**. Bevor man sich hier umsieht, lohnt sich ein Abstecher zu den Überresten von **Adderley's Plantation**. Der Weg zu diesen Ruinen einer Baumwoll- und Viehplantage, die auf das Jahr 1790 zurückgeht, ist ausgeschildert und abenteuerlich, die letzten 15 Minuten müssen zu Fuß und durch Mangrovengestrüpp zurückgelegt werden. Die rund 1.000 ha große Adderley's Plantation verfügte über einen eigenen Hafen, der bis heute besucht werden kann.

Wenn man danach der Ausschilderung in Richtung Stella Maris Inn folgt, kommt man zum **Ocean View Drive**, der an der Atlantikküste entlangführt. An dieser Straße sind in Richtung Süden mehrere idyllische kleine Strände ausgeschildert.

Stella Maris Resort

Man kann in **Stella Maris** auch eine Höhle besichtigen (ausgeschildert). Außer dem Stella Maris Inn gibt es hier eine schicke Bar über dem Strand, einen Naturpool, ein Restaurant und alle Annehmlichkeiten, die ein Resort bieten kann. Das Stella Maris wurde Ende der 1960er-Jahre von drei deutschen Familien gegründet, die gemeinsam nach Long Island ausgewandert waren. Damals wurde Tauchen weltweit gerade populär, das Stella Maris konzentrierte sich von Anfang an auf Wassersport. So war es die erste Tauchbasis weltweit, die Tauchen mit Haien anbot. Im Frühjahr kommen an Stella Maris gelegentlich bis heute Buckelwale vorbei.

Flugplatz und Jachthafen

Mit einem eigenen **Flugplatz**, einer Polizeistation und einem Liquor Store ist Stella Maris das Zentrum des nördlichen Teils der Insel. Der Jachthafen, **Stella Maris Marina**, liegt ca. 4 km südlich des Ortes westlich von der Hauptstraße. Nicht weit von der Abzweigung zum Jachthafen Richtung Süden steht auf der linken Seite die kleine Kirche von **Millerton Settlement**. Es lohnt sich, anzuhalten und einen Blick hineinzuwerfen.

Rechts der Hauptstraße kann man jetzt einige Kilometer lang den wunderschönen Ausblick auf **Deal's Beach** und **Alligator Bay** genießen. Für eine Schnorchel- oder Strandpause genau das Richtige. In dem Ort **Simms** liegt auf der rechten Seite das **Inselgefängnis**. Es muss schon recht lange her sein, dass dort jemand „gesessen" hat. Auf der anderen Straßenseite glänzt die pittoreske Ruine einer Kirche.

In **Whymms** lohnt sich ein Abstecher: Vor dem auffallenden Roberts-Hardwarestore rechts abbiegen auf die Rev. Urban Knowles Avenue und dieser folgen, bis ein

Idyllisch und verwunschen: das Morris Blue Hole

schmaler Weg rechts abgeht. Hier folgt nach wenigen Metern **Morris's Tomb & Grave Marker**. Dabei handelt es sich um einen 2012 enthüllten Grabstein, der die tragische Geschichte von John Morris und Susanna Ferguson erzählt. 1790 hatte der Engländer John Morris hier Land erstanden und zu einer Plantage aufgebaut. Am 15. Juli 1790 wurde Tochter Louisa geboren, die allerdings im Alter von drei Jahren und sechs Monaten an Influenza starb. John Morris holte in seinem Gram aus England einen Steinmetz, der der Tochter einen eigenen Grabstein meißelte. Dieser kann mitsamt Grab heute wieder besichtigt werden. Wenige Meter weiter folgt ein wunderbar verwunschenes Blue Hole, das **Morris Blue Hole**.

Handgefertigte Strohwaren

Im nächsten Ort **Millers** gibt es dann wieder eine gute Möglichkeit, an die Atlantikküste zu kommen. Wer dem Weg in Richtung Osten folgt, gelangt zu einem schönen Atlantikstrand. An der Hauptstraße hat Sandy Smith ihren Stand das ganze Jahr über offen. Sie verkauft **Strohwaren**, die in der eigenen Werkstatt gefertigt wurden.

Der nächste Ort, **Salt Pond**, ist berühmt wegen der großen Long Island Regatta, die hier jedes Jahr am ersten Wochenende im Juni stattfindet.

Die Umgebung verändert sich jetzt leicht, da der Boden südlich von Salt Pond zunehmend landwirtschaftlich genutzt wird. Passiert werden Bananenstauden, Gemüsefelder und Ananasplantagen. Man muss allerdings schon etwas genauer hinsehen, da nur im kleinen Stil angebaut wird. Gelegentlich sieht man auch Schafe und Ziegen. Die Abzäunungen aus Stein in dieser Gegend stammen noch aus einer Zeit, als die **Schafzucht** einer der wichtigsten Wirtschaftsfaktoren der Insel war.

Bunte Holzhütten

Bis **Lower Deadman's Cay**, dessen Straßenbild von der großen anglikanischen **Athanatius-Kirche** geprägt ist, gibt es dann auch nicht viel Interessantes zu sehen. In diesem Ort sollte man sich jedoch die Zeit nehmen und zu den **Bootshütten der Schwammfischer** fahren. Wer hinter der Kneipe (kurz vor der anglikanischen Kirche) rechts abbiegt, kommt auf einer recht schlaglochreichen Straße an die Westküste. Dort liegen zwischen Kasuarinen kleine bunte Holzhütten und alte Boote.

Die Hauptstraße weiter gen Süden führt durch das am dichtesten besiedelte Gebiet der Insel. **Deadman's Cay** ist der größte Ort. In **Buckleys** befindet sich das

sehenswerte **The Long Island Museum & Library**. Das durch eine Privatinitiative gegründete Heimatmuseum zeigt historische Dokumente, Erinnerungen und Erbstücke, die von Bewohnern Long Islands gespendet wurden.
The Long Island Museum & Library, *☎ 337-0500, Mo–Sa 8–16, Sa 8–13 Uhr, Erw. 3 $, bis 5 Jahre frei.*

In **Hamilton** wartet die bekannte **Hamilton's Cave** auf Besucher. Das fledermausreiche, spektakuläre Höhlensystem ist in Privatbesitz. 1935 wurden hier Artefakte aus der Zeit der Ureinwohner, der Lucayans, gefunden.
Hamilton Caves, *Führungen organisiert Hamilton Cave Tours, ☎ 337-0235.*

Ziel für Apnoetaucher

Turtle Cove, ein paar Kilometer südlich von Cartwright, ist ein schöner Atlantikstrand, den man über eine ausgeschilderte Straße erreicht. Das Highlight aber ist nicht der Strand selbst, sondern **Dean's Blue Hole**, das wahrscheinlich größte Blue Hole der Bahamas, das rund 200 m in die Tiefe reicht. Dean's Blue Hole ist das Paradies für Apnoetaucher (Free Diver), die hier ihre ganz eigenen Tiefseeerfahrungen ohne Unterstützung von Pressluftflaschen machen. Wer sich nicht ans Free Diving traut, sollte mit Schnorchel und Flossen ausgerüstet eine Runde über dem tiefen Blau drehen.

Dean's Blue Hole ist längst kein Geheimtipp in der Gemeinschaft der Apnoetaucher mehr. Für das Guinnessbuch der Rekorde wurde hier 2008 ein Rekord im Free Diving aufgestellt. Doch am Sonntag, 17. November 2013, zeigte sich das Blue Hole von seiner schlechten Seite und definierte deutlich Grenzen: Nach einem Tauchgang in 72 m Tiefe und 3,28 Minuten Dauer tauchte der 32-jährige Nicholas Mevoli aus Brooklyn auf, sprang auf die Plattform, zog seine Schwimmbrille herunter und fiel in eine Ohnmacht, aus der er nicht mehr aufwachen sollte. Schon am folgenden Tag schwammen rund 80 Tauchfreunde eine Runde in Dean's Blue Hole, formten im Wasser einen Kreis und tauchten, nach einem gemeinsamen Atemzug, Nicholas Mevoli zu Ehren, unter.

Es sind nur noch ein paar Kilometer bis zum verschlafenen **Clarence Town**, wo man sich die beiden von Father Jerome (s. S. 229) gestalteten Kirchen **St. Paul's** (anglikanisch, vollendet 1884) mit den eckigen Türmen und **St. Peter and Paul** (katholisch) mit den runden Türmen ansehen sollte. Die eindrucksvollere Kirche ist St. Peter and Paul, rechts auf dem Hügel, allein schon we-

St. Peter and Paul Church in Clarence Town

gen des exotischen anmutenden Baustils. 1940 wurde sie fertiggestellt. Mutige können in die beiden Kirchtürme klettern und die 360-Grad-Rundumblick über diesen Teil von Long Island genießen.

Ausblick vom Kirchturm

In Clarence Town gabelt sich die geteerte Straße. Wer den Ort Richtung Süden verlassen will, sollte sich links halten. Von nun an gesellen sich noch Esel zu den Schafen und Ziegen, die man am Wegesrand sehen kann. Im nächsten Ort **Dunmore** kann man sich außer einer malerisch auf einem Hügel gelegenen Kirche noch die überwucherten **Ruinen der alten Plantage** ansehen. Wenn dann noch etwas Zeit ist, lohnt es sich, bis zur äußersten Südspitze der Insel nach **Gordons** zu fahren. Über einen schmalen Damm auf der linken Seite geht es zu einem der schönsten und einsamsten Strände der Insel.

Reisepraktische Informationen Long Island

Information

Long Island Tourist Office, *Salt Pond, ☎ 338-8668, www.bahamas.com/islands/long, Mo–Fr 9–17 Uhr.*

Wichtige Telefonnummern

Notfall/Polizei, *☎ 919.*
Polizei in Deadman's Cay, *☎ 337-0999.*
Simms, *☎ 338-8555.*
Stella Maris, *☎ 338-2222.*

Im Krankheitsfall

Clarence Town Clinic, *☎ 337-3333.*
Deadman's Cay Clinic, *☎ 337-1222.*
Simms Clinic, *☎ 338-8488.*
Air Ambulance, *☎ 323-2186.*

Banken

Scotiabank, *Stella Maris, ☎ 338-2057, und Buckleys, ☎ 337-1029, beide mit Bankautomat.*
Royal Bank of Canada, *Grays, ☎ 337-0100, mit Geldautomat.*

Unterkunft

Lochabar Beach Lodge (4) $$, *Mangrove Bush, Deadman's Cay, ☎ 337-3123. Eine der einsamsten Unterkünfte auf der Insel. Von den drei Hütten gelangt man direkt zum feinen weißen Sandstrand, der ein Blue Hole mit einem Durchmesser von gut 1,5 km umschließt.*
Chez Pierre (3) $$, *Miller's Bay, ☎ 338-8809, www.chezpierrebahamas.com. Die einfach gehaltenen, bunt angemalten sechs Holzhütten stehen direkt am Strand mit Blick auf die Karibische See. Jede Hütte verfügt über ein Badezimmer mit Dusche. Die Eigentümer Pierre und Anne Laurence haben viel Wert darauf gelegt, ihre Urlaubsunterkünfte so umweltverträglich wie möglich zu bauen. So wird z. B. der Strom ausschließlich mit Son-*

Holzstege führen beim Stella Maris Resort am Strand entlang

ne und Wind erzeugt. Fahrräder und Schnorchelausrüstung können ausgeliehen werden. Unweit der Hütten befindet sich das dazugehörige Restaurant mit gutem Essen.

Tipp Unterkunft

Stella Maris Resort Club (2) $$$–$$$$, *Stella Maris, ☎ 338-2051, www.stellamarisresort.com/about.asp. Großzügig angelegte Hotelanlage im Bungalowstil an der Atlantikseite von Long Island. Das Resort hat einen eigenen Flughafen, der von Southern Air angeflogen wird. Im Resort kann man das reichhaltige Wassersportangebot vom Hochseeangeln bis zum Wasserskilaufen nutzen. Bekannt und mehr als ein paar Kraulzüge wert ist der Naturpool unten am Meer. Auch für Taucher ist Stella Maris (Stern des Meeres), das nicht umsonst seinen Namen hat, eine gute Adresse. Tauchen mit Haien gehört ebenso zum Programm wie Wracktauchen oder Columbus-Point-Mangrovenbucht-Öko-Bootsfahrten. Kleine idyllische Atlantikstrände sind zu Fuß zu erreichen, und an die Karibikseite gibt es einen Shuttle Service. Das Essen ist gut, und abends kann man an der gemütlichen Bar seine Schnorchel-Erlebnisse mit anderen Hotelgästen austauschen. Die Besitzer sind Deutsche, die Ende der 1960er-Jahre nach Long Island ausgewandert sind.*

Cape Santa Maria Beach Resort (1) $$$$–$$$$$, *Cape Santa Maria, ☎ 598-3366, www.capesantamaria.com. Nicht nur die Lage an einem 6 km langen Strand besticht an dieser Anlage. Die Einrichtung ist geschmackvoll, und auf einer Veranda kann man von der Sonne geschützt faulenzen. Wem nach Aktivitäten zumute ist, der kann nach Herzenslust surfen und schnorcheln oder einfach den herrlichen Sand und das strahlendblaue Meer genießen. Für das leibliche Wohl ist auch gesorgt.*

Restaurants

Blue Chip (1), *Simms, an der Ostseite des Queen's Hwy., ☎ 338-8045. Gute und bodenständige bahamaische Küche.*

Max's Conch Grill (2), *Deadman's Cay, ☎ 337-0056, www.maxconchbar.com. An Max's Conch Grill kommt keiner vorbei, da wirklich jeder Einwohner von Long Island den Conch Salad bei Max als den besten auf der Insel, wenn nicht sogar auf den Bahamas bezeichnet. Auch ein netter Platz zum Abhängen, um das Leben auf der Straße zu beobachten und ein, zwei kalte Kalik zu trinken.*

The Forest Restaurant 2 (3), *Queen's Hwy., Deadman's Cay, ☎ 337-1246. Takeaway-Restaurant mit leckeren bahamaischen Gerichten und American Food. So geschl.*

Lloyd's Sporting Lounge (4), *Turnbull, südlich von Deadman's Cay, an der Blue Hole-Einfahrtstraße, ☎ 337-5762. Lesertipp: „Eine erstaunlich ‚stadtmäßig' ausgestattete Sports Bar – komplett mit Billardraum, Riesen-TV-Screens überall, Restaurant etc.!"*

Seaside Village (5), *Jerry Wells Road, Deadman's Cay, ☎ 337-0119. Lesertipp: „A west-shore-on-a-dock situated ‚pub' – A ‚local must' for ‚ambiance'!"*

Gute internationale Küche bieten der **Stella Maris Resort Club** *und das* **Cape Santa Maria Beach Resort**. *Auch im Restaurant an den Tennisplätzen von Stella Maris kann man sehr gut essen. Die Speisekarte richtet sich nach dem „Fang des Tages", und bei Sonnenuntergang ist es recht romantisch.*

Cave Dinner im Stella Maris Resort

Nachtleben

Im **Stella Maris Resort Club** *(s. o.) werden witzige Grillpartys und Tanzabende veranstaltet. Wer möchte nicht einmal bei Rake 'n' Scrape-Livemusik in einer Höhle bei Fackelschein ein deftiges bahamaisches Barbecue probieren?*

Wassersport/Aktivitäten

Stella Maris Resort Club *und* **Cape Santa Maria Beach Resort** *(s. o.) bieten neben Schnorcheln, Sport- und Hochseeangeln auch andere Wassersportarten an. Es ist auch möglich, ein Boot zu mieten. Stella Maris fährt Gäste mit dem hoteleigenen Shuttle zu den Schnorchelstränden wie z. B. „Love Beach".*

Tauchen

In Taucherkreisen gilt der **Stella Maris Resort Club** *(s. o.) als eine sehr gute Adresse. Immerhin war das Stella Maris die erste Tauchbasis weltweit, die Tauchen mit Haien anbot.*

Tennis

Der **Stella Maris Resort Club** *(s. o.) verfügt über zwei Hartplätze.*

Strände

Die Strände am **Cape Santa Maria** *an der Nordspitze zählen zu den schönsten auf der Westseite. Einen langen und einsamen Strand hingegen findet man an der äußersten Südspitze bei* **Gordons**. *An der Ostküste gibt es unzählige kleine Strandbuchten, sodass man sich dort ein ganz privates Plätzchen suchen kann.*

Veranstaltungen

Long Island Regatta, *erstes Wochenende im Juni, ☏ 338-8668. Es lohnt sich, zur Regatta-Zeit nach Long Island zu fliegen, da diese Veranstaltung zu den größten Volksfesten auf den Family Islands zählt.*
Achtung: *Zur Zeit der Regatta muss man unbedingt rechtzeitig buchen, da sonst möglicherweise keine Unterkunft mehr zu finden ist.*

Flüge

Long Island hat zwei Flughäfen: **Stella Maris** *und* **Deadman's Cay**.
Fluggesellschaften, die Long Island anfliegen:
Bahamasair, *☏ 337-0877, www.bahamasair.com.*
Sky Bahamas, *☏ 377-8993, www.skybahamas.net.*
Southern Air, *☏ 337-1722, www.southernaircharter.com.*

Stella Maris Charter Flight, ☎ *338-2050, www.stellamarisresort.com/air-service, bietet Charterflüge vom „hauseigenen Flughafen". Ein Sitz in einem Flieger nach Nassau kostet z. B. 150 $.*

Transfer vom Flughafen

Am Flughafen stehen immer Taxis bereit, wenn eine Maschine landet. Vom Stella Maris Airport bis zum gleichnamigen Resort kostet die Fahrt 10 $.

Postschiff

Das Postschiff **MV Mia Dean** *fährt jeden Dienstag die Route Nassau – Clarence Town, Fahrtzeit: ca. 14 Std. Die* **MV Island Link** *fährt jeden Dienstag die Route Nassau – Salt Pond, Fahrzeit: ca. 12 Std. Infos beim Hafenmeister in Potter's Cay, Nassau,* ☎ *393-1064.*

Mietwagen

Stan's Car Rental, *Millers* ☎ *338-8987.*
Stella Maris Resort Club *vermietet auch Autos.*
Unique Wheels Rental (UWR), *Clarence Town,* ☎ *337-1027, www.uniquewheels rental.net*

Fahrradverleih

Die großen Anlagen, wie **Cape Santa Maria Beach Resort** *und* **Stella Maris Resort Club**, *bieten ihren Gästen Fahrräder an (s. Unterkunft).*

Taxis

Omar Daley, *Stella Maris,* ☎ *357-1043.*
Jerry Knowles, *Alligator Bay,* ☎ *472-8065.*
Scoffield Miller, *Millers,* ☎ *338-8970.*

San Salvador

Telegramm San Salvador

Name	San Salvador
Fläche	163 km²
Einwohnerzahl	1.000 (2010)
Einwohnerzahl pro km²	16
Größter Ort	Cockburn Town
Weitere Orte	United Estates, North Victoria Hill, Dixon Hill
Wichtigste Wirtschaftszweige	Tourismus
Touristisches Potenzial	schöne Riffe, Fernandez Bay, Dixon Hill Lighthouse

Die relativ kleine Insel San Salvador ist von vielen **Riffen** umgeben, was sie für Taucher besonders interessant macht. Sie liegt südöstlich von Cat Island zwischen dem Atlantischen Ozean und dem unbewohnten **Conception Island** sowie der kleinen Insel **Rum Cay**. Das Innere der Insel ist zum größten Teil von Seen bedeckt und schwer zugänglich. Die Hauptstraße, der Queen's Highway, ist in einem Ring an der Küste entlang angelegt, sodass man an einem Tag bei einer Inselumrundung von den Mangroven bei **Pigeon Cay** bis zur Westküste mit den Sandstränden alles erkunden kann.

Entfernungen

Cockburn Town – North Victoria Hill 22 km
Cockburn Town – Dixon Hill 16 km

Geschichte

Archäologische Funde bei **Palmetto Grove** im Nordwesten und an anderen Stellen der Insel weisen darauf hin, dass San Salvador schon in vorkolumbianischer Zeit von Lucaya-Indianern bewohnt war. Die Insel hieß in ihrer Sprache **Guanahani**. Kolumbus taufte sie dann bei seiner Landung 1492 San Salvador. Bis 1926 hieß die Insel nach einem Piraten **Watling's Island**. Bis dahin trug Cat Island den Namen San Salvador, da man angenommen hatte, dass Cat Island die erste Insel war, die Kolumbus von der Neuen Welt sah. Seit 1926 glaubte die bahamaische Regierung jedoch, die Insel Guanahani sei das wahre „San Salvador" und benannte die Insel um. Bis heute ist jedoch nach Auswertung von Kolumbus' Aufzeichnungen auch Samana Cay (ca. 100 km südöstlich von San Salvador) noch als erster Anlandungspunkt im Gespräch. Der wissenschaftliche Streit, ob San Salvador nun wirklich diejenige Insel ist, auf die Kolumbus zuerst seinen Fuß setzte, ist bis heute nicht beendet und wird es möglicherweise nie sein.

Kolumbus' Ankunft in der Neuen Welt

Am Strand von San Salvador

Benannt nach einem Seeräuber

Nach der Ausrottung der indianischen Bevölkerung blieb die Insel vermutlich lange Zeit unbewohnt. Gegen Ende des 17. Jh. „residierte" der **Seeräuber Watling**, dessen Namen die Insel lange trug, auf San Salvador. Die Plantage, die als **Watling's Castle** bezeichnet wird, kann aber nicht sein Wohnsitz gewesen sein, da Untersuchungen ergeben haben, dass die Plantage vom Anfang des 19. Jh. stammen muss und vermutlich einem aus den Vereinigten Staaten geflohenen Loyalisten gehörte.

Außer dem 1856 errichteten **Dixon Hill Lighthouse** entstanden bis in das 20. Jh. keine nennenswerten Gebäude mehr auf der Insel, die bis zum Bau von Einrichtungen der US-Marine in den 1950er-Jahren in der Bedeutungslosigkeit versank. Die Baumwollplantagen waren nach Abschaffung der Sklaverei 1838 wie auf den anderen Family Islands nicht mehr rentabel, sodass die Pflanzer abwanderten. Auch die Sisalproduktion, die um die Wende zum 20. Jh. für kurze Zeit eine Rolle spielte, konnte keinen langfristigen wirtschaftlichen Aufschwung bewirken.

San Salvador heute

Die Insel lebt heute fast ausschließlich vom Tourismus. Nachdem die Arbeitsplätze, die durch die amerikanischen Militäreinrichtungen geschaffen wurden, nach Abzug der Amerikaner Ende der 1960er-Jahre entfielen, waren viele Inselbewohner gezwungen, ihr Glück in Nassau zu versuchen. San Salvador hatte nun zwar einen Flugplatz, aber noch keine gut entwickelte Infrastruktur. Es kamen zwar viele Taucher und Individualisten als Urlauber auf die Insel, aber lange verfügte die Insel nur über eine entsprechende Unterkunftsmöglichkeit. Der Durchbruch in Sachen Tourismus kam erst relativ spät mit der Eröffnung des „Club Med" im Jahr 1992 – der San Salvador aus Werbezwecken kurzerhand in „Columbus Isle" umbenannte.

„Columbus Isle"

San Salvador ist besonders bei Tauchern beliebt, da es rundherum mehr als 50 Tauchspots und interessante Riffe zu erkunden gibt. Darüber hinaus bietet der Club Med ein reichhaltiges Freizeitangebot. Die Monumente, die im Gedenken an Kolumbus' Ankunft in der Neuen Welt aufgestellt wurden, sind ebenso wie das kleine New World Museum und Watling's Castle etwas für geschichtsinteressierte Besucher der Insel. Auf keinen Fall sollte man sich jedoch den Leuchtturm von Dixon Hill entgehen lassen, denn nicht nur die Aussicht, auch der alte Mechanismus des kerosinbetriebenen Turms sind den Weg wert.

Rundtour auf San Salvador

Ganz in der Nähe des Flugplatzes an der Westküste von San Salvador befinden sich die beiden bekannten Unterkunftsmöglichkeiten der Insel: Das **Riding Rock Inn** und der **Club Med**. Von dort aus kann man die Insel mit dem Fahrrad, Scooter oder dem Auto erkunden. Wer in südliche Richtung die Westküste entlangfährt, kommt zuerst nach **Cockburn Town**. Dieser idyllische Ort ist mit seinem Anleger, seinen rund 200 Einwohnern und einer Hauptstraße, die sogar First Avenue heißt, „Hauptstadt" der Insel. Seinen Namen hat der Ort nach Sir Francis Cockburn, der 1837–1844 Gouverneur der Bahamas war.

San Salvador
N
0
2 km
© graphic
Green Cay
Catto Cay
Gaulin Cay
Cut Cay
Columbia Wreck
Mailboat Dock
North Point
Man Head Cay
Grahams Harbour
Dump Reef
Reckley Hill
Palmetto Grove Lucayan Archaeological Site
Queen's Hwy.
Harbour Estate
Solomon's Hill
Hanna Bay
United Estates
Brice Memorial Flamingo Park
Rocky Point
Quarters
Little Lake
Dixons
East Beach
Dixon Hill Lighthouse
East Bay
North Victoria Hill
Run-the-Risk Quicksands
Northeast Arm Lake
Brandy Hill
Northwest Arm Lake
Sue Point
Frascate Wreck
New World Museum
Bonefish Bay
Polly Hill
Bonefish Bay Beach
Hard Bargain
Crab Cay
Riding Rock Point
Cockburn Town
Cockburn Town Airport
Long Lake
Storr's Lake
Queen's Hwy
Chicago Herald Columbus Monument
Little Lake
Holy Saviour Roman Catholic Church
Goulding Cay
Bamboo Point
Greens Bay
Queen's Hwy
Granny Lake
ATLANTIC OCEAN
Fernandez Bay
Riding Rocks
Great Lake
Fortune Hill (Ghost Town)
South Victoria Hill (Ghost Town)
Sugar Loaf Beach
Guanahani Landfall Park
Long Bay
Holiday Track
Farquharson Plantation
Cross Monument
Lucayan Indian Archaeological Site
Sugar Loaf
Creek
ATLANTIC OCEAN
Stout's Lake
Long Bay
Pigeon
Sand Bay
Old Place (Ghost Town)
Montreal
Queen's Hwy
Grotto Bay
Watling's Castle Ruins
Allen
Snow Bay
Grotto Beach
Snow Bay Beach
Belmont Church Ruin
Blackwood Bay
High Cay
French Bay
Middle Cay
Hinchinbrook Wreck
Sandy or Southwest Point
High Cay Land & Sea Park
Low Cay
Unterkünfte
1 Club Med Columbus Isle
2 Riding Rock Inn Resort & Marina
3 Guanahani Beach Club
Essen & Trinken
1 Three Ships Restaurant & Bar
Nachtleben
2 Harlem Square Club

Kirchengebäude

Bevor man den Anleger erreicht, fährt man an der **Holy Saviour Roman Catholic Church** vorbei. Das neue Kirchengebäude wurde am 12. Oktober 1992, dem 500. Jahrestag der Landnahme von Kolumbus, geweiht. An der Ecke First Avenue und Carey Street lohnt ein Blick in die **St. Augustine Anglican Church** aus dem Jahr 1888.

Weiter auf dem Queen's Highway ca. 4–5 km an der **Fernandez Bay** in südlicher Richtung folgt auf der rechten Seite das **Columbus Monument** – ein weißes Kreuz, das Ruth Durlacher Wolper 1956 an dieser Stelle aufstellen ließ. Es wird angenommen, dass Kolumbus und seine Seeleute am 12. Oktober 1492 ungefähr an dieser Stelle das erste Mal den Fuß an Land der Neuen Welt setzten. Damals dachten sie noch, die Ostküste von Indien entdeckt zu haben. Ein Umstand, der den Indianern bis heute eigentlich zu Unrecht ihren Namen verleiht.

Unterwasserdenkmal

An der Stelle, an der die drei Schiffe der Spanier, „Santa Maria",„Nina" und „Pinta", vor Anker gingen, ist heute ein **Unterwasserdenkmal** aus Bronze angebracht.

Es gibt noch ein weiteres Denkmal an Land, das nicht weit vom Kreuz 1968 anlässlich der Olympischen Spiele in Mexiko errichtet wurde. Auf dem Weg von Griechenland nach Mexico wurde das **Olympische Feuer** auch an diese Stelle gebracht, und auch heute noch wird die Fackel des Denkmals jedes Jahr zum Discovery Day (Entdeckungstag) entzündet.

info

Christoph Kolumbus

Der Entdecker der Neuen Welt wurde 1451 in **Genua** geboren. Schon früh interessierte er sich für Geografie und brachte sich selbst Latein bei, um die entsprechenden Bücher über dieses Thema lesen zu können. Nach Fahrten im Mittelmeer wurde 1476 das Schiff, das er kommandierte, vor der portugiesischen Küste versenkt. Er konnte sich retten und lernte in Lissabon einflussreiche Leute kennen. Nach einer Fahrt in irische und isländische Gewässer kam er 1478 nach **Madeira**, wo er auf der Insel Porto Santo die Tochter des Gouverneurs kennenlernte, die er ein Jahr später heiratete. Dieser Verbindung entspross der Sohn Diego, der nach dem Tod des Vaters Gouverneur der „indischen" Kolonien wurde.

Nach 1479 arbeitete Kolumbus für die Portugiesen und fuhr auch zu portugiesischen Besitzungen an der **westafrikanischen Küste**. Tief beeindruckt von diesem exotischen Landstrich entstand der Plan, den Weg über das Meer an die Ostküste Indiens zu finden. Da aus dem indischen und asiatischen Raum kostbare Güter auf dem unsicheren und langen Landweg nach Europa transportiert wurden, versprach ein Gelingen des Unternehmens großen Reichtum. Trotzdem wurde eine entsprechende Expedition vom **portugiesischen König** 1484 abgelehnt, da die Sache ein zu großes finanzielles Risiko zu sein schien und man den Weg über den Ozean für zu weit hielt.

Aus diesem Grunde wurde das Anliegen von Kolumbus auch am **spanischen Königshof** bis 1492 auf Eis gelegt. Die spanische Krone war bis zu diesem Zeitpunkt auch zu sehr damit beschäftigt, Granada zu erobern. Nach einer Ablehnung der recht kostspieligen Forderungen von Seiten Kolumbus' durch eine Kommission des Hofes wurde dieser auf seinem Weg nach England in letzter Minute noch an den spanischen Hof zurückgeholt, nachdem **Königin Isabella** eine Unterstützung der Pläne des Italieners doch noch durchgesetzt hatte.

Kolumbus wurde bei erfolgreichem Ausgang der Expedition ein Zehntel des Gewinns und der Titel des Gouverneurs über das neuentdeckte Land zugesagt. Drei Schiffe, die „Pinta", „Nina" und die „Santa Maria", wurden mit 90 Mann Besatzung ausgerüstet und stachen am 6. September von den Kanarischen Inseln aus endgültig in Richtung „Indien" in See.

Am 12. Oktober 1492 entdeckten sie eine Insel, die die indianischen Bewohner Guanahani nannten. Kolumbus taufte sie San Salvador und wurde von den Einheimischen freundlich empfangen. Da es kein Gold auf der Insel gab und er das Festland finden wollte, setzte er seine Reise fort. Außer weiteren Bahamasinseln entdeckte er im weiteren Verlauf **Kuba** und **Hispaniola**, wo er die erste Siedlung **La Navidad** gründete.

Zurück in Spanien wurde er mit allen Ehren empfangen, und auf seiner **zweiten Fahrt** mit 17 Schiffen und rund 1.500 Mann Besatzung waren auch Saatgut und alle lebensnotwendigen Dinge für eine **Besiedlung** geladen. Er segelte im September 1493 in Richtung Hispaniola, wo er eine zerstörte Siedlung vorfand. Die Indianer hatten wegen schlechter Behandlung die ersten Siedler umgebracht. Da es Anzeichen für **Goldvorkommen** auf der Insel gab, wurde eine neue Siedlung gegründet, die er unter der Obhut seines Bruders Diego ließ, um weiter nach dem Festland zu suchen. Dabei entdeckte er **Jamaika**, **Puerto Rico** und die **Kleinen Antillen**. Auf Hispaniola zurückgekehrt, bot sich ihm eine unliebsame Überraschung. Da sein Bruder die Siedler nicht friedlich unter einen Hut bringen konnte, herrschte eine bürgerkriegsähnliche Stimmung. 1496 kehrte Kolumbus nach Spanien zurück.

Seine **dritte Reise** 1498 nahm ein schlimmes Ende. Nach der Entdeckung von **Trinidad** und der Küste des **südamerikanischen Kontinents** im Gebiet der **Orinoco-Mündung** kehrte er auf Hispaniola zurück, wo er wegen der dort herrschenden Zustände 1500 verhaftet und in ein spanisches Gefängnis überführt wurde. Nach seiner Freilassung und teilweise erfolgten Rehabilitation segelte er 1502 zum **vierten** und **letzten Mal** über den Atlantischen Ozean. Er entdeckte **Mittelamerika** von **Honduras** bis **Panama** und musste wegen des schlechten Zustands der Schiffe um Hilfe aus Hispaniola bitten. Da man ihm dort nicht wohlgesonnen war, ließ diese Hilfe lange Zeit auf sich warten, und Kolumbus kehrte 1504 in einem schlechten Gesundheitszustand nach Spanien zurück. Er starb 1506 in Valladolid.

Vermeintliches Seeräuberschloss

Sandy Point Estate, besser unter dem Namen **Watling's Castle** bekannt, findet man einige Kilometer weiter südlich an der Südwestspitze der Insel. Die von Vegetation überwucherten Ruinen sind Überreste einer Plantage von Loyalisten von Anfang des 19. Jh. Als Seeräuberschloss des im 17. Jh. sein Unwesen treibenden Piraten Watling wirkte es natürlich interessanter. Die spannenden Geschichten, die um seinen Wohnsitz und seine Abenteuer ranken, werden auch heute noch gerne blumig ausgeschmückt erzählt. Die Straße, die kurz vor den Ruinen rechts abzweigt, führt an die schöne Küste. Man kommt auf ihr kurz hinter den Ruinen wieder auf den Queen's Highway.

Bei der Kirchenruine, die kurz vor dem Knick des Highways in nördliche Richtung steht, lohnt es sich, einen kleinen Strandausflug nach **Snow Bay** zu machen. Man muss dafür die Rechtsabzweigung auf die Nebenstraße in östliche Richtung fahren. Dort gibt es einen wunderschönen, weißen Strand, denn die Bucht hat nicht umsonst ihren Namen (Schneebucht). Hier ist seit 2011 das Resort **Guanahani Beach Club** angesiedelt.

Wieder auf der Hauptstraße, fährt man durch meist verlassene Ortschaften, bevor die Ruinen der **Farquharson Plantage** und der Ort **South Victoria Hill** erreicht werden. Die Plantage war eine der größten auf der Insel, auf der so unterschiedlichen Pflanzen angebaut wurden wie Mais, Baumwolle und Zitrusfrüchte. Darüber hinaus wurde auch Vieh gehalten. Als „**Blackbeard's Castle**" – sozusagen unter Seeräubersynonym – ließ sie sich aber nicht so gut „verkaufen" wie ihre bereits erwähnte Schwesterplantage im Südwesten der Insel.

Bis zum **Dixon Hill Lighthouse** gibt es nicht mehr viel Interessantes zu sehen. Einen Besuch dieses in den 1850er-Jahren erbauten Leuchtturms sollte man jedoch auf keinen Fall versäumen. Er ist nicht nur wegen der schönen Aussicht und der allgemeinen Leuchtturmromantik sehenswert, sondern auch wegen seines antiquierten Mechanismus. Dieser Leuchtturm ist nämlich einer der letzten seiner Art, die noch mit Kerosin und sozusagen von Hand befeuert werden.

Weiteres Kolumbusdenkmal

Wer noch zu einem Spaziergang aufgelegt ist, kann sich nach ca. 2–3 km am Strand entlang das zweite Kolumbus-Denkmal anschauen. Warum die US-amerikanische Tageszeitung „Chicago Herald" 1891 ausgerechnet hier auf **Crab Cay** diese Gedenkstätte als **Chicago Herald Columbus Monument** errichten ließ, ist angesichts der vielen Riffe, die eine Anlandung der spanischen Schiffe an dieser Stelle recht unwahrscheinlich erscheinen lassen, allerdings ein Rätsel. Der Grund für die Errichtung an sich wird jedoch deutlich, wenn man sich vor Augen hält, dass im Jahr 1892 die Weltausstellung mit thematischem Bezug zu Kolumbus in Chicago stattfand.

Über Quarters und vorbei an den Ruinen des Harbour Estate kommt man zu einem großen Anwesen am Strand von **North Victoria Hill**. In dem kleinen **New World Museum**, gegründet von Ruth Durlacher Wolper, kann man sowohl Ausstellungsstücke aus vorkolumbianischer Zeit als auch Überbleibsel der Spanier besichtigen, die beim Ausgrabungsort **Palmetto Grove** nördlich von North Victoria Hill gefunden wurden *(Eintritt frei)*.

Reisepraktische Informationen San Salvador

Wichtige Telefonnummern

Notfall/Polizei, ☎ *919.*
Polizei, ☎ *331-2010.*

Im Krankheitsfall

Cockburn Town Clinic, *Cockburn Town,* ☎ *331-2105.*

Bank

Bank of the Bahamas International, *Cockburn Town,* ☎ *331-2237, mit Geldautomat. Außer in den beiden großen Hotels (Riding Rock Inn und Club Med) werden Kreditkarten in der Regel nicht akzeptiert.*

Unterkunft

Riding Rock Inn Resort & Marina (2) $$–$$$, *Cockburn Town,* ☎ *331-2631, www.ridingrock.com. Dieses Hotel ist der Treffpunkt für Taucher. Man wird kaum einen Gast finden, der nicht tolle Geschichten über seine bestandenen Abenteuer unter Wasser erzählen wird. Die Zimmer sind einfach, aber nett eingerichtet. Das* **Restaurant** *bietet einen schönen Ausblick aufs Meer, und auf den Teller kommen leckerer Fisch und Meeresfrüchte.*
Guanahani Beach Club (3) $$$$, *Snow Bay,* ☎ *452-0438, www.guanahanibeachclub.com. 2011 errichtet an der wunderbaren Snow Bay, bei der Architektur gut dem Weiß des Strandes angepasst. „Simpel und elegant" ist das Motto, das die gesamte Anlage, das Hotel und die Villas durchzieht. Für das leibliche Wohl sorgt das* **Patio Restaurant Bar** *mit vornehmlich italienischer Küche.*
Club Med Columbus Isle (1) $$$$$, *Cockburn Town,* ☎ *331-2000, www.clubmed.com. Der Club liegt an einem wunderschönen, über 3 km langen Sandstrand und bietet so ziemlich jedes Freizeitvergnügen, das man sich vorstellen kann. Vom Surfen über Fahrradtouren bis zu Musikveranstaltungen wird hier viel geboten. Besucher müssen allerdings auch etwas „Club-Typ" sein, um sich hier wohlzufühlen, da wirklich alles organisiert wird. Dafür kann man aber auch jeden Luxus genießen. Es gibt Tennisplätze, Swimmingpool und zwei* **Restaurants** *mit internationaler Speisekarte – nicht zu vergessen die drei Bars. Die Architektur der Anlage ist äußerst ansprechend, die Innen- wie Außendekoration wurde aus allen Erdteilen importiert. Der Club gilt als eine der ökologischsten Hotelanlagen auf dieser Erdhalbkugel.*

Restaurants

Three Ships Restaurant & Bar (1), *Cockburn Town, First Ave.,* ☎ *331-2787. In diesem Restaurant trifft man nicht nur Touristen, sondern auch Einheimische. Die Speisekarte ist entsprechend „handfest" und echt bahamaisch.*

Nachtleben

Harlem Square Club (2), *Cockburn Town,* ☎ *331-2777. Witzige Bar für ein Bier und eine nette Unterhaltung.*
Der **Club Med** *bietet jeden Abend Programm und hat zwei gut sortierte Bars. Im* **Riding Rock Inn** *sitzt man auch sehr nett.*

Wassersport/Tauchen

Club Med, *Cockburn Town, ☎ 331-2000. Der Club bietet Segeln, Wasserski, Surfen, Kajakfahren und Kitesurfen an. Ebenso gibt es ein Tauch- und Schnorchelprogramm.*

The Riding Rock Dive Center, *☎ 331-2631, www.ridingrock.com. Das Hotel hat sich auf Tauchen spezialisiert. Es fährt mit zwei Booten zu den Tauchspots und bietet das komplette Unterwasserprogramm – vom Schnorcheln bis zum Tauchpaket. Es werden auch Angeltouren organisiert.*

Tennis

Der **Club Med** *verfügt über zehn Hartplätze.*

Strände

Ein wunderschöner und einsamer Strand liegt an der **Snow Bay**, *aber auch entlang der* **Fernandez Bay**, **Bonefish Bay** *und an der* **Ostküste** *gibt es sehr schöne Strände.*

Flüge

Bahamasair, *☎ 331-2920, www.bahamasair.com.*

Mietwagen

C & E Rent A Car, *Sugar Loft, ☎ 331-2350.*
D & W Rent-a-Car, *Cockburn Town, ☎ 331-2184.*
Walker's Car Rental, *Long Bay, ☎ 331-2368.*

Motorroller

K's Scooter Rentals, *San Salvador Airport, Cockburn Town, ☎ 331-2125.*
Riding Rock Inn, *Cockburn Town, ☎ 331-2025.*

Fahrradverleih

Die meisten Hotels verfügen über einen Fahrradverleih und stellen ihren Gästen Räder zur Verfügung.

Taxis

Fernander's Tours, *Cockburn Town, ☎ 331-2676.*

Conception Island und Rum Cay

Unter Naturschutz

Wer gerne einen Ausflug mit dem Boot macht, findet in der Nähe von San Salvador zwei interessante Ziele. Die flache, ca. 40 km² große Insel **Rum Cay** erlebte im 19. Jh. mit der Salzproduktion ihre Blütezeit. **Conception Island**, nur 8,5 km² groß, ist unter Naturschutz gestellt und unbewohnt. Meeresschildkröten nutzen die Insel zur Eiablage und viele Seevögel nisten hier. Sehr interessant sind die Gewässer dieser Inseln für Taucher, da es einige schöne Riffe in der Umgebung gibt. Auch Freunde einsamer Strände werden hier auf ihre Kosten kommen.

Acklins and Crooked Island

Acklins Island und Crooked Island liegen in einem Bogen angeordnet um **The Bight of Acklins** – ein großes Gebiet mit flachem Wasser. Zwischen der **Crooked Island Passage** und der **Mayaguana Passage** waren die beiden Inseln lange Zeit ein idealer Aufenthaltsort für Piraten, die die günstige geografische Lage zwischen zwei Meerestiefen für ihre Zwecke nutzten. Beide Inseln sind relativ schmal und verfügen über schöne Strände und Mangrovensümpfe.

Ideal für Piraten

Telegramm Acklins and Crooked Island

Name	Acklins Island, Crooked Island
Fläche	389 km² (Acklins Island), 240 km² (Crooked Island)
Einwohnerzahl	430 (Acklins Island), 340 (Crooked Island)
Einwohner pro km²	1,1 (Acklins Island), 1,4 (Crooked Island)
Größter Ort	Colonel Hill (Crooked Island)
Weitere Orte	Moss Town, Anderson Settlement, Spring Point Settlement, Salina Point Settlement
Wichtigste Wirtschaftszweige	Subsistenzwirtschaft
Touristisches Potenzial	Schöne Strände, Korallenriffe

Crooked Island besitzt unberührte, einsame Sandstrände

Acklins and Crooked Island
ATLANTIC OCEAN
Crooked Island Passage
Bird Rock
Portland Harbour
Marine Farm
Gordon's Bluff
Seaview
Moss Town
Landrail Point
Bird Rock Lighthouse
Turtle Sound
Fairfield
Church Grove
Cabbage Hill
Great Hope House Ruins
Major's Cay Harbour
Colonel Hill
Majors Cay
Bullet Hill
Browns
Cove Point
Cove
Lovely Bay
Chesters
North East Point
Crooked Island
The Marls
The Going Through
Goat Cay
Relief Bay
Pinefield
Crooked-Acklins Bank
Long Cay
Albert (Alvert) Town
Windsor Point
Anderson
Hardhill
Snug Corner
Masons Bay
Goodwill
Creek Point
Acklins Island
The Bight of Acklins
North Cay
Fish Cay
Guana Cay
Land & Sea Park
Wood Cay
Golden Grove
Spring Point
Camel Point
Florida
Delecatable Bay
Spring Point Airfield
Pompey Bay
Lucayan Indian Archaeological Site
Jamaica Cay
Reserve Bay
Rocky Point
Cotton Bay Cay
Binacle Hill
Mayaguana Passage
Roker's Cay
Jim Point
Ben's Landing
Salina Point
South Bluff
Jamaica Bay
South West Point
Castle Island
Castle Island Lighthouse
Mira Por Vos Passage
© graphic
N
0
10 km
0 Unterkünfte
1 Crooked Island Lodge
2 Tranquility on the Bay Resort

Obwohl es Unterkunftsmöglichkeiten auf diesem ungleichen Zwillingspaar an Inseln gibt, kann von einem touristisch erschlossenen Gebiet nicht gesprochen werden. Luxus kann man nicht erwarten, aber Entspannung ist garantiert, denn viel unternehmen kann hier kaum.

Entfernungen

Colonel Hill – Snug Corner 45 km
Moss Town – Colonel Hill 14 km
Snug Corner – Salina Point 65 km

Die Sehenswürdigkeiten können an einer Hand abgezählt werden. Es gibt einen bekannten Leuchtturm, das 1876 erbaute **Bird Rock Lighthouse** an der äußersten Nordwestspitze von Crooked Island, und den 1867 erbauten Leuchtturm **Castle Island Lighthouse** auf Castle Island südlich von Acklins Island. Von den ehemaligen Plantagen stehen nur das **Great Hope House** und die **Marine Farm** unter einer Art Denkmalschutz. Ansonsten ist von den 40 Plantagen, die Anfang des 19. Jh. den Inseln zu einer kurzen wirtschaftlichen Blüte verhalfen, nicht mehr viel übrig geblieben. Damals lebten immerhin über 1.000 Menschen auf den Inseln. Die meisten von ihnen waren Sklaven, die in den Baumwollfeldern arbeiten mussten. Aber wie überall auf den Bahamas war die Baumwollzeit aufgrund der dünnen Humusschicht und der einseitigen Nutzung des Landes schnell vorbei.

Zwei Leuchttürme

Vor den Pflanzern waren die Inseln immer nur für kurze Zeit im Spotlight der Geschichte. **Kolumbus** suchte hier 1492 Gold und taufte die Insel, an der er anlandete, nach der spanischen Königin **La Isabella**. Es soll in vorkolumbianischer Zeit im Bereich der beiden Inseln die größte Indianersiedlung gewesen sein, und für kurze Zeit versteckten sich auf Castle Island Piraten, die sich an den vorbeifahrenden Schiffen gütlich hielten.

Reisepraktische Informationen Acklins & Crooked Island

Wichtige Telefonnummern

Polizei, ☎ *334-2599.*

Im Krankheitsfall

Acklins Island – Spring Point Clinic, ☎ *344-3172.*
Crooked Island – Landrail Point, ☎ *344-2166.*

Unterkunft

Crooked Island Lodge (1) $$–$$$, *Landrail Point,* ☎ *344-2507, www.crookedislandlodge.com. Hier kann man – weit weg von allem – in aller Ruhe angeln und Bootstouren machen. Die Anlage befindet sich an einem kilometerlangen Strand, und man kann vom Hotel aus Tauch- und Schnorcheltouren unternehmen. Für Urlauber, die Abgeschiedenheit vorziehen, bietet sich hier die Möglichkeit, mal richtig zu entspannen. Die hoteleigene Landebahn sorgt für etliche Besucher aus Florida, die übers Wochenende mit dem eigenen Flugzeug übersetzen.*
Tranquility on the Bay Resort (2) $$–$$$, *Major's Cay,* ☎ *557-9951, www.tranquillitybayresort.com. Das überschaubare Resort liegt am 5 km langen Sandstrand von Majors Cay, Crooked Island. Das Hotel bietet ein wenig vom Ambiente eines First-Class-*

Hotels auf einer sehr ruhigen Insel. Es gibt fünf klimatisierte Doppelzimmer jeweils mit eigenem Bad, ein Restaurant und eine Lounge, einen Schönheitssalon und einen Souvenirshop.

Flüge

Es gibt einen Flughafen in **Colonel Island auf Crooked Island** *und eine Landebahn in* **Spring Point auf Acklins Island**.
Bahamasair, *☎ 344-2357, www.bahamasair.com, bietet zwei Flüge pro Woche von Nassau mit Rückflug am gleichen Tag an.*

Transfer vom Flughafen
Am Flughafen warten in der Regel Taxis. Besser ist es aber, den Transport mit dem jeweiligen Hotel zu klären.

Postschiff/Fähre

Es gibt ein wöchentliches **Postschiff** *von Nassau, Potter's Cay nach Spring Point, Acklins Island und Colonel Hill, Crooked Island. Infos: M/V Sea Spirit I, Carib Ship Lines, Potter's Cay Dock, Nassau, ☎ 341-3468.*
Zwischen beiden Insel verkehrt zwei Mal tgl. eine **Fähre**, *ab Lovely Bay auf Acklins Island und Brown's auf Crooked Island. Überfahrt kostenlos.*

Taxis

Burnise Deleveaux, *Chester's Bay, Acklins Island, ☎ 344-3256.*

Inagua

Telegramm Inagua

Name	Great Inagua, Little Inagua
Fläche	1.550 km² (Great Inagua), 130 km² (Little Inagua)
Einwohnerzahl	1.000
Einwohnerzahl pro km²	0,6
Größter Ort	Matthew Town
Weitere Orte	keine
Wichtigste Wirtschaftszweige	Salzproduktion
Touristisches Potenzial	Nationalpark

Entfernungen

Matthew Town – Northwest Point 20 km

Mit fast 1.550 km² ist **Great Inagua** die drittgrößte Insel der Bahamas. Die Landschaft ist wegen der seltenen Regenfälle und der dünnen Humusschicht überwiegend karg. Bäume werden hier nicht besonders groß. Ein großer Teil der Insel wird vom **Lake Rosa**, einem riesigen, aber sehr flachen See, eingenommen. Etwa 740 km², also fast die halbe Insel, ist als **Nationalpark** geschützt, in dem schätzungsweise **60.000 Flamingos** – immerhin der Nationalvogel der Bahamas – und eine große Anzahl an anderen seltenen Vögeln leben.

Redaktionstipp

➤ Für den Besuch des **Nationalparks** sollte man sich ein paar Tage Zeit nehmen. Es fliegt ohnehin nicht jeden Tag ein Flugzeug.

Unbewohnte Insel

Little Inagua ist eine unbewohnte Insel nordöstlich von Great Inagua. Das Seeufer ist oft sumpfig und von Mangroven bewachsen. Im Westen ist es von der Salzproduktion geprägt. Mit ihren 130 km² nimmt sie sich neben der großen Schwester ziemlich klein aus. Little Inagua ist unbewohnt und trotz ihrer Unwirtlichkeit ebenfalls ein Paradies für Tiere, die hier ungestört leben können.

Geschichte

Von einer Besiedlung Inaguas durch Indianer ist bis heute nichts bekannt. Die Inseln tauchen erst im Zusammenhang mit der **Salzgewinnung** zu Beginn des 19. Jh. am Horizont der Geschichte auf. Daher ist es auch nicht verwunderlich, dass dem Namen ein spanischer Ursprung zugrunde liegt. Zusammengesetzt aus „ileno" (spanisch „voll") und „aqua" (spanisch „Wasser") ergab sich ein Name, den die Engländer entsprechend ihrer Aussprache des Spanischen zu „Henagea" und später zu „Inagua" umwandelten.

Die Spanier nutzten die Salzvorräte jedoch zuerst für ihre Kolonien auf Hispaniola und auf Kuba. Als 1849 die Salzgewinnung mit dem Bau eines Salzlagerhauses und dem Aufbau eines Transportsystems optimiert wurde, stieg die Einwohnerzahl der Insel in 20 Jahren von knapp 200 auf etwa 1.000. Aus dieser Zeit stammen auch die Maultiere, die heute wild auf der Insel leben. Sie wurden damals als Zugtiere für die Loren gebraucht, in denen auf Schienen das Salz zur Lagerung und zum Hafen geschafft wurde. Vor dem Ersten Weltkrieg zählte Inagua sogar bis zu 5.000 Bewohner, die aber nach dem Einbruch auf dem Salzmarkt die Insel zu einem großen Teil verließen. Erst 1936 kam mit den drei amerikanischen **Erikson Brothers** wieder Schwung in das Salzgeschäft. Die Anlage wurde modernisiert und ging

Bonefishing auf Inagua

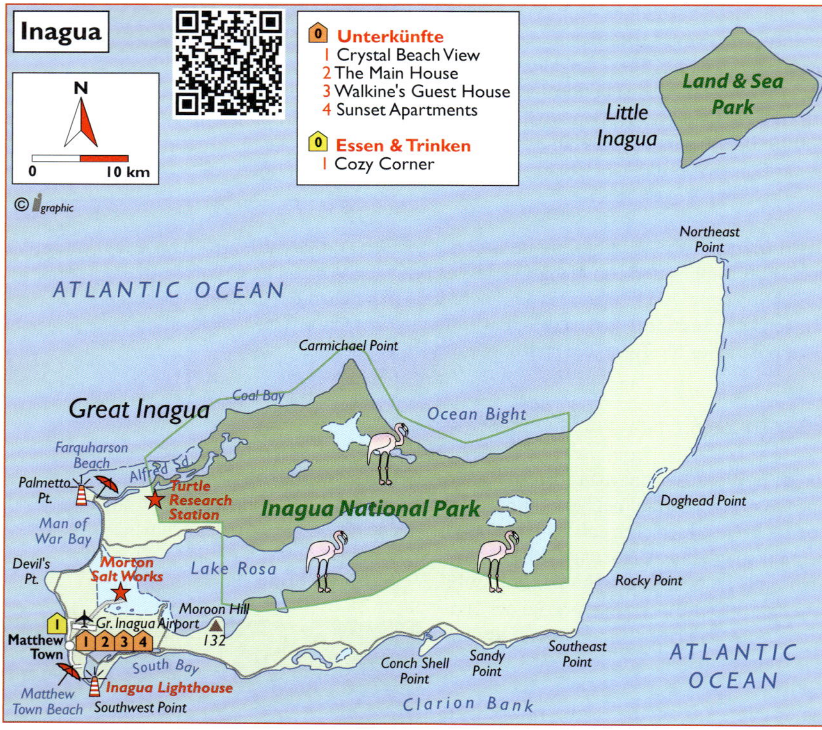

1910 in die **Morton Salt Company** über, die seit 2009 ein Tochterunternehmen der K+S AG ist (s. u.).

Paradies für Vogelkundler

Inagua ist die richtige Insel für **Naturliebhaber** und ein Paradies für **Ornithologen**. Außer dem herrlichen Anblick der Flamingos gibt es hier noch viele andere Vogelarten zu bestaunen, wie z. B. Papageien, Kormorane oder Seeadler. Daher sollte man auf keinen Fall ein Fernglas vergessen. Daneben gibt es als Attraktion den Leuchtturm am Southwest Point, das **Inagua Lighthouse**. Dieser liegt ca. 2 km südlich von Matthew Town. Er gehört zu den vier letzten mit Kerosin betriebenen Leuchttürmen auf den Bahamas. Selbst wenn man nicht so viel Ahnung von technischen Dingen hat, ist diese Rarität aus dem 19. Jh. dennoch sehenswert. Der Turm wurde 1870 errichtet. Außerdem eröffnet sich ein toller Blick über die Insel und das Meer. Bei sehr guter Sicht ist sogar Kuba am Horizont zu erkennen.

Inagua heute

Heute werden auf Inagua jährlich etwa 1 Mio. Tonnen Salz gewonnen. Zu diesem Zweck wird auch Meerwasser auf die teils eingedeichten Salzfelder gespült. Nach seiner Abtragung und Reinigung wird das Salz in riesigen Lastwagen zum Hafen in Matthew Town transportiert. Die Zeit der Mulis ist also lange vorbei. Unbenommen ist die wirtschaftliche Bedeutung des Salzes für die Insel. Die Bewohner rühmen sich, eine der wenigen Bahamas-Inseln zu sein, die nicht vom Tourismus abhängig ist. Dieser Wirtschaftszweig könnte jedoch in Zukunft einen anderen Stellenwert einnehmen, wenn Bahamasbesucher als Ökotouristen den **Nationalpark** entdecken.

Wie kommt das Salz aus dem Meer?

info

Auf Inagua werden jährlich rund 1 Mio. Tonnen Salz gewonnen. Eine derartig große Menge schafft die Natur natürlich nicht ohne menschliches Eingreifen, selbst wenn der **Morton Salt Company** fast 4.900 ha an Betriebsgelände zur Verfügung stehen. Mit Pumpen wird Meerwasser über Bäche in die **Verdunstungsbecken** gepumpt. Diese sind künstlich eingedeicht, damit nicht Wasser unterschiedlicher Konsistenz zusammenfließt. Das trockene Klima (viel Sonne und wenig Niederschlag) und gute Windverhältnisse sorgen für eine relativ schnelle Verdunstung des Wassers.

Am Ende dieses Prozesses wird die schon stark salzhaltige Lake gereinigt und in ein **Kristallisationsbecken** geleitet, sodass es kristallisieren kann. Die verbleibende Restflüssigkeit wird abgeleitet, wenn die Salzschicht ca. 15 cm Dicke erreicht hat. Dann kann das Salz abgetragen werden. Mit Fahrzeugen, die man sonst eher beim Straßenbau vermuten würde, wird die Salzdecke aufgebrochen, in Lastwagen verladen und zur Endreinigung gebracht.

Mit Schiffen wird das Salz dann an die Ostküste der Vereinigten Staaten transportiert. Die Produkte von Morton Salt finden in der Industrie, in der Landwirtschaft, in der Wasseraufbereitung und als Speisesalze Verwendung. Seit 2009 ist die Morton Salt Company *(www.mortonsalt.com)* ein Tochterunternehmen der in Kassel ansässigen K+S AG, die somit zum weltweit größten Salzproduzenten aufstieg.

Wer gerne in der freien Natur Tiere beobachtet, wird sich hier wie im Paradies fühlen. Fast die Hälfte der Insel bildet der **Inagua National Park**. Ein großer Teil des Nationalparks wiederum besteht aus Seenlandschaft. Der größte See ist der **Lake Rosa**. Während sein westlicher Teil durch die Anlagen für die Salzproduktion geprägt ist, herrrschen besonders im Osten **Mangrovensümpfe** vor, die unzähligen Vogelarten als ideale Brutstätte dienen.
Inagua National Park, *☏ 339-1616, www.bnt.bs, Erw. 25 $, Kinder 10 $, geführte Touren ab 50 $/Pers.*

In den 1950er-Jahren wurde das Gebiet zum Naturschutzgebiet erklärt, da auf Inagua die letzten **Flamingos** lebten, die früher auch auf anderen Bahamainseln an-

Organisierte Tour

zutreffen waren. 1965 wurde das Naturschutzgebiet dann offiziell Nationalpark. Es gibt ein einfaches Camp im Nationalpark, das man mit einem Führer besuchen kann. Es empfiehlt sich ohnehin, sich entweder für eine organisierte Tour des National Trust anzumelden oder sich über diese Organisation zumindest für den ersten Tag einen Führer zu besorgen. Man sieht zwar auch so einige Flamingos, die besten Stellen und den entsprechenden Weg kennen jedoch die Einheimischen, sodass man dann mehr von der Tour hat.

Ebenso beim Bahamas National Trust kann man eine Tour zum **Union Creek Reserve** im Nordwesten der Insel buchen. Dort findet man auf 18 km² einen tidenabhängigen Creek (Bach), an dem ein Forschungsprogramm über **Meeresschildkröten** läuft. Besucher werden dort eine für Europäer neue Form eines Bachs kennenlernen, die für die Bahamas typisch ist. Mit einem Gebirgsbach in den Alpen oder einer Au in Norddeutschland ist so ein Bach jedenfalls nicht zu vergleichen.

Eine eher etwas trockene Angelegenheit ist der Südosten der Insel. Dort wachsen aufgrund der geringen Niederschlagsmengen und des trockenen Bodens sogar eine Menge **Kakteen.** Dieser Teil der Insel ist besonders schwer zugänglich, und auch auf die kleine, unbewohnte Schwesterinsel von Great Inagua kommt man nicht ohne Weiteres. Nach **Little Inagua** geht es dann nur mit dem Boot.

Reisepraktische Informationen Inagua

Information
Im Internet: www.theinaguas.com.

Wichtige Telefonnummern
Polizei, ☏ *339-1263.*

Im Krankheitsfall
Inagua Hospital, ☏ *339-1249.*

Bank
Bank of the Bahamas, *Matthew Town,* ☏ *339-1264, kein Geldautomat.*

Unterkunft
Crystal Beach View (1) $, *Matthew Town,* ☏ *339-1550. Mit seinen 13 Zimmern ist dieses Hotel in Flughafennähe das größte auf der Insel. Es hat sogar eine Hochzeitssuite und einen Swimmingpool.*

The Main House (2) $, *Matthew Town,* ☏ *339-1267, www.inaguamainhouse.com. Kleines Guest House mitten in Matthew Town. Die Einrichtung ist einfach, aber o. k., im* **Restaurant** *wird gutes bahamaisches Essen serviert.*

Walkine's Guest House (3) $, *Matthew Town,* ☏ *339-1612. Über fünf Zimmer verfügt das kleine Gästehaus rund 1 km südlich von Matthew Town. Die schlichten Zimmer sind sehr geräumig genauso wie die Badezimmer, von denen drei über eine Duschkabine verfügen.*

Sunset Apartments (4) $$, *Matthew Town, ☏ 339-1362. Geräumige Apartments mit Küche, im karibischen Stil dekoriert. Nicht weit von einem kleinen Strand gelegen. Boote können über den Besitzer arrangiert werden.*

Restaurant

Cozy Corner (1), *Matthew Town, ☏ 339-1440. Kneipe mit Billardtisch, in der man Kleinigkeiten zu essen bekommt und bei einem Kalik viel über die Insel erfahren kann. Bahamaische, mexikanische Küche.*

Flüge

Bahamasair, *☏ 339-1680, www.bahamasair.com, fliegt drei Mal die Woche von Nassau nach Iguana.*

Transfer vom Flughafen
Am Flughafen warten in der Regel Taxis.

Postschiff

Einmal wöchentlich verkehrt ein Postschiff, die „M/V Lady Mathilda", von Nassau nach Inagua. Infos: Matthew Town, ☏ 454-2991.

Mietwagen

Ingraham's Rent-A-Car, *Matthew Town, ☏ 339-1515.*

Mayaguana

Mayaguana liegt nördlich von Inagua, ist aber der östliche Vorposten der Bahamasinseln. Die Insel wird im Süden durch die Caicos Passage von Caicos getrennt. Um nach Acklins Island zu gelangen, muss man in westlicher Richtung die Mayaguana Passage überqueren. *Östlicher Vorposten*

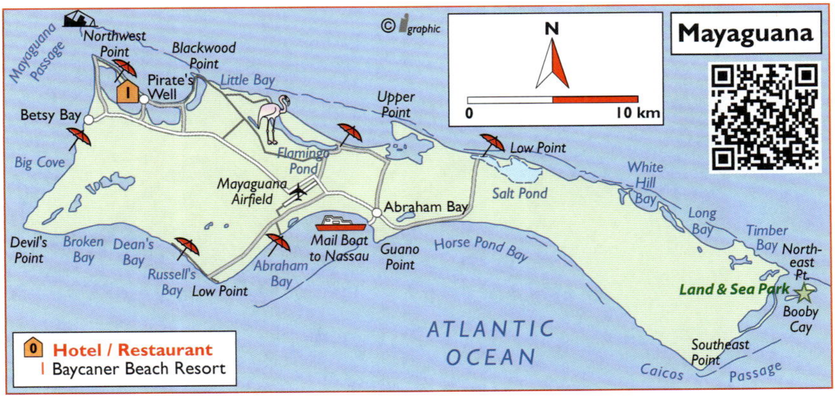

Die Insel ist zu einem großen Teil von Busch überwuchert und hat an der Küste sowohl Mangrovensümpfe als auch Strände zu bieten.

Telegramm Mayaguana

Name	Mayaguana
Fläche	285 km²
Einwohner	277 (2010)
Einwohner pro km²	1
Größter Ort	Abraham's Bay
Andere Orte	Betsy Bay Settlement, Pirates Well Settlement
Wichtigste Wirtschaftszweige	Subsistenzwirtschaft
Touristisches Potenzial	einsame Strände

Selbstversorgung

Die Insel Mayaguana ist touristisch kaum erschlossen, es gibt nur eine Unterkunft. Nach einem Werbeprospekt wird man vergeblich suchen, und es fliegt auch nicht jeden Tag ein Flugzeug zu diesem entlegenen Ort. Die Einwohner leben von der Subsistenzwirtschaft. Sie fischen und bauen für den Eigenverbrauch Gemüse an. Nur ganz wenige haben das Glück, einen offiziellen Job, z. B. am Flugplatz, zu bekommen. Vertreter der jüngeren Generation verlassen oft die Insel, um in Nassau zu arbeiten. Es wird vermutet, dass der Name der Insel einen indianischen Ur-

Flamingos auf Mayaguana

sprung hat. Über die Besiedlung des Eilands weiß man allerdings nur, dass die ersten Bewohner Anfang des 19. Jh. von Caicos kamen. Seit dieser Zeit scheint sich dann auch nicht viel an der Lebensweise der Leute geändert zu haben. Hier braucht eben alles seine Zeit, und die Lebensverhältnisse sind recht „rustikal". Wer also auf Mayaguana Urlaub machen will, sollte schon ein „Rucksacktyp" sein, der Abenteuerlust im Gepäck hat, Einsamkeit sucht und vielleicht noch über ein Zelt verfügt. An den Stränden wird man kaum einen Menschen treffen, denn Mayaguana ist wirklich „weit ab vom Schuss".

Entfernungen

Abraham's Bay – Pirates Well 10 km

Immerhin lebt hier die **Bahamian Hutia** bzw. *Ingraham's Hutia (Geocapromys ingrahami)*, eine endemische Spezies der Baumratte. Die auf den karibischen Inseln endemischen Baumratten, eine Unterordnung der Stachelschweinverwandten, sind mit ihren verschiedenen Arten und Spezies in ihrem Bestand stark bedroht. Die Nagetiere sind nicht mit den Ratten verwandt, in deren Kopfform sie sich ähneln. Ihre Nahrung besteht vorwiegend aus Pflanzen, aber auch aus Insekten und kleinen Tieren.

Endemische Baumratte

Reisepraktische Informationen Mayaguana

Unterkunft

Auf dieser Insel gibt es sehr wenig Gästebetten. Falls diese in den beiden Hotels ausgebucht sind, muss man sich nach der Ankunft eine Privatunterkunft besorgen. Am besten fragt man schon im Flugzeug oder auf dem Postboot nach etwas Geeignetem. Die Inselbewohner kennen sich untereinander und haben sicher einen guten Tipp.

Baycaner Beach Resort (1) $$, *Pirate's Well, ☎ 339-3726, www.baycanerbeach.com. Hier kann man sprichwörtlich vom Bett direkt ins Wasser springen. Die Zimmer sind schlicht und mit einem kleinen Badezimmer ausgestattet. Die Bar ist auch ein beliebter Treffpunkt für die Einheimischen.*
Paradise Villas (2) $$, *Abraham's Bay, ☎ 339-3059. Einfache Unterkunft, aber mit Klimaanlage und Restaurant. Nicht direkt am Wasser, sondern einen kleinen Fußmarsch vom Pier in Abraham's Bay entfernt.*

Flüge

Bahamasair, *☎ 339-3020, www.bahamasair.com. Fliegt zweimal die Woche von Nassau aus (2 Std. Flugzeit).*

Postschiff

Die **M/V Lady Mathilda** *fährt ein Mal wöchentlich von Nassau nach Mayaguana, Abraham Bay. Die Überfahrt dauert zwei Tage. Infos: Potter's Cay Dock, Nassau, ☎ 393-1064.*

Mietwagen

T & T Rentals, *Abraham's Bay, ☎ 339-3068.*

4. ANHANG

Literaturhinweise (kleine Auswahl)

Als Lektüre und auch als Nachschlagewerk ist das **Bahamas Handbook**, Etienne Dupuch Jr. Publications Ltd. (www.bahamashandbook.com), des jeweiligen Jahrgangs sehr zu empfehlen, da hier auf den blauen Seiten alle aktuellen Daten über die Inselgruppe zusammengefasst sind. Darüber hinaus enthält es interessante Artikel über Neuigkeiten aus allen Bereichen des bahamaischen Lebens (im bahamaischen Buchhandel erhältlich).

Peter Barratt, *Grand Bahama*. Macmillan Caribbean 1982. Das Buch gibt einen guten Einblick in die Geschichte und Entstehungsgeschichte der Insel. Es wird recht ausführlich geschildert, welche Auswirkungen das Hawksbill Creek Agreement auf die wirtschaftliche Entwicklung von Grand Bahama Island hatte. Nur auf Englisch und antiquarisch zu haben.

Desmond Bagley, *Bahama Krise*, Heyne 1990. Unbedingt lesenswerter Krimi über die wilden Jahre auf Grand Bahama. Das Buch gewährt, ganz nebenbei, tiefe Einblicke in das frühere und vielleicht auch heutige Leben der bahamaischen weißen Oberschicht, die ihre Abstammung direkt auf die Loyalisten zurückführen kann. Gleichzeitig zeigt das Buch, wie eine Insel am Reißbrett geschaffen werden kann – dem Tourismus zuliebe.

Evans W. Cottman, *Der Insel-Doktor* (nur noch antiquarisch). Kurzweilig geschriebenes Buch über die Lebens- und Überlebensverhältnisse eines Out-Island-Doktors auf Abaco und seine Sicht der Dinge.

Steve Dodge, *Abaco – History of an Out Island and its Cays*. Decatur (Illinois, USA) 1995. Dieses Buch beschäftigt sich recht detailliert mit der Geschichte der Abacos und gibt einen guten Überblick über die politische und wirtschaftliche Entwicklung in den letzten Jahren.

Ernest Hemingway, *Inseln im Strom*. Reinbek 1977. Es wird gesoffen, es wird geprügelt, geliebt, gehasst, gefischt und es werden viele wahre und weise Worte gesprochen. Inseln im Strom ist eines von Hemingways feinsten Büchern und für Neugierige, die Bimini kennenlernen wollen, unbedingt Pflichtlektüre. Natürlich ist es heute nicht mehr so, wie Hemingway Bimini in den 1930er-Jahren erlebte– oder doch, vielleicht noch ein bisschen.

Carl Hiaasen, *Affentheater*, Manhattan Verlag 2014. Hiaasen gilt als einer der originellsten Krimiautoren der USA und einer der bissigsten Kritiker des amerikanischen Lifestyle. Seine Geschichten spielen normalerweise in Florida, wo Hiaasen zu Hause ist und sich als ehemaliger Reporter beim „Miami Herald" bestens auskennt. Seine Themen sind Verbrechen, Korruption und der Irrsinn eines Lebens in den Tropen. Für *Affentheater* schickt er seinen Helden nach Andros. Dort muss Andrew Yancy einen Hurrikan überstehen, mit dem ehemaligen, jetzt rauchenden Affen von Johnny Depp alias Captain Jack Sparrow zusammenarbeiten, eine Hexe ausschalten – um schließlich herauszufinden, wo der linke männliche Arm herkam, den er eine Zeit lang in seinem Kühlschrank aufbewahrt hatte, dem Sheriff zuliebe.

D. C. Poyer, *Bahamas Blue*, St. Martin's Press 1992. Spannende Lektüre nicht nur für Taucher über die Bergung eines Drogenschmuggler-Wracks in bahamaischen Gewässern. Natürlich, wie es sich für einen Krimi gehört, gibt es auch Mord und Totschlag. Nur auf Englisch und antiquarisch zu haben.

Ashley B. Saunders, *History of Bimini*. Bimini 1992 (Vol. I & II). Der Erbauer des wunderbaren Dolphin House in Alice Town ist auch Historiker und zeichnet in seiner Geschichte der Biminis eben diese leicht verständlich nach.

Gail Saunders, *Bahamian Loyalists and Their Slaves*, Macmillan Caribbean 1983. Die zahlreichen Bücher von Dr. Gail Saunders sind eine zuverlässige Bank, wenn es um die Geschichte der Bahamas geht. Sei es das Elend der Sklaverei, das Konzept des Pompey Museums oder die historisch korrekte Renovierung des Balcony House in Nassau – die Historikerin Gail Saunders war und ist bis heute maßgeblich bei der Aufarbeitung der Historie der Inseln beteiligt. Ihre Bücher sind in zahlreichen Museumsshops zu finden (einige auch im Versandhandel), leider nur auf Englisch.

Sebastian Vignieri, *Everything you need to know Grand Bahama Island*, Lulu Pr 2005. Ein nützlicher Ratgeber mit über 50 Farbfotos und zahlreichen Übernachtungsadressen.

Everild Young, *The Island Called Freedom, The Story of Eleuthera*, 1996. Einiges über die Geschichte und „Geschichten" von Eleuthera. Auf Eleuthera oder antiquarisch erhältlich.

Bildnachweis

Alle Abbildungen stammen vom Autor Stefan Blank, außer:

Brian Ardel: vordere Umschlagklappe Nr. 1, S. 24, 82, 233, 276
Bahamas Tourist Office: Titelfoto, S. 13, 23, 30, 31, 33, 39, 43, 83, 94, 97, 128, 134, 136, 139, 150, 154, 157, 162, 167, 170, 177, 186, 188, 207, 208, 219, 220, 225, 226, 234
Bahamas Tourist Office/Henry Gilbey: S. 271
Monika Blank: hintere Umschlagklappe (Autorenfoto)
Carriearl Hotel: S. 179
istockphoto.com © CaraMaria: S. 259
istockphoto.com © JHoutsma: S. 267
Willis Knowles: S. 37
Alanna Rodgers: S. 46
Sandals Resort/Ingalls: S. 69
Small Hope Bay Lodge Andros: S. 50, 159, 164
Staniel Cay Yacht Club: vordere Umschlagklappe Nr. 4, Buchrückseite unten, S. 48, 92, 242, 246, 278
Dwayne Tucker Photography: vordere Umschlagklappe Nr. 7, S. 41, 42, 47

Stichwortverzeichnis

ALL YEAR LONG, "IN DEEP" MEANS "TIED UP".
AT VIVA WYNDHAM, "IN DEEP" MEANS "SUNKEN TREASURE".

Die größte Auswahl für
Ihre Reise auf die Bahamas
Aktuelle Reise-
angebote online:
canusa.de
CANUSA
TOURISTIK
Seit über 30 Jahren Ihr Spezialist für individuelles Reisen!
Nebendahlstraße 16 · 22041 Hamburg · (040) 22 72 53-0 · ham@canusa.de
Mit 6 weiteren Büros in Hannover, Frankfurt, Köln, München, Stuttgart & Berlin

EXPLORER
FERNREISEN
Traumurlaub -
so individuell
wie Sie selbst
Flexible Reisebausteine
Rund um die Welt frei kombinierbar
tagesaktuelle Preise
Über 100 Reiseexperten
beraten Sie persönlich in
Dortmund • Dresden • Düsseldorf • Essen
Frankfurt • Hamburg • Hannover • Köln
Mannheim • München • Nürnberg • Stuttgart
Tel. 0211 - 99 49 09
info@explorer.de • www.explorer.de

AMERICA
unlimited
Wir stellen jede Reise individuell zusammen!
Buchen Sie jetzt Ihren Traumurlaub auf die Bahamas bei America Unlimited.
Reisen, wie es mir gefällt!
america-unlimited.de